阿瓦提年鉴

2022

阿瓦提县地方志办公室　编

图书在版编目(CIP)数据

阿瓦提年鉴. 2022 / 阿瓦提县地方志办公室编.
北京 : 方志出版社, 2023.12
ISBN 978-7-5144-3903-8

Ⅰ. ①阿… Ⅱ. ①阿… Ⅲ. ①阿瓦提县—2022—年鉴
Ⅳ. ①Z524.54

中国国家版本馆CIP数据核字(2024)第001263号

责任编辑:王娜
责任校对:张玉霞
责任印制:梅中英
出 版 者:方志出版社
地　　址:北京市朝阳区潘家园东里9号(国家方志馆4层)
邮　　编:100021
网　　址:http://www.zgfzcb.cn
发　　行:方志出版社图书营销中心(010-67110500)
印　　刷:新疆金版印务有限公司
开　　本:889毫米×1194毫米 1/16
印　　张:19.75
字　　数:577千字
版　　次:2023年12月第1版
印　　次:2023年12月第1次印刷
定　　价:298.00元

阿瓦提县地方志编纂委员会

《阿瓦提年鉴(2022)》编辑部

《阿瓦提年鉴（2022）》撰（组）稿人员名单

（按入编先后顺序排列）

帕丽扎提·艾合买提　王玉玲　赵继猛　宗金星　张广阳

段世江　贾军全　张　力　张　博　董　辉　宋天翔

罗春燕　郭创周　李鸿涛　金智敏　吴继瑶

阿依努尔·卡斯木　王　蝉　刘　亚　蒋明松　李如心

邓　旭　古丽娜扎尔·吐尔逊　李合明　刘海滨　孙　皓

李　位　何建华　马宏霞　张娟娟　陈　龙

胡西塔尔·吐来克　李湘楚　西仁古丽·托乎提　王国纯

阿依古丽·如孜　阿地来·托乎提　刘丽梅　李小林

熊　芳　王　婷　李　静　苑松梅　陈　梅　王娟娟

史　良

编辑说明

一、《阿瓦提年鉴(2022)》(以下简称本年鉴)以马克思列宁主义、毛泽东思想、邓小平理论、“三个代表”重要思想、科学发展观、习近平新时代中国特色社会主义思想为指导,坚持辩证唯物主义和历史唯物主义的立场、观点和方法,记录2021年阿瓦提县自然、政治、经济、文化、社会各方面的基本面貌、发展变化。

二、本年鉴记述时限为2021年1月1日至2021年12月31日,个别事项的记述时间适当上溯或下延。

三、本年鉴采用分类编辑法,由类目、分目、条目三级组成,部分内容增设子分目。全书设特载、党史学习教育、大事记、县情概览、中国共产党阿瓦提县委员会、阿瓦提县人民代表大会、阿瓦提县人民政府、中国人民政治协商会议阿瓦提县委员会、中国共产党阿瓦提县纪律检查委员会　阿瓦提县监察委员会、对口支援、群众团体、法治、经济管理、应急管理、农业农村、工业、交通运输、邮政　通信、商贸服务、金融、城乡建设　房地产业、生态环境保护、科学技术·气象服务、教育、文化·体育、卫生健康、社会民生、乡(镇)概况、先进集体·先进个人、附录等。

四、本年鉴所用数据以统计部门公布的为准,统计部门未公布的采用各单位提供的数据。数字用法、标点符号用法分别执行国家标准《出版物上数字用法》(GB/T 15835—2011)、《标点符号用法》(GB/T 15834—2011),计量单位采用国家技术监督局1993年12月发布的《量和单位》系列国家标准。

五、本年鉴采用资料均由各单位撰稿提供,并经单位领导审核签发。

六、本年鉴收录的领导名录以上年年末在职为准,仅作资料参考,不作其他依据。

阿瓦提县行政区划图

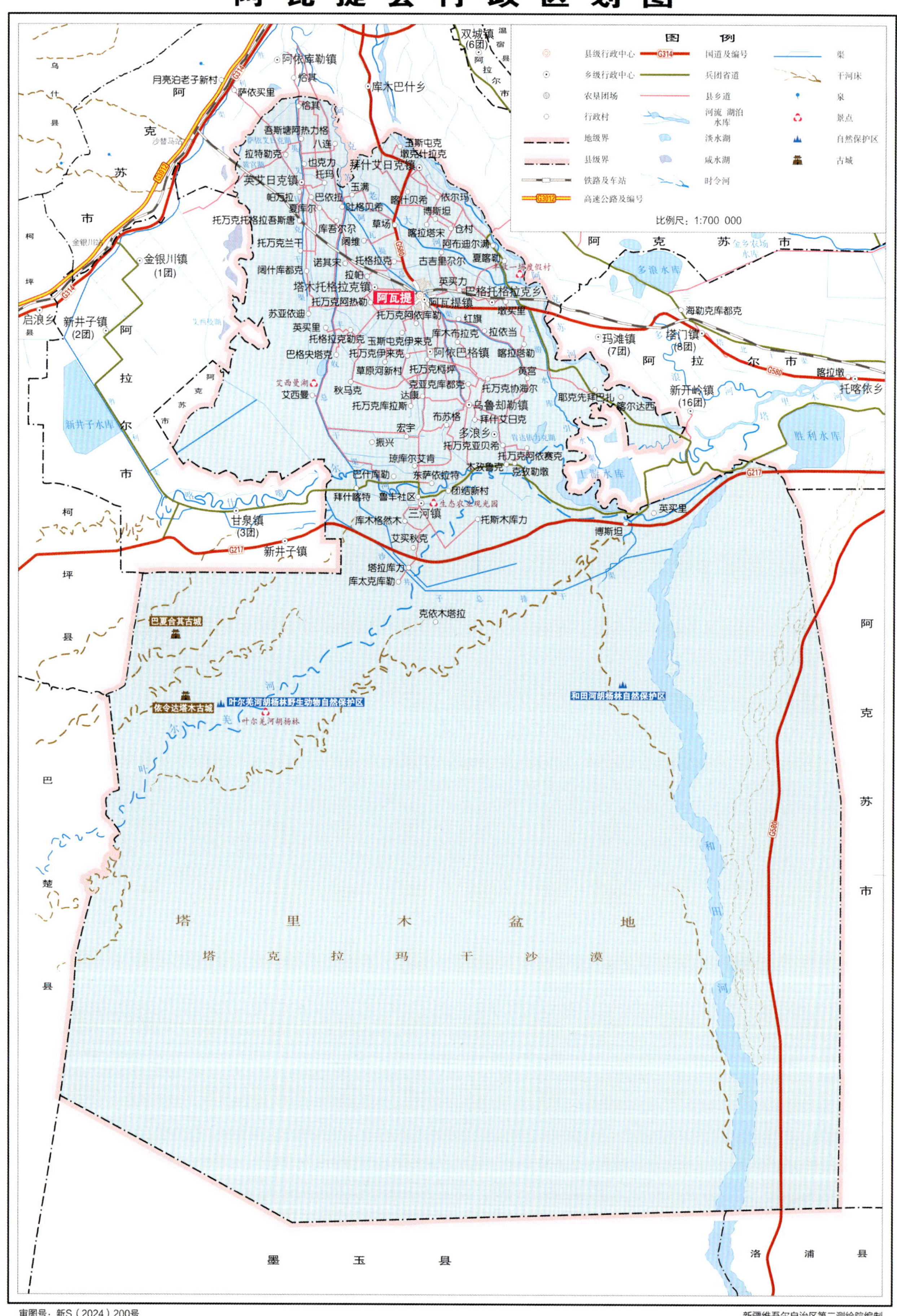

审图号：新S（2024）200号

新疆维吾尔自治区第二测绘院编制

3月14日，阿瓦提县举行2021年固定资产投资项目暨援疆项目集中开（复）工仪式

（县委宣传部供稿）

10月16日，阿克苏地区第十七届"多浪·龟兹"文化旅游节暨阿瓦提县第八届慕萨莱思文化旅游节在阿瓦提县刀郎文化广场开幕

（县委宣传部供稿）

6月16日，阿瓦提县委书记张晓明（前排右一）为老党员颁发“光荣在党50年”纪念章

（县委办公室供稿）

5月31日，绍兴市新编绍剧现代戏《喀喇昆仑》在阿瓦提县绍兴大舞台演出 （包良廷 摄）

3月，阿瓦提县美术老师组建志愿服务队在阿瓦提县塔木托格拉克镇中学手绘“红船精神”文化墙

（包良廷　摄）

2022年，阿瓦提县千辆小红车活跃城乡，开展党史学习教育和志愿服务，传递爱党爱国情怀

（杜钊　摄）

2021年，阿瓦提县文联、文化馆组织刀郎农民画家开展以“幸福生活”为主题的农民画创作

（包良廷 摄）

5月，巴格托格拉克乡卡尔库杰克村党史馆开展党史学习教育 （包良廷 摄）

冰墩墩过大年场景
（艾山江·买木提力　摄）

春节期间，文化宫老师和学生开展民乐演奏活动　（王国纯　摄）

1月，阿瓦提县文联联合自治区文联开展“我们的四季安康文化进万家”活动　（龚建中　摄）

腰鼓敲起来，秧歌扭起来（艾山江·买木提力 摄）

3月，阿瓦提县文化馆绍兴援疆美术教师开展中华传统绘画培训

（乃比江 摄）

5月，阿瓦提县文化馆在刀郎故里举办农民画展

（乃比江 摄）

目 录

地理环境

自然资源

中国共产党阿瓦提县委员会

综　述

县委办公室工作

组织工作

宣传工作

县直机关工委工作

统一战线工作

网络安全和信息化建设

机构编制管理

保密工作

党史地方志工作

党校工作

阿瓦提县人民代表大会

阿瓦提县人民政府

综 述

政府办公室工作

政务服务

信访工作

县直机关事务服务

人事工作

中国人民政治协商会议阿瓦提县委员会

中国共产党阿瓦提县纪律检查委员会 阿瓦提县监察委员会

对口支援

群众团体

工 会

团 委

阿瓦提县妇女联合会

阿瓦提县科学技术协会

阿瓦提县工商业联合会

社科联

阿瓦提县残疾人联合会

阿瓦提县红十字会

法治

政法委与综治

公安

检　察

法　院

司法行政

经济管理

宏观经济管理

自然资源管理

财　政

国有资产监管

统 计

审 计

市场监督管理

应急管理

农业农村

综 述

农村人居环境整治

农业综合执法

农村合作经济发展

脱贫攻坚与乡村振兴有效衔接

农业产业化

水 利

种植业

种子管理

农业技术推广

农业检验检测

畜牧业

动物疫病防控

畜牧科技

动物卫生监督

林业和草原

农牧业机械化

人工影响天气

工 业

综 述

工业园区建设

招商引资

企业简介

交通运输

邮政 通信

邮 政

中国移动阿瓦提县分公司

中国联通阿瓦提县分公司

商贸服务

综 述

供销合作社

旅游业

金 融

中国人民银行阿瓦提县支行

中国农业发展银行阿瓦提县支行

阿瓦提农村商业银行

中国邮政储蓄银行股份有限公司阿瓦提县支行

中国人民财产保险股份有限公司阿瓦提县支公司

城乡建设 房地产业

综 述

城乡规划

城镇基础设施建设

房地产业

生态环境保护

科学技术·气象服务

科 技

气象服务

教 育

综 述

基础教育

职业教育

成人教育

文化·体育

文化建设

体　育

卫生健康

综　述

疾病预防控制

卫生监督

公共卫生服务

人民医院

中医医院

妇幼保健

社会民生

就业创业

民政工作

社会保障

退役军人事务管理局

乡(镇)概况

阿瓦提镇

乌鲁却勒镇

拜什艾日克镇

英艾日克镇

塔木托格拉克镇

阿依巴格镇

三河镇

乡浪乡

巴格托格拉克乡

先进集体·先进个人

附　录

特 载

坚守初心接续奋斗 勇担使命砥砺前行 奋力开创平安和谐富裕美丽阿瓦提新局面

——在中共阿瓦提县委全委(扩大)会议上的报告(摘要)

(2021年12月29日)

2021年工作回顾

2021年,在自治区党委、地委的坚强领导下,县委团结带领全县各族干部群众,完整准确贯彻新时代党的治疆方略,统筹疫情防控和经济社会发展,团结一心、担当实干,突出抓好自治区党委"3+1"重点工作和地委"76331"战略,改革发展稳定各项事业取得了全面进步,"十四五"实现了良好开局。

——抢抓机遇、加压奋进,经济发展稳中向好。认真贯彻"点线片面"推进经济工作机制,以产城融合发展为依托,实行一产一策、一产一专班,产业发展实现由分散到集聚的突破性转变。预计实现地方生产总值74.52亿元,增长10%;固定资产投资37.82亿元,增长17.2%,实现规模以上工业增加值3.32亿元,增长21.8%;社会消费品零售总额8.23亿元,增长18.1%;一般公共预算收入达3.33亿元,增长12%。农业现代化提档加速,成功入选全国第六批率先基本实现主要农作物生产全程机械化示范县。粮棉果畜设施农业效益持续提升,实现农村经济总收入87.73亿元、增长10.06%。塔木托格拉克镇库吾尔尕村、三河镇成功入选全国"一村一品"示范村镇。脱贫攻坚成果持续巩固,乡村振兴全面推进,实施项目39个,到位资金2.1亿元。工业聚集化发展成效显著,园区基础设施不断完善,棉纺制造园承载力持续提升,农副产品精深加工园区、馕产业园建成投用,园区累计入驻企业70家,形成3000吨阿瓦提慕萨莱思、44.8万锭棉纺产能,预计工业总产值突破11亿元。招商引资再创新高,思维纺织、融科纺织等2个十亿元级企业,精一纺织、冠宇纺织等5个亿元级企业签约落地,到位资金37.81亿元。文化旅游产业蓬勃发展,累计接待游客177.67万人次,增长18.93%,实现旅游总收入8.26亿元,增长23.84%,刀郎部落成功入选"新疆休闲农业精品农庄"。电子商务势头良好,实现县乡村三级快递全覆盖,成功创建国家级电子商务进农村综合项目示范县。生态环境持续改善,完成植树造林0.35万公顷,绿地率达41.89%。全面深化改革稳步推进,134项改革任务全部完成。兵地融合深入推进。对口援疆效益不断提升,实施鲁迅特色教育学校、产业孵化中心及配套工程等援疆项目33个,到位资金1.53亿元,为县域经济社会发展增添新的活力。

——改善民生、增进福祉,社会事业全面进

步。十项惠民工程深入实施，城镇居民人均可支配收入增长8.7%；农牧民人均纯收入增长10%。就业质量显著提升，城镇新增就业3355人。教育教学质量持续向好，新（改）建幼儿园4所、中学1所，第四中学成功通过地区级优质高中复验，义务教育均衡发展通过国家验收。公共医疗服务水平持续改善，全民健康体检、大病保险、异地就医直接结算、药品“零差率”销售等举措全面实行，医联体、医共体建设不断深化，艾滋病、结核病实现“闭环管理”。社会保障工作扩面提质，城乡居民基本养老、医疗保险参保率稳定在95%以上。2所福利机构有效运行，有意愿的“五保”老人和孤儿全部实现集中供（收）养。行政区划调整高效推进。退役军人服务保障体系更加健全，县、乡退役军人服务中心（站）达标升级。“1+X”风险隐患排查治理机制规范运行，安全生产形势平稳向好。城乡基础设施和公共服务逐步完善，完成老旧小区改造9个、棚户区改造600户，建成公租房224套、农村抗震防灾工程768户，新（改）建市政道路7.3千米，新建农村公路160千米、城区供排水管网42千米、天然气管网16千米、输电线路97千米，改造农村自来水管网1321千米，城乡面貌焕然一新。

——融情聚力、携手共进，民族团结更加巩固。民族团结进步宣传教育活动不断深化，“三个离不开”思想、“五个认同”、中华民族共同体意识持续铸牢。民族团结进步创建活动扎实有力，平等团结互助和谐的社会主义民族关系更加牢固。

——守正创新、立心铸魂，意识形态领域向上向好。坚持用习近平新时代中国特色社会主义思想武装头脑，学习教育不断深化，宣传宣讲纵深推进，“棉城之声”宣讲团被评为“全国基层理论宣讲先进集体”。扎实推进中国特色社会主义和中国梦教育，社会主义核心价值观广泛弘扬，庆祝中国共产党成立100周年系列活动浓重热烈。深入实施“文化润疆十大示范工程”，公共文化服务水平不断提高，阿瓦提镇成功入选自治区“刀郎农民画民间文化艺术之乡”。牢牢掌握党对意识形态工作的领导权，主流思想舆论持续壮大，《为暖心之举点赞》《你的纵身一跃真帅》等一批现象级融媒体产品产生“刷屏之效”，获赞1.5亿余人次，主旋律更加响亮，正能量更加充盈。

——学史力行、实干为民，党史学习教育走深走实。把开展党史学习教育作为重大政治任务，学史明理、学史增信、学史崇德、学史力行，习近平总书记“七一”重要讲话、党的十九届六中全会精神和“四史”学习教育深入人心。莎吉木汗·莫明革命烈士陵园、党史馆、村史馆等红色资源优势充分发挥，红色史料展览、红色影视展播、红色家书诵读、红色故事宣讲等活动扎实深入。“我为群众办实事”实践活动见行见效，“10+12”为民办实事好事清单落地落实，商业步行街、菜市场、北京路改造升级，上海中路、浙江西路竣工通车，工人文化宫、文旅夜市、公园广场、滨河绿地等一系列“惠民便民利民”工程精心实施，一批群众急难愁盼问题得到有效解决。

——从严从实、固本培元，党的建设不断加强。管党治党责任严格落实，各级党组织和广大党员干部“四个意识”不断增强、“四个自信”更加坚定、“两个维护”忠诚践行。干部培育、选拔、管理、使用机制不断完善，“基层一线出干部”“好人好马上一线”的导向更加鲜明，提拔重用干部185人次。农村、城市、机关、国企、两新领域党组织标准化规范化建设提质增效，“周指导、月例会、季度推进、半年评估、年度评议”工作常态长效，精心选派27名县处级领导担任乡（镇）党委和社区“大党委”第一书记、388名国家干部到村任职、165名党建指导员驻企指导，发展党员1219名，基层战斗堡垒不断筑牢。七项重点任务规范落实，群众基础更加巩固。坚持严的主基调，充分发挥监督保障执行、促进完善发展作用，强化政治监督，稳步推进乡村振兴、粮食购销等民生领域腐败问题专项整治，精准运用监督执纪“四种形态”，政治生态得到进一步净化。持之以恒贯彻落实中央八项规定精神及其实施细则，驰而不息纠“四风”、树新风，作风建设持续加强。扎实开展第二十三个党风廉政教育月和“学廉规、守廉心、树廉风”系列活动，常态化开展警示教育、以案促改工作，“三不”机制一体推进。圆满完成232个第十三届县委巡察目标全覆盖和巡察整改成效评估工作，巡察利剑震慑作用充分彰显。民主政治建设全面加强，各级人大、政府、政协履职尽责，群团组织作用充分发挥，爱国统一战线更加巩固。

一、2022年工作思路和目标要求

党的十九届六中全会全面总结党的百年奋斗重大成就和历史经验，深刻揭示了“过去我们为什么能够成功、未来我们怎样才能继续成功”，对于推动全党进一步统一思想、统一意志、统一行动，更加坚定自觉地践行初心使命，在新时代更好坚持和发展中国特色社会主义具有重大现实意义和深远历史意义。自治区第十次党代会科学分析了新疆工作站在新的历史起点上面临的形势和机遇，提出了今后五年乃至更长一段时间新疆工作的总体要求、目标任务和重点工作。地委(扩大)会议系统总结了2021年地区各项工作取得的成绩，明确提出了2022年工作总体要求、奋斗目标和努力方向。

2022年是党的二十大召开之年，也是加快实施“十四五”规划的重要一年。全县各级党组织和广大党员干部必须坚决把思想和行动统一到党的十九届六中全会精神上来，统一到自治区第十次党代会精神上来，统一到地委(扩大)会议部署要求上来，立足当前、着眼长远，以永不懈怠的精神状态和一往无前的奋斗姿态，推动县域改革发展稳定各项事业行稳致远，以优异成绩喜迎党的二十大胜利召开。

总体要求：坚持以习近平新时代中国特色社会主义思想为指导，深入贯彻落实党的十九大和十九届历次全会精神，贯彻落实第三次中央新疆工作座谈会精神，完整准确贯彻新时代党的治疆方略，不断增强“四个意识”、坚定“四个自信”、做到“两个维护”，坚持稳中求进工作总基调，立足新发展阶段、完整准确全面贯彻新发展理念、服务和融入新发展格局，贯彻落实自治区党委工作部署和地委“76331”战略，紧盯县委“13661”目标，接续奋斗、砥砺前行，奋力开创平安和谐富裕美丽阿瓦提新局面。

目标任务：地方生产总值增长8%以上，全社会固定资产投资增长15%以上，规模以上工业增加值增长12%以上，社会消费品零售总额增长14%以上，一般公共预算收入增长8%以上，城镇登记失业率控制在3.5%以内，城乡居民人均可支配收入增长高于经济增速。经济发展稳中向好、各项事业全面进步。

完成全年既定工作目标，必须把握以下五个方面的要求：

——必须旗帜鲜明讲政治。坚持和加强党的全面领导，增强“四个意识”、坚定“四个自信”、做到“两个维护”，不断提高政治判断力、政治领悟力、政治执行力，牢记“国之大者”、拥护“两个确立”，始终在思想上政治上行动上同以习近平同志为核心的党中央保持高度一致。

——必须全力以赴抓发展。立足新发展阶段、完整准确全面贯彻新发展理念、服务和融入新发展格局，主动解放思想、开阔思路，始终以“有条件要上，没有条件创造条件也要上”的恒心韧劲，紧贴民生推动县域经济高质量发展。

——必须持之以恒强基础。牢固树立大抓基层的鲜明导向，以提升组织力为重点，突出政治功能，持续加强基本队伍、基本活动、基本阵地、基本制度、基本保障建设，把基层党组织打造成适应新时代发展要求的坚强战斗堡垒。

——必须驰而不息转作风。坚持把作风建设贯穿工作全过程，以顽强拼搏、百折不挠的意志品格，以求真务实、勇毅笃行的优良作风，确保党中央、自治区党委、地委各项决策部署和工作要求在阿瓦提落地生根、开花结果。

二、2022年重点工作和主要措施

(一)坚持稳字当头、稳中求进,全力推动县域经济高质量发展。坚持稳中求进工作总基调,立足新发展阶段、完整准确全面贯彻新发展理念,服务和融入新发展格局,以深化供给侧结构性改革为主线,促进一产上水平、二产抓重点、三产大发展,推动一二三产融合发展。

1.加快推进农业现代化。优先发展农业农村,围绕稳粮、优棉、强果、兴畜、促特色,培育壮大农业全产业链,助推农业增效、农民增收。坚持上游抓种养,全力以赴抓好粮食生产,稳妥推进棉花产业和畜牧业高质量发展,深入实施林果业提质增效工程,适度发展黄瓤西瓜、纳西甘甜瓜等特色农产品,大力推进设施农业规模化建设,着力打造“一心一园三基地”,组建种业集团公司,加快现代种业发展步伐,积极发展高效节水和现代智慧农业,全面推广应用先进机械,不断提高农业现代化水平,持续提升粮食和重要农产品保障能力,为二产提供优质原材料。2022年粮食面积稳定在2.67万公顷以上(其中滴灌小麦0.43万公顷),新增“阿瓦提红”葡萄、胡安娜杏等特色林果0.1万公顷,林果挂果面积1.9万公顷,牲畜存栏92万头(只)、出栏106.5万头(只),新建日光温室150座,新建高标准农田1万公顷。坚持中游抓加工,按照“种养在乡村、精深加工在园区”发展布局,充分发挥粮食、棉花、林果、畜禽等资源优势,大力发展阿瓦提慕萨莱思、棉纺、馕、豇豆、辣椒、瓜果、牛羊肉等农副产品精深加工,将优势农产品转化为重点产业链,提升农产品就地转化率,把附加值留在县域、留给农民。坚持下游抓服务,充分发挥电子商务平台和县乡村三级物流体系作用,加快农产品仓储冷链等设施建设,推进产品和产地绿色认证,重点打造阿瓦提慕萨莱思、阿瓦提棉花、博斯坦羔羊肉等地域特色品牌,强化产品包装、宣传、推介,提高产品品牌知名度和市场竞争力,拓宽线上线下销售渠道,让农民更多分享产业增值收益。推动巩固拓展脱贫攻坚成果同乡村振兴有效衔接,严格落实“四个不摘”“八个不变”,健全完善防止返贫监测预警和动态帮扶机制,抓实发展产业和带动就业,坚决守住不发生规模性返贫的底线。

2.做大做强实体经济。坚持项目产业化、产业园区化、园区聚集化,落实地区“点线片面”推进经济工作机制,县领导带头包项目、包产业、包园区、包企业,发挥资源优势,用好产业政策,推动集聚发展,助力实体经济提档加速。巩固提升棉纺,培育壮大织造,积极融入地区纺织服装产业体系,丰富棉纺产业链条。充分发挥龙头企业辐射带动强、经济贡献大的优势,抓好思维纺织、三场纺织、棉都阿瓦提慕萨莱思、昆仑情枣业等重点企业政策支持和要素保障,扎实推进精一纺织21万锭纺纱602台织机、融科纺织30万锭纺纱1050台喷气织机等项目建设,确保年内形成100万锭棉纺、1万吨阿瓦提慕萨莱思产能。加快完善馕产业发展格局,规范提升生产标准、质量、特色及销售模式,适度扩大产量,不断做优品牌、拓展销路,增加群众收入。增强园区综合承载力和竞争力,争取第一季度完成“一城四园”道路、排污、供水、供电、标准化厂房及办公楼等基础设施建设,为产业集聚发展搭建坚实平台。

3.培育壮大现代服务业。始终把现代服务业作为产业结构优化升级的战略重点,大力发展商贸物流、电子商务、文化旅游等业态,推动形成多层次、高品质的现代服务业发展新格局。借助“阿阿”铁路通车契机,加快火车站综合物流园建设,补齐商贸物流短板,提高产品流通效率。发挥电子商务孵化园作用,壮大农村电子商务市场主体,力争年内培育电商带头人10名、农村电商人员150名、网络零售额300万元以上企业8家。以文旅夜市为中心,着力打造夜间消费集聚区。加快发展金融服务业,建立“政银保担企”合作机制,鼓励金融机构开发金融产品和服务模式,全面提升金融保障服务功能。大力实施“旅游+”“+旅游”，促进旅游与农业、文化、生态、电商深度融合，多层次全方位扩大旅游供给。重点实施红葡萄旅游产业融合发展基础设施建设项目，年内完成葡萄廊道建设，延伸旅游消费产业链。发展壮大乡村旅游，打造刀郎沙漠公园、索克满休闲公社、葡萄村、也克力红色逐梦文旅小镇等乡村旅游景区景点，推动红林子、刀郎沙漠游园向景区模式转型，不断提高“刀郎劲歌舞·情醉阿瓦提”旅游品牌知名度和影响力，力争全年接待游客183.12万人次，实现旅游收入8.43亿元。

4.持续扩大有效投资。坚持以项目建设为引领，加强项目资金整合力度，提高资金使用效率，为经济发展注入强劲动力。立足发展需求，围绕投资导向，做好“四个一批”项目储备，持续加大中央预算、政府债券资金争取力度，重点推进文化旅游产业园、国道580线阿克苏—阿瓦提一级公路等项目建设，充分发挥投资在稳增长中的关键作用。坚持把招商引资作为“一号工程”，借助“十四五”期间中东部地区产业转移契机，围绕地区“6+2”产业和县域重点产业，实施驻地招商、小分队招商、以商招商的精准招商，重点引进上下游配套、产业链延伸项目，争取在果品加工、商贸物流、装备制造等方面取得突破，强化项目要素保障和全程“保姆式”服务，加快项目转化落地，力争招商引资到位资金增长20%以上。

5.提升城市精细化管理水平。坚持以人为核心的新型城镇化建设，秉承“城在林中、水在城中、房在园中、人在景中”城市发展建设理念，着力打造宜居宜业宜游公园城市。加快完善城镇供热、供水、供电、路网等市政设施，推进老旧小区改造、保障性住房建设等重点项目，力争年内完成横十四路等4条道路改（扩）建，建成公租房420套，棚改安置房1000户，城镇保障性住房238套，实施老旧小区改造3个。深入开展物业行业专项整治行动，改善群众生活环境，力争群众对物业服务满意度达85%以上。加大城市“双修”力度，常态化落实“门前五包”责任制，稳妥有序推进“城市蜘蛛网”整治行动，年内完成光明路管线入地工作。强化城市生态园林绿化建设，以“300米见绿、500米见园”为目标，见缝插绿、拆违复绿、破硬植绿，新建15处街头绿地，绿化补植55.7公顷，做到绿化景观连贯畅通，全面提升市容市貌。

6.推进城乡一体发展。坚持乡村振兴和新型城镇化建设一体推进，促进城乡公共服务和基础设施共建共享、互联互通。坚持因地制宜、突出特色，以阿依巴格镇、拜什艾日克镇小城镇一南一北示范区建设为引领，加大小城镇培育建设力度，做靓英艾日克镇、塔木托格拉克镇、三河镇等小城镇名片，辐射带动乡村全面发展。深入开展农村人居环境整治提升五年行动，持续抓好农村改厕、垃圾污水处理、村容村貌提升等工作，促进乡村环境全面改善。大力实施乡村建设行动，加快农村水电路气讯等基础设施建设，新建农村抗震防灾工程46户、农村公路160千米，不断改善各族群众生产生活条件。

7.加强生态环境保护建设。树牢绿水青山就是金山银山理念，立足国家重点生态功能区定位，严守生态保护红线，落实最严格的生态环境保护制度、空间用途管制制度、耕地保护制度、水资源管理制度，严禁“三高”项目进县。纵深推进山水林田湖草沙一体化保护和系统治理，持续开展国土绿化行动，严格落实河（湖）长制、林长制，积极配合地区加快艾西曼区域生态修复和荒漠化治理进程，力争年内完成植树造林0.17万公顷。持续打好蓝天、碧水、净土保卫战，力争年内实施“煤改电”8682户，中水利用率达30%以上，残膜回收率达85%，完成退地减水0.15万公顷。坚持绿色低碳发展，贯彻“碳达峰、碳中和”要求，加强能耗“双控”管理，引导国能生物发电、三场纺织、阳光热力等重点企业节能改造，力争规模以上工业企业增加值能耗下降4%。大力倡导简约适度、绿色低碳的生活方式，促进经济社会发展全面绿色转型。

8.持续深化改革扩大开放。充分发挥改革的突破和先导作用,在重点领域和关键环节上提速加力,持续深化“放管服”改革,推进“六型政府”建设,落实好政务服务“跨省通办”“全地区通办”,不断拓展“同城通办”,提升“12345”政务服务热线为民服务能力,推动政务服务向基层延伸。持续优化营商环境,发挥“政银企”协调作用,激发各类市场主体活力。牢固树立“过紧日子”的思想,深化财税金融体制改革,开源节流、增收节支,涵养和培植税源,强化政府风险债务管理,提升财政服务经济发展能力。加快推进事业单位人事制度改革。深化国资国企改革,优化国有经济布局,促进国有资本向产业链、供应链、价值链的中高端及基础关键环节集聚发展。深入推进农业综合水价改革,加快供水计量体系建设,实现计量到村、供水到户。认真贯彻落实第八次全国对口支援新疆工作会议精神,大力实施智力援疆、产业援疆、保障和改善民生援疆、交往交流交融、文化教育援疆工程,推动“组团式”援疆向教育、医疗等领域拓展,深入推进“十城百店”“百村千厂”“万亩亿元”等工程,不断提高援疆综合效益。2022年计划实施援疆项目33个、投入资金1.49亿元。

(二)坚持普惠共享、公平优质,持续保障和改善民生。坚持以人民为中心的发展思想,深入实施“十项惠民”工程,大力开展“六大品质提升行动”,让各族群众的获得感、幸福感、安全感更加充实、更有保障、更可持续。

1.积极扩大就业创业。坚持把就业作为最大的民生,继续实施更加积极的就业政策,确保城乡有劳动能力的人全部就业。依托县技工学校等培训基地,围绕政策法规、就业技能等内容,持续开展农村劳动力“订单式”培训,力争全年培训4.48万人。突出抓好农村“4050”劳动力、高校毕业生、退役军人、脱贫群众等群体就业,动态消除零就业家庭,城镇新增就业3600人。加强市场供求信息监测,加快发展劳动密集型产业,开发就业岗位,拓宽就业渠道,重点引导城乡富余劳动力就地就近向农业内部、产业园区、重大项目等就业,完善就业监测预警机制,强化失业调控力度,确保稳定就业。稳步发展新就业形态,鼓励农村劳动力、农民工返乡创业,落实创业贷款、财政贴息等政策,推动创业带动就业、多渠道灵活就业,实现更加充分更高质量就业。

2.办好人民满意教育。落实立德树人根本任务,提升教育教学质量,促进学生德智体美劳全面发展。健全学校、家庭、社会协同育人机制,推动“五项管理”“双减”等教育改革措施落实落地。巩固学前教育普及普惠发展成果,不断提高学前教育保教质量。大力促进义务教育优质均衡发展和普通高中优质发展,力争将鲁迅中学、鲁迅小学创建为地区级优质中小学。推进职业教育改革发展,深化产教融合、校企合作,确保职业技术学校升格为中等职业技术学校。实施新时代“十百千”名师培育工程,发挥名师发展中心人才孵化基地作用,精心打造21个学科工作室,培育培养高素质专业化教师人才队伍。全力保障教师待遇,为教师安心从教营造良好环境。

3.提高全民健康水平。深化医药卫生体制改革,优化医疗集团运行机制,深入推进紧密型医共体建设,引导优质医疗资源下沉,提升基层医疗卫生机构服务能力,积极做好分级诊疗工作,不断提升县域就诊率。持续改善医疗卫生机构条件,建强医疗卫生人才队伍,着力构建县乡村三级贯通、三医联动的医疗卫生服务共同体模式。大力发展中医药和民族医药事业,推进医疗卫生和康养服务有机结合。提倡优生优育、促进人口长期均衡发展。健全稳定的公共卫生事业投入机制,实施“健康阿瓦提”行动,常态开展全民免费健康体检,强化城乡居民健康服务管理,完善药品供应、疾病预防控制、公共卫生应急物资保障体系，提高传染病预防和突发公共卫生事件处置能力，保护人民群众生命健康安全。

4.加大社会保障力度。加快构建覆盖全民、统筹城乡、公平统一、可持续的多层次保障体系，为广大群众提供更可靠、更充分的社会保障。深入实施全民参保，完善基本养老、医疗、失业和工伤保险制度，扩大城乡居民意外伤害保险、城镇职工大病保险覆盖面。持续落实异地就医直接结算政策，推广社保业务“线上办”模式，提升社保服务水平。深化退役军人服务保障体系建设，持续做好双拥共建工作。加强残疾人精准康复服务。健全社会救助和兜底保障体系，提升福利机构人性化管理水平，解决好“一老一小”问题，深入推进居家和社区养老服务改革，做到困难群体应保尽保、应救尽救。

5.筑牢安全生产屏障。坚决守住安全生产底线，健全完善“党政同责、一岗双责、齐抓共管、失职追责”安全责任体系，严格落实“1+X”风险隐患排查治理机制，深入实施安全生产专项整治三年行动，持续开展道路交通、危险物品、农机、消防、森林防火等重点行业领域攻坚治理，加大监管执法力度，严厉打击非法违法行为，坚决防范和遏制重特大安全生产事故。深化食品药品安全监管和防范治理，争创自治区级食品安全城市。强化应急队伍力量建设，做好消防设施、救援物资等储备，常态化开展应急演练，不断提升防灾减灾和应急处置能力，最大限度保障各族群众生命财产安全。

（三）坚持举旗定向、凝心聚力，扎实做好意识形态工作。以迎接党的二十大胜利召开为主线，举旗帜、聚民心、育新人、兴文化、展形象，坚持以社会主义核心价值观为引领，把牢方向导向，着力凝聚人心。

1.牢牢掌握党对意识形态工作领导权。坚持不懈强化理论武装，广泛开展党的百年奋斗重大成就和历史经验宣传教育，用好“学习强国”平台，创新网上宣传，推动新时代党的创新理论深入人心。深入贯彻落实《关于新疆若干历史问题研究座谈纪要》精神，深度用好系列白皮书，引导各族群众牢固树立正确“五观”。

2.大力培育和践行社会主义核心价值观。深入实施公民道德建设工程，不断加强爱国主义、集体主义、社会主义教育，引导各族干部群众厚植爱国情怀。常态开展群众性精神文明创建活动，深化移风易俗，培育文明乡风、涵养淳朴民风。拓展新时代文明实践中心功能作用，进一步统筹整合资源，壮大构成多元、富有活力的志愿服务队伍，打造接地气、聚人气的志愿服务项目，探索精准化常态化的志愿服务模式，打通宣传教育服务群众“最后一公里”。

3.深入实施文化润疆工程。推动中华优秀传统文化进学校、进家庭、进社区、进头脑，精心打造一批具有中华文化特征和中华民族视觉形象的文化阵地。实施文艺精品战略，积极挖掘各民族向上向善的优秀文艺素材，打造一批正确反映新疆历史、具有中华文化底蕴、融合现代文明、群众喜闻乐见的精品力作。实施基本公共文化服务达标行动，持续抓好东风工程，广泛组织各族群众参与互动的读书娱乐活动，精准化、全覆盖实施“农村公益电影发行放映”工程，常态开展“我们的中国梦·文化进万家”和送戏下乡活动，推进文化发展成果共建共享。

4.理直气壮讲好阿瓦提故事。统筹理论舆论、文化文艺、内宣外宣、网上网下，精心策划举办系列宣传活动，推出一批有深度、有针对性、有说服力的新闻报道，营造喜迎二十大的浓厚氛围。探索融媒体中心“新闻+政务服务商务”运营模式，抓好“阿瓦提是个好地方”App建设，用好“一月一主题”外宣品牌，推进媒体深度融合发展。健全舆情应急处置机制，加大权威信息供给力度，增强数据发布、政策阐释，理直气壮宣传阿瓦提社会稳定的大好局势、人民安居乐业的幸福生活，讲好阿瓦提故事、传播好阿瓦提声音、塑造好阿瓦提形象。

三、全面加强党的领导，为实现总目标提供坚强政治保证

坚持党对一切工作的领导，坚定坚决贯彻落实新时代党的建设总要求和新时代党的组织路线，推动思想建党和制度治党同向发力，不断增强党的政治领导力、思想引领力、群众组织力、社会号召力。

（一）突出政治建设，让理想信念浸润灵魂。始终把党的政治建设摆在首位，坚持用党的创新理论武装各族党员干部，进一步增强“四个意识”、坚定“四个自信”、做到“两个维护”，加强党内集中教育和经常性教育，巩固深化“不忘初心、牢记使命”主题教育、党史学习教育成果，持续推进“两学一做”学习教育常态化制度化。认真贯彻党内条例、准则、规程等法规，严格落实“党旗映天山主题党日制度”，深入开展党的十九大和十九届历次全会，第三次中央新疆工作座谈会、自治区第十次党代会精神培训，推动广大党员干部补足精神之钙、筑牢信仰之基、把稳思想之舵。

（二）注重选育管用，让干部队伍迸发活力。坚持“20字”好干部标准、民族地区“四个特别”政治标准和党管干部、德才兼备、以德为先、任人唯贤、人事相宜原则，着力选准干部、用好干部。健全源头培养、跟踪培养、全程培养的素质培养体系，加强思想淬炼、政治历练、实践锻炼、专业训练，促使干部砥砺品质、增长才干。健全日常考核、分类考核、近距离考核的知事识人体系，建立干部综合表现正（负）面清单，常态化识别干部政治素质和业务能力，考准考实干部。坚持严管厚爱结合，激励约束并重，健全管思想、管工作、管作风、管纪律的从严管理体系，全面加强干部管理监督。坚持重基层、重实干、重担当的鲜明导向，统筹用好年轻干部、女干部、少数民族干部，进一步激励广大干部新时代新担当新作为。完善人才引进、培养、使用、评价、流动、激励等制度机制，营造拴心留人环境。全面加强老干部和关心下一代工作。

（三）聚焦固本强基，让基层组织有力有为。坚持把抓基层打基础作为长远之计和固本之举，推动基层党组织全面进步、全面过硬。健全严密的村级组织架构，优化“三个中心”设置，规范村党组织运行机制，全面实施“领航、头雁、薪火”三大行动，多举措壮大村集体经济，推动人财物向基层一线流动。强化到村任职国家公职人员服务管理。扎实开展农村发展党员违规违纪问题排查整顿，确保党员队伍干净纯洁。加强村（社区）“两委”成员集中轮训，提升能力素质。进一步深化拓展村（社区）级组织“星级化”创建工作，加强软弱涣散基层党组织整顿，推动晋位升级。强化城市基层党建成熟机制运用，推动社区党建、单位党建、行业党建互联互动，延伸社区党组织服务管理触角。健全机关党组织管理制度，规范组织设置，理顺组织关系，提升党建质量。压实两新组织行业归口管理、属地管理、村（社区）兜底管理责任，深入推进农牧民群众集中就业的非公企业党组织有形有效覆盖。落实国企领导“双向进入、交叉任职”工作机制，全面推行党建入章。常态化长效化制度化开展“访惠聚”驻村工作，发挥派出单位后盾作用，推动七项重点任务落实落细。

（四）坚持久久为功，让干部作风持续向好。坚持严的主基调毫不动摇，坚决贯彻落实中央八项规定精神及其实施细则，高度警惕、严肃查处隐形变异“四风”问题。持续纠治贯彻落实上级决策部署打折扣、搞变通等形式主义、官僚主义，继续紧盯“舌尖上的浪费”“车轮上的铺张”“节日中的腐败”等享乐主义、奢靡之风，严防“四风”问题回潮复燃。认真贯彻落实自治区、地区基层减负工作要求，大力精简文件和会议，减少和规范督查考核，最大限度减轻基层负担。以作风建设永远在路上的恒心和韧劲，常态化开展干部作风整顿系列活动，持续在强化督察、狠抓典型、严肃问责、常态曝光、健全制度上下功夫，管出习惯、抓出成效、化风成俗。坚持“三个区分开来”，严格落实容错纠错、澄清正名等制度，最大限度调动和保护干部干事创业的积极性。

（五）高悬纪法利剑，让正风反腐永不止步。推动政治监督具体化、常态化，坚持一手抓反分裂斗争、一手抓党风廉政建设和反腐败斗争，严肃查处问题线索反映集中、群众反映强烈，政治问题和经济问题交织的腐败案件。聚焦巩固脱贫攻坚成果同乡村振兴有效衔接、优化营商环境、粮食购销、惠民惠农补贴等民生领域损害群众利益突出问题，精准运用监督执纪“四种形态”，着力消减腐败存量、遏制腐败增量，不断巩固拓展反腐败斗争压倒性态势。做好案件查办“后半篇文章”，常态化开展廉政教育、警示教育和以案促改教育，坚持标本兼治，持续加大源头治腐力度，不断强化不敢腐的震慑，扎牢不能腐的笼子，增强不想腐的自觉。坚守政治巡察定位，充分发挥巡察利剑作用，全面启动新一届县委巡察工作。扎实开展第24个党风廉政教育月活动，不断强化各级党员干部和公职人员的法治思维、纪法意识和自我约束能力。持续深化纪检监察体制改革，严格落实《中共中央关于加强对“一把手”和领导班子监督的意见》，加强对关键岗位、关键领域、“关键少数”的监督，充分释放监督治理效能，推动新时代纪检监察工作高质量发展。

（六）凝聚各方智慧，让民主集中贯穿始终。坚持党委总揽全局、协调各方，积极支持人大、政府、政协和人民团体依法依章程履行职能、开展工作、发挥作用。支持和保证人大依法行使职权，加强人大对“一府一委两院”的监督，充分发挥各级人大代表作用。加快转变政府职能，增强政府执行力、公信力，建设人民满意政府。支持人民政协履行政治协商、民主监督、参政议政职能。充分发挥工青妇等群团组织联系各界群众的桥梁纽带作用，巩固发展最广泛的爱国主义战线，形成民主团结、生动活泼、安定和谐的政治局面。

阿瓦提县人民政府工作报告

——在阿瓦提县第十七届人民代表大会第二次会议上(摘要)

(2022年12月29日)

2021年工作回顾

2021年,在地委、行署和县委的坚强领导下,在县人大、政协的监督支持下,县人民政府完整准确贯彻新时代党的治疆方略,以高度的政治责任感和强烈的历史使命感,团结带领全县各族干部群众担当实干、锐意进取,推动全县改革发展稳定各项事业取得了长足进步,全面完成了县第十六届人大六次会议确定的各项目标任务。

过去的一年,我们抓产业、重培育,经济发展稳中有进。预计实现地区生产总值74.52亿元,比上年增长10%;一般公共预算收入3.33亿元,增长12%;固定资产投资37.82亿元,增长17.2%;社会消费品零售总额8.23亿元,增长18.1%;规模以上工业增加值3.32亿元,增长21.8%;农村经济总收入87.73亿元,增长10.06%;城镇居民人均可支配收入37671元,增长8.7%,农牧民人均纯收入20428元,增长10%。巩固拓展脱贫攻坚成果同乡村振兴有效衔接平稳过渡,顺利通过自治区乡村振兴战略实绩考核,红旗村、托万克喀格木什村、多浪社区成功入选自治区级乡村振兴示范村。农业生产基础不断夯实,严守耕地红线,新建高标准农田1.07万公顷,粮食产量27.44万吨、皮棉产量19.52万吨,入选全国第六批率先基本实现主要农作物生产全程机械化示范县;林果业提质增效,挂果面积2.06万公顷,新增大田葡萄0.17万公顷;畜牧业扩量提质,牲畜存栏74.73万(头)只,增长30.7%;"菜篮子"有效供给。三河镇(棉花)、塔木托格拉克镇库吾尔孬村(纳西甘甜瓜)入选第十一批全国"一村一品"示范村镇。工业经济提档增速,建成标准化厂房55.77万平方米,思维、冠宇、舜馨等一批纺织企业落地投产,形成44.8万锭棉纺产能;以葡萄酒(阿瓦提慕萨莱思)产业为代表的现代农业产业园初具规模。招商引资成效显著,累计全年到位资金37.81亿元。旅游产业蓬勃发展,刀郎部落评选为2021年新疆休闲农业精品农庄(园),索克满休闲公社、也克力红色逐梦小镇成功创建国家AAA级景区,全年接待游客177.67万人次,实现旅游收入8.26亿元。商贸物流体系加快形成,行政村(社区)服务通邮实现全覆盖,荣获2021年"国家级电子商务进农村综合示范县"称号。"阿阿铁路"顺利贯通,一团、三团、七团与阿瓦提公路互联互通,0.47万公顷土地确权勘界登记颁证。深化改革持续推进,134项改革任务全部完成。对口援疆工作精准有效,实施援疆项目33个,投入资金1.53亿元。

过去的一年,我们重规划、抓统筹,城乡风貌改善明显。城市更新有力推进,市政设施不断完善,新(改)建市政道路7.3千米,完成老旧小区改造9个、棚户区改造600户,新建公租房224套、城区供排水管网42千米、天然气管网16千米;道路规范命名全部完成,供排水公司实现国有化;"五化"工程持续深入,新增城区绿地111.4公顷,"300米见绿、500米见园"目标全面实现,城市更加生态宜居。启动农村人居环境整治提升五年行动,农村"厕所革命"、污水处理、垃圾分类有力推进。农村基础设施建设更加完善,新建农房抗震防灾工程768户、农村道路160千米,改建防渗渠12.35千米,更新改造农村供水管网1321千米,改造电网129.36千米。河湖长制、林长制扎实开展，实现退地减水0.15万公顷，完成植树造林0.35万公顷。农业面源污染治理成效明显，残膜回收率达85%以上。

过去的一年，我们办实事、惠民生，发展成果普惠共享。“十项惠民”工程深入推进，公共服务均衡化、优质化水平不断提高。稳定就业持续扩大，县乡两级技工学校培训体系规范运行，城镇新增就业3355人，农村富余劳动力就业4.1万人次，完成职业技能培训6669人次，就业稳岗率达96%以上。教育事业稳步提升，新（改）建幼儿园4所、中学1所，名师发展中心挂牌成立，师资素养不断提升，办学教学条件持续改善；“双减”政策有效落实，义务教育均衡化顺利通过国家评估验收。公共医疗卫生服务能力不断提高，基本药品、医疗耗材“零差率”销售持续巩固，异地就医直接结算、大病保险举措有效实施，医联体、医共体建设持续推进，乡（镇）卫生院、村卫生室服务能力全面提升，双向转诊机制有序实施，县域内就诊率达90%以上。艾滋病、结核病实现“闭环管理”。全民免费健康体检继续落实。“文化润疆十大示范工程”深入实施，公共文化服务体系不断健全，文化惠民活动精彩纷呈，阿瓦提镇入选自治区“刀郎农民画民间文化艺术之乡”。社会保障体系日益完善，城乡居民基本养老、医疗保险参保率稳定在95%以上，幸福大院、儿童福利院等福利机构有效运行，特殊困难群体社会救助全覆盖。退役军人服务保障体系更趋完善，县乡两级退役军人服务站达到全国示范标准。县域第一次全国自然灾害综合风险普查工作全面完成。安全生产形势持续向好，重特大安全生产事故“零发生”。

过去的一年，我们融真情、铸根基，民族团结进步发展。民族团结进步宣传教育持续深化，“五个认同”“三个离不开”思想更加深入人心。

过去的一年，我们转作风、优服务，政府效能持续提升。“不忘初心、牢记使命”主题教育成果巩固拓展，党史学习教育有力推进，自觉做到与县委思想同心、目标同向、行动同步。重大事项合法性审查、政府法律顾问等制度严格执行，“八五”普法有序推进，公共法律服务体系不断健全，依法行政和依法治县能力持续加强。自觉接受人大依法监督、政协民主监督、审计行政监督及社会各界舆论监督，及时办理人大议案、建议36件，办理政协提案、意见26件，答复率100%。“县长信箱”、信访接待等群众诉求渠道更加通畅，做到件件有回音、事事有着落。“互联网+政务服务”持续推进，网上可办事项996项，可办率达100%，群众办事更加便捷高效。形式主义、官僚主义有效整治，精文减会深入实施，切实为基层松绑减负。公共机构节能工作扎实开展，成功创建全国“节约型机关”21个。中央八项规定精神及其实施细则严格落实，“三公”经费支出持续下降，政府债务有效化解。党风廉政建设和反腐败斗争深入推进，一批违规违纪违法的干部受到了严肃处理，政府系统风清气正、担当作为、干事创业的环境更加清朗。

2022年指导思想、奋斗目标、主要任务及保障措施

2022年是党的二十大召开之年，是全面贯彻落实自治区十次党代会精神的开局之年，也是加快实施“十四五”规划的重要一年，做好全年工作意义重大。我们要客观分析当前面临的新形势、新任务、新要求，把握阶段性发展规律，坚定信心、保持定力、主动作为，与时俱进推动高质量发展，更好满足人民日益增长的美好生活需要。

指导思想：坚持以习近平新时代中国特色社会主义思想为指导，深入贯彻落实党的十九大和十九届历次全会精神，贯彻落实第三次中央新疆工作座谈会精神，完整准确贯彻新时代党的治疆方略，不断增强“四个意识”、坚定“四个自信”、做到“两个维护”，坚持稳中求进工作总基调，立足新发展阶段、完整准确全面贯彻新发展理念、服务和融入新发展格局，贯彻落实自治区党委工作部署和地委“76331”战略，紧盯县委“13661”目标，接续奋斗、砥砺前行，奋力开创平安和谐富裕美丽阿瓦提新局面。

目标任务：地方生产总值增长8%以上，全社会固定资产投资增长15%以上，规模以上工业增加值增长12%以上，社会消费品零售总额增长14%以上，一般公共预算收入增长8%以上，城镇登记失业率控制在3.5%以内，城乡居民人均可支配收入增长高于经济增速。经济发展稳中向好、各项事业全面进步。

主要任务及保障措施：

（一）稳步推进经济高质量发展。坚持稳中求进工作总基调，以"一城四园"为载体，不断优化产业结构，做实做强做优实体经济，延伸农业全产业链，推动一二三产融合发展。

——加快推进现代农业。严格落实过渡期内"四个不摘""八个不变"要求，持续巩固"两不愁三保障"成果，健全防止返贫动态监测和帮扶机制，加强扶贫项目资产管理和监督，坚决守住不发生规模性返贫的底线。围绕"稳粮、优棉、强果、兴畜、促特色"的总体思路，提升优质农产品供给保障能力，夯实农业全产业链生产基础。稳定已有粮食面积2.67万公顷，实现粮食年产18万吨以上。深入推进棉花产业高质量发展三年行动，持续优化棉花种植结构，提高棉花品质一致性。大力推广机采棉种植模式，继续扩大机采棉种植面积，探索推广长绒棉机采技术。推进林果业提质增效，新增"阿瓦提红"葡萄、胡安娜杏等特色林果0.11万公顷，林果挂果面积1.9万公顷，商品化率达85%以上。持续加快畜牧业高质量发展，全力推进"十百千亿"工程，规范"万头肉牛""万只多胎多羔肉羊"基地运行，培育延伸畜禽产业链，力争年末牲畜存栏92万头（只）、出栏106.5头（只）。持续发展设施农业和特色种植，新建日光温室150座，种植特色作物0.26万公顷。积极发展智慧农业，持续提升农业装备和信息化水平，实施高标准农田建设1万公顷，实现主要农作物综合农业机械化率88%以上。深入推进"十城百店"工程，建设优质"百十一"基地，扩大"十仓百企"联盟，加强生产、加工、销售等各环节质量管理，提高农产品品牌知名度和市场竞争力。

——培育壮大产业集群。坚持无工不富理念，大力发展园区经济，优化产业结构，完善全产业链、全配套服务布局，推动工业强基增效。加快产业园标准化厂房及基础设施建设，完善配套服务，提升园区招商吸引力和项目承载力，力争规上工业总产值达18.1亿元以上。多措并举做好闲置土地、低效用地、"僵尸企业"和低产能企业清理，促进资源节约集约利用。加快棉花（纺织）产业链建设步伐，持续抓好棉花分品种、分等级收购、堆放，鼓励轧花设备技改，重点推进精一、融科、舜馨、拓鑫等纺织企业项目建设，力争实现100万锭纺纱产业规模。大力发展林果精深加工，不断延伸产业链，重点发展葡萄酒（阿瓦提慕萨莱思）产业，力争葡萄酒产能达1万吨，支持"传统阿瓦提慕萨莱思+文化+旅游"融合发展，打造刀郎部落—阿拉尔闸口文化旅游暨阿瓦提慕萨莱思（红葡萄）产业旅游精品线路，逐步构建"吃住行游购娱"一条龙产业链。引进金丰源等社会资本组建种业集团，配套建设种子良繁田0.87万公顷，逐步构建政府为主导、市场为导向、企业为主体，产学研相融合、育繁推一体化的现代种业体系。深入推进专精特新中小微企业培育，鼓励和支持企业转型升级，力争完成4家以上企业"升规上限"。

——提速发展第三产业。深入推进"旅游+""+旅游"产业融合发展，促进旅游与农业、文化、生态、电商深度融合，构建大旅游发展格局。健全完善景区基础设施建设，着力解决"三难一不畅"问题。依托葡萄村、索克满休闲公社、葡萄销售集散中心，打造旅游精品路线，发展生态观光游；依托棉纺制造、阿瓦提慕萨莱思酿造等产业，建设农产品展示厅，发展特色产业游；依托沙漠公园、刀郎沙漠游园，拓展沙漠体育、沙漠疗养、休闲探险融合，发展现代康养游，力争全年接待游客183.12万人次，实现旅游收入8.43亿元。加快火车站综合物流园建设，加大物流网点县乡村三级布置力度，完善公铁联运、城乡配送体系。发挥电子商务公共服务中心作用，培育一批“网红”“流量明星”，宣传推介县域特色产品，扩大市场占有率。加大市场消费培育力度，鼓励发展地摊经济、夜间经济，繁荣乡村农贸市场，提高县域消费水平。

(二)加快城乡一体化发展进程。坚持以人为本发展理念，始终把科学规划与开发建设并举、管理提升与形象建设同步，统筹推进城乡基础设施建设，着力构建城镇建设与乡村振兴互促共进发展格局。

——推动城市品质提升。加快县域总体规划和产城融合发展规划编制，优化空间发展布局，推动产城融合发展，提高城市聚集力、辐射力和带动力。稳步实施城市更新行动，不搞大拆大建，有序推动产城融合园与城区基础设施一体建设，形成功能互补、融合发展，全面提升城市综合承载能力，力争年内新建天然气管网10千米、街头绿地55.7公顷，新(改)建市政道路12千米，新建公租房、保障性租赁住房658套，完成棚户区改造1000户、老旧小区改造3个。依法推进城市精细化管理，加强违法建设、卫生死角、户外广告、架空线缆等常态治理，推进垃圾分类、清运提标扩面，不断改善城市环境面貌；加快推进市政设施智能化改造，发展5G移动通信网络，改建智慧小区7个、停车泊位400个；深化物业服务管理，实现住宅小区物业管理全覆盖，物业服务满意度达85%以上。

——加快美丽乡村建设。扎实开展农村人居环境整治五年提升行动，紧紧围绕农村垃圾治理、污水治理、“厕所革命”、庭院“三区分离”等重点工作，力争打造自治区级农村人居环境整治示范村32个、美丽宜居乡村2个，以点带面，扩大战果，有效改善农村群众居住环境。有序推进农村基础设施建设，新建农房抗震防灾工程46户，实施电网改造248.6千米。全面建立以“路长制”为核心的“四好农村路”建设长效机制，实施农村公路安全防护工程，新(改)建农村公路160千米，争创自治区级“四好农村路”示范县。坚持“因地制宜、突出重点、注重实效”思路，统筹规划小城镇建设，加快阿依巴格镇、拜什艾日克镇一南一北小城镇示范区建设，推进英艾日克镇、塔木托格拉克镇、三河镇区域特色小城镇建设。充分发挥土地“增减挂钩”专项资金作用，采取招商引资、群众自主开发等方式，撬动社会资本共同参与小城镇建设，力争将特色小城镇建设成为经济繁荣、布局合理、设施配套、功能健全、环境整洁、具有较强辐射能力的农村区域经济文化中心。

(三)持续抓好生态文明建设。坚持“绿水青山就是金山银山”理念，实行最严格的生态环境保护和水资源管理制度，牢牢守住生态保护红线、底线。持续开展“大棚房”问题专项清理整治行动，坚决遏制耕地“非农化”、防止“非粮化”，构建数量、质量、生态“三位一体”耕地保护新格局。立足国家级生态功能保护区定位，实行最严格的“三线一单”生态环境制度，巩固好蓝天、碧水、净土保卫战成果。持续开展压煤、减排、控车、抑尘，实施“煤改电”“煤改气”8682户。严格落实河湖长制，推进“清四乱”常态化、规范化、制度化运行。积极开展农田残膜污染治理，残膜回收率达85%以上。全面推行林长制，重点实施艾西曼区域生态修复和荒漠化治理工程，年内完成植树造林0.17万公顷、退耕还林133.33公顷。全力抓好能耗“双控”，推进重点领域、重点行业节能降碳，力争单位地区生产总值能耗下降3%，规模以上企业单位增加值能耗下降4%；大力倡导简约适度、绿色低碳生活方式，推进绿色机关、绿色校园、绿色社区、绿色企业等创建活动，力争年内新命名节约型机关10个，为实现碳达峰、碳中和做出积极贡献。

(四)全力以赴扩大有效投资。坚持招大选

优并举、内培外引并重，紧紧牵住项目建设“牛鼻子”，牢牢把握有效投资“压舱石”，力争招商引资和项目建设取得更大突破。

——全面推进项目建设。按照“全年抓谋划、冬季抓前期、工期抓建设”的要求，不遗余力做好“争资引项”工作，切实加大项目资金整合力度，提高资金使用效率，为县域经济发展提供有力支撑。紧跟国家政策和产业投资导向，提前思考、认真谋划、赶早行动，做到项目谋划到位、储备到位，全年谋划项目67个，其中亿元以上项目16个。深入开展“冬季攻势”，抢抓停工关键点，介入项目前期，破解项目建设的“堵点”“难点”问题。持续深化“点线片面”工作机制，在建项目抓进度、开工项目抓推进、洽谈项目抓落地，重点抓好精一纺织21万锭纺纱602台喷气织机、融科纺织30万锭纺纱1050台喷气织机、棚户区改造安置等新建项目建设，加快推进老旧小区改造、刀郎文旅接待中心、宏宇综合农贸交易中心等续建项目建成投用，力争年内实施重大项目9个，投资16.98亿元。

——精准开展招商引资。坚持招商引资“一号工程”不动摇，营造“全员招商”氛围，以高质量招商引资服务经济高质量发展。把产业发展布局作为招商和争资主攻方向，力争在纺织服装、农副产品精深加工、商贸物流、文化旅游、装备制造等产业上取得新成效。大力实施小分队招商、驻地招商、以商招商措施，结合优势资源，精心谋划展会、推介会及观摩路线，吸引企业主动投资。抓好落地招商服务，做到招商引资专班包联全覆盖、常态化，加强签约项目动态管理，切实做到协调服务、跟踪管理、问题解决和政策兑现“四个到位”，确保招得来、落得下，力争全年新增落户企业30家以上，实现到位资金增长20%以上。

（五）全面深化重点领域和关键环节改革。主动扛起改革责任、认真谋划改革举措、积极解决改革难题，全面落实经济生态、农业农村、社会事业等重点领域改革任务，推进改革与发展深度融合、高效联动，不断激发内生动力，释放发展新活力。

——持续优化营商环境。深化“放管服”改革，落实照后减证和简化审批，推动“互联网+政务服务”，用好“12345”政务服务热线平台，提高为企便民服务效能；加快“多证合一、证照分离”商事制度改革，推进新型信用监管机制；加大“双随机、一公开”“互联网+监管”检查力度，在提升市场综合监管能力的同时减轻企业负担。深化财税金融体制改革，健全金融支持实体经济发展机制，引导金融机构加大对特色产业、基础设施等领域支持力度，落实好“政银保担企”机制，有效降低企业融资成本，切实提高金融服务实体经济能力。

——落实农业综合改革。严格落实农村集体“三资”管理整治，规范土地流转行为，稳步发展壮大农村集体经济。深入实施农业水价综合改革，建立健全用水管理、工程建设和管护、农业水价形成、精准补贴和超额累进加价机制，力争年内顺利通过自治区节水型社会达标验收。积极推动生产、供销、信用“三位一体”综合合作试点，深化供销合作社综合改革，促进农民合作社规范提升，强化农村信用社金融支撑，推动“三社”深度融合。

——深化体制机制改革。全面深化国资国企改革，推动国有资本向产业链、供应链、价值链的中高端及基础关键环节集聚，切实发挥天宏公司、宏宇农业在农业全产业链发展中的引领带动作用，城投公司、文旅集团在基础设施建设中的公共服务职能，使国资国企成为推动经济发展的主力军、排头兵和突击队。深入开展国企三年改革行动，推动国有企业做大做强，力争年底净利润收益率增长12%以上。认真贯彻落实第八次全国对口援疆工作会议精神，不断提高援疆综合效益，计划实施援疆项目33个、投入资金1.49亿元。

（六）增进民生福祉普惠共享。树牢以人民

为中心的发展理念，始终把群众的“小事”当成政府的“大事”，用心用力推进民生工程，集中精力办好民生实事，让发展成果更多更公平惠及各族群众。

——提升就业服务质量。坚持把就业作为最大的民生，继续强化就业优先战略和实施更加积极的就业政策，实现更充分更高质量就业。依托县、乡两级技工学校培训基地，围绕政策法规、劳动技能培训等内容，大规模开展技能培训，力争年内完成各类培训4.48万人。深入推进土地流转、牲畜托养、庭院经济“大合作小联户”模式，充分解放农村劳动力，推动更多农村劳动力就地就近向纺织服装、阿瓦提慕萨莱思等劳动密集型产业就业，实现农村劳动力向产业工人转变，全年实现新增城镇就业3600人。持续落实公共就业服务，突出抓好高校毕业生、城镇就业困难人员和退役军人等重点群体的就业工作，支持和规范发展新就业形态，完善劳动力就业监测预警机制，加大就业社保补贴政策落实力度，努力实现城乡有劳动能力的人员全部就业。健全完善劳动关系矛盾调处机制，持续开展根治农民工欠薪专项行动，全面维护广大农民工合法权益。

——办好人民满意教育。始终把教育摆在优先发展的首要地位，不断提升教育发展活力，推动教育事业高质量发展。普惠发展学前教育，不断提高保育质量；均衡发展义务教育，力争将鲁迅中学、鲁迅小学创建为地区级优质中小学；优质发展普通高中，巩固第四中学地区级优质高中成果；突破发展职业教育，深化产教融合、校企合作，将职业技术学校升格为中等职业技术学校，为县域经济发展提供有力人才支撑。实施新时代“十百千”名师发展培育工程，发挥名师发展中心人才孵化基地作用，提升教师综合素养。认真落实教师减负各项措施，全力保障教师待遇和职称评定，为教师安心从教营造良好环境。深入细致推进学生法治教育，强化心理辅导和关爱保护，有力有效促进学生健康成长。

——提升医疗服务水平。持续深化医药卫生体制改革，推进药品耗材集中采购，优化医疗集团运行机制，促进上下级医疗机构用药衔接。着力提升医疗服务能力，优化县乡村三级医疗卫生资源配置，进一步完善分级诊疗制度，促进优质医疗资源向基层延伸。积极推动医共体建设，推进“县乡村一体化”进程，加强基层医疗人员培养，提升基层医疗卫生服务水平。健全人才长效激励机制，改革医务人员薪酬制度，依法全面推行聘用制度和岗位管理制度，逐步实现同工同酬同待遇。抓好公共卫生服务工作，继续开展城乡居民免费健康体检。全力推进结核病、艾滋病防治攻坚，有效降低发病率。强化妇幼保健服务，保障母婴安全。稳步扩大家庭医生签约服务覆盖范围，提高签约服务质量，让群众享受到更加便捷优质的医疗服务。促进中医药事业高质量发展，充分发挥中医药的特色优势，加大中医药适宜技术推广力度，切实满足各族群众对中医临床医疗、预防、保健和康复服务的实际需要。

——增强公共文化效能。深入实施文化惠民工程，推进“三馆一站一中心”建设，进一步讲好阿瓦提故事、传播好阿瓦提声音、塑造好阿瓦提形象。加强乡村文化阵地建设，积极争取文化场馆、文化礼堂、文化大院等重点项目落实落地，夯实公共文化建设基础。优化公共文化服务体系，加强非物质文化遗产传承保护利用，积极挖掘各民族向上向善的优秀文艺素材，打造一批正确反映新疆历史、具有中华文化底蕴、融合现代文明、群众喜闻乐见的精品力作。深入实施农村文化队伍素质提升工程，常态开展“我们的中国梦·文化进万家”和送戏下乡活动，丰富各族群众精神文化生活，提升文化自信。持续开展专项整治行动，严厉查处文化市场违法违规行为，进一步净化文化市场空间。

——巩固社会保障根基。持续实施全民参保计划，将符合条件人员全部纳入基本养老保险制度覆盖范围，进一步扩大社会保障覆盖面，做到应参尽参。推进医疗救助与基本医保、异地就医直接结算、大病保险、人身意外伤害保险、商业保险有效衔接，让群众获得更便利、更直接的实惠。完善城乡居民社会救助体系，加大城乡最低生活保障清理整顿力度，切实做到应退尽退、应保尽保。加强退役军人服务保障体系建设，持续做好双拥优抚安置工作。推进婴幼儿照护和普惠型养老服务，提升残疾人、孤儿等弱势群体服务水平，推动社会保障服务体系更加完善。

——强化安全惠民保障。树牢安全发展理念，严格落实“党政同责、一岗双责、失职追责”和“三个必须”要求，不断完善“1+X”安全生产监管、隐患排查治理和风险防控体系，持续开展安全生产大检查和重点行业领域安全生产专项整治，确保安全生产形势持续稳定。完善应急管理体系，全面提高防灾减灾救灾综合能力。全面完成农村房屋安全隐患排查整治工作，确保农村住房安全。深化食品药品安全监管和防范治理，争创自治区级食品安全城市。

（七）不断提升政府效能建设。始终坚持党对政府工作的领导，牢记职责使命，依法高效履职，以“六型”政府建设为抓手，全面推进政府治理体系和治理能力现代化，努力打造务实、高效、清廉的人民满意政府。

——旗帜鲜明讲政治。巩固拓展党史学习教育成果，进一步提高政治判断力、领悟力、执行力。坚持以党的政治建设为统领，健全完善政府系统党委（党组）工作规则、议事规则，切实提高科学决策、民主决策、依法决策的能力和水平。认真落实新形势下党内政治生活若干准则，严守政治纪律和政治规矩，坚决杜绝“七个有之”，切实做到“五个必须”。

——依法行政守规矩。持续深化法治政府建设，健全完善领导干部学法用法长效机制，把法治精神、法治思维、法治方式融入政府工作全过程，加强城市管理、社会治安、征地拆迁等领域的依法行政，切实提高化解矛盾、解决问题的能力。完善公共法律服务体系，深入开展“八五”普法，强化法律法规宣传，突出青少年、国家公职人员、基层群众法制教育，形成尊法学法守法用法的社会氛围。自觉接受人大法律监督、政协民主监督、党内纪律监督，主动接受社会公众和新闻媒体舆论监督，不断提高人大议案建议、政协提案意见办理质量和效率。按照“以公开为常态、不公开为例外”，加大政务公开力度，保障人民群众知情权、参与权、表达权，让权力在阳光下运行。

——担当实干谋发展。坚守为民情怀，始终知责于心、担责于身、履责于行，把全部心思用在干事创业上，把全部精力用在狠抓落实上。大力推行首问负责、服务承诺、限时办结等制度，全面营造唯实惟先、善作善成的干事氛围。完善清单管理和责任分解机制，对重点工作、重大项目和重要指标逐项分解细化，强化督促检查，及时跟踪问效，推动政府效能全面提升。坚持问题导向、目标导向和结果导向，不断完善激励机制和容错纠错机制，为敢于担当、踏实做事的干部鼓劲撑腰，培养一批立说立行的干将、开拓创新的闯将和敢拼敢打的猛将，让真抓实干、担当奉献在政府系统蔚然成风。

——清正廉洁葆本色。认真履行全面从严治党主体责任，健全党风廉政建设工作机制，深入推进政府系统党风廉政和反腐败斗争，严肃惩治各类腐败行为，进一步提升政府公信力。严格落实中央八项规定精神，驰而不息纠正“四风”“四气”，坚定不移破除形式主义、官僚主义。发挥审计监督作用，紧盯重大工程、重点领域、关键岗位，加大公共资金、国有资产和领导干部履行经济责任监管力度，严肃查处违规违纪行为。坚持政府带头过紧日子，严格控制和压缩一般性支出，防止新增隐性债务，切实把财政资金真正用到刀刃上。

党史学习教育

【概况】 2021年，阿瓦提县委落实“学党史、悟思想、办实事、开新局”要求。坚持把党史学习教育作为重大政治任务摆在突出位置，坚决扛起主体责任。党中央部署开展党史学习教育后，县委迅速响应，县委班子成员第一时间深入学习领会习近平总书记在党史学习教育动员大会上的重要讲话精神，深刻认识开展党史学习教育的重大意义，把握目标任务，以高度的思想自觉、政治自觉、行动自觉，确保党史学习教育学出实效。县委于2月22日召开党史学习教育动员大会，对开展党史学习教育进行全面系统动员部署。成立由县委主要领导任组长的党史学习教育领导小组，确保各项任务高标准高质量落实落地。县委主要领导坚决履行第一责任人职责，坚持亲自抓、负总责。各级党组织发挥主要领导“五带头”作用。每月召开党史学习教育推进会，交流工作经验，查摆存在问题，确保方向明确、措施有效、结果可靠。

【紧扣重点内容】 2021年，阿瓦提县各级党组织党员干部以党史学习教育四本指定书目为主，结合“三会一课”、组织生活会、主题党日、“学习强国”学习平台等，推进党史学习常态化。发放各类口袋书15.8万余册，不断加深党员干部对党的创新理论最新成果的学习领会，确保学深悟透、融会贯通。

【开展学习教育】 2021年，阿瓦提县委班子成员先学一步、学深一层，开展县委理论学习中心组学习研讨9场次，形成研讨材料140余篇，坚定坚决把思想和行动统一到以习近平同志为核心的党中央决策部署上来，统一到自治区党委、地委工作要求上来。重视“四类党员”(“两新”党组织党员、离退休党员、农牧民党员、流动党员)学习教育，创新学习方式方法，丰富学习教育载体，通过建立党员动态管理台账、党员信息库，做到学习教育全覆盖、无遗漏、不掉队。

【抓好教育培训】 2021年，阿瓦提县委把党史学习教育作为各级培训班的必修课，举办各类主体班次8期(319人)、专题班次28期(2100人)，利用科级干部“周三夜校”举办培训25场次1.5万余人次，举办习近平总书记“七一”重要讲话精神、中共十九届六中全会精神、自治区第十次党代会精神专题培训5期2300余人次，不断推动理论学习入脑入心。

【召开专题组织生活会】 2021年，阿瓦提县各级党组织严格按照党史学习教育专题组织生活会要求做好会前准备，围绕“为了谁、依靠谁、我是谁”撰写剖析材料，与会党员开诚布公，坦然相对。全县554个党支部共查找出问题1517条，已全部落实整改。

【宣传宣讲】 2021年，阿瓦提县委紧扣各阶段工作重点，制订宣传宣讲方案，深入机关、企业、农村、社区、学校广泛开展形式多样的宣传宣讲活动。通过县乡村三级宣讲模式，各级党组织、党员干部、草根宣讲员深入群众中开展各类集中宣讲、面对面微宣讲5.2万场次，受教育130万余人次。中共十九届六中全会以来,“棉城之声”宣讲团七支特色宣讲队深入各乡(镇)、村(社区)开展宣讲2000余场次,受教育15万余人次。面向广大青少年广泛开展“四史”宣传教育活动3200余场次,受教育12.7万余人次,不断铸牢全县各族群众的中华民族共同体意识。通过广泛宣传宣讲,各族群众不断坚定听党话跟党走的决心和信心。发挥媒体融合优势,在“阿瓦提县零距离”微信公众号等平台发布党史学习教育相关内容1400余条,在广播电视平台播发相关新闻稿件162条、3600余次,在“遇见阿瓦提”官方抖音等视频公众号发布相关短视频540余条,在全县范围内持续营造浓厚宣传氛围。因地制宜打造巴格托格拉克乡党史陈列馆等15处“群众家门口”的党史学习教育红色阵地,开展“体验式”教学活动1350余场次,受教育群众4.12万人次。全县美术家协会会员、美术教师和刀郎农民画家,以“永远跟党走”为主题创作刀郎农民画200余幅,描绘生活变化,倾吐感党爱党心声。1120辆“小红车”宣传队穿梭在乡(镇)巴扎、田间地头开展义务宣传、志愿服务7200余次,深受广大农牧民的一致好评。

【践行初心使命】 2021年,阿瓦提县各级党员干部坚持问题导向,聚焦群众“急难愁盼”、热点难点问题,开展“我为群众办实事”实践活动。将开展察民情访民意作为首要环节,开展百姓心声走访调研活动11.27万余场次,参与党员干部11.43万余人次;收集群众“急难愁盼”事项478件,投入资金8747.13万余元,惠及群众10.2万余人次。在微信公众号“阿瓦提县零距离”上开设“承诺有声·践诺有行”专栏,回应群众的迫切需求,真正做到问民需、听民声、解民忧。坚持把就业作为民生之本,以“一户一技能”为目标,着力解决“就业难”问题,开展职业技能培训228场次,9349人次参与培训,新增就业3365人,新增创业167人,创业带动就业433人,构筑致富新业态。着力推动老旧小区改造工程,完成14个小区41栋1052户城镇老旧小区改造任务。新增各类免费停车场17个、停车位1700个,有效缓解群众“停车难”的问题。投资9312万元实施农村电网改造工程,建设输变电线路129.36千米、1座110千伏变电站,增容5.56万千伏安。聚焦“一老一小”群体,使81名老人和45名孤儿、12名留守儿童实现集中供养和收养,确保老有所依,幼有所育。将“快递进村(社区)”工程作为为民办实事重要抓手,173个行政村(社区)已全部挂牌成立“邮政快递服务站”,覆盖率达100%,在12个社区安装52组快递智能储物柜,切实打通“最后一公里”。各级党组织党员干部以“工作在单位、活动在社区、奉献双岗位”的责任担当,开展在职党员“双报到”党员志愿服务活动。全县581支志愿服务队伍参加志愿服务10.4万余场次,统计入册的实事好事1.2万余件,解决群众困难诉求6343条,通过切实做好群众困难诉求和矛盾纠纷收集化解,最大限度凝聚民心。

【聚焦中心任务】 2021年,阿瓦提县委全力以赴做好安全生产。对标对表自治区党委“五个到位”要求,落实“1+X”风险隐患大排查机制,明确23个重点整治领域,由12名县级领导带队,对专项领域开展全覆盖、拉网式大排查,坚决防范遏制重特大安全事故发生,有效保障群众生命财产安全。稳步推动经济高质量发展。坚持稳中求进工作总基调,以“产城融合”为依托,坚持“一产一策”“一产一专班”,加快“一区四园”规划建设,做大做强现代种业、棉纺制造、阿瓦提慕萨莱思、馕、农副产品精深加工、文化旅游、商贸物流等重点产业,推动一、二、三产融合发展。加大招商引资力度,压实全员招商责任,全年签约项目30个,签约额69.7亿元,到位资金35.39亿元,推动全县经济社会快速发展。

【督促指导】 2021年,阿瓦提县委党史学习教育领导小组办公室发挥牵头抓总作用，坚持高起点谋划、高标准推进，立足实际、从严督导，确保学习教育不走过场、力求实效。按照上级关于党史学习教育工作部署，第一时间研究制订《阿瓦提县党史学习教育督促指导方案》，列出指导计划和清单，明确指导内容和范围，确保指导全覆盖。在完善好规定动作的基础上，抓住党史学习教育每一个关键环节，敢于“唱黑脸”“当包公”，从严把关，从实指导，既把握全面整体关注，又紧盯局部跟踪突破，在各阶段重点任务上坚决真督实导，切实做到完成的任务一项也不少、工作的标准一点也不低、投入的力度一分也不减。党史学习教育领导小组办公室督促指导组始终把问题整改情况作为党史学习教育督导成效的检验标准，深入全县9个乡（镇）173个村（社区）、70余个县直单位、企业等开展全覆盖督导8次，督办群众“急难愁盼”事项销号处理45项，逐项跟进为群众办实事好事22项，对查出的问题现场反馈1500余条，单位主要领导现场认领“问题清单”400余条，并对整改情况不定时开展“回头看”，确保问题不反弹、效果不回落。

【特色亮点工作】 2021年，阿瓦提县在高质量完成党史学习教育“规定动作”基础上，立足实际，创新方法，做亮“自选动作”，推动学习教育出亮点、显成效。阿瓦提县“棉城之声”宣讲团以“文艺+宣讲”“互动+宣讲”等方式，依托传统乐器、快板、小品、朗诵等形式将理论编排成顺口溜、诗歌、文艺节目等，让理论宣讲更加鲜活、清香四溢。同时注重运用语言魅力，做到“多用土语谚语”“多用群众语言”“多用名人名言”“多用身边事例”“四个多用”，让宣讲内容与群众同频共振，推动理论“传”入千家万户，“播”到田间地头，“走”进群众心坎。“棉城之声”宣讲团2021年被中宣部授予“全国基层理论宣讲先进集体”荣誉称号。阿瓦提县大力发展特色农业，依托独特资源优势，着力打造“一村一品”示范村镇。三河镇通过科学种植、管理、采摘，形成从育种到加工的棉花产业链体系，促进农民丰产增收；塔木托格拉克镇库吾尔尕村依托特有“纳西甘”甜瓜产品优势，严控产品质量，拓宽销售渠道，激发农牧民电商创业热情，有效推动乡村振兴战略实施，分别入选2021年第十一批全国“一村一品”示范村镇名单。紧盯留守儿童无人看管难题，打造乌鲁却勒镇“小书屋”托管中心，通过聘请专职教师、协调组建在校教师志愿者团队、返乡大学生社会实践等多种途径，配齐配强专职工作队伍13人，开展爱国教育、社会实践、潜能开发“三大主题”教育活动。已有114名群众将孩子托管后外出就业、创业，既为青少年健康成长营造良好环境，又能帮助农牧民实现增收致富。坚持“以人为核心”的新型城镇化理念，把党史学习教育融入群众日常生活时尚潮流之中，创新传播载体，制作主题水幕电影，通过吸引力十足的声光影水上舞台艺术，让各级党员干部群众在视觉冲击中感受伟大中国共产党的丰功伟绩和辉煌成就，助推学习教育有“声”有“色”；投资5950万元建造占地面积32.55万平方米的人民公园，内设集公共卫生间、休息、阅读、充电等于一体的爱心驿站，为广大户外劳动者提供夏能乘凉、冬能取暖的爱心服务；新（改）建市政道路8条，投资690万元新建慢行步道1.6千米，打造街头绿地12个、林绿地11个，城区新增绿地面积111.4公顷，绿化覆盖率达43.24%，城市功能品质不断提升，各族群众生活质量节节攀升。

【成立活动领导小组】 2021年2月，阿瓦提县委成立党史学习教育活动领导小组，组长由县委书记担任，副组长由县委副书记、县长及县委常委、宣传部部长，县委常委、组织部部长担任，成员由县相关单位负责人担任。

【召开动员大会】 2021年2月22日，阿瓦提县委召开党史学习教育动员大会，深入学习贯彻习近平新时代中国特色社会主义思想,学习贯彻落实习近平总书记在党史学习教育动员大会上的重要讲话精神,动员全县上下迅速掀起党史学习教育的热潮。全县各乡(镇)、各单位陆续召开党史学习教育动员大会,积极行动,认真落实各项任务。

【县委理论学习中心组专题学习】 2021年2月23日,阿瓦提县委理论学习中心组举行2021年第一次党史学习教育专题学习,深入学习贯彻习近平总书记重要讲话精神,高标准高质量完成党史学习教育各项任务。县四套班子在家领导,法、检两院主要领导,县直单位主要领导在主会场参会。各乡(镇)党政主要领导,县二级单位、各国有企业主要领导在分会场参会。全县各党委(党组)陆续进行第一次党史学习教育专题学习。3月13日,县委理论学习中心组举行2021年第二次党史学习教育专题学习,深入学习贯彻习近平总书记重要讲话精神,高标准高质量完成党史学习教育各项任务。县四套班子在家领导,法、检两院主要领导,县一级单位主要领导在主会场参会。各乡(镇)党政主要领导,县二级单位、各国有企业主要领导在分会场参会。全县各党委(党组)陆续举行第二次党史学习教育专题学习。7月10—11日,县委理论学习中心组举行第三次党史学习教育专题学习。会上县四套班子在家领导深入学习习近平总书记在庆祝中国共产党成立100周年大会上的重要讲话、在"七一勋章"颁授仪式上的重要讲话和习近平总书记在十九届中共中央政治局第三十一次集体学习时的重要讲话(新闻稿)及《关于认真学习贯彻习近平总书记在参观"不忘初心、牢记使命"中国共产党历史展览时重要讲话精神的通知》、《关于认真学习习近平总书记在青海考察期间重要讲话精神的通知》等内容,并作研讨发言。县四套班子在家领导,法、检两院主要领导参加了学习。全县各党委(党组)陆续进行第三次党史学习教育专题学习。8月21日,县委理论学习中心组举办第三次党史学习教育专题读书班。会上县四套班子在家领导深入学习《习近平总书记在庆祝中国共产党成立100周年大会上的重要讲话》《论中国共产党历史》《习近平总书记"七一"重要讲话:这个"伟大",标明精神新高度》《加强党史军史和光荣传统教育,确保官兵永远听党话、跟党走》《深刻把握实现中华民族伟大复兴这一主题》,观看《学习贯彻习近平总书记"七一"重要讲话精神系列专题宣讲报告会》,会后自学《论中国共产党历史》等内容,并作研讨发言。县四套班子在家领导,法、检两院主要领导参加会议。全县各级党委(党组)陆续举办第三次党史学习教育专题读书班。9月30日,县委理论学习中心组举办第四次党史学习教育专题读书班,县委书记张晓明主持学习。全县各级党委(党组)陆续举办第四次党史学习教育专题读书班。10月27日,县委书记张晓明带领四套班子领导干部集中学习自治区第十次党代会会议精神,会后各县领导迅速在分管领域开展宣传宣讲活动,掀起学习宣传热潮。11月17日,县委理论学习中心组进行集体学习,传达学习中国共产党第十九届中央委员会第六次全体会议公报,安排部署学习宣传贯彻落实工作。12月18—19日,县委理论学习中心组进行第四次党史学习教育专题学习。会上县四套班子在家领导深入学习《中国共产党第十九届中央委员会第六次全体会议公报》、《中共中央关于党的百年奋斗重大成就和历史经验的决议》、《深刻把握党百年奋斗的重大成就——论学习贯彻党的十九届六中全会精神》(《人民日报》)等内容,并作研讨发言。县四套班子在家领导,法、检两院主要领导参加会议。全县各党委(党组)陆续进行第四次党史学习教育专题学习。

【举办教育培训会】 2021年3月5日,阿瓦提县委举办党史学习教育培训会。各乡(镇)、机关事业及国企单位在主会场参会,县二级单位在分会场参会。

【听取教育情况】 2021年3月10日，阿瓦提县委召开县委常委（扩大）会议，会议审议通过《关于在全县开展党史学习教育的实施方案》。

【主题宣讲】 2021年3月16日，地直机关工委主任王金山带队到阿瓦提县第四小学、第三中学、第四中学以录播教室的方式开展"传承红色基因·争做时代新人"主题宣讲，共计4500余名学生、350名教师聆听讲座。4月7日，地区示范宣讲团到阿瓦提县进行示范宣讲。宣讲以视频会议形式召开，县各单位、国有企业主要领导、离退休干部代表、县宣讲团成员、理论工作者、各乡（镇）分管领导、各村（社区）第一书记、党支部书记、草根宣讲员400余人分别在主会场和分会场聆听报告。

【巡回指导组指导】 2021年3月26日，地区巡回指导组对阿瓦提县党史学习教育工作进行指导，听取县党史学习教育领导小组办公室各专项组工作开展情况汇报，并进行相关指导。3月28日，自治区巡回指导组对阿瓦提党史学习教育工作进行指导，听取县党史学习教育领导小组办公室各专项组工作开展情况，并进行相关指导。5月12日，地区巡回指导组到阿瓦提县进行党史学习教育工作指导，指导组一行4人对县党史学习教育开展情况进行档案检查。7月15日，自治区党史学习教育第八巡回指导组一行5人到阿瓦提县进行巡回指导，对全县党史学习教育进行相关工作指导。8月12日，地区指导组到阿瓦提县指导党史学习教育工作，对县商工局、巴格托格拉克乡政府、巴格托格拉克乡卡尔库杰克村、阿瓦提镇多浪社区、鲁迅小学、阿依巴格镇葡萄村等点位进行参观指导。12月8日，自治区党史学习教育第八巡回指导组一行3人到阿瓦提县乌鲁却勒镇、阿瓦提县职业技术学校等地，通过听取汇报、实地观摩等方式对全县党史学习教育情况进行调研指导。

【宣讲报告会】 2021年3月30日，自治区党史学习教育地州市宣讲分团宣讲报告会在阿瓦提县举行。阿瓦提县党政机关、企事业单位主要负责人等503人聆听宣讲。除县委主会场外，还在乡（镇）、村（社区）设置分会场。6月7日，阿克苏地区"听党话 感党恩 跟党走"暨"四史"巡回宣讲团在阿瓦提县博斯坦社区、多浪社区分别做巡回报告。阿瓦提镇各社区的90余名干部群众聆听报告。

【举办讲故事大赛】 2021年4月2日，阿瓦提县举办"百名党员忆初心"讲故事大赛，来自全县各乡（镇）、各单位17名党员参加比赛。比赛中，选手们围绕党史主线讲述动人故事，抒发爱党爱国真挚情感。富有感染力的语言和鲜活真切的事例，赢得现场观众阵阵掌声。经过角逐，最终评选出一等奖1名、二等奖2名、三等奖3名、优秀奖4名和优秀组织奖2个。

【举行"清明祭英烈"活动】 2021年4月4日，阿瓦提县在莎吉木汗·莫明烈士陵园举行党史学习教育"清明祭英烈"活动。上午11时，活动在庄严的国歌声中拉开序幕，全体人员肃立默哀，深切悼念人民英烈，默哀结束后，4名礼兵将花篮摆放在纪念碑基座上，张晓明等四套班子在家领导仔细整理花篮绸缎，并缓步绕行瞻仰烈士纪念碑。在场所有人员依次向革命烈士敬献手中鲜花。

【召开教育推进会】 2021年4月6日，阿瓦提县召开党史学习教育推进会。推进会参加人数共计70余人，分别到金马驾校、阿瓦提镇文明社区、农业农村局、实验小学、拜什艾日克镇玉斯屯克塔勒克村参观学习。活动进一步加大全县各单位到学习党史的重视力度，营造学习党史的良好氛围。4月30日，阿瓦提县召开党史学习教育现场推进会，全县各单位80余人参加，分别对阿瓦提县行政服务中心、商工局行业党工委、移动公司党支部、住建局为民办实事现场老旧小区改造、阿瓦提镇派出所、阿瓦提镇萨依巴格社区、乌鲁却勒镇卫生院、乌鲁却勒镇红星社区参观学习，在乌鲁却勒镇政府会议室，卫健委、教科局、住建局、商工局等单位作经验交流。6月27日，阿瓦提县召开党史学习教育推进会，主会场设在县委党校二楼视频会议室，各乡（镇）视频会议室设分会场。9月13日，阿瓦提县委在县委党校二楼视频会议室召开阿瓦提县党史学习教育工作推进会，县住建局、商工局围绕"我为群众办实事"实践活动进行交流发言；团县委、阿瓦提镇围绕学习宣传贯彻落实习近平总书记"七一"重要讲话精神情况进行交流发言，三河镇、气象局作表态发言。12月13日，阿瓦提县委在县委党校二楼视频会议室召开党史学习教育工作推进会。

【举办文艺演出】 2021年6月28日，阿瓦提县委庆祝中国共产党成立100周年文艺演出在县刀郎文化广场举行，12个精彩节目纷纷呈现，各族儿女用歌声来表达对党的热爱之情，为中国共产党成立100周年送上最美好的祝福。

【召开表彰大会】 2021年6月29日，阿瓦提县委召开庆祝中国共产党成立100周年暨"两优一先"表彰大会。县委书记张晓明带领县领导、新党员代表一起举行入党宣誓活动，重温入党誓词。

【收听收看现场直播】 2021年7月1日，阿瓦提县委组织各级党员干部群众收听收看庆祝中国共产党成立100周年大会现场直播。全县共设立集中观看点257个，观看直播党员干部群众2.26万人。

【专题组织生活会】 2021年7月29日，阿瓦提县委主要领导以普通党员的身份参加所在党支部党史学习教育专题组织生活会，与支部党员一起回顾党的百年光辉历程，共同学习习近平总书记"七一"重要讲话精神，围绕主题交流学习体会，以自我革命的勇气，把自己摆进去、把职责摆进去、把工作摆进去，盘点收获、检视问题、深刻剖析，认真开展批评与自我批评，明确努力方向和整改措施，努力推动各项工作再上新台阶。

【举办"爱国爱疆爱家乡·好歌大家一起唱"大赛】 2021年9月30日，阿瓦提县在工人文化宫举办"爱国爱疆爱家乡·好歌大家一起唱"大赛，有12支代表队，70多名选手参加。现场进行录播，在各类媒体进行二度推广传播，激励大家参与的积极性，扩大歌曲传唱的影响力。

【召开总结会】 2022年1月16日，阿瓦提县委召开党史学习教育总结会，会议以视频形式召开，县四套班子在家领导，法、检两院主要领导，机关事业及国有企业单位一名主要领导在主会场参会。各乡（镇）、村（社区）设分会场。

大事记

1月

3日，阿瓦提县红林子景区冰雪主题游乐园正式开门迎客。

3日，阿瓦提县在县委党校举办村干部培训班，培训班为期6个月，96名村干部分为3个班接受党的建设、城乡治理、乡村振兴、科学文化知识等业务的培训。

10日，阿瓦提县公安局在县文化艺术中心广场开展首个“中国人民警察节”暨第35个“110宣传日”主题宣传活动，此次宣传活动共设置宣传展板10余块，发放各类宣传资料5000余份，接受咨询2000余人次。

14日，阿瓦提县第十六届人民代表大会第六次会议开幕，大会应到正式代表147名，因事因病请假16名，实到代表131名，符合法定人数。会议听取《阿瓦提县国民经济和社会发展第十四个五年规划纲要（草案）》《关于阿瓦提县“十三五”国民经济和社会发展计划执行情况及2021年计划（草案）的报告》《关于阿瓦提县2020年财政预算执行情况和2021年财政预算（草案）的报告》《阿瓦提县人民政府关于第十六届人民代表大会第五次会议代表建议办理情况的报告》。

17日，阿瓦提县召开2021年县委巡察工作会议暨十三届县委第十五轮巡察工作动员会。截至年底，阿瓦提县共开展十四轮巡察，巡察212个党组织，覆盖率达91.4%。

19日，阿瓦提县举行三河镇建镇揭牌仪式。

2月

1日，阿瓦提县“2021年网上年货节”在电子商务科技一条街内正式启动，此次活动为期10天。

12日，阿瓦提县第七届“与刀郎人共度春节”线上线下体验活动开幕，活动持续到26日。

26日，阿瓦提县举办2021年“刀郎人过元宵”主题花灯展，展出花灯30余盏。

3月

5日，阿瓦提县首批新能源公交车正式运营，首批新能源公交车车身为亮黄色，配备冷暖空调、无级变速、铝塑座椅等配置，还配有易燃易爆检测报警系统、车窗一键爆破系统、轮胎气压报警系统等。新能源公交车为纯电动车，具有零排放、无污染、低耗能、噪声小等特性，充电2小时可续航160千米。此次共购进10辆新能源公交车，首批6辆投入使用，4辆10月投入使用。

6日，阿瓦提县开展“放心农资下乡进村”宣传活动，阿瓦提县农业农村局农业综合行政执法大队为进行春耕备耕生产的农民群众提供指导服务，主要宣传如何简易识别假劣农资、如何正确选购和使用饲料产品以及识别种子等。

13日，阿瓦提县各中小学校如何学习中国共产党历史作为“开学第一课”，让党史学习教育走近师生、走进课堂，引导广大青少年学史明理、学史增信、学史崇德、学史力行。

13日，阿克苏地区人大工委带领执法检查组到阿瓦提县对全县贯彻执行《中华人民共和国种子法》及《新疆维吾尔自治区实施〈中华人民共和国种子法〉办法》情况进行检查，各种子企业负责人参加活动。

13日，阿瓦提县各中小学校学习中国共产党历史“开学第一课”，让党史学习教育走近师生、走进课堂，引导广大青少年学史明理、学史增信、学史崇德、学史力行。

16日，阿克苏地区关心下一代工作委员会宣讲团到阿瓦提县第四小学、第三中学和第四中学分别开展“传承红色基因，争做时代新人”主题宣讲活动。

16日，新疆维吾尔自治区文化和旅游厅主办，新疆艺术剧院、自治区文化馆举办《颂歌献给亲爱的党》“石榴籽”文化小分队服务基层培训活动，阿克苏文化小分队服务基层培训班在阿瓦提县开班。此次培训分两期开展，为期10天，采取理论讲述、现场教学及汇报演出的方式，开设声乐、器乐、舞蹈、朗诵4个班，共有来自阿瓦提县的农民文艺爱好者50余人参加培训。

17日，阿瓦提县召开2021年春季农业生产现场会，安排部署2021年春季农业生产工作。先后赴英艾日克镇巴依拉村、夏库尔村，塔木托格拉克镇玉斯屯克玉吉买村、诺其宋村，阿依巴格镇托万克喀格木什村、幸福村等地，现场观摩阿瓦提县春季蔬菜拱棚管理、农村人居环境整治、温室大棚育苗管理、杏树和葡萄栽植、小麦滴灌、林果业管理等春季农业生产情况。

17日，阿瓦提县2021年春季义务植树造林动员会在英艾日克镇植树基地召开，先后实施刀郎河二期、叶南义务植树基地、城乡道路两侧绿化等工程，全县城镇绿化覆盖率达43.5%、森林覆盖率达7.1%，土地、草场沙化得到有效遏制，4月20日前完成1.5万亩高标准农田防护林网建设、40个村庄美化绿化任务。

22日，阿瓦提县2021年首轮脊髓灰质炎疫苗补充免疫活动正式启动。全县共设立128个疫苗接种点。

23日，阿瓦提县召开援疆工作“系统提升年”动员部署会暨清廉援疆建设推进会，对2021年援疆重点项目、“系统提升年”活动和清廉援疆建设工作进行安排部署。

25日，阿瓦提县召开阿瓦提慕萨莱思产业发展座谈会，7个规模化阿瓦提慕萨莱思企业法人、葡萄种植大户等参加座谈。

29日，阿瓦提县举办“百名党员忆初心”讲故事大赛，开展党史学习教育，全县各乡（镇）、县各单位的17名党员参加比赛，评选出一等奖1名、二等奖2名、三等奖3名、优秀奖4名和优秀组织奖2个。

30日，阿瓦提县召开春播工作现场推进会，通报近期农业农村重点工作开展情况，安排部署近期农业农村重点工作。先后到拜什艾日克镇库木奥依拉村辣椒种植现场、机采棉耕种作业棉花种植现场、托万克塔勒克村“阿瓦提红”葡萄育苗现场、托万克拜什艾日克村“胡安娜”杏嫁接施肥现场及玉斯屯克塔勒克村等地，通过实地观摩和听取汇报的形式详细了解了春耕春播、人居环境整治、乡村旅游等方面的工作开展情况。

是月，阿瓦提县塔木托格拉克镇农贸市场正式投入使用，阿瓦提县塔木托格拉克镇农贸市场总占地面积15333.41平方米，总投资2800万元，共有商铺76间，彩钢棚5栋，摊位320个，库房26间，可容纳500余人创业就业。

4月

1日，新疆维吾尔自治区乡村文化大院试点运行启动仪式在阿瓦提县英艾日克镇恰其村举行，自治区文化和旅游厅、阿克苏地区行署相关领导参加启动仪式。

2日，共青团阿瓦提县委员会组织阿瓦提县

鲁迅小学和阿瓦提县第三小学的25名少先队员代表到莎吉木汗·莫明烈士墓前开展祭奠英烈活动,向烈士敬献鲜花、鞠躬默哀。

4日,阿瓦提县四套班子领导在莎吉木汗·莫明烈士陵园举行党史学习教育"清明祭英烈"活动,向革命先烈敬献花篮。

8日,阿瓦提县阿瓦提慕萨莱思等特色文旅产品参展第三届新疆旅游资源推广合作交流会,阿瓦提慕萨莱思作为自治区首批非物质文化遗产,深受众多游客的青睐。

9日,阿瓦提县委直属机关工委在青少年活动中心举办"学党史·践初心·当先锋"主题诗歌朗诵比赛决赛,全县10支代表队进入决赛,评选出一等奖1名、二等奖2名、三等奖3名和优秀组织奖4名。

10日,阿瓦提县开展天然胡杨林飞机防治有害生物作业,此次飞防作业面积共1.36万公顷,用药均为符合国家无公害标准的生物农药。防治范围主要涉及和田河道东西岸及向南延伸区域、叶尔羌河河道及向西南延伸区域、刀郎部落区域的林区。

12日,中国红十字基金会"天使之旅"先心病患儿筛查救助活动在阿瓦提县举行。

14日,阿瓦提县委召开2021年全面深化改革委员会会议,审议通过《关于调整阿瓦提县委全面深化改革委员会组成人员的通知》《关于调整阿瓦提县委全面深化改革委员会专项小组成员的通知》《中共阿瓦提县委全面深化改革委员会2021年工作要点》。

15日,阿克苏地区公共关系研究所在阿瓦提县开展"4·15"全民国家安全教育日宣传教育活动,300余名干部群众参加。

18日,阿瓦提县举行疫情防控知识竞赛,全县各乡(镇)卫生院、县直医疗机构的16支代表队,共48人参加竞赛。

21日,阿瓦提县召开2021年"民营企业招聘月"启动仪式暨现场招聘会,17家民营企业提供800余个岗位,当天共120人当场达成就业意向。

23日,阿瓦提县鲁迅小学借助云端平台,在文澜报告厅举行"同读一本书快乐交朋友"绍阿结对班级读书节启动仪式。

5月

3日,阿瓦提县十六届人大常委会召开第二十六次会议,会议听取和审议《阿瓦提县关于"两个会议"学习情况暨2021年度巩固拓展脱贫攻坚就业和产业益贫带贫情况的调研报告》《阿瓦提县人大代表活动经费管理使用办法》《阿瓦提县人大常委会2021年度工作要点》,表决通过阿瓦提县乡两级人大代表换届选举相关事宜。

5日,阿瓦提县召开深入开展第39个民族团结进步教育月暨第三批示范区示范单位命名大会,宣读《阿瓦提县深入开展第39个民族团结进步教育月活动实施方案》《关于对阿瓦提县第三批民族团结进步示范区示范单位命名的决定》。

12日,阿瓦提县消防大队、应急管理局、气象局、林业和草原局及自然资源局、市场监管局等相关防灾减灾委员会成员单位,在阿瓦提县棉城中心菜市场开展以"防范化解灾害风险,筑牢安全发展基础"为主题的第13个全国防灾减灾日宣传活动。此次活动持续开展1周,5月12日当天共发放宣传资料1000余份,现场接受群众咨询50余人次。

18日,阿瓦提县举行思维纺织项目开工仪式。新疆思维纺织科技有限公司位于阿瓦提县棉纺制造产业园,是产学研一体的现代化科技型纺织企业。新疆思维纺织科技有限公司35万锭纺纱1050台喷气织机建设项目是阿瓦提县重点产业招商项目,计划总投资17亿元,占地面积约333335平方米,项目分两期建设,一期计划在2021年8月底前投产,二期在2022年11月投产。投产后可实现年产棉纱4.2万吨,棉坯布1.5亿米,实现工业总产值22亿元左右,利税2亿元,安置农村富余劳动力3500余人。

18日，国家棉花产业联盟（CCIA）、阿瓦提县、新疆联盟优棉科技技术服务有限公司、新疆绿洲驼铃农业发展有限公司在阿瓦提县共同举办2021年CCIA阿瓦提县优质棉基地产业交流会。

19日，阿克苏地区第十七届“多浪·龟兹”文化旅游节暨阿瓦提县第九届刀郎美食文化旅游节启动仪式在阿瓦提县刀郎故里景区开幕。自治区文化和旅游厅相关领导，县四套班子在家领导出席开幕式，此次文化旅游节以“游刀郎故里·品刀郎美食”为主题，活动为期1周，从5月19日至25日，分别在刀郎部落景区、刀郎大巴扎及多浪商业街等地设立多个分会场推介阿瓦提县域特色旅游资源。

19日，阿瓦提县“浙阿杯”职业技能大赛在县技工学校举行，比赛设有中式烹调、西式面点、服装制作、美容美发、砌筑等7个比赛项目，共有200余名选手参加比赛。

20日，阿瓦提县召开第三届“班主任节”表彰大会，对全县300名优秀班主任进行表彰。

24日，阿瓦提县饮水安全管网及配套设施改造工程正式实施，总投资1.4亿元，该项目计划解决阿瓦提县阿依巴格镇、三河镇、乌鲁却勒镇、多浪乡、巴格托格拉克乡等5个乡镇的饮水安全问题。保障2.4万名农牧民的饮水问题。此次安装互联网水表，该水表可通过农牧民在家自行缴费，使用水表缴费软件，可在家进行操作手机充值等缴费，减轻农牧民的负担。

25日，阿瓦提县纪委监委对接地区慈善总会，为阿依巴格镇托万克阿依库勒村小学捐赠1500双运动鞋、1000套运动服及192个篮球、20双溜冰鞋、2箱运动护具等150箱爱心物品。

26日，阿克苏地区2021年“庆祝中国共产党成立100周年”青少年U系列暨阳光体育排球比赛在阿瓦提县体育馆开幕，比赛分女子甲组、男子乙组、女子乙组和男子丙组，来自阿克苏地区7个县2个市的17支代表队196名运动员参加比赛。

31日，阿瓦提县乡村振兴局正式挂牌成立。

是月，阿瓦提县水利局认真做好汛前安全检查工作，对辖区内的阿克苏河、和田河、叶尔羌河进行巡查，对3个重点部位存在的安全隐患进行维修加固。按照防汛物资储备要求，储备编织袋、麻袋、蚂蟥钉等防洪物资。全县各组织、各行业专家针对阿瓦提县3条河流的不同情况，对蓝、黄、橙、红4个预警级别出现的洪水情形、淹没、撤离进行分析，补充完善应急预案。完成阿克苏河阿瓦提段新建临时性防洪坝3座，投入防洪木桩260根、树梢300吨、编织袋8000个、铁丝0.5吨；落实应急抢险队伍人员5246人、大中型机械256台。

是月，绍兴市援疆项目“阿瓦提县惠农销售亭”正式启动。该项目投入援疆资金200万元，在县域主干道路两侧、行政村村口设置45个公益性农产品自产自销点。

6月

1日，阿瓦提县首批600余辆共享电单车正式投入运营，该批电单车最高时速采用新国标规定的20公里。在小区、广场、公交站、学校、医院、超市等地共设置了130余个站点，基本满足了县城区域用户用车需求。居民可以通过微信小程序、“美团”App扫二维码用车，15分钟内2元，超过15分钟后每10分钟1元。电动车使用高能锂电池，每辆电动车都装有GPS（全球卫星定位系统），设有专门的网络管理维护体系。

3日，阿瓦提县举办首届“大爱越医 健康阿瓦提”青年健康科普能力大赛，以PPT放映、视频动画、情景模拟、实物演示等多种形式，向大家讲解健康管理与促进、健康合理用药、预防艾滋病人人有责、糖尿病健康教育等健康知识，内容涵盖健康生活方式培养、常见病预防等群众关心的健康问题，最终评出一、二、三等奖。绍兴市援疆指挥部和派出单位向阿瓦提县卫健系统捐赠由援疆医生唐伟良主持编制的《心血管健康宣教手册》《急性胸痛宣教手册》共计1.6万册。

5日，阿瓦提县生态环境局联合县农业农村局、交通运输局、发展和改革委员会等单位开展世界环境日宣传活动。通过设立咨询台、悬挂横幅、摆放宣传版面、发放宣传资料等多种形式，向过往群众宣传尊重自然、爱护环境的重要意义，讲解垃圾分类、生态环境保护、生物多样性等政策法规，共发放宣传资料8000余份，展出展板5块，答复200余人次群众咨询。

9日，阿瓦提县市场监督管理局举办以"尚俭崇信守护阳光下的盘中餐"为主题的食品安全宣传周活动启动仪式。全县60余家大中型超市、餐饮店负责人参加活动，活动内容包括学习《中华人民共和国反食品浪费法》、培训食品安全相关知识、观看宣传片。活动期间，县市场监督管理局联合公安、农业农村局、各乡镇负责人共同对全县范围内的餐饮业以及小作坊开展联合检查，严厉打击制假售假行为，确保县域食品安全。

16日，阿瓦提县举行"光荣在党50年"纪念章颁发仪式，为13名党员代表颁发"光荣在党50年"纪念章。

23日，阿瓦提县夏粮收购开秤，2021年全县小麦种植面积29.8万亩，预计小麦总产14.15万吨。

26日，阿瓦提县职业技术学校举办毕业生现场招聘会，共有12家企业参与招聘，1041名职业技术学校毕业生前来应聘。

28日，中国农业大学教授、农业农村部小麦专家指导组带领的验收组按照农业农村部《全国粮食高产创建测产验收办法（试行）》中的小麦测产验收办法，对阿瓦提县阿依巴格镇幸福村270亩早熟冬小麦"新冬60号"高产创建示范田进行实地测产验收，产量结果为738.6公斤/亩，突破南疆小麦亩产纪录。

29日，阿瓦提县召开庆祝中国共产党成立100周年暨"两优一先"表彰大会，表彰100名优秀共产党员、50名优秀党务工作者和40个先进基层党组织。

7月

11日，阿瓦提县委、县人民政府、绍兴市科协、绍兴市援疆指挥部共同主办以"中华国酿——绍兴黄酒"为主题的科普展，此次科普展将在阿瓦提县展出1个月，分为黄酒历史、黄酒工艺、风味奥秘、养生百科、风俗文化、荣誉新品6个部分。科普展还融入了阿瓦提慕萨莱思产业文化内容，向群众展示黄酒和阿瓦提慕萨莱思蕴含的科学知识，利于阿瓦提慕萨莱思产业的传承与发展，促进了绍阿两地文化和科普的交往交流交融。绍兴市科协还向阿瓦提县捐赠一批科普展品、科学教育设备及课程套装，助力阿瓦提县科协开展科普活动。

11日，阿瓦提县举行招商引资项目集中签约仪式，共与9家企业达成合作意向，此次项目集中签约仪式共签约项目9个，签约金额26.95亿元。主要涉及纺织服装、畜牧业养殖、装备制造等产业。

12日，由新疆维吾尔自治区文化和旅游厅主办，新疆艺术剧院、自治区文化馆承办的《颂歌献给亲爱的党》"石榴籽"文化小分队服务基层培训活动赴阿瓦提县。此次培训共15天，培训分别以理论讲述、现场教学及汇报演出等形式进行，开设声乐、器乐、舞蹈、朗诵4个班，全县50余名农民文艺爱好者参加培训。培训邀请6名授课老师分别围绕爱国诗词朗诵、红色歌曲传唱、民族舞蹈编排、经典曲目演奏等内容进行授课。

20日，乌鲁却勒镇馕产业园投入使用。产业园位于乡村振兴产业园内，该项目于5月开工建设，项目投资400万元，占地面积3000平方米，园内有24间店铺、打馕机48台（气电两用），每个店铺可解决3～4人就业，日产馕可达2.5万～3万个，每日订单达5000～6000个。

29日，阿瓦提县公安局交通管理大队在全县重点路段对电动车驾驶员进行道路交通安全劝导，预防道路交通安全事故的发生，行动共有60余名交警参与其中，主要分布在阿瓦提县各条主干道，针对电动轻便摩托车、电动摩托车、电动自行车等不规范驾驶行为进行劝导，并宣传相关法律法规，此次劝导活动持续10天。

是月，由新疆维吾尔自治区文化和旅游厅牵头，新疆艺术剧院歌舞团、歌剧团、民族乐团、自治区文化馆等单位联合组成的《颂歌献给亲爱的党》“石榴籽”文化小分队到阿瓦提县演出并开展文艺培训，演出主要包括爱国诗词诗歌、红色歌曲传唱、民族舞蹈、经典曲目。“石榴籽”文化小分队已累计培训文艺工作者1025人次，举办文艺演出共25场。

8月

1日，新疆艺术剧院木卡姆艺术团“石榴籽”文化小分队到阿瓦提县开展“我们的中国梦·文艺进万家”系列文化惠民演出活动。此次活动为期2天，在阿瓦提县英艾日克镇恰其村、拉特勒克村、也克力村等7个村开展巡回演出。

26日，阿瓦提县乌鲁却勒镇举办“百名乡贤金秋助学”活动，阿瓦提县乌鲁却勒镇领导班子、爱心企业家、致富带头人为乌鲁却勒镇90名成绩优异的大学生捐助14.45万元。

31日，阿瓦提县在工业园区、学校、医院等场所投放50余个快递智能取件柜，不收任何费用，将群众的快递包裹送到家。

是月，阿瓦提县交通运输局围绕群众“操心事、烦心事、揪心事”等，开展“我为群众办实事”实践活动，以道路建设为抓手，完善农村公路路网结构，推进农村公路项目建设。是年计划农村公路建设共涉及乌鲁却勒镇、拜什艾日克镇、英艾日克镇、塔木托格拉克镇等6个乡镇、30余个村，投入资金1.16亿元，共修建150千米农村公路。

是月，阿瓦提县政务服务和公共资源交易中心完善各项便民设施、优化服务质量，实现变“群众跑腿”为“信息跑路”、变“群众来回跑”为“部门协同办”、变“被动服务”为“主动服务”，半年累计为各族群众发放社保卡2600余张，办理营业执照60余份。

是月，在阿瓦提县达尼什胡杨林区湿地，1000余只鸬鹚水鸟安家。近年来，阿瓦提县不断加大湿地保护力度，吸引了10余种野生鸟类在阿瓦提县安家。

9月

2日，中国共产党阿瓦提县第十四次代表大会第一次全体会议开幕，大会应到正式代表255名，因事因病请假3名，实到代表252名，县委书记代表中共阿瓦提县第十三届委员会向中国共产党阿瓦提县第十四次代表大会作了题为《完整准确贯彻新时代党的治疆方略 奋力开启建设平安和谐富裕美丽阿瓦提新征程》的工作报告。

9日，阿克苏地区“中华民族一家亲·同心共筑中国梦”主题书画摄影展在阿瓦提县展出，此次书画摄影展由地区民族团结进步创建活动领导小组办公室、民族宗教事务局、民族团结进步民会联合地区文联、文博院（博物馆）共同举办，将在阿瓦提县展出一周时间，共有本土及外地书法、绘画、摄影、美文作品276件。

15日，阿瓦提县举行产城融合示范区2021年秋季招商引资项目集中开工仪式，集中开工项目5个，总投资31.55亿元。

16日，阿瓦提县市场监督管理局对中秋节前食品进行安全检查。累计对全县市场专项检查13次，出动执法人员40余人次。

24日，阿瓦提县召开城市供水价格调整听证会，听取社会各方面对水价调整方案的意见和建议。县人大代表、政协委员、纪检委主要领导，经营者、消费者、社会各界代表共41人参加会议。

26日，阿瓦提县召开秋季农业生产现场推进会，全县各乡（镇）共有49个观摩点，对农村人居环境整治、秋季植树造林、林带管理、滴灌冬小麦播种、大田蔬菜管理、林果业秋季管理及滴灌冬小麦干播湿出播种等进行了现场观摩、打分。

27日，阿克苏地区“喜迎国庆 舞动幸福”广场舞西片区大赛在阿瓦提县体育馆开赛，此次比赛共有9支代表队参赛，分为东西片区，最终阿克苏市代表队获得西片区第一名。

27日，阿瓦提县公安局交通管理大队联合县融媒体中心开展交通违法行为大整治专项行动，并通过“遇见阿瓦提”抖音平台，实时直播执法现场。

10月

7日，阿瓦提县政协在金马驾校举办“庆国庆·送文化进企业金马杯书画大赛”活动，庆祝中华人民共和国和中国人民政协成立72周年，此次活动共创作书法和美术作品100余幅。

9日，阿克苏地区广播电视农村公共服务技术培训班开班仪式在阿瓦提县举行。各县（市）文化体育广播电视和旅游局分管领导、广播电视业务骨干、农村广播电视设备运行维护保障技术人员，地区文旅局广播电视管理科工作人员等参加培训，此次培训为期3天。

11日，阿瓦提县各类产品在第八届新疆特色果品（阿克苏）交易会上广受好评，阿瓦提县展出的各类特色果品获一等奖3个、二等奖5个、三等奖2个，阿瓦提县获得最佳组织奖。

16日，阿克苏地区第十七届“多浪·龟兹”文化旅游节暨阿瓦提县第八届阿瓦提慕萨莱思文化旅游节在阿瓦提县刀郎文化广场开幕。该届文化旅游节为期3天，刀郎文化广场为主会场，设刀郎故里景区和刀郎部落景区2个分会场，突出“品鉴阿瓦提慕萨莱思、畅游刀郎故里、感受刀郎文化”主题。

18日，阿瓦提县人民政府被自治区党委、自治区人民政府授予自治区民族团结进步模范集体称号。

20日，阿瓦提县三河镇（棉花）、塔木托格拉克镇库吾尔尕村（纳西甘甜瓜）入选第11批全国“一村一品”示范村镇名单。

22日，阿瓦提县召开2021年秋季植树造林动员大会，秋季计划植树造林1663.53公顷。其中城区植树造林120公顷、阿瓦提艾西曼区域植树造林566.67公顷、各乡（镇）植树造林976.86公顷。植树造林时间为10月25日至11月10日。

30日，阿瓦提县召开法学会第二次会员代表大会。表决通过《阿瓦提县法学会第二届理事会选举办法（草案）》；选举阿瓦提县法学会第二届理事会理事和阿瓦提县法学会第二届理事会常务理事、秘书长、副会长、常务副会长、会长。

11月

7日，阿瓦提县举办第二十二个记者节活动暨优秀新闻工作者表彰大会，授予7人“优秀新闻工作者”称号和10人“优秀通讯员”荣誉称号。

11日，阿瓦提县召开第十七届人大常委会第一次会议。会议表决通过新一届县人民政府相关委办局主要负责人任免事项，并为18名新任干部颁发任命书。听取和审议《阿瓦提县2020年本级预算执行和其他财政收支情况的审计工作报告》及《阿瓦提县人民政府办理县十六届人大六次会议代表议案、建议办理情况报告》。

15日，阿克苏至阿拉尔铁路S1标阿瓦提站挂牌，阿克苏至阿拉尔铁路S1标线是阿瓦提县首个铁路建设项目，线路总长53.64千米，其中阿瓦提县境内轨道铺设长度为48.374千米。

15日，阿瓦提县举办“爱国爱疆爱家乡·好歌大家一起唱”红歌大赛，全县14支合唱队参加比赛，三河镇《奋进新时代》《阿瓦提亚克西》夺得此次大赛一等奖。

19日，阿瓦提县推行使用电子驾驶证。

12月

13日，新疆三场丰收棉业有限责任公司获自治区政府质量奖。

14日，阿瓦提县首次试种羊肚菌。

15日，由新疆铁路部门专门组织开行的一趟综合检测列车从阿克苏顺利返回乌鲁木齐，标志着新疆阿克苏至阿拉尔铁路动态验收工作完成。

21日，阿瓦提县第三届冰雪文化旅游节暨冬季“阿瓦提人游阿瓦提”活动在巴格托格拉克乡卡尔库杰克村红林子景区开幕。

22日，阿瓦提县援助绍兴市的23吨香梨、3万个馕抗疫物资捐赠发车仪式在县馕产业园举行。

23日，阿瓦提县入选为全国第六批率先基本实现主要农作物生产全程机械化示范县。

29日，阿瓦提县塔木托格拉克镇长绒棉“三品一标”基地入选第一批全国种植业“三品一标”基地。

是年，阿瓦提县阿依巴格镇托万克喀格木什村发展旅游建成“葡萄村”，葡萄种植面积2800余亩，占全村耕地面积的80%以上。面积一直在2000余亩，发展农家乐3家、民宿8户15间房屋，建成葡萄采摘园、文化广场、人行栈道、3千米葡萄长廊、百姓大舞台、旅游厕所等活动设施。

是年，阿瓦提县棉纺制造产业园扩建30万平方米的标准厂房、建设为企服务中心，新增落户企业16家以上，其中产值超亿元企业3家以上，新增就业1000余人。

是年，阿瓦提县以“兴羊、增牛、促禽、降本提质增效、产业化经营”为突破口，转变畜牧业发展方式，实现畜牧业标准化、规模化、产业化、品牌化发展，全县“十百千亿”畜牧业高质量发展，建成万头牛养殖基地1个，千头牛养殖基地8个，规模化养羊基地43个。

是年，阿瓦提县在全县打造5处城市书房，分别设在阿瓦提镇花园社区、拥军社区、体育馆、文化馆和县委党校，累计接待读者10万人次。

是年，阿瓦提县在阿瓦提镇花园社区、拥军社区、体育馆、文化馆和县委党校打造5处城市书房，全天免费开放，城市书房的日常开放时间为9:00—17:00。

县情概览

位置 区划

【地理位置】 阿瓦提县位于新疆维吾尔自治区中西部，阿克苏地区西南部，塔里木盆地西北边沿、天山南麓，位于北纬39°31′～40°50′、东经79°45′～81°05′。东、北与阿克苏市接壤，西与柯坪县毗邻，西南与巴楚县交界，南部深入塔克拉玛干大沙漠，边接洛浦、墨玉两县。总面积为1.25万平方千米。河流水面面积为39864.4公顷、湖泊水面面积为75.21公顷。

【行政区划】 2021年，阿瓦提县辖7个镇、2个乡，即阿依巴格镇、塔木托格拉克镇、英艾日克镇、阿瓦提镇、拜什艾日克镇、乌鲁却勒镇、三河镇、多浪乡、巴格托格拉克乡。有122个行政村、53个社区。境内还有新疆生产建设兵团第一师三团。

地理环境

【地质】 阿瓦提县境内第四系地层广泛分布，基本无前第四系地层出露，主要为上更新统—全新统冲积、冲洪积、洪积、湖积和风积物，岩性主要为砾石、粉质黏土、粉土、粉砂以及细砂等。大地构造上处于塔里木地台北部边缘，塔里木地台基底较舒缓，但受南天山地槽区影响，导致地台相对下降，并被北西向及北东向断裂切割。发源于天山南坡的阿克苏河携带的大量冲积物堆积于地台区，导致第四系厚度较大。

【地貌】 阿瓦提县由冲积扇、冲积平原和沙漠三大地貌类型组成。阿瓦提县地貌类型多样，有河谷、河心滩、河漫滩、古河道及河间洼地、冲积平原、沙漠等多种类型。北部为阿克苏河冲积扇平原，面积约18.9万公顷，海拔1028～1064米，平坦宽阔，地势由西北向东南倾斜，坡度小于2°，地表由细土物质组成，土层深厚，水资源丰富，发育了美丽富饶的阿瓦提绿洲，是主要的农业生产区；冲积平原由阿克苏河、叶尔羌河、喀什噶尔河、和田河的河谷平原组成，面积约27.8万公顷，海拔1020～1050米，地势平坦，坡度小于1°，是全县主要的林牧区；南部为塔克拉玛干大沙漠，面积约85.9万公顷，海拔1040～1060米，由半固定的草灌沙丘和流动的新月形沙丘及沙丘链、复合型沙丘及沙丘链、沙垄及复合型沙垄、金字塔沙丘、穹状沙丘、鱼鳞状沙丘等类型组成。

【气候概况】 2021年，阿瓦提县气候条件较好，气象条件利于农林作物生长和采摘，灾害天气近年为最少，对农林作物生长来说是风调雨顺的丰产年。开春期为2月21日，较历年提前1天；入冬期为11月22日，较历年偏晚1天。林果开花期、萌芽期气象条件好，棉花花铃期热量条件充足，采摘期天气晴朗，光热充足。

【气候】 2021年，阿瓦提县平均气温11.4℃，较历年偏高0.4℃。1—3月、6—9月气温较历年偏高0.2℃～3.4℃，其中2月、3月、7月和9月明显偏高；4—5月、10—12月气温较历年偏低，其中4月、11月和12月偏低明显，分别较历年偏低

1.6℃、2.3℃和1.1℃。年极端最高气温为37.7℃，出现在7月4日；极端最低气温为-16.4℃，出现在1月10日。全年降水总量为82.3毫米，比历年偏多8.5毫米，其中1—3月、11—12月几乎无降水，6月略偏少，9月偏少44%，其他月份偏多，其中4月偏多136%。全年日照时数为2586.2小时，比历年偏少275.3小时。2月气温异常偏高，2月和9月月平均最高气温超近30年历史极值，尤其是2月，偏高幅度为3.4℃；开春期异常偏早，为近50年之最；11月10日日极端最低气温偏低，居历史第二位；入冬期异常偏早，为近50年之最；11—12月无降水，为40年来首次；9月极大风速超年极大风速及其风向30年历史极值。

【灾害天气候】 2021年6月12日1时至6月12日17时50分期间，阿瓦提县部分乡镇出现大风、强降雨、冰雹等强对流天气，强对流天气致使阿瓦提镇、巴格托格拉克乡农作物受灾，受灾面积79.5公顷，经济损失35.24万元。6月13日22时至6月14日15时30分，阿瓦提县普遍出现强对流天气，强对流天气致使阿瓦提镇、巴格托格拉克乡、英艾日克镇、拜什艾日克镇、塔木托格拉克镇、乌鲁却勒镇和三河镇遭受冰雹、强降雨袭击，造成7个乡（镇）54个村农作物普遍受灾。经统计，受灾面积2748.7公顷，其中棉花受灾面积1392.6公顷，绝收336.6公顷；粮食作物受灾面积1269.7公顷，绝收20.1公顷；林果业受灾面积86.3公顷。受灾群众达1896户7969人，经济损失1834.08万元。7月15日20时至7月18日10时，阿瓦提县普遍出现强降水、大风天气过程，造成3个乡（镇）9个村（社区）农作物受到不同程度受灾。经统计，共造成农作物玉米受灾面积75.92公顷，林果业受灾面积52.11公顷，经济损失约52.57万元，受灾群众达174户756人。7月18日20时至7月19日20时期间，阿瓦提县普遍出现强降水、大风天气过程，造成1个镇8个村农作物受到不同程度受灾。经统计，共造成农作物玉米受灾面积179.0公顷，经济损失约80.55万元，受灾群众达503户2442人。8月16日17时38分至21时30分，阿瓦提县普遍出现大风、强降雨、冰雹等天气过程，造成6个乡（镇）63个村（社区）农作物受到不同程度受灾。共造成农作物受灾面积17576.08公顷。其中，棉花受灾面积14986.16公顷，玉米受灾面积1667.45公顷，蔬菜受灾面积95.82公顷，林果业受灾面积826.65公顷，经济损失约18431.85万元，受灾群众达2957户10385人。

【日照】 2021年，阿瓦提县全年日照2231.7小时，全年平均日照率50%。

【风】 2021年，阿瓦提县年极大风速为20.3米/秒（西南风）。

【冻土】 2021年，阿瓦提县最大冻土深度为32厘米，累计1天（出现在12月）。

自然资源

【概况】 根据第二次农村土地调查2015年统一时点变更数据分类统计的结果，阿瓦提县辖区总面积为1301789.45公顷，土地总面积为1244392.38公顷（不包括兵团）。其中耕地面积为81650.74公顷，占土地总面积的6.56%；园地面积25623.38公顷，占土地总面积的2.06%；林地面积为148179.11公顷，占土地总面积的11.91%；牧草地面积为53683.50公顷，占土地总面积的4.31%；其他农用地面积27870.54，占土地总面积的2.24%；城乡建设用地面积为8194.62公顷，占土地总面积的0.66%；交通水利用地面积为821.34公顷，占土地总面积的0.07%；其他建设用地面积为640.30公顷；其他土地面积为897728.78公顷，占土地总面积的72.14%。

【土壤】 根据阿瓦提县农业局和阿瓦提县农业技术推广站编制的《阿瓦提县耕地地力评价》(2011年),阿瓦提县内土壤分为8个土类、16个亚类。其中耕地土壤9个亚类、6个土属、16个土种,主要土壤类型为潮土、灌淤土、水稻土、草甸土、沼泽土、盐土、风沙土、新积土等。

潮土 潮土是阿瓦提县内主要农业土壤。占耕地面积的36.3%;潮土耕地质量等级为1~4级,主要分布在乌鲁却勒镇、拜什艾日克镇、阿依巴格镇、英艾日克镇、塔木托格拉克镇,其他乡(镇)均有少量分布。潮土分布区地势低,地下水位1~3米,适种性广,小麦、玉米、水稻、棉花、油料、瓜菜等作物均可种植。

灌淤土 灌淤土占耕地面积的2.7%。具有颜色、质地、结构均一的特点。灌淤层厚度50厘米以上。地下水位深于3米,成土过程基本不受地下水影响,全剖面无锈纹、锈斑,适种性广。主要分布于拜什艾日克镇的阿克苏新大河沿岸、县乡属地。

水稻土 水稻土占耕地面积的1.4%。耕地质量等级主要为1~3级,主要分布于阿依巴格镇、塔木托格拉克镇、乌鲁却勒镇、多浪乡的老河床、湖滨及其他下潮地。

草甸土 草甸土占耕地面积的48.8%。耕地质量等级为2~4级,主要分布在县乡属地、乌鲁却勒镇、新疆鲁泰棉业有限责任公司、恒丰有限责任公司,其他乡(镇)均有分布。植被以芨芨草、芦苇、苦豆子、甘草、狐茅等草甸植物为主,覆盖度30%~70%。

沼泽土 沼泽土占耕地面积的1.8%。耕地质量等级为2~4级,主要分布在县乡属地,英艾日克镇、乌鲁却勒镇、新疆鲁泰棉业有限责任公司属地。地下水为弱或中度矿化,植被有芦苇、莎草、三棱草、香蒲等沼泽植物。

盐土 阿瓦提县地下水位较高,蒸发强烈,积盐较普遍。植被有芦苇、铃铛刺、胖姑娘(草)、柽柳等。重盐区植被稀少或光秃,地下水位1~3米,地下水化学组成一般为硫酸盐氯化物或氯化物硫酸盐。盐土主要分布在阿依巴格镇南面与新疆鲁泰棉业有限责任公司属地北面之间、乌鲁却勒镇东面与上游水库西面之间、英艾日克镇黄宫村南10千米与新疆鲁泰棉业有限责任公司属地之间的中度以上盐化土壤。

风砂土 风砂土质地较粗,多为细沙或砂土,剖面发育不明显。占耕地面积的2.6%,耕地质量等级为3~5级,主要分布在乌鲁却勒镇、英艾日克镇、塔木托格拉克镇和县乡属地。

新积土 新积土土层剖面明显可见层片状沉积层次,质地一般为壤土或中壤土。占耕地面积的0.09%。主要分布在乌鲁却勒镇库木布拉克村2组灌渠两侧的碟形洼地上,地下水位1.0~1.5米,新积层50厘米左右,最厚可达1米以上。

阿瓦提县耕层土壤有机含物量一般为1.23%~1.53%,平均为1.39%。土壤耕层碱解氮含量为25~50毫克/千克,平均为33.5毫克/千克;速磷为1~5毫克/千克,平均为2.2毫克/千克,速钾为100~200毫克/千克,平均为163毫克/千克。土壤养分情况是缺磷少氮,钾富足。土壤养分较差,土地属中下等水平,须增加施肥量,增施绿肥和磷肥,才能满足作物中高产的需要。

中国共产党阿瓦提县委员会

综 述

【深化改革】 2021年，阿瓦提县委全面深化改革委员会全面承接上级工作要点，结合县域实际，梳理确定5个领域134项改革任务，逐条制订贯彻落实方案、改革任务台账，明确方法步骤、改革路径和工作要求，推动改革工作落实。年内，召开深改委会议2次，开展改革指导2次，开展相关调研10余次，挖掘改革亮点经验20余条，有力保障各项改革任务部署到位、衔接落实到位。年末，全县134项年度改革任务全部完成并通过地区验收，其中诉讼服务体制改革、智慧农业等多条改革经验获得地区认可。

【基层减负】 2021年，阿瓦提县委严格落实发文、开会报备制度，量化把控各单位发文、召开会议指标。全年制发重点精简类文件278份，占全年指标的51.96%；召开纳入统计类会议162场次，占全年指标的98.2%，开展基层减负专题调研2期，下发通报1期。

【维护国家安全】 2021年，阿瓦提县委召开国家安全委员会会议2次、国家安全办办公会4次，做好“4·15”全民国家安全宣传教育，宣讲40余场次，发放宣传资料1000余份，张贴国家安全教育宣传海报600余张。

【政治建设】 2021年，阿瓦提县委以党的政治建设为统领，坚持把学习贯彻习近平新时代中国特色社会主义思想贯穿党员干部每周“两个半天”学习、“三会一课”、“党旗映天山”主题党日制度等党内组织生活全过程，全面落实“第一议题”制度，加强各级干部轮训，在县委党校（行政学校）举办各类主体班20期，培训党员干部1255人次；举办各类专题班60期，培训党员干部1605人；开展“党课开讲啦”上千堂，“领导干部上党课”200余次；开展党的建设专题学习3次；常态开展集中学习和交流研讨，推动广大党员干部学懂弄通做实。组织开展演讲比赛、知识竞赛、主题晚会等庆祝中国共产党成立100周年系列活动，颁发“光荣在党50年”纪念章184枚，开展“两优一先”推荐表彰工作，推荐自治区级优秀共产党员3名、优秀党务工作者1名、先进基层党组织2个；推荐地区级优秀共产党员18名、优秀党务工作者9名、先进基层党组织10个；推荐县级优秀共产党员100名、优秀党务工作者50名、先进基层党组织40个，激励全县广大党员不忘初心、继续前行。突出党性锤炼，党员管理规范有序。遵循发展党员工作总要求，全年发展党员1219名。推行党员积分化管理和无职党员设岗定责，提升党员教育管理实效。在474个基层党组织和12744名党员中广泛开展“亮牌争星”活动，在各行业各领域设立党员先锋岗，组建党员志愿服务队，组织4352名机关事业单位党员开展“双报到”活动，进一步增强党员的身份意识，发挥党员的先锋模范作用。

强化分类施策，统筹推进全面进步。始终坚持党对各领域的全面领导，不断强化党建引领作用。在机关党建中，推进党支部三年攻坚行动，按照“增加先进支部、提升中间支部、整顿后进支部”的思路，抓两头带中间，助推党支部建设晋位升级，创建先进支部49个。在国企党建中，贯彻《中国共产党国有企业基层组织工作条例（试行）》，成立中共阿瓦提县国有资产管理工作委员会，在国有企业中新建党支部5个，完善落实“双向进入、交叉任职”领导体制，全面推行党建入章工作。在中小学校党建中，贯彻落实《关于加强中小学校党的建设工作的意见》，推进建立健全中小学校党的领导组织体系、制度体系、工作机制不断完善。在公立医院党建中，遵循《关于在推进事业单位改革中加强和改进党的建设工作的意见》《关于加强公立医院党的建设工作的意见》，全面落实党委领导下的院长负责制。

【重要会议】 中共阿瓦提县委常委会会议：

第五次常委会会议　2021年2月27日，县委召开2021年中共阿瓦提县委第五次常委会会议，审议《中共阿瓦提县委员会关于调整县委书记、副书记、常委分工的通知》；审议《阿瓦提县第十四次党代表大会县委提名代表候选人在各选举单位选举预分方案》；审议《阿瓦提县拜什艾日克镇党委班子换届人事安排方案》。

第十二次常委会会议　2021年4月12日，县委召开2021年中共阿瓦提县委第十二次常委会会议，对阿瓦提县关于自治区脱贫攻坚先进个人、先进集体推荐对象考察情况报告进行审议。

第十三次常委会会议　2021年4月24日，县委召开2021年中共阿瓦提县委第十三次常委会会议，审议《关于召开中国共产党阿瓦提县第十三届代表大会第二次会议相关事宜的请示》《关于召开中国共产党阿瓦提县第十三届代表大会第二次会议议题的说明》；通报《阿瓦提县拟推荐自治区脱贫攻坚优秀共产党员和先进基层党组织》；审议《阿瓦提县村级集体财务收支管理办法（暂行）》；审议《阿瓦提县建立“五步五单”工作机制加强对同级党委监督的实施方案》。

第十五次常委会会议　2021年5月30日，县委召开2021年中共阿瓦提县委第十五次常委会会议，审议《关于2021年阿瓦提县领导班子换届考察人选的情况反馈》；听取《关于阿瓦提县政协换届工作有关问题的汇报》；审议《阿瓦提县第十七届政协人事安排方案》；审议《阿瓦提县落实自治区党委第二巡视组巡视阿克苏地区反馈意见整改工作自查情况报告》《阿瓦提县落实九届自治区党委第九巡视组巡视阿瓦提县反馈意见整改工作自查情况报告》。

第三十次常委会会议　2021年11月27日，县委召开2021年中共阿瓦提县委第三十次常委会会议，审议通过《阿瓦提县贯彻落实中央八项规定精神及其实施细则情况报告》，安排部署相关工作；审议通过《阿瓦提县贯彻落实党风廉政建设责任制情况报告》，安排部署相关工作；审议通过《阿瓦提县委管理领导班子和领导干部2021年度考核工作方案》。

中共阿瓦提县委常委会（扩大）会议：

第一次常委会（扩大）会议　2021年2月21日，县委召开2021年中共阿瓦提县委第一次常委会（扩大）会议，审议《关于成立阿瓦提县“文化润疆”工作领导小组的通知》；审议《阿瓦提县2021年全社会固定资产投资计划落实工作方案》；审议《阿瓦提县2021年县级领导主抓重点项目包联方案》；审议《阿瓦提县2021年度招商引资单项考评奖励办法》；审议《阿瓦提县领导干部带部门包联服务企业实施方案》；审议《阿瓦提县卫生健康系统坚持以人民为中心打造全方位全周期健康服务体系工作方案》；审议《阿瓦提县全民健身和全民健康深度融合实施方案》；审议《关于开展城乡居民基本医疗保险购买家庭医生签约服务工作相关情况的报告》；审议《阿瓦提县重大疾病预防控制体系工作方案》。

第二次常委会（扩大）会议　2021年3月27

日，县委召开2021年中共阿瓦提县委第二次常委会（扩大）会议，审议通过关于自来水、污水处理厂收购工作；关于县域高速公路征迁补偿相关工作；关于扩大馕产业园规模的相关工作；关于新疆思维纺织项目落户有关事宜；关于推动农业产业园尽快落地相关工作。

第四次常委会（扩大）会议 2021年5月3日，县委召开2021年中共阿瓦提县委第四次常委会（扩大）会议，会议审议《中共阿瓦提县人大常委会党组关于做好县乡两级人大换届选举工作安排意见》。

第五次常委会（扩大）会议 2021年5月15日，县委召开2021年中共阿瓦提县委第五次常委会（扩大）会议，审议《阿瓦提县推进经济高质量发展两年提升工程（2021—2022年）实施方案》；审议《阿瓦提县2020年国家脱贫攻坚成效考核反馈问题整改方案》；审议《阿瓦提县巩固拓展脱贫攻坚成果同乡村振兴有效衔接实施方案》；审议《关于调整阿瓦提县乡村振兴领导小组组成人员的通知》；审议《阿克苏地区第十七届“多浪·龟兹”文化旅游节启动仪式暨阿瓦提县第九届刀郎美食文化旅游节实施方案》。

第十次常委会（扩大）会议 2021年9月10日，县委召开2021年中共阿瓦提县委第十次常委会（扩大）会议，审议通过《阿瓦提县抓党建促乡村振兴实施方案》；审议通过《阿瓦提县全面推进排查整顿农村发展党员违规违纪问题工作实施方案》《关于成立阿瓦提县全面推进排查整顿农村发展党员违规违纪问题工作领导小组的通知》；审议通过《关于成立阿瓦提县产城融合区建设领导小组的通知》；审议通过《关于调整阿瓦提县对口援助工作领导小组的通知》；审议通过《关于阿瓦提县第三十七个教师节表彰先进个人的请示》；审议通过《关于调整阿瓦提县领导干部带部门包联服务企业工作领导小组成员的通知》；审议通过《关于调整阿瓦提县招商引资工作领导小组成员的通知》。

第十一次常委会（扩大）会议 2021年9月18日，县委召开2021年中共阿瓦提县委第十一次常委会（扩大）会议，审议通过《阿瓦提县产城融合示范区建设规划》；审议通过《阿瓦提县卫生健康系统财务管理制度（试行）》《阿瓦提县卫生健康系统药品管理制度》《阿瓦提县卫生健康系统干部职工管理办法》；审议通过《阿瓦提县馕产业发展实施方案》《阿瓦提县馕产业“十四五”发展规划》；审议通过《阿瓦提县阿瓦提慕萨莱思产业三年发展规划》；审议通过《关于成立阿瓦提县推进产业工人队伍建设改革协调小组的通知》；审议通过《关于调整阿瓦提县就业工作领导小组的通知》；审议通过《阿瓦提县2021—2023年农村劳动力三年培训工作实施方案》；听取《2021年阿瓦提县人民政府第八次常务会议召开情况汇报》，安排部署相关工作；审议通过《关于保障阿瓦提县教师队伍工资待遇的实施方案》；审议通过《关于进一步加强新时代群众工作的实施方案》；审议通过《阿瓦提县“干部作风大整顿 能力素质大提升”专项活动工作方案》

第十二次常委会（扩大）会议 2021年9月30日，县委召开2021年中共阿瓦提县委第十二次常委会（扩大）会议，审议通过《阿瓦提县推进城市精细化管理工作实施方案》；审议通过《阿瓦提县经济领域2021年第四季度工作重点及2022年工作思路》，安排部署相关工作；审议通过《关于阿瓦提县艾西曼湖区域生态修复及荒漠化治理工程的实施方案》《关于成立阿瓦提县艾西曼湖区域生态修复及荒漠化治理工作领导小组的通知》；审议通过《关于成立县委国家安全人民防线建设领导小组的通知》；审议通过《阿瓦提县农村集体“三资”管理专项整治工作方案》；审议通过《阿瓦提县深化医药卫生体制改革2021年重点工作任务》；审议通过《阿克苏地区第十七届“多浪·龟兹”文化旅游节暨阿瓦提县第八届阿瓦提慕萨莱思文化旅游节活动方案》,并安排部署相关工作。审议通过《阿瓦提县民族团结进步示范创建活动验收命名情况汇报》,安排部署相关工作。

第十四次常委会(扩大)会议　2021年10月23日,县委召开2021年中共阿瓦提县委第十四次常委会(扩大)会议,审议通过《关于成立阿瓦提县农业产业园“僵尸企业”和闲置低效用地清理工作专班的通知》;审议通过《关于向重点乡村持续选派驻村第一书记的实施方案》;审议通过《阿瓦提县搜索搭建就业工作预警监测平台运行方案》;审议通过《阿瓦提县贯彻落实〈深化新时代教育评价改革总体方案〉任务分工方案》;审议通过《阿瓦提县教育系统重点学生管理工作实施方案》;审议通过《阿瓦提县关于〈贯彻落实习近平总书记关于安全生产的重要论述推进新时代安全生产高质量发展的意见〉重点工作任务分工实施方案》;审议通过《关于对全县党政机关事业单位公务用车清理的请示》,安排部署相关工作;审议通过《关于整合党政机关综合办公区的请示》,安排部署相关工作。

第十六次常委会(扩大)会议　2021年11月11日,县委召开2021年中共阿瓦提县委第十六次常委会(扩大)会议,就临聘人员整合减压工作进行研究,安排部署相关工作。

第十七次常委会(扩大)会议　2021年11月13日,县委召开2021年中共阿瓦提县委第十七次常委会(扩大)会议,审议通过《阿瓦提县2021年加强生态环境保护坚决打赢污染防治攻坚战工作开展情况》《2021年阿瓦提县生态环境考核指标完成情况自查报告》,安排部署相关工作。审议通过《2021年度阿瓦提县全面推行河(湖)长制工作报告》,安排部署相关工作。审议通过《关于做好全县基层团组织换届选举工作的通知》

第十九次常委(扩大)会议　2021年11月27日,县委召开2021年中共阿瓦提县委第十九次常委会(扩大)会议,听取《2021年阿瓦提县人民政府第九次常务会议召开情况汇报》,安排部署相关工作;审议通过《阿瓦提县关于进一步深化拓展村(社区)级组织“星级化”创建工作方案》;审议通过《关于拨付阿瓦提县2021年农房抗震防灾工程补助资金的报告》,安排部署相关工作;审议通过《阿瓦提县紧密型医共体(医疗集团)建设工作推进方案》;审议通过《关于开展生产、供销、信用“三位一体”综合合作试点的实施方案》;审议通过《阿瓦提县委关于全面加强新时代少先队工作的实施方案》;审议通过《阿瓦提县巩固拓展脱贫攻坚成果暨实施乡村振兴战略工作总结》,安排部署相关工作;审议通过《第八个五年法治宣传教育专题调研报告》,安排部署相关工作。

第二十次常委会(扩大)会议　2021年12月4日,县委召开2021年中共阿瓦提县委第二十次常委会(扩大)会议,安排部署相关工作。审议通过《阿瓦提县新时代基层干部主题培训行动实施方案》;审议通过《阿瓦提县生物安全工作协调机制》。

中共阿瓦提县委员会全体会议:

第十三届委员会第四十次全体会议　2021年5月15日,县委召开中共阿瓦提县第十三届委员会第四十次全体会议,审议《关于合并巴格托格拉克乡与阿克切克力片区设立巴格托格拉克乡、撤销多浪乡及拆分乌鲁却勒镇设立多浪乡等4个行政区划调整工作方案》。

第十三届委员会第四十一次全体会议　2021年6月7日,县委召开中共阿瓦提县第十三届委员会第四十一次全体会议,审议通过《关于召开中国共产党阿瓦提县第十四次代表大会的决议》,对换届工作进行研究部署。

常委会换届工作第二次专题会议　2021年6月7日,县委召开2021年中共阿瓦提县委常委会换届工作第二次专题会议,就换届相关工作进行研究部署。听取县委组织部《关于中国共产党阿瓦提县第十四次代表大会有关问题的汇报(包括代表名额、构成和分配、“两委”组成)》,安排部署有关工作。审议通过《关于调整中国共产党阿瓦提县第十四次党员代表大会筹备工作领导小组的通知》;审议通过《关于召开中国共产党阿瓦提县第十四次代表大会的请示》《关于召开中国共产党阿瓦提县第十四次代表大会的请示的说明》;审议通过《中国共产党阿瓦提县委员会关于中国共产党阿瓦提县第十四次代表大会代表选举工作的通知》;审议通过《关于各县直选举单位召开党代表会议的请示》。

第十四届委员会第二次全体会议 2021年10月27日,县委召开中共阿瓦提县第十四届委员会第二次全体会议,对乡(镇)党委书记推荐人选进行票决。

第十四届委员会第三次全体会议 2021年11月4日,县委召开中共阿瓦提县第十四届委员会第三次全体会议,对乡(镇)党委书记拟任人选进行票决。

第十四届委员会第四次全体会议 2021年11月15日,县委召开中共阿瓦提县第十四届委员会第四次全体会议,对乡(镇)党委书记拟任人选进行票决。

第十四届委员会第五次全体会议 2021年11月27日,县委召开中共阿瓦提县第十四届委员会第五次全体会议,对乡(镇)党委书记和乡(镇)长推荐人选进行票决。

第十四届委员会第六次全体会议 2021年11月30日,县委召开中共阿瓦提县第十四届委员会第六次全体会议,对乡(镇)党委书记和乡(镇)长拟任人选进行票决。

经济工作会议:

经济工作推进会 2021年9月2日,县委召开经济工作推进会。会议听取经济口各成员单位相关工作汇报,就如期完成全年经济发展目标任务,推动县域经济高质量发展做安排部署。要求统筹抓好项目建设;加快产城融合区建设;强化招商引资工作;持续优化营商环境;积极培植税源;提升统计工作质量。

经济工作领导小组第一次全体会议 2021年9月20日,县委召开阿瓦提县经济工作领导小组第一次全体会议,会议对《阿瓦提县贯彻落实地区“点线片面”推进经济工作实施办法》进行审议,并对近期经济重点工作任务进行安排部署。要求提高思想认识;压实工作责任;加强经济业务知识学习;强化督促落实。

经济工作领导小组第二次全体会议 2021年9月24日,县委召开阿瓦提县经济工作领导小组第二次全体会议,传达学习自治区贯彻新发展理念推动高质量发展会议精神,对贯彻落实自治区、地区近期重点工作进行安排部署。要求做好城市精细化管理、加快产业转型升级、狠抓秋季植树造林工作、提振干部精气神。

经济工作领导小组第三次全体会议 2021年10月23日,县委召开阿瓦提县经济工作领导小组第三次全体会议,会议审议《阿瓦提县经济工作领导小组工作规则》《阿瓦提县经济工作领导小组办公室工作细则》《关于明确县经济工作领导小组办公室主任、副主任工作分工的通知》,并对近期经济重点工作任务进行安排部署。要求提高政治站位,加强协作配合;强化督促落实。

【中共阿瓦提县委印发部分文件】 2021年,中共阿瓦提县委印发的部分文件如下:

瓦党发〔2021〕1号 中共阿瓦提县委员会 中共阿瓦提县第十三届委员会第十五轮巡查组长授权任职及任务分工的决定

瓦党发〔2021〕2号 中共阿瓦提县委员会 中共阿瓦提县人民政府关于表彰2020年度绩效综合考评优秀乡(镇)片区和单位的决定

瓦党发〔2021〕13号 中共阿瓦提县委员会关

于2020年度县委管理领导班子和领导干部考核结果及记功嘉奖情况的通报

瓦党发〔2021〕14号 中共阿瓦提县委员会关于印发《2020年度阿瓦提县公务员、参照公务员考核结果及记功嘉奖的通报》的通知

瓦党发〔2021〕24号 中共阿瓦提县委员会2020年度阿瓦提县事业单位工作人员考核结果及记功嘉奖的通报

瓦党发〔2021〕37号 中共阿瓦提县委员会阿瓦提县人民政府关于印发《阿瓦提县2021年度绩效综合考评办法》的通知

瓦党发〔2021〕44号 中共阿瓦提县委员会关于印发《阿瓦提县机关事业单位借调工作人员管理办法(试行)》的通知

瓦党发〔2021〕45号 中共阿瓦提县委员会关于表彰优秀共产党员、优秀党务工作者和先进基层党组织的决定

瓦党发〔2021〕47号 中共阿瓦提县委员会关于表彰第十批绍兴市援疆人才、绍兴市第二批“万名教师支教计划”援疆教师为优秀援疆人才的决定

瓦党发〔2021〕49号 中共阿瓦提县委员会关于同意阿瓦提县部分乡(镇)行政区划调整的决议

瓦党发〔2021〕52号 中共阿瓦提县委员会中共阿瓦提县第十三届委员会第十七轮巡察组长授权任职及任务分工的决定

瓦党发〔2021〕53号 关于成立政协阿瓦提县第十七届委员会第一次会议临时党委和临时党支部的决定

瓦党发〔2021〕54号 中共阿瓦提县委员会关于成立阿瓦提县第十七届人民代表大会第一次会议临时党委及临时党支部的决定

瓦党发〔2021〕55号 中共阿瓦提县委员会阿瓦提县人民政府关于阿瓦提县第37个“教师节”表彰先进个人的决定

瓦党发〔2021〕60号 中共阿瓦提县委员会关于印发《中共阿瓦提县委员会工作规则》的通知

瓦党发〔2021〕67号 中共阿瓦提县委员会阿瓦提县人民政府关于表彰2021年度绩效综合考评“好”乡(镇)、单位及经济社会发展先进企业的决定

瓦党发〔2021〕68号 中共阿瓦提县委员会阿瓦提县人民政府印发《阿瓦提县关于深入开展法治宣传教育的第八个五年规划(2021—2025年)》的通知

【办公室文件存目】 2021年,中共阿瓦提县委办公室印发的通知(部分)如下:

瓦党办发〔2021〕4号 中共阿瓦提县委办公室关于阿瓦提县2020年度绩效综合考评结果及奖惩情况的通报

瓦党办发〔2021〕38号 中共阿瓦提县委办公室关于印发《阿瓦提县社会矛盾纠纷多元化解“四调联动”机制的实施方案》的通知

瓦党办发〔2021〕44号 中共阿瓦提县委办公室关于印发《阿瓦提县村级集体财务收支管理办法(暂行)》的通知

瓦党办发〔2021〕66号 中共阿瓦提县委办公室关于建立阿瓦提县县级领导干部乡村振兴联系点制度的通知

瓦党办发〔2021〕77号 中共阿瓦提县委办公室关于印发《阿瓦提县“干部作风大整顿 能力素质大提升”专项活动工作方案》的通知

瓦党办发〔2021〕87号 中共阿瓦提县委办公室 关于印发《阿瓦提县农村集体“三资”管理专项整治工作方案》的通知

瓦党办发〔2021〕91号 中共阿瓦提县委办公室 关于印发《阿瓦提县关于进一步加强巡察整改和成果运用工作规范(试行)》的通知

瓦党办发〔2021〕98号 中共阿瓦提县委办公室 阿瓦提县人民政府办公室关于印发《阿瓦提

县推进城市精细化管理工作实施方案》的通知

瓦党办发〔2021〕104号 中共阿瓦提县委办公室关于印发《阿瓦提县2021年度年终绩效综合考评工作方案》的通知

瓦党办发〔2021〕110号 中共阿瓦提县委办公室 阿瓦提县人民政府办公室印发《关于开展生产、供销、信用“三位一体”综合合作试点的实施方案》的通知

瓦党办发〔2021〕113号 中共阿瓦提县委办公室关于印发《阿瓦提县党员干部和公职人员“学法规 明纪律 知敬畏 守底线”专题学习教育活动方案》的通知

县委办公室工作

【机构人员】 2021年,阿瓦提县委办公室为正科级公务员法管理单位,加挂阿瓦提县档案局牌子,内设行政办、秘书一室、秘书二室、机要室、信息室、督察考评室、档案监督管理室(其中县委国家安全委员会办公室设在秘书二室,县委全面深化改革委员会办公室和县委财经委员会办公室设在秘书一室),核定编制33名,实有39人,其中行政人员23人,事业管理岗人员16人。

【文字和会务工作】 2021年,阿瓦提县委办公室发挥参谋助手作用,扎实完成各类重大材料的收集和撰写,组建3个归口写作班子和1个综合写作班子,审核把关各类文稿的政策、内容、文字、格式,高质量完成各类讲话、汇报材料185篇,先后起草县委主要领导讲话、综合性汇报材料、调研材料等500余篇。审核以县委、县委办公室、“两办”名义发文186份。严格落实会议审批报备制度,认真抓好会务统筹,用心保障各级各类会议471场次,精心组织各类上级考察调研30余场次,认真筹备各项活动12场次。

【调查研究】 2021年,阿瓦提县委办公室围绕经济发展、民生改善、乡村振兴、全面从严治党等重点工作,理清调研思路,谋划调研路线,明确调研方法,深入各乡(镇)、县直各单位和村(社区),采用实地查看、座谈交流、入户访谈等方式,了解社情民意,用理论联系实际,全面掌握各项重点工作在开展过程中的基本情况、经验做法、困难问题,为县委各项决策部署做好参谋辅政。共组织开展调研活动38场次,形成高质量调研报告46篇。

【信息服务】 2021年,阿瓦提县委办公室围绕贯彻落实上级党委决策部署、全县改革发展稳定中的大事要事、社会关注的热点难点,坚持全员信息制,广开渠道、积极作为,及时提炼经验信息、高效报送紧急重大信息,不断优化信息机制、提升信息质量,为县委决策提供有参考价值的信息,较好地发挥信息工作上传下达、参谋助手的作用。累计向地委办公室上报各类信息413条,被《阿克苏信息》采用27条、《信息快报》采用36条。

【财经委员会】 2021年,阿瓦提县委财经委员会进一步明确工作目标任务,规范资金审批流程。县财经委员会定期听取财政运行情况,及时掌握经济运行新形势下的新情况、新问题,强化分析研判,找准经济发展规律,为全县经济发展把好方向。持续做好财政性项目申报,加强各项目、责任单位的协调,与上级相关部门的对接,保证项目有序推进,强化风险防范,优化资金使用,将资金效益发挥到最大,不断优化投融资环境,推动全县投融资工作持续健康发展。全年召开阿瓦提县委财经委员会全体会议3次,研究审议相关事项报告305项。

【督察工作】 2021年,阿瓦提县委办公室印发

《阿瓦提县2021年度绩效综合考评办法》，抓好地区下达考评指标的督办落实，地区下达30项132条指标中完成率达100%以上。加强各级各类督察反馈问题的盯办落实及县委主要领导安排重点工作的督察督办，完成地区级以上督办事项5件，完成县领导批示件办理27件次，均按时办结。

【考评工作】 2021年，阿瓦提县委对全县9个乡（镇）、51家县直一级目标责任单位、22家县直二级目标责任单位进行考评。其中县直一级目标责任单位按照农业和农村经济、城市经济、政法维稳、党务群团、社会事业发展进行考评，县直二级目标责任单位分农业、林业、水利、文旅、卫生五大系统分别考评。乡（镇）“好”等次（3个）：阿瓦提镇、拜什艾日克镇、英艾日克镇，“较好”等次（6个）：阿依巴格镇、巴格托格拉克乡、三河镇、多浪乡、乌鲁却勒镇、塔木托格拉克镇；县直一级部门“好”等次（22个）：纪委监委、县委办（机要保密局、专用通信局、机关事务服务中心、档案馆）、人大办、政府办（驻乌办）、政协办、党校（农广校）、机关工委、政法委、统战部、公安局、市场监管局、发改委、商工局、财政局、住建局、政务服务公共资源交易中心、自然资源局、林草局、水利局、民政局、人社局、融媒体中心，“较好”等次（20个）：农业农村局、供销社、统计局、应急管理局、交通运输局、生态环境局、消防大队、检察院、司法局、组织部、宣传部、巡察办、编委办、史志办、团委、文旅局、教科局、医疗保障局、残联、退役军人事务局，“一般”等次（11个）：气象局、工业园区管委会、审计局、工商联、法院、信访局、网信办、总工会、妇联、科协、红十字会，“差”等次（1个）：卫健委；县直二级部门“好”等次（6个）：水资源总站、农技推广站、人工影响天气办公室、胡杨林管理站、文化艺术中心、疾病预防控制中心，“较好”等次（27个）：畜禽改良站、兽医站、农业检测中心、农业产业化办公室、农经局、林管站、农村饮水安全办公室、文化馆、刀郎歌舞团、卫生健康综合监督执法局、妇幼保健院等，“一般”等次（8个）：种子管理站、动物卫生监督所、胡杨林野生动植物自然保护站、图书馆、计划生育服务站等。

【档案管理】 2021年，阿瓦提县委办公室履行档案馆工作职能，加强档案基础业务建设，严格按照《中华人民共和国档案法》《机关文件材料归档范围和文书档案保管期规定》对馆藏档案实行规范管理，确保档案安全完整。县档案馆严格按照标准，专人指导档案归档，共收集脱贫攻坚档案82828件、18511卷、照片291张，县级党委、人大、政协换届选举719件、照片120张。组织业务培训10次，实地查看档案室建设情况，指导档案归档和管理85次。全年共接待176人次，查阅124卷、341件。开展《中华人民共和国档案法》学习宣传进机关、进企业、进学校活动92次，以“6·9”国际档案日为契机，发放宣传单1000余份，提高档案工作的社会知晓率。

【专用通信】 2021年，阿瓦提县委办公室精心做好视频会议技术保障工作，累计保障各类会议728场次。定期对全县9个乡（镇）党政视频会议室运行情况进行指导，确保各级党政指示政令和应急指挥调度安全畅通。

组织工作

【党组织概况】 2021年年底，阿瓦提县共有党组织490个，其中党（工）委36个[乡镇党委9个、县直党（工）委9个、行业党工委18个]，二级党委4个，党总支12个，党支部438个。党组39个。在分领域党组织设置中，有机关事业单位党（工）委8个、二级党委2个、党总支12个、党支部165个，党员4408人；乡（镇）农村党委9个，党支部193

个(机关站所党支部32个),党员7446人(含全县“访惠聚”驻村工作队党员473人);城市党组织中,社区党支部12个,党员521人;新兴行业党组织:行业党工委18个,二级党委2个,党支部(联合支部)60个,党员323人。国有企业党组织:党工委1个,党支部8个,党员46人。分行业系统党组织设置中,阿瓦提镇党委有19个党组织,其中机关、站所党支部2个,社区党支部12个,村党支部5个;乌鲁却勒镇党委有22个党组织,其中机关、站所党支部3个,村党支部19个;拜什艾日克镇党委有34个党组织,其中机关、站所党支部9个,村党支部25个;英艾日克镇党委有29个党组织,其中机关、站所党支部3个,村党支部26个;塔木托格拉克镇党委有27个党组织,其中机关、站所党支部5个,村党支部22个;阿依巴格镇党委有22个党组织,其中机关、站所党支部4个,村党支部18个;三河镇党委有20个党组织,其中机关党支部2个,村党支部18个;多浪乡党委有17个党组织,其中机关、站所党支部2个,村党支部15个;巴格托格拉克乡党委有15个党组织,其中机关党支部2个,村党支部13个;县直机关工委有52个党组织,其中二级党委1个,党总支2个,机关、事业单位党支部49个;县公安局党委有20个党组织,其中党总支1个,党支部19个;县农林水牧党工委有8个党组织,其中党支部8个;县应急管理局党委有1个党组织,其中党支部1个;县教育工委有79个党组织,其中党总支9个,党支部70个;县卫健工委有17个党组织,其中二级党委1个,党支部16个;县委网信工委有1个党组织,其中党支部1个;县委非公有制经济组织和社会组织党工委有80个党组织,其中行业党工委18个,二级党委2个,党支部(联合支部)60个;国有企业党工委有8个党组织,其中党支部8个。

【党员队伍】 2021年年初,阿瓦提县共有党员12023人,其中女性3520人,占29.28%;35岁以下党员3580人,占29.78%;大专及以上学历4452人,占37.03%。机关事业单位党员4352人,农牧民及社区党员6710人,其中农牧民党员6261人、社区党员449人,行业党工委470人。至2021年年底,全县共有党员12744人。其中女性3958人,占31.06%;35岁以下党员4048人,占31.76%;大专及以上学历4952人,占38.86%。机关事业单位党员4408人,农牧民及社区党员7494人,其中农牧民党员6973人、社区党员521人,“两新”组织党员323人,国有企业党员46人。

【党员发展】 2021年,阿瓦提县发展党员1219名,其中女性538人,35岁及以下986人,大专学历及以上1099人,农牧渔民党员762人,乡村干部中发展党员113人,机关、事业单位中发展党员390人,非公有制企业15人,社会组织5人。

【党员教育管理】 2021年,阿瓦提县坚持把加强党员教育管理作为推动全面从严治党向基层延伸的重要举措,从党员发展、党员教育、党员日常管理入手,不断规范党内政治生活,为党员教育管理工作注入新鲜活力。全年梳理摸清流动党员342名,其中其他省市务工、经商、居住党员31名,县外自治区内流动党员311名,县委组织部及时为流动党员办理流动党员活动证,做到党员流动有组织关怀。贯彻《中国共产党党员教育管理工作条例》,全年下发学习要点12期,以党支部为单位积极落实党员每周“两个半天”集中学习、“党员积分制管理”和“党员双报到”制度,督促党员参加支部“三会一课”“党旗映天山”主题党日等党内活动,党员按时交纳党费,不断发挥先锋模范作用。

【党组织建设】 2021年,根据工作需要,经县委常委会研究,将“中共阿瓦提县行政服务中心党组”更名为“中共阿瓦提政务服务和公共资源交易中心党组”，成立“中共阿瓦提县残疾人联合会党组”，撤销“中共阿克苏地区阿瓦提县生态环境分局党组”，成立“中共阿瓦提县国有资产管理工作委员会”和5个国有企业党支部。

【党费收缴、管理、使用】 2020年底阿瓦提县党费结余150.98万元。2021年，阿瓦提县管党费收入234.85万元，其中各党（工）委所属党支部党员直接交纳党费167.80万元，上级下拨农牧民党员“对党忠诚”培训专用经费22.19万元，上级下拨党务干部培训经费9万元，上级下拨2021年元旦春节期间走访慰问经费19.05万元，上级下拨“七一”建党节期间走访慰问经费15.3万元，党员缴纳大额党费1万元，党费存款利息收入0.51万元。全年，阿瓦提县管党费共计支出186.36万元，其中上缴党费45.48万元，占支出总额的24.4%；下拨党建工作经费44.19万元，占支出总额的23.71%；各类慰问经费支出63.71万元，占支出总额的34.19%；党员教育等支出23.92万元，占支出总额12.84%；服务重点工作等其他支出9.06万元，占支出总额的4.86%。截至2021年12月31日，阿瓦提县管党费结余198.44万元。

【农村党建】 2021年，阿瓦提县委组织部按照每村2～3名国家公职人员标准，选派353名国家干部到村任职。严格落实村干部工资提标工作，村级正职月报酬从3200元调整至3980元，副职从2200元调整至2944元，村民小组长由700元增加至1200元。制定《阿瓦提县2021—2022年发展壮大农村集体经济工作方案》，为35个经济“薄弱村”“空壳村”制订发展壮大村集体经济“一村一策”方案，申报发展壮大村集体经济项目10个，争取中央和自治区专项扶持资金500万元，全面消除村集体经济低于10万元的村。

【城市党建】 2021年，阿瓦提县委组织部强化区域党建融合共建，坚持“每月一主题”召开社区“大党委”会议，每月形成《阿瓦提县社区“大党委”工作机制落实情况通报》，倒逼共驻共建单位履职尽责。深化网格化管理，推进社区党建、单位党建、行业党建互联互动。坚持以“平安社区、智慧服务”为宗旨，以信息化建设为依托，开发“五位一体”智慧社区云平台PC版、App、微信公众号等媒介，最大限度做到管理零接触、服务零距离，进一步创新社会治理方式，提升日常服务管理水平，推动基层精准治理。制定印发《阿瓦提县关于全面提升业主委员会和物业服务企业党的组织和党的工作有效覆盖质量三年（2021—2023年）行动实施方案》，建立业主委员会党组织38个，覆盖率达70.37%；物业服务企业党组织3个，覆盖率达83.33%。依托社区“大党委”，将12家物业服务企业负责人纳入社区“大党委”成员单位，推动“双向进入、交叉任职”，建立健全社区党组织领导下的居民委员会、业主委员会和物业服务企业“三方联动”协调议事制度和业主诉求全程跟踪管理制度，“红色业委会”“红色物业”双覆盖攻坚行动成效显著。

【“两新”组织党建】 2021年，阿瓦提县委组织部坚持新引进企业“三个同步”，即项目落地同步党建工作开始、招聘员工同步招收（发展）党员、组建管理层同步组建党组织。按照“非公企业发展到哪里，党的组织建设就跟进到哪里”的工作原则，全面压实属地管理责任。实现党的组织有形覆盖到位。紧盯党建指导员、党员、党组织书记队伍建设，通过个人自荐、组织推荐、行业部门考察和组织部门备案管理的方式，将165名党建指导员选派指导至344家企业，落实“火种”计划，使结构更加优化，工作更加高效。

【换届工作】 2021年，阿瓦提县委组织部依法依规，注重早谋划、早动手，成立以县委书记为组长的换届工作领导小组，下设7个专项组，村（社区）“两委”换届工作专项组由组织部分管副部长任组长，抽调11名干部专门负责村（社区）“两委”换届工作。全面落实县级领导班子包乡走村入户、乡（镇）领导班子成员包村联户制度，逐村调研分析，建立问题、整改、责任“三个清单”，制订“一村一策”整顿方案集中整顿；对173个村（社区）开展离任审计，发现整改问题45个。制定《阿瓦提县村（社区）“两委”换届工作实施方案》，明确程序步骤，时间到天、任务到人，为换届奠定坚实基础。适时召开村（社区）“两委”换届工作动员部署会议，逐级制订村（社区）“两委”换届培训计划，制作下发由换届政策、要求、流程、办法等内容组成的培训课件，常态督促开展培训，提高业务能力，累计培训县乡村三级干部2800余人次。利用多种方式广泛宣讲宣传换届政策、人选标准、工作程序、时间安排、纪律规定等，悬挂宣传横幅650条，张贴宣传标语1200余条，引导广大党员、群众参与到换届选举工作中，正确行使公民选举权。聚力高标准、高质量，候选人员顺利产生。会同乡（镇）党委完成上任班子任期考核，采用“两推”和直接提名的方式推荐该届“两委”班子人选，对于该村没有党组织书记合适人选的，从县乡机关选派党组织书记11人，从其他村交流优秀党员任职3人。严格落实村（社区）“两委”班子候选人村级自审、乡（镇）初审、县级联审机制，累计完成2586名候选人的政审考察工作。根据推荐、联审、考察和研究情况，调整确定2424名正式候选人，组织各乡（镇）与1005名已任班子成员及候选人开展谈心谈话，与候选人签订换届纪律承诺书。打造县级村（社区）“两委”换届示范点2个，组织乡村两级54名换届工作相关人员现场观摩学习。选派12名村（社区）“两委”换届工作指导员，分3组先后赴9个乡（镇）换届示范点进行现场指导，新一届村（社区）“两委”班子成员平均年龄为35.2周岁，党员比例达68%，实现“两委”干部的平均年龄、党员人数、学历层次、班子结构“一降一增一升一优化”的目标。“两委”换届完成后妇女和团支部等配套组织顺利选举，档案资料全面规范，任职培训顺利进行，换届后各项工作衔接有序、高效推进。

【实施“头雁行动”】 2021年，阿瓦提县委组织部优化调整37名优秀干部担任村党组织书记，推荐6名优秀村党组织书记报考公务员，提拔13名优秀党组织书记进入乡（镇）领导班子，10名优秀党支部书记晋升职级，组织52名村党组织书记赴乌什县开展培训，落实农牧民党组织书记工资报酬正常增长机制，为75名农牧民村党组织书记办理养老保险、人身意外伤害保险，按照人均800元标准落实村党支部书记定期体检，党组织书记工作积极性进一步提升。

【实施“薪火行动”】 2021年，阿瓦提县委组织部按照每村配备4～6名后备干部标准，采取村级自荐、群众推荐等方式储备后备干部793人。制定《阿瓦提县村干部和后备力量培训行动三年实施方案》《2021年阿瓦提县村干部和后备力量培训方案》，建立以单位领导、部门骨干、党校教师、优秀村党支部书记为主的224名培训师资库，利用县乡两级党校、技工学校等阵地，组织4批453人开展为期2个月的培训。建立全方位帮带机制，由县包村领导、乡（镇）包村领导干部、村党组织书记、“访惠聚”驻村干部、到村任职的国家干部等分别与村级后备力量建立“一对一”“多对一”结对帮带关系，从思想帮带、能力帮带、作风帮带和国家通用语言帮带等方面入手，落实帮带措施、实行帮带评估机制，提升后备干部能力素质。

【公务员管理】 2021年，阿瓦提县实行领导干部+年轻干部一对一培养模式，对年轻干部进行跟踪培养，有意识交任务、压担子，逐步形成“以老带新、以熟带生、以优促新、互学共进”的干部成长工作机制，帮助年轻干部更快地掌握工作技能。制定《阿瓦提县“我的青春 疆来有你”青年干部人才联谊会活动方案》，坚持县级一月一主题、乡（镇）半月一次组织青年干部开展联谊交友活动；严格按照《中华人民共和国公务员法》《公务员职务与职级并行规定》相关要求，坚持从公务员队伍建设的实际出发，认真分析，综合比较，注重选拔勤政务实、敢于担当的优秀公务员，优先晋升受到表彰和表现优秀的（社区）第一书记、深度贫困村第一书记等工作在基层一线的公务员。

【公务员招录】 2021年，阿瓦提县定期对县直及乡镇机关人员情况进行摸底，深入分析当前公务员队伍编制空缺、年龄结构、专业要求等因素，加强人员储备，科学制订阶段性人员队伍补充规划；主动与编办等部门沟通，及时与上级公务员主管部门对接，指导用人单位结合实际，从满足实际需要出发，科学设置职位条件，避免职位条件设置过高或过低、专业与单位实际需要不符等情况发生，坚决杜绝“人岗不符”现象的发生。

【人才管理】 2021年，阿瓦提县健全“1+6”人才工作责任体系，强化县委组织部对人才工作的牵头抓总职责，制订阿瓦提县人才工作领导小组及成员单位职责和任务清单35条，厘清成员单位权力责任清单，落实“一把手”围绕脱贫攻坚、乡村振兴等重点工作育人才、用人才的“第一责任”；结合阿瓦提县人才工作实际，抓好《新疆维吾尔自治区党委人才工作领导小组2021年工作要点》《阿克苏地委人才工作领导小组2021年工作要点》《阿克苏地区引进优秀人才办法（暂行）》，进一步完善促进人才创新发展的政策体系，构建更加开放的人才发展环境。

【人才激励机制】 2021年，阿瓦提县以职业能力、工作业绩和社会贡献为主要依据，按照人才价值和市场供求关系决定工资报酬的分配机制，鼓励知识、信息、技术、管理等生产要素参与收益分配，综合考虑目标的实现程度、主观努力状况、经济社会效益等因素，科学评判人才的工作绩效，并以此为依据对其进行奖惩；坚持和完善定期评选表彰优秀人才制度，通过公开评选的方式表彰各行各业的优秀人才和拔尖人才，对当选的优秀人才授予荣誉称号、颁发一次性奖金等多项待遇。

【人才技术服务】 2021年，阿瓦提县坚持人才工作为经济社会发展中心任务服务的根本，围绕乡村振兴、脱贫攻坚、党史学习教育、保密等重点工作，加大各级干部和相关行业领域人才培养开发力度，全年举办各乡镇和部门单位社会人才培训班30期，共培训各类人才1.2万人次；举办村干部及后备干部培训班、村干部能力素质提升培训班3期，300人参加。邀请绍兴市委党校5名教授通过钉钉视频、集中送教、交流培训对4个主体班200余人进行培训；柔性引进3批23名援疆医生、10名援疆教师柔性援疆3个月，受教医生超过200人次，帮带教师20余人，先后选派住建系统干部、中青班学员、党建干部、经济口干部等50余名党政干部、专技人才赴绍兴考察学习，着力提升阿瓦提本土人才能力素质。

【引进人才待遇】 2021年，阿瓦提县根据引进人才的不同层次，多形式、多渠道解决引进人才的住房问题。对引进的各类人才，用人单位安排可拎包入住的周转性住房；也可由用人单位安排公租房、临时住房。个人租房的，当地财政核发一定的租房补贴；对柔性引进人才，可通过技术入股、成果转化、效益分红等收益分配方式，与用人主体协商确定薪酬。对刚性引进的高层次人才，与用人单位签约5年及以上的，5年内可享受津补贴；在公务员招录岗位申报时，单列岗位、定向招录本地事业编制人员；通过把合同期满、表现优秀的天池计划人员转录为公务员、事业编制等方式，解决人才身份后顾之忧。

【干部档案管理】 2021年，阿瓦提县委组织部核准档案信息，提高档案质量。聘请北京航星永志科技有限公司对700本人事档案（含科级干部）进行数字化管理，及时下发催办通知单和人事档案审核情况登记表。完成整编700册，查缺700册，干部信息中心工作人员针对出生年月、参加工作时间、入党时间、学历、干部身份等重点内容复审档案700册，下发催办通知单700份，其中材料补充齐全档案682册。同时协助干部室、公务员人才室、干部考察组、县纪委监委、其他单位查阅档案202册，复印相关材料671份5019页。协助地区考察组查阅人事档案10册。

【信息工作】 2021年，阿瓦提县委组织部建立信息考核机制，出台《信息调研工作考核办法》，将信息工作作为各乡镇、科室年底考核、评先评优的重要依据，每月紧扣上级选题，有针对性地印发信息工作重点，督促日常信息专项报送工作落实到人，做到一周一通报、一月一点评、一季一总结，压实组工干部队伍"全员信息制"责任。坚持把《中国组织人事报》作为"主攻方向"，兼顾其他党报党刊，增强组工宣传效果。重点培养一批优秀宣传通讯员。全年，中组部组工信息报送61条，自治区组工信息报送97条、综合19条，地区组工信息报送各类信息211条，推送网评文章83篇，《中国组织人事报》上稿6篇，自治区级刊物用稿9篇，地区级刊物用稿21篇。

【基层党组织、党员表彰】 2021年，阿瓦提县坚持公开、公平、公正的原则和向基层工作一线倾斜的导向，按照推荐对象覆盖机关、村（社区）、学校、医院、国有企业、"两新"组织和援疆等领域、女性占比不少于20%推荐要求，组织推荐自治区、地区和县级"两优一先"表彰工作。年内，自治区"两优一先"表彰阿瓦提县优秀共产党员3名、优秀党务工作者1名、先进基层党组织2个。地区"两优一先"表彰阿瓦提县优秀共产党员18名、优秀党务工作者9名、先进基层党组织10个。阿瓦提县"两优一先"表彰优秀共产党员100名、优秀党务工作50名、先进基层党组织40个。

【离退休干部情况】 2021年年底，阿瓦提县有离退休干部共2336名，其中离休干部4名、退休干部2332名；男1298名、女1038名；中共党员1242名（女381名）；县级36名（正县级10名、副县级26名）、科级311名（正科194名、副科117名）、科员321名、事业编制人员1668名；已经成立离退休干部党支部10个。

【老干部优享待遇】 2021年，阿瓦提县委组织部在节假日期间，组织县各单位开展走访慰问活动。按时落实遗孀生活补贴4.8万元、离退休干部党支部书记工作补贴3.6万元，落实离休干部由原来每年增发1个月基本离休费调到每年增发2个月基本离休费；为5名逝世离退休干部操办丧葬和善后事宜，为40多名退休干部办理丧葬费补助，办理退休人员审批30多人。

【离退休老干部发挥余热】 2021年，阿瓦提县委组织部发挥离退休干部熟悉历史优势。结合党史学习教育，为发挥离退休干部的独特优势和积极作用，助力党史学习教育开展，选择一批政治理论素养高、理想信念坚定、语言表达能力强、群众威信高、社会影响大的退休干部组建由退休县领导担任团长，退休党员干部担任团员的"夕阳红老干部宣讲团”宣讲员，展现老干部的价值，发挥老干部熟悉党史的优势。发挥离退休干部人生阅历和工作经验丰富的优势。开展“红色新疆印记”档案史料征集活动。开展“忆往昔·重温红色记忆”活动。让党史学习教育更接地气、更有温度、更有实效，传承红色基因。

【老干部理论学习】 2021年，阿瓦提县委组织部有计划、分阶段地组织全县老干部开展“学党史、感党思”党史学习教育。以支部为单位，全县范围内开展党史学习教育，坚持就近便利、灵活多样注重实效的原则，结合“三会一课”“党旗映天山”主题党日等基本党内活动深入学习党史。用好红色资源，组织参观党性教育基地50余场次，受教育离退休干部党员达1000余人次，诵读党章、重温入党誓词、上“微党课”100余场次。考虑老干部身体不便、居住分散等特点，探索推行“三学”模式，即对年老体弱、行动不便的离退休干部上门送学、送四本书、老年康乐报等；对异地定居离退休干部电话送学；对就地居住、身体较好的离退休干部开展集中学习。

【离退休干部服务管理】 2021年，阿瓦提县委组织部抓住建党100周年的重大时机，开展专题调研活动1次、老干部座谈会6次，采取座谈交流、个别访谈、实地走访、引导离退休干部撰写专题文章等形式，听取阿瓦提县各行各业退休老干部对阿瓦提县各行各业的意见建议，共收集6个大类21个方面的意见建议，并上报县委主要领导批示。

【援疆干部人才服务】 2021年，阿瓦提县共有浙江省绍兴市第十批援疆干部人才103人（含柔性7人），先后开展红歌合唱、“党史微课”比赛、“我的援疆故事”主题征文和演讲比赛、“学雷锋”志愿服务等系列活动，引导10人向党组织靠拢，1人吸收为预备党员。前后2期86名援疆人才与受援单位192名新人结成师徒，其中援疆教师完成带班教学课时7701节、公开课64场次、学导课堂86节，指导6个项目，17个课题获地区级以上荣誉和立项。援疆医生诊疗病人7600余人次，完成手术707台，抢救急危重症患者790余人。绍兴市援疆指挥部荣获浙江省援疆指挥部系统“综合先进集体”称号，“组团式”援疆教师团荣获“团结协作先进集体”称号，75人获得地区级以上各类荣誉。

宣传工作

【理论学习】 2021年，阿瓦提县委宣传部有效引导各级党员领导干部，通过带头研讨、基层调研、列席旁听等方式全力推动学习领会。开展县委理论学习中心组集体学习40次，专题研讨发言104人次，形成高质量研讨发言材料104篇，举办党委（党组）理论学习中心组学习秘书培训班1期，真正让各级党委（党组）理论学习中心组学习深起来、实起来、活起来。

【群众宣讲】 2021年，阿瓦提县委宣传部通过县领导示范讲、党员干部现身讲、村级力量常态讲、行业领域分众讲等方式，开展各类主题宣讲5.2万余场次，受教群众130万余人次，“棉城之声”宣讲团作为全疆首推宣讲团被列入全国理论宣讲先进集体候选名单，将党的创新理论讲到群众心坎上。

【“我为群众办实事”活动】 2021年，阿瓦提县委宣传部将党史学习教育成果转化为强大动力和硬核举措，各级党员干部开展志愿服务9.8万余场次，解决群众急难愁盼事项433件，办实事好事9612件，累计投入资金10.57亿元，惠及群众65.49万人次，党员干部为民服务宗旨意识进一步增强，各族群众爱党爱国热情广泛激发。

【未成年人思想道德建设】 2021年，阿瓦提县委宣传部着眼于培养担当民族复兴大任的时代新人，在尊德守德上下功夫、在树文明新风上下功夫，2个项目荣获精神文明建设“五个一”亮点工程称号，1人荣获阿克苏新时代“百佳好少年”称号。

【文化润疆】 2021年，阿瓦提县委宣传部广泛传承弘扬中华优秀传统文化，持续推动刀郎文化创新性发展，180场“我们的中国梦·文化进万家”惠民演出覆盖各村（社区），600余幅主题美术、书法作品巡回展出，引发热烈反响，激发社会共鸣。各族群众交往交流交融更加深入，2个地区级、12个县级文化润疆示范基地成为彰显中华文化“多元一体”的新地标，5间城市书房助推“书香阿瓦提”建设迈出新步伐，各族群众文化认同持续增进、文化自豪不断增强、文化自信越发坚定。

【意识形态工作专题会议】 2021年，阿瓦提县委宣传部制定下发《关于贯彻〈党委（党组）意识形态工作责任制实施细则〉的实施方案》，召开宣传思想工作例会4次，开展宣传思想工作专题培训2期、专题分析研究意识形态工作3次，深入各乡（镇）、村（社区）常态化指导检查4次，以县委名义形成意识形态领域问题通报2期，不断完善会商研判、情况通报、督查考核等制度，意识形态工作主动性、前瞻性全面增强。

【融媒体建设】 2021年，阿瓦提县委宣传部以“机构更精、动力更强、视野更宽、机制更活”为目标，以“内容为王”为主导，全面整合媒体资源，产生融媒体产品7000余个，“两微一端”发布作品14200余条，特别是《为暖心之举点赞》《你的纵身一跃“真帅”》等短视频被全国各级媒体转载刊发，累计点击量破1.9亿人次，打造一批精彩生动、传播广泛的“现象级”精品，宣传报道到达率不断提升。

【文明实践中心建设】 2021年，阿瓦提县委宣传部探索新时代文明实践中心建设“棉城经验”。为满足广大干部群众日益增长的精神文化需求，立足县域实际，依托县体育馆投资30万元改建新时代实践中心，中心分为服务总厅、新时代文明实践中心、志愿者之家、家风家训馆、道德讲堂、科技科普馆六大部分，常态开展理论宣讲、体育竞赛、文艺演出、科技科普等各类实践活动。建成新时代文明实践中心1个、实践所9个、实践站173个、实践点64个；举办新时代文明实践现场观摩培训会2场，建成志愿服务队伍246支6.5万余人，开展志愿服务活动1800余场，服务群众18.9万人次，“我为人人、人人为我”的良好风尚形成规模。拓展“旅游+志愿服务”实践模式，利用春节、五一国际劳动节等假期刀郎部落、刀郎故里等景区客流量大的特点，组织开展大型“文明旅游”志愿服务活动3场次。利用阿克苏“Hi苹果红了”手机客户端，探索“指尖化”实践模式。在阿克苏“Hi苹果红了”手机客户端注册志愿服务队伍235支，有志愿服务者3万余名。加强新时代文明实践业务培训，组织新时代文明实践观摩培训会2场。

【群众性精神文明创建】 2021年，阿瓦提县委宣传部为进一步巩固提升自治区文明县城创建成果，常态化督促行业部门履职尽责，全县各单位常态化开展“每周五志愿日”活动。持续深化精神文明创建工作。向地区推荐全国文明校园1所；发动指导全县各创建单位参与2021年县级文明创建“零基启动”工作，组织文明创建培训会3场次。年末，全县申请创建县级文明单位40个、文明乡（镇）7个、文明村112个、文明校园64

个。持续抓好“细胞创建”活动，紧密结合培育和践行社会主义核心价值观，广泛开展“文明家庭”“星级文明户”创建活动，全县4.7万余户家庭参与“星级文明户”创建，各乡（镇）推荐200余户家庭参与县级“文明家庭”评选活动。

【培植社会主义核心价值观】 2021年，阿瓦提县委宣传部以新时代文明实践中心10支志愿服务队为核心，向乡（镇）、村（社区）辐射，形成县、乡（镇）、村（社区）三级“10+N”志愿服务体系，全县共有各级志愿服务队246支，志愿者6.5万余人。弘扬中华传统文化，依托新时代文明实践所（站、点），组织开展2021年阿瓦提县“刀郎人过元宵”花灯展、“缅怀英烈 铭记历史”清明祭英烈、包粽子、做月饼、喜迎国庆等主题实践活动800余场次。加大全县志愿者、志愿团体在“全国志愿服务系统”注册力度，全县已认证通过志愿者4.2万余人、志愿团体64个。

【贯彻《新时代公民道德建设实施纲要》】 2021年，阿瓦提县委宣传部将党史学习教育和《新时代公民道德建设实施纲要》纳入党委（党组）理论学习中心组学习内容，督促党员干部通过“学习强国”学习平台，养成自觉学习、随时随地学习、乐于学习的习惯。相关单位各负其责，贯彻落实《阿瓦提县学习宣传贯彻〈新时代公民道德建设实施纲要〉的实施方案》，发挥优势，形成合力，有效推进新时代公民道德建设工程的实施。加强新时代公民思想道德建设。依托新时代文明实践中心、所、站、点，在春节、“3·5”学雷锋月、清明节、端午节活动期间，开展“文明旅游”等志愿服务活动1800余场次。

县直机关工委工作

【概况】 截至2021年年底，阿瓦提县委直属机关工作委员会（以下简称县直机关工委）将教育、卫健、网信、公安、农林水牧、司法等7个党工委、9个机关支部纳入机关工委直接管理范围，新成立机关党总支（县纪委）1个，新成立党支部4个（纪委第一、第二、第三支部，技工学校党支部）；规范设置62个党组织（2个机关党委、2个党总支、58个党支部），机关工委直属党组织有党员1032人。其中60名预备党员；女性党员348名，占33.72%；大专以上文化程度的党员883名，占85.56%。

【基层组织建设】 2021年，阿瓦提县直机关工委开展党建培训，提升工作能力。以“分批次、小班额”的模式和以会带训的方式，举办党建业务基础知识培训班2期，开展党史学习教育理论知识专题培训1次、理论测试2次，培训354人次，进一步提高县直机关党务干部的业务素质和能力，夯实党建理论基础。严把党员准入关。严格按照5个环节、25个步骤要求做好发展党员工作，发展预备党员140人，新确定发展对象26人，新吸收积极入党积极分子115人。举办发展对象和积极分子培训班6期，每期培训时间3天，达到以学促工，知行合一，以知促行，提升党务干部党建水平和履职能力。按照《中国共产党支部工作条例（试行）》要求，督促指导各党组织规范落实“三会一课”制度，按时召开支委会、党员会、民主（组织）生活会和民主评议党员。常态化开展“5+X”活动。严格落实每月“党旗映天山”主题党日活动，党组织书记、支部委员带动广大党员积极主动参与“5+X”活动，党员的身份感、荣誉感和仪式感明显增强，服务意识进一步增强。对县直单位党风廉政建设工作开展情况进行监督检查，督促党组织履行全面从严治党主体责任，对县委组织部移交的巡察反馈的两条问题线索进行全面核查。依纪依规依法办案，严格执纪问责。受理纪检监察组移送审理案件71起，提出阅卷补证意见700余条，撰写审理报告71份，反馈审理报告71份。做好党费收缴工作，各党组织建立健全收缴党费档案，做好年度党费测算，正确填写党费证，保证月党费核算准确，足额、及时交纳党费。

【落实党建工作目标责任制】 2021年，阿瓦提县直机关工委印发《阿瓦提县2021年机关党的工作要点》《阿瓦提县2021年创建先进机关党支部（模范机关）任务清单》《阿瓦提县2021年创建先进机关党支部（模范机关）任务清单》《阿瓦提县直机关党支部建设质量提升三年攻坚行动实施方案（2019—2021年）》等相关文件，为机关党支部标准化、规范化建设提供组织保障和制度保障。召开2021年机关党建工作专题会议、机关党建工作例会，明确党建工作思路，压实党组织书记履职尽责的主体责任。年底召开2021年党组织书记抓党建述职评议考核会议，对工作情况进行通报，鼓励先进，鞭策后进。每季度联合县委常态化督导组进行全覆盖式督察指导，及时掌握机关党建工作存在的突出问题，落实"一月一提醒、一季一指导、一季一通报"制度，日常对各支部各类会议程序、表决结果、换届选举等进行现场跟会听会指导；召开推进会2次，印发情况通报6次，印发工作提醒26次。同时，对督察考评情况以"红、绿、黄"榜进行公示，督促所在支部做好整改落实，树立比学赶超的意识，确保重点工作及常规工作有效跟进，做到件件有落实。

【开展换届选举（补选）工作】 2021年，阿瓦提县直机关工委按照《中国共产党党和国家机关基层组织工作条例》要求，落实党支部换届选举提醒制度，对年内任期即将届满的各党支部提前6个月下发提醒函26份，已换届选举党组织26个，改选40个，补选70个。

【党性教育活动】 2021年，阿瓦提县直机关工委以中国共产党成立100周年系列活动和"党旗映天山"主题党日活动为契机，制订建党100周年系列活动方案和"党旗映天山"每月一主题党日活动计划，为有50年党龄的17名老党员颁发"光荣在党50年"纪念章。举办"学党史·践初心·当先锋"主题诗歌朗诵会。选送书法、国画、摄影、丙烯画等作品22幅，参加地区"奋斗百年路　启航新征程"书画摄影展活动，获奖作品5幅。完成地区"百名书记谈党建"节目录制工作。"七一"建党节前，慰问36名老党员、因公牺牲党员家属，共发放慰问金3.3万元。各党组织积极开展"学党史践初心 担使命"主题党日"诵读红色故事·传承红色基因""看红色印记·听老物件背后的故事""听老党员讲红色革命故事"活动，参观地区博物馆、柯柯牙纪念馆，举办知识竞赛等各类实践活动，按照"分批次、小班额"的模式和以会带训的方式，举办党建业务基础知识培训班2期，开展党史学习教育理论知识专题培训1次、理论测试2次。

【创先争优】 2021年，阿瓦提县直机关工委按照《阿瓦提县直机关党支部建设质量提升三年攻坚行动实施方案（2019—2021年）》，着力提升机关党建质量，树立"一支部一品牌"意识，采取申报、验收、命名等方式开展先进机关党支部（模范机关）创建活动。审批命名先进机关党支部40个，打造党建示范点4个。

统一战线工作

【概况】 2021年，阿瓦提县委统战部加强统一战线工作领导，召开统战工作会议，研究部署统一战线工作，学习贯彻落实《中国共产党统一战线工作条例》和党中央关于统一战线工作的重要理论方针政策，构建党委统一领导、统战部门牵头协调、有关部门各负其责的大统战工作格局。

做好党外知识分子、新的社会阶层人士、台胞台属以及侨眷等群体的调查工作，协同宣传、商工、水利等部门做好宣传教育工作，按照地区要求，选派非公有制经济人士前往地区培训。做好对台政策宣传，推进落实“31条措施”和“26条措施”。加强与工商联沟通协调，做好中青年工商界人士走访工作，深入了解企业商铺运行发展情况，帮助解决实际困难。与政协、人大等部门对接，引导无党派人士参政议政。

【民族团结进步宣传】 2021年，阿瓦提县委统战部制定印发《2021年阿瓦提县创建自治区民族团结进步示范县铸牢中华民族共同体意识责任分工方案》，各级党组织将铸牢中华民族共同体意识纳入“三会一课”、主题党日、集中学习、线上学习等组织生活并进行专题学习、研讨。全县各机关开展“传承红色基因，铸牢中华民族共同体意识”主题党日活动，通过“英烈故事会”、红色足迹演讲比赛、唱红歌、打造“党史文化墙”、组织红色文化之旅等活动，打造民族团结展厅2座，将中华民族共同体意识从宣传阵地、纪念馆延伸至每位党员心中。各乡(镇)、县各单位组织各类培训220场次，受教育8000余人。发挥各级宣讲队作用，运用多种形式，结合第39个民族团结教育月活动，开展各类宣教活动1.8万余场次，受益群众1.9万人次。在新媒体平台开辟“民族团结”“民创进行时”等专栏。全县张贴民族团结类标语横幅6700余条。

【民族团结进步创建】 2021年，阿瓦提县开展民族团结进村(社区)、学校、单位(机关)、军(警)营、窗口、单位活动，已命名民族团结进步示范区示范单位385家，民族团结教育基地全面达标，示范区示范单位创建率达95%。在全县历年打造的基础上，确定示范点202个，对原有的15个精品示范点进行巩固提升，新打造47个精品示范点，新构建乌鲁却勒镇—阿依巴格镇—三河镇示范路线，以点带面，推进民族团结进步示范深入开展。9月，阿瓦提镇被评为自治区民族团结进步示范单位。全年，召开命名大会2次，新命名示范区示范单位66家，召开动员大会和现场推进会3次。

【侨务工作】 2021年，阿瓦提县委统战部开展侨情普查。通过建立侨眷一人一档，分类建立台账，不断补充完善侨情数据库，精准把握全县侨情的新特点、新变化，深入了解归侨侨眷的新需求、新期盼。组织侨务活动，完成侨胞之家打造工作，组织25名侨眷代表开展侨务知识竞赛、侨眷书法、绘画、农民画作品书画展、“侨心向党·同行逐梦”庆祝中国共产党成立100周年等系列活动，有效提升全县侨联系统干部和各族归侨侨眷的政治素养，知侨、爱侨和依法护侨的良好氛围日益浓厚。落实《中华人民共和国归侨侨眷权益保护法》，关注侨胞需求，为侨眷办实事、解难事1件，慰问侨眷2户，为2名家庭经济困难侨眷子女申请助学金2万元，为3名困难侨眷婴儿申报“爱心守护——光彩·民生银行先心病免费救治项目”，最大限度凝聚海外阿瓦提籍侨胞智慧和力量，为新疆社会稳定、经济发展创造良好的环境。

【宗教事务管理】 2021年，阿瓦提县委统战部开展宗教事务管理，指导清真寺民管组织发挥安全生产工作主体作用。落实关心关爱措施，按照新标准及时发放生活补贴，协调解决存在的困难、问题。

网络安全和信息化建设

【网络安全】 2021年，阿瓦提县委网信办严格落实网络安全责任制，针对属地出现安全漏洞的网站和新媒体平台，下发《督办通知单》7份、转办函11期；整合网信、网安等人力和技术资源，构建网信指挥中心，共计投入47.52万元，有效提升依法管网治网水平；推进互联网接入“缩口”管理，将全县82家单位的4280条宽带互联网归并整合为3条共计22G带宽的行政机关专用城域网，提升互联网接入统一管理和网络安全防护水平；落实“八五”普法工作，开展网络安全宣传周活动，组织12家网络安全责任单位开展《中华人民共和国网络安全法》等互联网领域法律法规学习宣传培训40余场次，群众参与12万余人次，增强群众网络安全意识。

【网站党组织工作】 2021年，阿瓦提县党建备案网站（公众号、小程序）共9家，有党组织6家，无党组织3家；行政事业单位5家，企业4家；为无党组织的3家企业派驻党建指导员2名。10月注销违法违规网站（小程序）2家。县委网信办组织属地网站党组织以习近平新时代中国特色社会主义思想，特别是以习近平总书记关于网络强国的重要思想为指导，深入学习贯彻第三次中央新疆工作座谈会精神，开展线上学习9场次，参加81人次。在属地互联网领域推动党史学习教育，将党史学习教育贯穿全年，指导互联网领域基层党组织通过“三会一课”和“党旗映天山”主题党日等形式，探索运用微党课、微故事、微朗读、微分享，线上线下结合方式，开展主题突出、特色鲜明、形式多样的学习活动168场次。组织属地互联网领域党务工作者、网站负责人参加培训3次，累计参加20人次，9人参加自治区党委网信工委举办的为期一周的“2021·网信专家线上巡讲”活动，9人均获得证书。

【正能量传播】 2021年，参与新浪微博“新疆棉中国心”话题841次，共计点赞1.3万余人次，跟评5000余条。结合“万人说新疆”专项工作，发布一大批百姓视角、群众语言的短视频作品，共上报作品43020部，阅读量500万余人次，点赞量5万余人次。

【属地互联网企业指导】 2021年，阿瓦提县委网信办进一步强化对互联网企业的政治指导，通过摸底排查，共有属地党建备案网站、公众号和小程序共9家，对党建管理系统进行动态管理维护，形成长效机制。持续做好党建联系点工作，开展组织生活3次，谈心谈话5次，调研2次。

【加强网络安全应急演练】 2021年，阿瓦提县委网信办联合公安局在属地网站、微信公众号、重要领域开展网络突发事件应急演练，着力保障网络运行安全，对全县关键信息基础设施和重要信息系统进行安全检查和风险评估。共开展应急演练4次。

【开展网络安全宣传】 2021年10月11—17日，阿瓦提县委网信办进一步教育引导干部群众和青少年争做维护网络安全的参与者、宣传者、监督者，共同维护网络空间，联合公安、司法、妇联、工会、团委、教育、金融、三大运营商等多家单位利用线上形式以“网络安全为人民，网络安全靠人民”为主题，通过“教育日、电信日、法制日、金融日、青少年日、个人信息保护日”等主题活动，宣传贯彻习近平总书记关于网络强国的重要思想、网络安全法，营造“网络安全为人民、网络安全靠人民”的浓厚氛围，不断提升广大人民群众在网络空间的获得感、幸福感、安全感。网络安全宣传周全县受众12万余人，实现宣传教育无死角、无空白，切实让网络安全知识走进千家万户。活动期间，“阿瓦提县零距离”上稿5篇，县人民法院微信公众号上稿1篇，阿瓦提电视台播放1期，户外大屏连续播放1周。

机构编制管理

【事业单位机构改革】 2021年，阿瓦提县机构编制委员会办公室（简称编办）在全面梳理涉改单位总体情况基础上，整合职能职责相近的事业单位，提出部门“大中心”机构设置模式。撤并“小散弱”事业机构，明确县域内原则上不再保留编制3名以下的事业单位，长期空编、不开展业务和工作任务萎缩的事业单位予以撤销或整合。对应地区事业单位改革机构设置情况，结合县域实际设立设置机构，在与涉改单位“两上两下”反复沟通征求意见的基础上统一改革方向，并先后与地区事业单位改革领导办公室反复对接修改完善，2021年第五次编委会审议通过《关于〈阿瓦提县事业单位改革试点实施方案〉的实施意见》。纳入改革范围事业机构112个，其中正科级21个，副科级50个，股级41个。改革后有74个机构，机构整体减少38个，比例压缩33.93%。事业单位布局结构得到全面优化，资源配置使用效益显著提升，社会事业发展动能有效激活。

【机构编制管理】 2021年，阿瓦提县编办严格控制机构编制，落实实名制管理规程，每月会同组织、人事、财政部门结合工资联审、人员调配，开展机构编制常规核查、统计及人员入编、减编工作，及时更新基础信息，实现机构、编制、人员动态实时监管，完成2021年机构编制实名制大平台系统的更新和维护工作。为全县人员考录、人员调动开具编制使用通知单1482份，结合全县空编情况，配合组织、人事部门上报公务员招录计划14人、事业单位招录（引进人才）计划50人、教育招录计划274人。

【机构编制“周转池”】 2021年，阿瓦提县编办在广泛征求各部门、各乡镇意见建议的基础上，经编委会2021年第二次会议研究同意，在全县印发《阿瓦提县机构编制周转池制度实施办法》。依据工资审批台账，每季度对全县事业单位编制使用情况进行评估，凡空编半年以上未列入使用计划的编制资源，由机构编制部门提请编制委员会予以收回，纳入编制“周转池”管理。围绕社会稳定、疫情防控、经济发展、服务民生等重点领域，统筹分配“周转池”编制，把有限的编制资源用在关键处、要紧处，切实发挥机构编制最大效益，先后将“周转池”47名编制全部用于农业农村、乡村振兴、疾控、人大等部门。

【教育系统“三总量”管理】 2021年，阿瓦提县编办为做好“三总量”管理，开展不胜任教学岗位教师分流工作，与县教科局沟通协调，通过调研、走访、谈话等形式，不断畅通分流通道，尊重分流教师个人意愿，组建自下而上主动转岗通道，推动转岗工作人性化、科学化。按照“人随岗走，以岗定薪，岗变薪变”原则，对分流教师实行岗位置换，以岗定薪，以取消职称工资和降低岗位待遇等方式增强分流教师自主学习的意识，从而提高自身教学能力。

【第二次全地区机构编核查工作】 2021年，阿瓦提县编办根据《关于开展第二次全地区机构编制核查的实施方案》要求，结合县域实际，研究制定《阿瓦提县开展第二次机构编制核查的实施方案》，成立核查领导小组，严格按照核查范围、核查内容以及各阶段任务要求，开展核查工作。与组织、财政、人社等部门分工合作，密切配合，畅通信息共享渠道，做好编制数据的比对和分析工作，对核查工作中发现的问题及时进行整改。总结在机构编制核查中发现的好经验、好做法以及可行的意见建议，为地区提供参考依据。

【事业单位登记管理】 2021年，阿瓦提县编办根据事业单位登记相关流程，做好受理、审核、核准、通知、复核、纸质材料审核和档案管理工作。2020年度应报告事业单位105家，年度报告合格单位105家，年度报告率100%。按照“先变更，后年检”的要求，先后为7家单位办理设立登记、62家单位办理变更登记、7家单位办理注销登记、1家单位办理证书补领，有效维护事业单位登记管理工作的严肃性。强化对事业单位法人事前事中事后监管，推进事业单位信用体系建设，规范事业单位登记管理。

保密工作

【概况】 2021年，阿瓦提县委机要保密局坚持党对保密工作的领导不动摇，坚持和完善党对保密工作统一领导的体制机制。始终把做好保密工作作为重大政治任务和重要政治责任，将保密工作摆在重要位置、纳入中心工作。加强保密委员会建设。调整充实县委保密委员会，制订保密委员会工作规则，明确各成员单位职责，确定运行保障机制。加大支持保障力度。县保密委员会经常向县委汇报工作，在保密工作机构队伍建设、人员配备、保密技术设施设备配备等方面给予重点保障，确保保密委员会、机要保密局所需经费列入财政预算，支持保密基础设施建设。

【健全制度机制】 2021年，阿瓦提县委机要保密局建立述职报告工作制度，听取保密委员会成员述职、各乡镇县各单位的工作情况报告。健全协调工作机制。加强与相关单位协调配合，定期组织召开联席会议，开展保密形势和情报研判。健全部门协调联动机制。在县委的统一指挥下，坚持统一指挥、分级负责、协同配合、积极预防、及时处置，共同做好保密应急处置工作，切实提高应对突发事件反应能力。

【保密宣传教育培训】 2021年，阿瓦提县委机要保密局将保密教育纳入县委理论学习中心组学习重要内容，组织学习3次。重点学习传达上级关于保密工作的方针、政策，研究保密工作举措。开展各类培训，通过培训进一步增强全县广大干部群众的保密意识。

【信息化工作】 2021年，阿瓦提县委机要保密局加快推进县、乡（镇）、村（社区）三级党委信息化业务部署工作，采取电话技术指导、上门服务等方式解决各接入单位出现的故障，并与地委机要保密局、县移动公司分公司和移动维护站密切配合，为各单位认真排查线路、数据方面出现的故障，累计解决各类故障500余次，及时解决县、乡（镇）、村（社区）三级部门党委信息化业务使用中遇到的各类问题。

党史地方志工作

【各类党史资料收集】 2021年，阿瓦提县委史志办自6月起收集整理阿瓦提县1949—2020年全面记录小康社会大事记。大事记收集整理结合经济建设、政治建设、文化建设、社会建设和生态文明建设“五位一体”全面客观收录历史大事。结合《中国共产党阿瓦提县历史大事记（1949—2000）》整理编纂该时段全面记录小康社会大事记，筛选整理2000—2020年阿瓦提县全面记录小康社会及脱贫攻坚大事记。

【年鉴编纂】 2021年，阿瓦提县委办公室与政府办公室联合发文，正式启动《阿瓦提年鉴（2021）》组编工作，初稿在编辑过程中认真总结、借鉴全国同类年鉴的基础上，在内容和形式上都有了新的突破，增加“脱贫攻坚”“主题教育”工作等亮点栏目。以马克思列宁主义、毛泽东思想、邓小平理论、“三个代表”重要思想、科学发展观、习近平新时代中国特色社会主义思想为指导，坚持辩证唯物主义和历史唯物主义的立场、观点和方法，记录了2020年阿瓦提县自然、政治、经济、文化和社会各方面的基本面貌和发展变化。采用分类编辑法，由类目、分目、条目三级组成，部分内容增设子分目，全书分为21个类目，全面客观记录阿瓦提县发展变化，为存史提供坚实保障。于8月底完成初稿共计30余万字。

【供稿工作】 2021年，阿瓦提县委史志办对《新疆年鉴(2021)》《阿克苏年鉴(2021)》《阿克苏地区文物志》《阿克苏红色记忆系列丛书》《阿克苏地区执政纪事》等涉及县域的7个大类内容进行收集整理，并及时完成8万余字供稿任务。

【业务理论学习】 2021年，阿瓦提县委史志办为提高业务水平每周两个半天开展《地方志工作条例》《新疆维吾尔自治区实施〈地方志工作条例〉办法》学习，让干部把编纂中遇到的问题带到学习中讨论，以问题为导向提升地方志工作能力。扎实开展作风转变专项活动。

党校工作

【干部教育培训】 2021年，阿瓦提县委党校完成8个主体班319人次培训任务，超计划完成培训人次的163%；计划需完成短期培训1500余人次，实际完成2158人次培训；共完成科级干部“周三夜校”2477人次培训；计划完成送教下基层宣讲任务3000余人次，实际完成宣讲4100余人次。

【完善培训体系】 2021年，阿瓦提县委党校紧扣培养忠诚、干净、履职、担当的高素质干部队伍主线，以增强党员领导干部党性修养为根本，以提高履职服务能力为重点，坚持从培训内容和培训主体两个方面不断丰富培训体系，邀请绍兴市委党校专家和县领导多次登台讲课，选聘党政领导干部和各行业优秀人才担任特邀教师，农村干部培训重点邀请涉农部门干部登台授课。同时，依托党校系统优势，推进网络媒体培训阵地建设，发挥阿克苏地区“一张大课表”和绍兴市委党校“钉钉教学”视频系统，使干部教育培训插上“互联网+”的翅膀，实现中央党校、自治区党校、地委党校优质教学资源的多级共享，提升教学水平。

【规范教学管理】 2021年，阿瓦提县委党校坚持严以治校、严以治学、严以治教，为保障各项培训工作顺利有序进行。在前期运行的基础上，制定完善《县委党校培训班学员积分制管理办法》和《主体班学员管理制度》，对培训学员实行作风纪律积分制成绩和理论测试成绩进行双项考核，对学员在校期间的学习培训生活进行量化、细化、规范化，每周一考，考试成绩向县委组织部通报。制定学员培训期间综合表现函告单，向学员派出单位进行反馈，传导学习压力；其次通过完善《教职工积分制绩效管理办法》，全体教职工做好培训管理工作。每个班级由2名教师负责，从办公室抽调人员对学员出勤、培训纪律和教师在岗在位情况进行抽查检查，针对学员管理松散、违规违纪问题，依据《教职工积分制绩效管理办法》扣除相应分值，每周通报，压实教师管理责任。

【教学设施】 2021年，阿瓦提县委党校在县委和绍兴市援疆指挥部的支持下，先后投入200余万元实施县委党校综合教学楼改造提升工程、基层党校信息化改造项目及住宿楼改造提升项目等，在综合教学楼三楼新建心理之家，为一楼视频会议室和二楼2间教室新装多媒体教学设备，对校园安防监控设施进行更换升级，对3号学员住宿楼进行提升改造。

【培训活动】 2021年1月20—23日，阿瓦提县委党校举办阿瓦提县党员干部中共十九届五中全会，第三次中央新疆工作座谈会和自治区党委九届十次、十一次全体会议精神示范培训班，来自全县县级领导干部40人参加培训班。2月24日至3月20日，阿瓦提县党性教育暨干部素质提升班在阿瓦提县委党校开班，来自县直各单位、各乡镇干部31人参加培训班。3月25日至4月24日，举办阿瓦提县中青年干部培训班，来自县直各单位、各乡镇干部31人参加培训班。3月25日至6月24日，阿瓦提县村干部村级储备年轻干部培训班开班，来自各乡镇30人参加培训班。5月8—12日，举办科级干部党史学习教育专题培训班，来自全县科级干部435人参加培训班。5月12日至12月20日，举办基层干部学习示范培训班，来自县直各单位、各乡镇干部的80人参加培训班。

阿瓦提县人民代表大会

【代表大会】 2021年1月14—15日，阿瓦提县召开县十六届人民代表大会第六次会议。会议应到157人，实到143人。会议听取、审议并批准县人大常委会和“一府两院”的工作报告，对2020年的工作做出科学总结，对2021年的工作作具体安排，提出更加明确的要求，依法监督和督促“一府一委两院”严格按照大会通过的各项决议狠抓各项落实工作，为建设平安、和谐、幸福、美丽的阿瓦提做出积极贡献。

9月6—10日，阿瓦提县第十七届人民代表大会第一次会议在工人文化宫召开，选出人大、“一府一委两院”负责人和人大常委会组成人员。

【常委会会议】 2021年1月26日，阿瓦提县十六届人大常委会召开第二十五次会议。会议通报县委原副书记、人大常委会党组书记、政法委书记、网信党工委书记桂美军，县委原副书记、纪检委书记、监察委员会主任艾则孜·买买提，县委原常委、县委组织部部长黄建霞，县发展和改革委员会党组书记顾煊辉4人调离阿瓦提县，根据《中华人民共和国全国人民代表大会和地方各级人民代表大会代表法》第四十九条第一款：地方各级人民代表大会代表迁出或者调离本行政区域的，代表资格终止的规定，4人的县十六届人大代表资格自行终止。经到会委员表决，决定任命代风云为阿瓦提县人民政府常务副县长，李治勇为县发展和改革委员会主任，魏百庆为县统计局局长，王丽娟为县审计局局长，聂云波为县监察委员会委员（专职），朱文明为县监察委员会委员，吴洁为阿瓦提县人民法院副院长、审判委员会委员、审判员，张雪勇为阿瓦提县人民法院审判员，木扎帕尔·木太里甫为阿瓦提县人民法院审判员，玉山·吐尼亚孜为阿瓦提县人民法院审判员，穆海拜提、麦麦提为阿瓦提县人民法院审判员。决定免去桂美军阿瓦提县人大常委会委员职务、黄建霞阿瓦提县人大常委会委员职务、易昭勇阿瓦提县人民政府常务副县长职务、张勇峰阿瓦提县人民政府副县长职务、迪里夏提·艾山县统计局局长职务、吐尔逊·吐尼亚孜县审计局局长职务、早热木·艾沙县发展和改革委员会主任职务、阿地力·肉孜县林业和草原局局长职务。

5月3日，由县人大常委会主任艾尔肯·斯迪克主持召开阿瓦提县十六届人大常委会第二十六次会议。县委原常委程建文县十六届人大代表资格自行终止，决定任命车小刚为县人民政府副县长。

11月11日，县人大常委会主任艾尔肯·斯迪克主持召开阿瓦提县十七届人大常委会第一次会议。

11月27日，由县人大常委会主任艾尔肯·斯迪克主持召开阿瓦提县十七届人大常委会第2次会议。经到会委员依法表决，决定任命沙比尔·麦合木提任阿瓦提县人民政府副县长。免去吾布力喀斯木·买吐送阿瓦提县人民政府县长职务。根据地方组织法第四十四条规定，决定沙比尔·麦合木提为代理县长，代行县长职务。

12月15日，县人大常委会主任艾尔肯·斯迪克主持召开阿瓦提县十七届人大常委会第3次会议，审议通过召开阿瓦提县十七届人民代表大会第二次会议有关事项。

【落实县委重大决策】　2021年,阿瓦提县人大常委会贯彻落实党委的重大决策部署。全年,常委会对政府提交的债务限额、行政区划调整、预算调整等重大事项进行调研、论证、审议,并依法作出相应决议,在严格把控风险的基础上,确保相关工作顺利推进。始终坚持党管干部原则与人大依法任免有机统一,依法任免地方国家机关工作人员86人次,确保党委推荐人选通过法定程序顺利履职。坚持人民利益高于一切,树牢安全生产底线红线意识,推动安全生产责任制有效落实,履行好人大职责使命。常委会坚持做到党委决策部署到哪里、人大工作就跟进到哪里,重点工作在哪里、人大力量就汇聚到哪里,确保人大工作始终向中心聚焦,为大局出力。在就业、阿瓦提慕萨莱思产业发展、农业农村、民族宗教、乡村振兴、棚户区改造等工作中主动参与,完成县委交办的各项工作任务。

【执法检查】　2021年3月12日,地区人大工委一行到阿瓦提县对《中华人民共和国种子法》《新疆维吾尔自治区实施〈中华人民共和国种子法〉》贯彻实施情况进行执法检查。3月15日,阿瓦提县人大常委会执法检查组对《新疆维吾尔自治区防范和惩治网络传播虚假信息条例》贯彻实施情况进行执法检查。

【换届选举】　2021年7月11日顺利选举产生出席县十七届人民代表大会代表189名,乡(镇)级人大代表571名,8月7日前,七镇二乡新一届人民代表大会胜利召开,选举产生新一届乡镇人大主席团主席和乡(镇)人民政府领导班子。9月10日,选出人大、"一府一委两院"负责人和人大常委会组成人员。

【乡(镇)人大换届】　2021年5月5日,阿瓦提县召开乡两级人大、政府换届选举动员大会。对2021年换届选举工作进行安排。5月12日,地区换届办对阿瓦提县换届选举工作进行调研,实地察看阿瓦提镇和塔木托格拉克镇。6月22日,阿克苏地区2021年县(市)乡(镇)人大工作和建设推进会在阿瓦提县召开,会议得到地区人大工委领导的高度赞扬。7月11日,阿瓦提县7个镇2个乡顺利选举产生出席县十七届人民代表大会代表189名、乡(镇)级人大代表571名。7月25—28日,阿瓦提县乡(镇)人大换届示范点塔木托格拉克镇进行换届选举。7月30日至8月2日,阿瓦提镇、乌鲁却勒镇、拜什艾日克镇和英艾日克镇进行换届选举。8月4—7日,阿依巴格镇、三河镇、巴格托格拉克乡、多浪乡进行换届选举。

【专题调研】　2021年10月26—30日,阿瓦提县人大常委会对"八五"普法情况进行专题调研,随机抽查塔木托格拉克镇、英艾日克镇、乌鲁却勒镇、阿瓦提镇等4个镇,司法局、统战部、组织部、农业农村局、教科局、市场监督管理局等6家县直单位、3所学校、5所清真寺、7个村(社区)。

【宣誓活动】　2021年12月4日,阿瓦提县人大常委会组织"一府一委两院"相关人员在人大一楼会议室开展"12·4"国家宪法日宣誓活动,弘扬宪法精神。

【助推县域发展】　2021年,阿瓦提县人大常委会围绕中心工作开展重点监督。坚持用总目标统领人大工作,持续开展《新疆维吾尔自治区民族团结进步工作条例》执法检查,推进民族团结创建。围绕县委工作部署,组织人大代表对农村劳动力摸排、就业工作和"三区一园"建设、营商环境进行专题调研4次,为经济高质量发展贡献人大智慧。聚焦乡村振兴开展民生监督。聚焦打好污染防治攻坚战,主动听取和审议县人民政府关于上一年度环境状况和环境保护目标完成情况的报告，对《中华人民共和国种子法》及《新疆维吾尔自治区实施〈中华人民共和国种子法〉办法》进行执法检查，形成有参考价值的调研报告，为县委决策提供参考依据。组织自治区、县、乡三级人大代表对“阿阿”铁路、阿瓦提火车站、阿瓦提县馕产业园等开展集中视察，常态督促指导建设“万头牛”“万头羊”养殖基地建设，巩固拓展脱贫攻坚同乡村振兴有效衔接。紧扣新发展理念开展经济监督。贯彻县委经济工作会议精神，统筹推进疫情防控和经济发展，听取和审议县计划和预算执行、审计查出问题整改情况、国有资产管理情况等报告，批准县决算和本级预算调整方案。做好“十三五”规划实施情况及“十四五”规划编制、自治区重大项目建设情况调研视察，发挥人大在促进国民经济发展中的参谋助手作用。秉持公平正义开展司法监督。开展《中华人民共和国宪法》《中华人民共和国国家安全法》《中华人民共和国民法典》等法律的学习宣传，组织“一府一委两院”相关人员开展“12·4”国家宪法日宣誓活动，弘扬宪法精神，助力县“七五”普法顺利验收，听取审议“八五”普法规划，依法做出《关于在全县公民中组织实施法制宣传教育第八个五年规划的决议》，“八五”普法顺利启动，并向县委专题汇报《阿瓦提县第八个五年法治宣传教育专题调研报告》，提出做好“八五”普法工作建议，促进支持和保证司法机关依法行政。对县委推荐、“一府一委两院”提请任免的干部人选，严格按照向宪法宣誓、表态发言等任免程序，体现程序的庄严性和法律性。全年，依法任免国家机关人员80名，为推动全县各项工作的开展提供组织保障。一年来，县乡两级人大共受理各类涉法涉诉案件52起，办结率100%，推动法治阿瓦提建设稳步实施。

【专项监督】 2021年，阿瓦提县人大常委会关注公共财政建设，听取审议县人民政府《关于2020年财政决算（草案）及2021年1—6月份财政预算执行情况的报告》《关于阿瓦提县2021年上半年地方政府债务限额和预算调整方案（新增政府债券）的报告》，强化审计查出问题的整改监督，促进有关方面增强为民理财意识，进一步提升财政资金管理使用绩效。坚持预算审查前听取社会各界意见建议机制，全面推进预算联网监督，实现由静态监管向动态实时监管转变，促进预算管理更加科学、精细、规范。聚焦国有资产管理，听取审议行政事业性国有资产管理情况报告并提出相关意见，推动国有资产管理。

【代表工作】 2021年，阿瓦提县人大常委会及时转办，确保代表议案建议办理落到实处。县人大常委会高度重视代表提出的议案意见，将十六届人大六次会议收集到的意见进行分类梳理，对相同内容的议案意见进行整合，对事实不清、证据不足的议案意见进行调查补充完善。在县十七届人大常委会第一次会议上，将共计36件人大代表议案意见转交“一府一委两院”办理，督促相关单位做好议案意见办理工作，争取做到办理结果使代表满意、人民满意。政府已将所有议案意见进行分类，分解到相关单位和责任人，并采取专人负责、跟踪督办、电话催办等方式，督促承办单位认真办理、及时答复，36件代表建议已全部办结。常委会听取和审议代表建议办理情况的报告，代表建议办理的落实率、满意率进一步提升。

【指导乡（镇）人大工作】 2021年，阿瓦提县人大常委会发挥乡（镇）人大主席团作用。县人大常委会探索和改进与乡（镇）人大的联系方式，进一步加强与乡（镇）人大的密切联系，坚持邀请乡（镇）人大主席列席县人大常委会会议，采取以会代训的方式进行业务培训，提高各乡（镇）人大主席的业务能力和工作水平。同时各乡（镇）人大主席团参与乡（镇）各项工作，在加强基层民主与法治建设、推动经济和社会发展中做大量的工作。

【以会代训】 2021年,阿瓦提县人大常委会按照自治区人大常委会的要求,统一制作建设县、乡、村三个层面的人大代表联络站牌子和规范的“家室站”,从县级、乡级、村级三个层面做好准备工作。全县共建成“人大代表工作室”1个、“人大代表联络站”58个,其中乡镇机关8个、村级43个、社区7个,基本实现“人大代表联络站”在全县全覆盖。2021年6月22日,在阿瓦提县召开阿克苏地区2021年县(市)乡(镇)人大工作和建设推进会。

【宣传工作】 2021年,阿瓦提县人大常委会利用各类新闻媒体宣传人大工作。宣传人大常委会工作落实、人大代表风采,弘扬正能量,积极营造全社会重视、支持人大工作的良好氛围,进一步形成党委重视、人大主动、“一府一委两院”支持、社会各界配合的人大工作良好格局。重点宣传如何围绕县委中心工作履职尽责,人大代表能够参与其中,发挥自己的作用。县人大常委会以“百年辉煌感党恩·万名代表进万家”主题实践活动为契机,立足基本民生,在巩固拓展脱贫攻坚成果、助力乡村振兴等方面发挥人大代表联系群众的优势,组织70余名人大代表赴阿克苏历史博物馆、柯柯牙纪念馆参观学习,重温红色记忆,传承革命精神。在乡村振兴中当好宣传员,利用“家室站”人大代表接待日,采取走访、接待、调研、帮助等方式,将党的声音通过人大代表传递到基层群众,主动向周围群众宣传党的惠民政策,引导群众听党话、感党恩、跟党走。在搜集民意中当好传声员,认真听取群众呼声,将群众反映的问题通过代表议案建议的形式反映到人民代表大会,力所能及地帮助群众解决问题。

阿瓦提县人民政府

综 述

【"放管服"改革】 2021年,阿瓦提县人民政府以提高企业和群众更多获得感为出发点,以精简审批、优化服务、优化营商环境、激励创业创新、深化商事制度、改善社会服务为切入点,牵头抓好"放管服"改革工作。召开"放管服"改革协调推进会7次,开展全覆盖指导3次,各专项组召开工作例会42次。统筹协调推进、形成工作合力,完成优化营商环境任务135项。全面落实"一对一""一对多"政企沟通帮扶机制,全县18名县级领导和81名科级领导干部带领部门包联企业走访企业850人次,着力解决各类困难问题110余件。

【"六型"政府建设】 2021年,阿瓦提县人民政府严格按照"六型"政府建设的工作要求,围绕忠诚型、法治型、服务型、担当型、创新型、廉洁型政府建设,统一思想认识,强化责任担当,政府的执行力和公信力不断增强。

政府办公室工作

【公文处理】 2021年,阿瓦提县人民政府办公室执行《国家行政机关公文处理办法》,履行收文登记、传阅、交办及发文审核、签发、印刷等公文处理程序。同时,抓好"依据关、内容关、格式关",帮助乡(镇)、部门(单位)等校核把关公文,保证公文质量,提高公文办理效率。累计制发公文460份,全年共起草领导讲话和各类材料180余篇,整理会议纪要26篇。

【信息调研】 2021年,阿瓦提县政府办公室落实目标责任制、信息全员制、审核审签制、打捆上报制。围绕县委、县政府中心工作及领导关注的重大问题,挖掘有新动态、新举措、新成效的信息。坚持做到每日向地区行署信息科上报政务信息不少于5条,共上报各类信息1100余条,被采用155条,政务信息工作取得较好成绩,在地区七县两市中名列前茅。及时撰写政府相关工作调研报告,为县领导提供决策依据及建议,全年撰写各类调研报告30余篇。

【会议筹办】 2021年,阿瓦提县政府办公室带头精简会议,控制会议次数和规模,能电话通知的不开会,能小范围开的不扩大范围,尽量开短会、开套会。会前拟定议程及时送审,建议有针对性,会议通知准确无误,会中服务细致周到,会后及时形成会议纪要。对县政府全体会、常务会等一些高规格会议,坚持牵头做好各项准备工作,审核会议议题,并经县政府领导审定同意后才提交会议研究,从源头上确保会议的权威性。围绕重要会议起草文稿参与决策,围绕重点工作超前谋划、提高标准、过细从严,严控材料质量关、会议时间关,保障服务各类会议及重大活动40余场次,充分贯彻县委、县政府的决策思路,体现对工作的针对性和指导性。全年共承办县政府常务会14次、重点工作专题会2次、其他各类会议500余次。

【议案、提案办结工作】　2021年，阿瓦提县人民政府办公室及时办理人大议案、建议36件，办理政协提案、意见26件，答复率100%，议案、提案全部办结。

【督察工作】　2021年，阿瓦提县政府办公室围绕“六型”政府建设等工作，组织干部到各乡（镇）、各单位检查指导工作，以“六型”政府建设为抓手，推进县委、县政府各项决策部署落地见效。

【政务公开政务信息化建设】　2021年，阿瓦提县政府办公室将教育、社保、就业、医疗、住房、交通、婚育、证件办理等10个领域的服务事项，按照八要素对公开事项逐条进行完善。

【电子政务】　2021年，阿瓦提县政府办公室共受理群众反映的热点难点问题198件，公开回复信件176件、电话回复信件22件，办结率达100%。办理政府领导接待群众来信来访190件次，“县长信箱”受理群众有效来信77件，办结率100%。

【政府信息公开】　2021年，阿瓦提县政府办公室共在政府网站发布文字信息、图片新闻600余条，被地区政府网站采用300条，发布政务动态、通知公告等300余条。

【服务大局】　2021年，阿瓦提县政府办公室落实县委、县政府各项决策部署，准确领会领导意图，吃透上情、摸清下情，围绕阶段性工作目标和要求，突出重点、兼顾一般、统筹全局，分解落实乡村振兴、经济发展、民生改善等重大工作、重大活动、重大会议等具体任务，确保县委、县政府安排部署的每一项工作都有人抓、有回音、有效果。截至年底，累计办理县领导批示件1350件，办理领导交办事项2600余件次，办结率均达100%。

【外事工作】　2021年，阿瓦提县政府办公室全面贯彻落实自治区党委、地委和县委关于外事工作决策部署，建立部门协调联动机制，畅通与公安、政法等部门沟通交流渠道，加强外事服务管理和引导，高质量完成外媒参访工作。

【基层减负】　2021年，阿瓦提县政府办公室严格落实中央办公厅《关于解决形式主义突出问题为基层减负的通知》和自治区党委办公厅印发的《关于解决形式主义突出问题为基层减负的20条措施》精神，按季度制订会议、发文计划，并实行报批审核制度，严格按照计划发文、开会，做到范围相似、内容相关、时间相近的工作会议原则上合并召开，可发可不发的文件一律不下发，严禁以调研指导的名目开展督导检查并下发通报。开展业务工作QQ群、微信群、政务App过多，部分单位以白头、便签等形式下发文件现象的整治清理工作，会议、文件过多现象得到有效遏制，基层负担进一步减轻。

政务服务

【优化营商环境】　2021年，阿瓦提县政务服务和公共资源交易中心成立以政府主要领导任组长，县委、县政府相关领导任副组长，各相关单位为成员的阿瓦提县优化营商环境工作领导小组。同时，注重在抓保障上发力，抽调3名工作人员组成优化营商环境专班，细化任务分工，以点对点的方式指导督促成员组抓好工作落实，提高专项组、成员单位优化营商环境的紧迫感、使命感。并以推进会、专题部署会、办公会、月例会等形式研究推动营商环境工作。2021年，阿瓦提县共承担重点任务135项，完成135项，完成率达100%。

【“放管服”改革】　2021年，阿瓦提县政务服务和公共资源交易中心持续推进“一门一网一次”改革。推动(含企业)35个、审批事项740项授权进驻办事大厅(含分中心),事项进驻率达95%以上,积极推介网上办事服务,实现办事“零跑动”。梳理公示“最多跑一次”事项579项,推动事项“一次办”。全面推行涉企经营许可事项审批制度改革,对涉企经营许可事项进行清单制管理,在试行承诺告知制、容缺受理改革的基础上,梳理公布阿瓦提县2批改革事项清单共447项,大幅提高了市场主体办事的便利度。通过设立“跨省通办”专窗等措施,实现96项“跨省通办”事项的推广应用工作。结合“全地区”通办“最快送一次”改革,实现服务群众“再加速”。全年,共办理16470件“跨省通办”件,有效满足各类市场主体和广大人民群众异地办事需求。推动政务服务“三级联动”,以乡(镇)政务服务大厅、村(社区)便民服务站规范化建设标准为指导,充分利用援疆资金在县域范围内打造2个试点乡(镇)、16个试点村(社区),突出建设重心,提升基层服务站所功能设施水平,发挥试点辐射带动作用。截至年底,全县95%的村级便民服务站完成规范化建设。

【利企便民更加优化】 2021年,阿瓦提县政务服务和公共资源交易中心打造线上线下“涉企服务专厅”,企业2个工作日办理6件事改革任务全面实现。全年,累计1181个市场主体通过企业开办专区享受提速服务。推行工程建设项目分级分类管理,将审批时限再压缩25%。完善不动产登记信息化建设,实现企业不动产非复杂登记1个工作日内完结。围绕企业和自然人“全生命周期”服务,整合打造开商店、办企业、建项目、办注销等127项“一件事一次办”套餐,实现各类申报材料平均减少52.2%,办理时限平均压缩51.8%。组建专班人员,实行“系统督办、‘12345’电话督办、专报督办”等相结合的督办模式,倒逼各承办单位提升工单处理效率和质量,截至年底,工单处理率达94%。

【政府采购工作】 2021年,阿瓦提县政务服务和公共资源交易中心,累计采购项目1701件,发布采购公告438条。政府采购项目进场交易共426场,累计预算金额4.79亿元,实际成交金额4.12亿元,节约金额0.67亿元,节约率为14%,降低财政支出,最大程度发挥资金使用效益。

根据《新疆维吾尔自治区2021—2022年度政府集中采购目录及标准》文件要求,监督部门进一步创新政府采购监督管理举措,抓大放小,扩大采购单位自行采购权限,加大政采云网上超市采购力度。发挥好集中采购机构的审核把关作用,提升采购中心专业化服务水平。为采购人提供更标准化、专业化的采购服务,为广大供应商搭建更公开、公平、公正的竞争平台、为评审专家提供更客观公正的评标环境。

【“政采云”平台建设】 2021年,阿瓦提县政务服务和公共资源交易中心,推进“政采云”平台上线工作,与采购办相互协作,大力推进“政采云”平台采购工作。加快实施“互联网+政府采购”模式,实现“政采云”平台项目采购交易上线工作,确保政府采购项目在线备案、审批和审核,实现在线操作、全过程网上“留痕”,有效提高政府采购的效率和质量,促进政府采购的公平竞争。同时,“政采云”自动随机抽取采购评审专家,有效提高政府采购的公平性。落实国家、自治区一系列政府采购政策,加大对中小企业的扶持力度,3月起,对200万元以下的采购项目不再向政府采购供应商收取投标保证金。在政府采购活动中落实面向中小企业的相关政策,在采购公告及文件中载明对小型和微型企业的有效政策。

【公共资源交易】 2021年,阿瓦提县政务服务和公共资源交易中心落实各项规章制度,进一步规范公共资源交易行为,保障项目招投标全过程公开、透明,杜绝违法违规行为,营造公平竞争市场环境。与各行业主管部门、各行政审批部门保持紧密对接，对于招投标前期提供资料严格把关，及时与各行业主管部门、项目建设单位进行沟通，确保业主提供前期资料完整有效。并在项目发布公告之前要求各项目建设单位提供“项目未存在未招先建承诺书”“资金到位证明”，明确职责划分，引导建设单位树立正确招标观念，杜绝未招先建等违法违规行为发生。实现公告网上发布、开评标场地网上预约，电子招投标、计算机辅助评标，并对进场项目的开标评标活动进行全程实时监控，从而形成管办分离、规则主导、统一监管、统一操作的电子监管和服务模式。并加强评审现场监管，采取标前统一上交通信工具、评审现场宣布纪律、现场全程音频视频监控等措施，防止和纠正评标不公行为。截至2021年11月30日，公共资源交易入场交易150场，交易额约223268.33万元。

信访工作

【概况】 2021年，阿瓦提县信访部门共受理群众来信来访624件797人，其中接待大厅接访群众257件369人次，受理网上投诉、来信等367件428人次，网上网下及时受理、办结率100%。信访部门按期完成信访系统登记、录入、转送、督办等工作，网上办信“三率”（化解率、参评率、满意率）有效提升，有权处理信访事项责任单位受理率100%、一次性化解率98%以上、参评率100%、满意度99%以上，“三率”均达到要求。

【群众来信来访】 2021年，阿瓦提县信访局共受理网上投诉、来信等257件369人次，全部按照办信程序及时登记、转交、督办和回访，确保群众信访问题“件件有着落、事事有回声”。

【网上投诉】 2021年，阿瓦提县信访局共受理网上投诉367件428人次，全部按期完成信访系统登记、录入、转送、督办等工作，网上办信“三率”有效提升，有权处理信访事项责任单位受理率100%、一次性化解率98%以上、参评率100%、满意度99%以上。

【联合接访】 2021年，阿瓦提县信访联合办公室根据地区信访联合办公室开展联合接访工作的要求，结合全县信访工作实际情况，在信访大厅入驻法院、住建局、农业农村局、人社局开展联合接访工作。

【领导包案】 2021年，阿瓦提县为推动疑难复杂信访案事件化解进度，县委、县政府、法院、检察院的11名县领导共计包案化解信访案件35件。县委信访工作分管领导组织召开20次重点信访工作分析研判会议，召集责任单位联合会商，研判化解重点信访事项30件。

【领导接访】 2021年，阿瓦提县落实重要时期县级领导接访工作。在春节、两会、建党100周年、国庆等重要时期，县委、县政府、法院、检察院的20名县级领导到信访大厅轮流接访，累计120余天。

【交办案件】 2021年，阿瓦提县根据中央治理重复访积案工作要求，中央和自治区信联办共交办阿瓦提县重复访积案13件，已化解13件，化解率100%。

【隐患排查】 2021年，阿瓦提县通过县信访局、乡（镇）定期派人到乡（镇）、村（社区）巡回接访制度，结合村（社区）信访联席会议、信访调解室、信访信息员作用，做到信访工作“九个清楚常态化”，对新老矛盾不间断滚动排查，村（社区）每日排查上报，乡（镇）每周排查上报。

【信访业务规范化】 2021年，阿瓦提县信访局认真接待每一名群众的来访，按照诉求类型，明确责任单位，及时登记、转交、督办，信访局接访人员定期回访，确保问题不堆积不回流，群众满意。接待大厅接访群众257件369人次，有权处理信访事项责任单位全部予以受理办结。进一步规范网上信访事项受理、办理等流程，盯紧受理办理的信访事项，严格办理流程、细化工作要求，以业务规范化提高信访工作“三率”。网上办理初次信访事项一次性化解率98%以上，初次信访事项半年内重复率小于2%，信访事项办理群众满意率99%以上，均达到工作要求。推进集中治理重复访事项化解工作。针对中央、自治区信联办交办的13件重复访事项（中央交办6件、自治区交办7件），落实县级领导包案，明确化解责任单位和时限，逐案进行调查处理，2020年底前化解10件、2021年6月底前化解3件，重复访事项化解率100%。

【完善工作机制】 2021年，阿瓦提县信访局有序推进建立健全县级信访部门、乡镇定期派人到村（社区）巡回接访制度、健全乡镇信访联席会议制度和村（社区）信访信息员调解制度的“信访三项制度”改革任务。县级信访部门和9个乡（镇）均结合实际建立巡回接访方案，定期派人到村（社区）开展巡回接访工作。各乡（镇）每月召开1次信访工作联席会议，讨论研究乡（镇）信访工作形势、疑难信访问题的解决措施等，责任到人，限期化解，为进一步做好信访工作筑牢坚实的中坚力量。在全县173个村（社区）建立矛盾纠纷调解室，设立信访信息员324名，建立符合村（社区）实际情况的矛盾调解机制，保障矛盾及时发现、就地化解。推动实现“小事不出户（双联户）、中事不出组（村小组）、大事不出村，矛盾不上交、平安不出事”目标。

【构建“信访联席+四调联动”体系】 2021年，阿瓦提县建立县委、县政府统一领导，政法综治牵头，信访、法院、司法等部门密切配合，分工协作的“信访联席+四调联动”调解工作体系。信访局依托信访大厅设置联合分流调处中心，作为全县“四调联动”调解指挥调度中心，乡（镇）、村（社区）依托党群服务中心（站），构建县、乡（镇）、村（社区）三级纵向到底调处平台。与人民调解、行业调解、行政调解、司法调解有机结合，实现“四调联动”横向到边的工作对接。形成多元化、多层次的社会矛盾纠纷调处机制，营造上下联动、部门联手的大调解工作格局。

县直机关事务服务

【公务接待和会务保障】 2021年，阿瓦提县机关事务服务中心落实《新疆维吾尔自治区党政机关国内公务接待管理办法》和《阿克苏地区党政机关国内公务接待管理办法》，严格执行接待标准，明确并细化就餐、住宿、车辆保障标准。本着“规范、高效、周到、热情、有序、节约”的工作理念，坚持做好细节服务，突出人性化服务，深挖本地特色服务，提升公务接待质量。全年，共接待出席会议、考察调研、检查指导、学习交流等各类公务活动421批4320余人次。不断完善县委一号办公楼会议室服务设施，做好材料印制、会场布置、设备调试、沏茶倒水等工作，提升会务服务保障水平。全年完成县委、人大、政府、政协各类会务保障1028次。

【公务用车管理工作】 2021年，阿瓦提县机关事务服务中心对全县党政机关、事业单位公务用车张贴标识情况进行检查，对首次发现问题单位提醒。对全县党政机关、事业单位公务用车进行安装智能监控终端，会同县移动公司对全县党政机关公务用车安装智能监控终端进行督促指导并实地安装。对党政机关公务用车统计报告数据报送系统进行录入，共录入单位84家，年底全县各单位公务用车数据已汇总上报地区机关事务服务中心。对全县党政机关事业单位公务用车进行梳理，对一批使用年限久、无维修保养价值车辆进行处置。

【办公用房管理】 2021年，阿瓦提县机关事务服务中心开展办公用房和办公桌椅的调配工作和水利局、农业农村局、供销社、林草局等单位搬家工作。在办公用房管理工作中，始终严格按照相关法律、法规及廉洁从政的规定开展工作，坚决杜绝吃、拿、卡、要等严重违纪违规现象的发生。按照县住建局提出的要求，认真开展党政机关办公用房摸底工作，对全县党政机关办公用房使用情况开展大清查，做到使用情况家底清、底数明。对新增多浪乡、三河镇、融媒体中心、农业农村局等单位的公共面积进行重新测量，确保做到办公用房使用情况底数清。

【推进节约型机关建设】 2021年，阿瓦提县机关事务服务中心根据《阿克苏地区节约型机关创建行动实施方案》文件要求，会同发改、财政等部门，将节约能源工作基础较好、实施方案编制合理、具有较强示范意义的编办、商工局等13家单位被列为第二批创建单位，定期开展创建工作培训制度和监督检查并通过自治区初验。

人事工作

【概况】 2021年，阿瓦提县人社局完成事业单位工作人员全员第五次聘用7223人，岗位变动1127人；完成2020年事业单位工作人员年度考核等7223人工作，对考核优秀106名事业单位工作人员记功1次、1520人嘉奖1次；完成2020年度事业年报统计上报工作；完成2020年度引进2名人才考察政审、入编聘用手续办理；配合地区人社部门完成2020年度、2021年度公开招聘事业单位工作人员资格审查、面试工作；完成2020年公开招聘事业单位工作人员政审考察、入编8人聘用工作；完成2021年公开招聘（人才引进）计划申报工作，涉及12个单位，50个岗位；完成全县事业单位专业技术人员职称摸底统计6337人工作；完成2021年引进2名人才考察政审、入编聘用手续办理；完成2021年“三支一扶”专项招聘考察政审、入编5人聘用工作；完成2021年优秀社区（村）党支部书记专项招聘考察、入编1人聘用工作；完成管理岗职员全面摸底955人工作；完成2021年机关事业单位工勤人员培训考核申报工作，并上报地区98人；完成机关、事业单位工勤人员427人全面摸底工作；完成事业单位人事管理回避摸底排查108人工作；办理事业单位工作人员岗位等级变动聘任手续169人；完成教育系统2018年、2019年特岗教师入编、聘用手续办理工作333人；完成教育系统2021年公开招聘教师入编、聘用手续办理273人；办理事业单位工作人员试用期满考核合格人员转正手续533人；完成事业单位岗位说明书审核及系统审核工作；完成县委人事调配管理小组会议研究决定；办理事业单位工作人员解聘手续147人；完成教育系统教师降岗手续办理124人。

【工资、福利】 2021年，阿瓦提县人社局完成全县事业单位7562名工作人员及3名离休人员全年工资年报统计工作，完成7000余名全县事业单位工作人员考核薪级调资工作；完成全县事业单位工作人员近400人困难遗属生活补助录入工作；办理机关事业单位退休34人、因病提前退休（职）25人，办理企事业单位及灵活就业退休64人，其中正常退休54人，特殊工种提前退休3人，因病提前退休5人，因病退职2人。

【伤病残鉴定】 2021年，阿瓦提县人社局完成2020年第三批事业单位工作人员23人、企业及灵活就业人员4人伤病残鉴定相关工作，为达到完全丧失劳动能力的12人办理相关手续；完成2021年第一批事业单位工作人员11人、企业及灵活就业人员2人伤病残鉴定相关工作，为达到完全丧失劳动能力的6人办理相关手续；完成2021年第二批事业单位工作人员24人、企业及灵活就业人员3人伤病残鉴定相关工作，为达到完全丧失劳动能力的16人办理相关手续；完成2021年第三批事业单位工作人员9人伤病残鉴定相关工作。

【退休（职）审批】 2021年，阿瓦提县人社局为2021年第一季度机关事业单位正常退休人员3人办理退休手续；为2021年第二季度机关事业单位正常退休人员8人办理退休时手续；为2021年第三季度机关事业单位正常退休人员23人办理退休手续；为2021年第一至第三批事业单位工作人员参加伤病残鉴定并达到完全丧失劳动能力的25人办理因病提前退休（职）相关手续。

【专业技术人员管理及职务评审】 2021年，阿瓦提县有专业技术人员5780人，其中正高级33人，占0.57%；副高级319人，占5.52%；中级1182人，占20.45%；初级4246人，占73.46%。职称评审通过形式审核209名专业技术人员，其中正高14人，副高85人，中级109人，初级1人。职称评定406名专业技术人员，其中初定中级394人，初定初级12人。2名专业技术人员2021年已享受"访惠聚"三年高定待遇。年内，624名专业技术人员取得相应专业任职资格，其中初级13人、中级512人、副高级85人、正高级14人，聘至专业技术岗2级1人、专业技术岗3级1人。

【人事考试】 2021年，阿瓦提县人社局办理新聘用入编手续632名事业单位工作人员，阿克苏地区"三支一扶"人员专项招聘5人，教育系统2017年特岗教师333人，教育系统自主招聘273人，引进人才2人，优秀社区（村）党支部书记1人，面向社会公开招聘事业单位工作人员18人。

【人才工作】 2021年，阿瓦提县人社局完成自治区第三批天山英才推荐申报工作，阿瓦提县入选1人；完成托峰英才推荐工作和服务需求采集工作；完成非公有制经济企业专业技术人员摸底273人；完成事业单位专业技术人才优秀个人及优秀集体报送工作。加大引才引智力度，到高校开展人才引进招录工作，全县招聘事业单位工作人员18人，公开招聘教师273人，引进人才2人，健全人才资源信息库，定期更新人才信息。

中国人民政治协商会议阿瓦提县委员会

【概况】 2021年，中国人民政治协商会议阿瓦提县委员会（以下简称县政协）班子设党组书记1人，主席1人，副主席3人，共有委员132名，分布在党政、青年团、总工会、妇女联合会、工商联、科协、文化艺术界、教育界、农业界、经济界、医疗卫生界、社会福利界、少数民族界、宗教界等17个界别。十七届县政协常务委员会由主席、副主席、常务委员等25人组成。

【政协十六届六次会议】 2021年1月，政协阿瓦提县第十六届委员会召开第六次会议，来自各界别的132名政协委员参加会议。

【政协十七届一次会议】 2021年9月5—11日，政协阿瓦提县第十七届委员会召开第一次会议。共设1个主会场、4个分组讨论会场。会议应出席委员132名，实到132名。会议审议通过《政协阿瓦提县第十六届委员会常务委员会工作报告》《政协阿瓦提县第十六届委员会常务委员会关于提案工作情况的报告》。委员们列席县第十七届人民代表大会第一次会议，听取并讨论政府工作报告，讨论县人民法院工作报告、县人民检察院工作报告及其他报告，会议选举产生政协阿瓦提县第十七届委员会主席、副主席、秘书长和常务委员。会议对政府工作报告和其他报告表示赞同。

【常委会会议】 2021年，阿瓦提县政协共召开3次常委会会议。

2021年2月3日下午，政协阿瓦提县第十六届委员会召开第十五次常委会会议。主要协商审议政协阿瓦提县第十六届委员会第六次会议提案；县人民政府分管领导贺建通报、2020年提案办理情况，通报阿瓦提县重大项目建设情况；向县人民政府交办提案。

2021年8月5日上午，政协阿瓦提县第十六届委员会召开第十六次常委会会议。会议协商审议《关于阿瓦提县部分乡镇行政区划调整的决议》和《关于撤销巴格托格拉克乡设立巴格托格拉克乡的决议》；听取县委换届办负责人《关于新一届政协委员提名情况的说明》；听取县人民政府关于政协阿瓦提县第十六届委员会第一次会议以来提案办理情况的通报；审议通过关于召开政协阿瓦提县第十七届委员会第一次的决定、会议议程及列席人员范围；审议通过政协阿瓦提县第十七届委员会参加单位、界别设置和委员人选名单；审议通过政协阿瓦提县第十六届委员会常务委员会工作报告；审议通过政协阿瓦提县第十六届委员会常务委员会关于提案工作情况的报告；协商审议报告人名单；听取政协阿瓦提县第十六届委员会各专门委员会工作情况报告的汇报；协商通过政协阿瓦提县第十七届委员会第一次会议主席团成员、主持人和秘书长名单；审议有关人事事项。

2021年12月23日下午，政协阿瓦提县第十七届委员会召开第二次常委会会议。会议传达学习《中共中央关于加强和改进新时代市县政协工作的意见》；协商审议十七届二次会议全委会工作报告和提案工作情况的报告（草案）；协商审议十七届二次会议议程；协商审议参加十七届二次会议特邀人员名单、列席人员名单；协商审议辞免政协阿瓦提县第十七届委员会委员、常务委员名单；协商审议政协阿瓦提县第十七届委员会常务委员候选人建议名单；协商审议十七届二次会议主席团成员、主席团会议主持人和秘书长、副秘书长名单(草案)；协商审议十七届二次会议委员分组办法、小组召集人名单；协商审议上报自治区、地区政协提案相关事宜。

【参政议政】 2021年，阿瓦提县政协发挥政协作为社会各阶层、各群体利益诉求表达的专门协商机构作用，通过参加全县重要会议、参与重要活动等方式，为政协委员搭建合作共事平台。全年，县委、县政府领导参加政协全委会议2次、常委会会议3次；县政协领导应邀列席县委常委会会议24次、常委(扩大)会议12次、政府常务会议8次，参与110个重大事项的讨论和决策。政协委员应邀参加座谈会、评估测评会和听证会等活动72人次，进一步拓宽政协委员参政议政渠道。

【协商议政】 2021年，阿瓦提县政协发挥协商议政作用，提前谋划年度协商议题，将涉及县域经济发展的重点、难点问题列入协商计划。全年制订全会协商计划1项、专题协商计划2项、主席会议协商4项以及提案协商5项。向县人民政府提交提案26件、社情民意13期，县政协的协商成果得到县委、县政府的高度重视和积极采纳，为阿瓦提县改革发展各项工作发挥应有的作用。

【提案办理】 2021年，政协阿瓦提县第十七届委员会第一次、第二次会议期间，共收到委员意见、建议提案218件。经提案审查委员会初步梳理，确定立案103件。闭会后，县政协受提案审查委员会委托承担提案整理工作，经梳理、合并内容相同的提案向主席会议提交提案72件，经主席会议、党组会议逐一论证审核，剔除一年内县委、县政府已着手安排的项目、近期不具备办理条件和已按国家政策执行的，审核立案31件，最后经政协常务委员会议协商审议确定，正式立案31件。提案重点涉及民族团结、经济发展、民生改善、乡村振兴等事关阿瓦提县全局性重大问题和各族群众最为关切的问题等方面。县政协向自治区政协提交提案22件，向地区政协工委提交提案6件，向县人民政府交办提案26件，其中民生保障类4件、文化教育类6件、农业农村类5件、城市经济类4件、医疗卫生类3件、其他类4件。办结的25件，基本解决或按计划推进的1件，委员对提案办理满意率100%。

【助推乡村振兴】 2021年，阿瓦提县政协将产业振兴作为巩固拓展脱贫攻坚成果同乡村振兴有效衔接的重点，组织委员不定期深入乡镇、村组，指导农业农村工作，全年到各乡镇、村开展工作152次，召开阿瓦提县红葡萄产业发展专题会议6次、馕产业发展专题会议6次；开展红葡萄产业、馕产业调研8次，为阿瓦提县红葡萄产业、馕产业发展提出建设性的意见建议；全县农业界政协委员在发展设施农业、农业产业结构调整、蔬菜种植、畜牧养殖等产业项目上献计出力、建言献策，为实现巩固拓展脱贫攻坚成果同乡村振兴有效衔接贡献政协智慧和力量。

【助推经济发展】 2021年，阿瓦提县政协领导班子牢固树立新发展理念，围绕招商引资一号工程，班子成员积极主动参与招商引资，带领县招商小分队走访企业700余家次、协会(商会)7家，召开招商推介会8次，邀请赴阿瓦提考察企业63家，洽谈项目48个，签订框架协议10个，落地投资企业4家，投资金额3.3亿元，处于洽谈阶段项目9个，为阿瓦提县经济高质量发展贡献政协力量。

【群众工作】 2021年，阿瓦提县政协参与到“大走访、大摸排、大调研、大培训”活动中去，深入乡镇、村(社区)调研走访，宣传党的政策，关注群众反映热点，打通群众工作堵点，解决基层治理难点，全年开展调研182人次，收集意见220条，帮助解决困难问题190件，为群众办实事、好事260余件。

【调研视察】 2021年，阿瓦提县政协紧扣阿瓦提县经济和社会发展实际，始终把开展调研视察工作作为履行好职能的重要基础工作来抓，选准课题，着力推进调研视察成果转化。先后完成《关于深入做好意识形态领域工作，助力文化润疆工程的调研报告》《阿瓦提县青少年法制宣传教育工作调研报告》等5个调研报告，围绕《关于完善县乡交通网络建设，解决群众出行不便问题的提案》等4个提案进行重点督办，有效解决群众的实际困难。

【委员管理】 2021年，阿瓦提县政协建立《党组成员联系界别委员制度》《党员委员联系党外委员制度》《党员委员参加双重组织生活制度》，修订完善《政协常委履职建言点评制度》《政协阿瓦提县委员会委员履职量化考核暂行办法》，将责任压力传导至每一名政协委员，进一步强化政协委员履职尽责的意识，提升委员履职能力，着力打造一支高素质政协委员队伍，切实把委员责任担起来，让委员本领强起来，将委员形象树起来。

中国共产党阿瓦提县纪律检查委员会 阿瓦提县监察委员会

【纪委全委会议】 2021年2月10日，中共阿瓦提县第十三届纪律检查委员会在县委四楼大会议室召开第六次全体会议，县委主要领导出席会议并讲话。是日，阿瓦提县召开2021年春节前廉政警示教育暨以案促改大会，县四套班子在家领导，法院、检察院主要领导，纪委监委班子成员，县各单位（含二级单位）、国有企业1名主要领导，各乡（镇）党政班子成员，各村（社区）第一书记、党支部书记参加会议。8月28日，中国共产党阿瓦提县第十三届纪律检查委员会召开第七次全体会议，会议审议通过《中国共产党阿瓦提县第十三届纪律检查委员会向中国共产党阿瓦提县第十四次代表大会的报告》《中国共产党阿瓦提县第十三届纪律检查委员会第七次全体会议公报》。9月2日，中国共产党阿瓦提县第十四次代表大会开幕，中国共产党阿瓦提县第十三届纪律检查委员会常务委员会作题为《坚持严的主基调 推动高质量发展 为建设平安和谐富裕美丽阿瓦提提供坚强纪律保障》的书面工作报告。9月4日，中国共产党阿瓦提县第十四届纪律检查委员会第一次全体会议召开，大会选举产生中国共产党阿瓦提县第十四届纪律检查委员会常务委员会，选举产生纪委书记、副书记、常委。

【召开第二十三个党风廉政教育月大会】 2021年7月12日，阿瓦提县召开第二十三个党风廉政教育月“以案促改”警示教育大会，全体领导干部集中观看反面典型警示教育片《铲除灵魂深处的毒瘤》。

【召开专项整治动员会】 2021年9月20日，阿瓦提县纪委监委召开粮食购销领域腐败问题专项整治动员会，财政局、发改委、国资中心、市场监督管理局、农发行县支行、金帆粮油、发强粮油等单位主要领导、纪委监委班子成员及部（室）主任参加会议。11月28日，阿瓦提县供热领域漠视侵害群众利益问题集中整治动员部署会在县纪委监委四楼会议室召开。会上宣读《阿瓦提县关于开展供热领域漠视侵害群众利益问题集中整治的实施方案》，县住建局、阳光热力公司等单位负责人作表态发言。

【召开专题学习教育动员大会】 2021年12月10日，阿瓦提县召开党员干部和公职人员“学法规 明纪律 知敬畏 守底线”专题学习教育动员大会，会上宣读《阿瓦提县党员干部和公职人员“学法规 明纪律 知敬畏 守底线”专题学习教育活动实施方案》。

【召开述职述责评议大会】 2021年12月30日，阿瓦提县召开2021年乡（镇）纪委书记、监察办主任述职述责评议大会暨2021年阿瓦提县纪委监委派驻（派出）纪检监察组组长（纪检监察工委书记）述职述责评议大会。会上，乡（镇）纪委书记、监察办主任、派驻（派出）纪检监察组组长（纪检监察工委书记）向县纪委常委会进行述职述责，并接受与会人员的民主评议。

【干部作风建设】 2021年，中共阿瓦提县纪律检查委员会与县监察委员会（以下简称县纪委监委）坚决贯彻落实中央八项规定精神及其实施细则，高度警惕、严肃查处隐形变异“四风”问题。持续纠治贯彻落实上级决策部署打折扣、做选择、搞变通等形式主义、官僚主义，继续紧盯“舌尖上的浪费”“车轮上的铺张”“节日中的腐败”等享乐主义、奢靡之风，严防“四风”问题回潮复燃。“学廉规、守廉心、树廉风”系列活动扎实开展，以案促改工作常态长效，党风廉政宣传教育深入人心，“三不”机制一体推进。贯彻落实自治区、地区基层减负工作要求，精简文件和会议，减少和规范督察考核，最大限度减轻基层负担。以作风建设永远在路上的恒心和韧劲，常态化开展干部作风整顿系列活动，持续在强化督察、狠抓典型、严肃问责、常态曝光、健全制度上下功夫，管出习惯、抓出成效、化风成俗，推动干部作风持续向好。坚持“三个区分开来”，严格落实容错纠错、澄清正名等制度，激励党员干部担当作为。

【党风廉政建设监督】 2021年，阿瓦提县纪委推动政治监督具体化、常态化，抓党风廉政建设和反腐败斗争，严肃查处问题线索反映集中、群众反映强烈，政治问题和经济问题交织的腐败案件。聚焦巩固拓展脱贫攻坚成果同乡村振兴有效衔接、优化营商环境、粮食购销、惠民惠农补贴等民生领域损害群众利益突出问题，精准运用监督执纪“四种形态”，着力消减腐败存量、遏制腐败增量，不断巩固拓展反腐败斗争压倒性态势。持续深化纪检监察体制改革，更好发挥监督保障执行、促进完善发展作用，推动新时代纪检监察工作高质量发展。扎实开展党风廉政宣传教育，树牢各级党员干部和公职人员纪法意识、强化自我约束。做好案件查办“后半篇文章”，常态化开展警示教育、以案促改，从源头上防治腐败，不断强化不敢腐的震慑，扎牢不能腐的笼子，增强不想腐的自觉。坚守政治巡察定位，发挥巡察利剑作用，全面启动新一届县委5年巡察工作。

【党风廉政宣传教育】 2021年，阿瓦提县纪委监委印发《阿瓦提县“学廉规，守廉心，树廉风”党风廉政宣传教育实施方案》，开展“科级干部警示教育周”专项活动，发放《阿瓦提县党员干部违纪违法典型案例警示录》，拍摄《铲除灵魂深处的“毒瘤”》专题警示教育片，以县反腐倡廉、预防职务犯罪警示教育基地为依托，开展党风廉政教育月系列活动。共组织党员干部参观反腐倡廉、预防职务犯罪警示教育基地75场、3600余人次，开展干部任前廉政谈话、任前廉政测试6场，召开警示教育大会46场次。以阿瓦提县廉政网、“棉城清风”微信公众号网络平台为载体，转载廉政要闻600余条，外宣稿件被地区及上网站采用220余篇。

【落实中央八项规定精神】 2021年，阿瓦提县纪委监委在元旦、春节等重大节假日，采取发送节前廉政短信、开展警示教育、集体谈话等形式，提醒教育广大党员干部严防节日期间易发频发的公车私用、违规收受礼品礼金、滥发津贴补贴等违反中央八项规定精神突出问题。以全县各单位党员领导干部，特别是单位“一把手”为主要对象，开展贯彻落实中央八项规定精神专项排查活动，对照改进调查研究、精文减会等九个方面突出问题，通过全面梳理检视问题、剖析根源、认真研究整改措施，下大力气抓好整改，切实推动中央八项规定精神落地落实。全年，共开展专项排查2次，发送廉政短信2000余条，召开节前警示教育大会130余场次，开展廉政谈话62场次，下发典型案例通报3批13件13人。

【“五步五单”工作机制试点】 2021年4月1日，阿瓦提县被地区纪委监委确定为开展“五步五单”工作机制加强对同级党委监督的试点县，县纪委监委制定《阿瓦提县建立“五步五单”工作机制加强对同级党委监督的实施方案》，于4月24日经县委常委会研究通过，并以县委名义发文执行。

【压实“两个责任”】 2021年,阿瓦提县纪委发挥协助职责、监督责任、推动作用,推行“五步五单”工作机制,加强对同级党委的监督,协助县委研究制定《阿瓦提县贯彻落实中共中央关于加强对“一把手”和领导班子监督意见的工作措施》《阿瓦提县关于加强县处级领导班子建设规范》等,推动全面从严治党“两个责任”贯通协同、一体落实。

【作风问题专项整治】 2021年,阿瓦提县纪委监委坚持以转变干部作风为主线,研究出台《阿瓦提县2021年深化干部作风整顿工作实施方案》《阿瓦提县2021年集中整治形式主义、官僚主义实施方案》,督促全县各单位持续整治干部作风。坚持日常监督检查与专项监督检查相结合,会同税务、公安、市场监管等单位开展联合检查,严肃整治“舌尖上的浪费”“车轮上的铺张”“节日中的腐败”等隐形变异“四风”问题。共查处享乐主义、奢靡之风问题7件,给予党纪政务处分7人;查处形式主义、官僚主义问题19件,给予党纪政务处分19人。

【民生领域专项整治】 2021年,阿瓦提县纪委监委开展民生领域专项治理工作。围绕巩固拓展脱贫攻坚成果同乡村振兴有效衔接、农村“三资”管理、粮食购销、供热领域、惠民惠农补贴“一卡通”等方面开展专项整治,整治损害群众利益的突出问题。对教育、医疗等15家民生领域牵头单位履职情况开展专题调研,形成民生领域调研报告2篇,协调解决民生领域突出问题1000余个,查处民生领域损害群众利益问题线索82条,给予党纪政务处分79人,组织处理12人。

【扶贫领域腐败专项治理】 2021年,阿瓦提县纪委监委紧盯“四个不摘”落实情况,对全县脱贫“边缘户”“监测户”进行动态监测,严肃查处不担当、不作为、失职失责等突出问题。共发现扶贫领域问题线索8条,给予党纪处分6人,组织处理2人。

【纪检监察干部队伍建设】 2021年,阿瓦提县纪委监委深化干部队伍建设,以纪检监察干部全员培训为依托,坚持把政治建设摆在首位,在学用结合中提升纪检监察干部的政治能力。加强专业培训,提高分级分类培训精准度,打牢纪检监察干部依规依纪依法履职基础。加强实践锻炼,有计划地安排乡(镇)、派驻(派出)机构纪检监察干部到纪委机关关键岗位,锤炼过硬本领。加强培训创新,采取线上+视频+现场培训的方式,切实增强培训质效。全年,纪检监察系统交流任职4人,向系统外推荐3人,职级晋升13人,开展跟班调训64人次,组织专题培训2期,举办知识竞赛8场,开展“每月一讲”12次,组织线上测试10次、线下测试12次。

【执纪审查规范】 2021年,阿瓦提县纪委监委按照《纪检监察机关监督检查审查调查措施常用文书格式》文件要求,严格审批权限,规范程序。通过查看审批文书、核查录音录像资料等方式,对监督检查审查调查全过程进行监督,严格监督办案工作流程,紧盯案件办理各环节审批报备情况,确保案件办理程序规范、手续完备,保证依规依纪依法文明办案。开展阿瓦提县纪检监察系统“严程序、抓细节、求规范、促提升”案件质量整改纠治活动,下发通报1期。

【“四种形态”运用】 2021年,阿瓦提县纪委监委准确运用监督执纪“四种形态”,特别是第一、二种形态,抓早抓小、防微杜渐。共运用“四种形态”批评教育帮助和处理1417人次,其中“第一种形态”处置922人次,占65.07%;“第二种形态”处置418人次,占29.5%;“第三种形态”处置

27人次，占1.91%；“第四种形态”处置50人次，占3.53%。

【强化政治巡察】 2021年，阿瓦提县纪委监委紧扣“三个聚焦”，统筹开展3轮巡察工作，对20家单位党组织进行常规巡察，对21家单位党组织进行巡察“回头看”，完成第十三届县委巡察目标全覆盖任务，累计发现被巡察党组织主要问题813条，移交领导干部问题线索109件，给予党纪政务处分42人，组织处理23人，移送司法1人，彰显巡察监督利剑作用。研究制订新一届县委巡察工作五年规划，明确监督重点和全覆盖目标任务。

【巡察制度建设】 2021年，阿瓦提县纪委监委研究制定《阿瓦提县巡察整改工作成效评估办法（试行）》《阿瓦提县关于进一步加强巡察整改和成果运用工作规范（试行）》《阿瓦提县关于建立巡察组长库管理办法》《阿瓦提县关于建立巡察人才库管理办法》等规章制度，持续推动巡察工作制度化规范化建设，对第十三届县委被巡察党组织整改工作成效进行评估，巩固和扩大巡察工作实效。

【巡察问题整改】 2021年，阿瓦提县纪委监委压紧压实县委班子成员“一岗双责”责任，召开3次集中反馈会议向分管县领导集中移交被巡察党组织反馈意见，分管县领导指导督促分管部门党组织严格巡察整改；强化整改日常监督，纪检、组织部门督促指导61个被巡察党组织切实履行整改主体责任，针对发现的共性问题开展专项整治，全面提升巡察工作质效。

【完善巡察反馈机制】 2021年，阿瓦提县纪委监委健全完善巡察反馈机制，层层传导整改责任压力，县委、县政府班子成员积极履行“一岗双责”，被巡察党组织履行整改主体责任，确保反馈问题整改到位。发挥巡察机构“桥梁纽带”作用，统筹协调纪检监察机关和组织部门强化日常监督和整改工作成效评估，对落实整改不力的7名责任人、17个被巡察党组织主要负责人进行约谈。注重巡察整改和成果运用，坚持举一反三、标本兼治，督促教育、卫生系统健全管理制度，指导行业部门开展12项专项整治活动，推动解决系统性整体性问题，巩固提升巡察监督质效。

【巡察规范化建设】 2021年，阿瓦提县纪委监委研究制定《关于进一步加强阿瓦提县巡察整改和成果运用工作规范（试行）》《阿瓦提县巡察人才库管理办法》等规章制度，健全完善巡察制度体系。加强巡察队伍建设，注重日常管理，及时更新完善巡察组长库、人才库，保障120名巡察人才储备。强化业务培训，举办3期巡察干部培训班，不断提升巡察干部精准发现问题的能力。

【巡察队伍建设】 2021年，阿瓦提县纪委监委健全完善120余名各行业骨干组成的巡察组长库、人才库，坚持“一轮一培训”，邀请组织、财政等部门业务骨干开展巡察业务培训，不断提升巡察干部精准发现问题、定性问题的能力。

【举办纪检监察宣传业务培训班】 2021年5月15日，阿克苏地区上半年纪检监察宣传业务培训班在阿瓦提县开班，各县（市）纪委监委宣传负责人及业务骨干共100余人参加。培训班邀请自治区纪委监委宣传部、阿克苏日报社新媒体中心、阿克苏地区广播电视台等人员进行授课，进一步提升全地区纪检监察宣传队伍业务素质。

【召开内部督察反映意见整改动员会】 2021年4月27日，阿瓦提县纪委监委召开干部大会暨地区纪委监委内部督察反映意见整改动员会。会上，县纪委副书记、监委副主任周海磊宣读《阿瓦提县纪委监委内部督察反映意见整改方案》，县委常委、纪委书记、监委主任出席会议并作讲话。

【举办党纪法规培训班】 2021年5月31日，阿瓦提县党纪法规培训班开班仪式在县委党校举行。

【开展“警示教育周”系列流动】 2021年9月13日，阿瓦提县纪委监委为加强对县、乡换届后领导干部的警示教育，组织全县505名科级领导干部开展“警示教育周”系列活动。其间，共组织观看警示教育片3场次、讲廉政党课16场次，开展交流研讨16场次，举行党纪法规和德廉知识测试1场。

【启动乡(镇)纪委内部督察】 2021年9月24日，阿瓦提县纪委监委启动乡（镇）纪委（监察办公室）内部督察工作，成立2个内部督察组分别前往乌鲁却勒镇纪委（监察办公室）、巴格托格拉克乡纪委（监察办公室）开展为期6天的内部督察。

对口支援

【概况】 2021年，浙江省绍兴市对口支援阿瓦提县指挥部（第十批）援疆干部10人，援疆人才86人，援疆总人数96人，分布在城建、发改、工商、文化、教育医疗、行政等领域工作。指挥部下设办公室、规划建设与产业发展组、干部人才与资金管理组。

【援建项目】 2021年，浙江省绍兴市对口支援阿瓦提县涉及卫生、教育、安居富民、城建、产业就业等9个援建项目，其中阿瓦提县委组织部牵头负责项目8个，共投资1122万元，年内安排援疆资金1122万元，分别是阿瓦提县援疆人才能力提升工程项目，投资5万元；阿瓦提县支援干部人才传帮带能力提升项目，投资2万元；阿瓦提县干部能力提升工程项目，投资110万元，截至年底，阿瓦提县干部能力提升工程项目累计完成投资53.46万元，分别选派6名优秀住建系统干部、32名优秀中青班干部、8名优秀党务工作者和8名经济口干部赴绍兴交流考察；阿瓦提县乡村振兴项目，投资450万元，截至年底，阿瓦提县乡村振兴项目累计完成投资214.4万元，完成阿依巴格镇托万克喀格木什村游客集散中心项目，项目实物量为装饰游客服务中心内墙约1500平方米、贴地板砖约800平方米、打造服务柜台约10米等；采购LED电子屏约16平方米等设备设施。拜什艾日克镇索克满休闲公社娱乐设施及附属项目，项目实物量为水上乐园改造、水上浮雕（1座）、葡萄架（30米）、激光射灯（七彩2套）、水幕电影（1套）、喊泉（1套）、互动投影（1套）、户外发光秋千（4组）、玻璃栈道（1座）、标示标牌、步行方砖（3722平方米）、观光船（5艘）、摩托艇（1艘）、休闲桌椅（20套）、林间道路铺设（241.3平方米）等及相关附属设施。乌鲁却勒镇红旗村产业发展项目建设鸽子产业园约1500平方米，援疆指挥部已审批完毕，于10月15日中标，中标价129万元。塔木托格拉克镇吐格贝希村“刀郎人家”旅游改造建设项目建设木桥（防腐木）4座，采摘园路两边木栅栏约500米，投放垃圾分类箱8个，对土壤进行改良（采购有机肥约4.9吨，高磷复合肥约1.5吨），采购花种约150千克，亮化约2000平方米，对道路两侧林带进行绿化（采购树苗约1万株），花海灌溉设施约3.07公顷；绍阿民族团结促进项目，投资100万元，截至年底，绍阿民族团结促进项目累计完成投资10.42万元；在绍兴工作的新疆籍少数民族群众管理服务提升项目，投资5万元；阿瓦提县“我爱浙疆”系列文化品牌工程项目，投资150万元，用于改造党群服务中心简约中式风格外立面，改造大门及四面铁艺围墙，打造镇史馆、文体活动广场；阿瓦提县党建引领团结共进项目，投资300万元，巴格托格拉克乡玉斯屯克墩买里村、阿瓦提镇博斯坦社区、乌鲁却勒镇红星社区、英艾日克镇巴依拉村、塔木托格拉克镇拉帕村、塔木托格拉克镇塔木托格拉克村、拜什艾日克镇喀什贝希村、阿依巴格镇幸福村、拜什艾日克镇玉斯屯克库木艾日克村、阿瓦提镇文明社区党群服务和新时代文明实践中心完工，多浪乡木孜鲁克牧业村办理前期手续工作。全年计划完工项目8个，实际完工6个，占当年计划完工比重的75%；计划项目的当年支援资金1122万元，实际完成资金895.78万元，占年度计划项目的当年计划安排支援资金量比重的79.84%。

【智力援疆】 2021年，浙江省绍兴市对口支援阿瓦提县实施智力援疆项目5个，投入援疆资金237万元。实施阿瓦提县援疆人才能力提升工程项目，投资5万元，通过远程视频或现场教学的方式，加强对45名援疆干部人才的培训，开设新疆民族宗教政策、保密知识、信息宣传等教育课程7天，开展培训6场。实施阿瓦提县支援干部人才传帮带能力提升项目，投资2万元，援疆干部人才结合工作岗位，开展调查研究，形成5篇调研报告或课题论文，为受援地经济社会发展提供智力支持。实施阿瓦提县干部能力提升工程项目，投资110万元，截至11月，已分别选派6名优秀住建系统干部、32名优秀中青班干部、8名优秀党务工作者和8名经济口干部赴绍兴交流考察。

【交往交流交融】 2021年，浙江省绍兴市对口支援阿瓦提县，着力促进各民族交往交流交融，因地制宜推进各层面各领域结对子。深入落实党委联系服务专家制度，10名援疆干部人才在挂职单位与20名骨干人才结对子，帮带骨干人才，发展援疆干部优势，培养后备干部；支持浙阿两地各族群众多走动、交朋友。实施绍兴—阿瓦提民族团结促进项目，20万元用于援疆干部人才开展民族团结活动，全年共开展下乡义诊、送医送教、“七一”慰问活动4次，受援600余人次。巩固发展民族团结，持续深化群众工作。

群众团体

工 会

【概况】 2021年,阿瓦提县总工会继续按照“哪里有企业,哪里有职工,哪里就要建立工会组织”的建会原则,不断创新工作思路,强化建会措施,在全县深入开展“广普查、深组建、全覆盖”集中建会行动,在重点做好卫星工厂(扶贫车间)和新就业形态劳动者调研摸底的基础上,把城乡富余劳动力就业人员作为入会重点,不断提高工会组建率和职工入会率。当年新组建工会组织112个,发展会员3953名。其中“两新”组织和新就业形态劳动者工会组织107个(“两新”组织95个、社会组织12个),全县“两新”组织、新就业形态劳动者及新注册非公有制企业做到应建尽建。

【职工劳动竞赛】 2021年,阿瓦提县总工会全面提高职工群众安全意识和自我保护能力,坚持把竞争机制、奖励机制和激励机制纳入群众性“安全”与“健康”竞赛中,不断推进企事业单位安全生产工作和安全文化建设,邀请地区安全生产宣讲人员到30家企业开展安全生产培训,提升广大职工的安全防范意识。按照年度劳动技能竞赛要求,县总工会组织12家企业开展以“强意识、查隐患、促发展、保安康”为主题的工会系统学习安全生产法律法规“安康杯”演讲比赛。组织36家单位的43个班组开展“安康杯”技能竞赛活动,参与职工2410名,增强职工比学习、强技术、增效率、抢节点意识,达到预期效果,使“以人为本,安全第一”的意识深入人心,确保企事业单位生产和职工生活安全。

【依法维权与民主管理监督】 2021年,阿瓦提县总工会按照“组织起来,切实维权”的要求,坚持把维权工作作为工会发挥职能作用的首要任务来抓。继续加强《新疆维吾尔自治区职工代表大会条例》《新疆维吾尔自治区厂务公开条例》的贯彻落实,按照主动、依法、科学维权新要求,不断完善机制,创新工作载体,做好帮困和保障工作,营造和谐的劳动关系。加强民主管理和民主监督,全县81家基层工会按要求召开职代会,落实厂务公开35家,实现已建工会组织且经营生产企业职代会正常召开和厂务公开正常运行,确保广大职工的知情权、参与权。畅通利益诉求渠道,行使职工民主权利,推行工资集体协商机制,不断完善政府、工会、企业共同参与的劳动关系三方协调机制,提高工资集体协商合同的签订率和履约率,全县符合集体协商的35家用人企业通过工资集体协商,与劳动者签订合同,涉及职工4233人。

【劳动保护】 2021年,阿瓦提县总工会多次深入企业开展调研,慰问一线职工,督促企业落实各项防护措施,了解和解决企业生产中遇到的实际困难。年内,在重点企业全面开展安全生产宣传活动,发放安全生产宣传资料7600余份,参与职工5520人次。

【关心关爱】 2021年,阿瓦提县总工会启动“夏送清凉”慰问活动,为全县奋战在工作一线的

3000名户外职工，送去价值8万余元的慰问品。支出9990元为5个户外工作站安装充电桩5个，解决户外劳动者充电难的问题，全年新建2个户外劳动者服务站。为在档13名困难职工购置灭火设备，督促全县职工配备灭火设备1000余件。按照自愿参与原则，开展医疗互助保障宣传活动，全县31家单位的1252名职工参与医疗互助保障活动。开展促进消费月活动，全年先后2次为全县干部职工发放271.49万元的消费提货单，促进提升县域经济发展。

【困难职工帮扶】 2021年，阿瓦提县总工会开展困难职工摸底调查，落实困难职工动态管理机制，对系统中13户(自治区级10户、地区级3户)困难职工实施动态管理，为其发放节日慰问金1.7万元；走访慰问企业20家，慰问困难职工327名，发放价值4.6万元的慰问物资。

【系统推优表彰】 2021年，阿瓦提县总工会开展劳模生活状况摸底调查工作，对管理权限内的37名全国、自治区、地区三级劳动模范及全国"五一劳动奖章"获得者、开发建设新疆奖章获得者进行大走访、大慰问，全面了解其工作、生活情况和困难状况，为其发放慰问金2.72万元。开展三级劳模推荐工作，为新评定的2名自治区劳动模范发放奖励金4万元。在中国共产党成立100周年之际，为30名劳模发放价值1.5万元的慰问品，表达党的关心关爱和工会组织的温暖。

【非公有制企业调研】 2021年，阿瓦提县总工会就如何做好新时期企业工会工作开展调研，深入企业生产一线与企业负责人开展面对面沟通、与职工座谈交流，进一步了解非公有制企业生产经营情况，了解广大职工的思想动态、关注的焦点、热点问题以及工会工作中存在的具体困难和问题，鼓励非公有制企业工会切实增强引导职工入会的使命感、责任感和紧迫感，把没有入会的职工吸引过来、组织起来、稳定下来，使工会成为职工愿意依靠的组织和"娘家人"。调研形成《充分发挥工会职能作用 引领职工群众为县域经济做贡献》报告。

【思想政治引领】 2021年，阿瓦提县总工会在推进产业工人队伍建设中，落实《关于加强和改进新时代产业工人队伍思想政治工作的贯彻落实意见》，配合牵头部门开展宣讲小组进企业活动。组织全县广大职工广泛开展"中国梦·新疆好——坚定跟党走、奋进新征程"主题宣传教育活动和"尊法守法·携手筑梦"服务农民工法治宣传和公益法律服务行动，先后为5300余名一线职工和农民工进行《中华人民共和国工会法》《中华人民共和国劳动法》《中华人民共和国劳动合同法》《中华人民共和国社会保障法》《中华人民共和国就业促进法》《保障农民工工资支付条例》等法律法规及政策宣讲，现场发放宣传(册)单4450余份，解答职工关心的热点问题27个，助推和引导全县产业工人依法理性有序表达诉求，依法行使权利履行义务，维护产业工人队伍团结统一和社会和谐。不断强化理论武装，开展"学党史、争先进、弘扬劳模精神"党史学习教育进企业宣讲33场次，3982人次聆听宣讲。弘扬和培育产业工人社会主义核心价值观，发挥先进典型示范引领作用，先后多次组织全国劳动模范和自治区劳动模范深入基层一线，宣传习近平总书记在庆祝中国共产党成立100周年大会上的重要讲话精神，团结引导广大职工坚定不移听党话、跟党走，坚定不移在思想上政治上行动上同以习近平同志为核心的党中央保持高度一致。坚持把企业职工技能培训纳入年度计划，不断发挥企业培养产业工人的主体作用，鼓励行业企业按照"政府补贴培训、企业自评培训、市场化培训"的原则，确保培训对象岗位与专业技能培训内容无缝对接。

团委

【概况】 2021年，阿瓦提县共有常住青年（14～35周岁）9.63万名，全县户籍青少年8.73万名，其中共青团员9694名。其中女团员5252名，有基层团委25个，团支部545个。全县有少先队员3.72万名，其中女队员1.97万名，男队员1.75万名。少先队大队68个，中队972个，少先队总辅导员1名，大队辅导员68名，中队辅导员972名。

【基层团组织建设】 2021年，中国共产主义青年团阿瓦提县委员会（以下简称阿瓦提县团委）补齐传统领域团组织覆盖面不足的短板，向新兴领域延伸，新建“两新”领域团组织16个。强化团干部队伍建设，开展团干部培训4期197人。强化团员队伍建设，严格按照“十步法”“九严禁”的基本程序落实团员发展工作，发展团员635人。开展系列志愿服务活动138场次，为青年和群众办实事48件；组织开展“情暖五月阿瓦提·青春圆梦微心愿”活动，为全县家庭贫困、孤残、特殊帮扶帮教群体、留守、外来务工人员子女实现369个微心愿。

【召开第十六次团员代表大会】 2021年12月30日，中国共产主义青年团阿瓦提县委员会召开第十六次团员代表大会，全县各行各业、各条战线149名团员代表参会。县委副书记、人大常委 会党组书记、政法委书记刘晓峰，县委常委、组织部部长杨秋湘出席大会开幕式。工会、县妇联等群团组织应邀列席会议。大会表决通过《关于共青团阿瓦提县第十五届委员会工作报告的决议》，差额选举产生共青团阿瓦提县第十六届委员会委员21名，候补委员9名。在召开的第一次全体委员会议上，正式选举出共青团阿瓦提县第十六届委员会常务委员会委员13名、书记1名、副书记5名。

【青社工作】 2021年1月12日，阿瓦提县成立青年文体协会，共30名青年加入。6月18日，选出阿克苏地区青年联合委员会委员19名。组织青年联合委员会助力圆梦微心愿，开展红色探访、党史学习教育。

【大学生志愿服务西部计划】 2021年，阿瓦提县团委为55名西部计划志愿者落实志愿者补贴、社保、住房等保障，并利用节假日开展慰问4次，召开座谈会12场次，基层青年工作和支教工作得到各县直单位和学校领导的好评。

【少先队工作】 2021年，阿瓦提县少先队员分2次入队，队员5486人。建立校级少工委53个，并由学校党支部书记担任少工委主任，年底达到校级少工委建立全覆盖。做好适龄儿童分批入队工作，集中开展少先队离队仪式暨14岁集体爱心生日会，覆盖队员4200余人次。全面开展“红领巾奖章”争章活动，9000余名少先队员通过校级少工委考核顺利得到一星奖章。6月，确定优秀大队辅导员15名。县团委联合县委宣传部为4个红色教育基地挂牌“青少年爱国教育基地”，定期组织少先队员前往参观学习，累计开展参观活动32场次，覆盖840人次；开展“红领巾讲解员”活动，累计开展“红领巾讲解员”活动8场次，500余名少先队员担任讲解员与他人开展互动。与县检察院、法院联合开展模拟法庭活动6场次，覆盖240名少先队员。与浙江绍兴的小朋友开展书信手拉手活动2场次，140名浙阿少先队员在书信中建立深厚的友谊；助圆生日梦，为62所学校1286名少年儿童举办共青团爱心生日会。

【青年理想信念教育】 2021年，阿瓦提县团委在全县共青团系统掀起学党史、感党恩、跟党走的浓厚氛围，多措并举在全县青少年开展党史学习教育专项工作。加强组织领导，树立党史学习

"风向标"。按照党史学习教育工作要求,制订共青团系统党史学习教育工作方案,成立工作领导小组,明确各级团组织书记严格落实"第一责任人"职责,发挥"关键少数"示范引领作用,确保党史学习教育各项工作部署不折不扣落实到位。丰富学习形式,提升党史学习"驱动力"。团县委以各类学习平台为抓手,利用"青年大学习""红领巾爱学习"平台促进学习,利用"主题团队日"抓统一,利用专题培训抓巩固,利用公众平台抓覆盖。累计开展"青年大学习"17期、"红领巾爱学习"21期,上党史主题团课10期、主题队课10期,开展党史主题培训6场次,累计覆盖4.8万人次,辖区青少年参与学习率达到95%以上,累计通过"青春阿瓦提"公众号发布党史学习专题信息204期,浏览量达2.8万余人次。力求党史学习成果能够在青少年心中得到巩固,团县委扩充"青年讲师团"成员29名,开展宣讲54场次,覆盖1.97万名青少年;举办"学党史、强信念、跟党走"主题征文活动、"让我为党献贺礼"绘画作品征集活动、"缅怀革命英烈 传承红色基因"系列活动、"学党史·颂党恩·跟党走"演讲比赛不断巩固党史学习教育成果,累计参与活动1.2万余人次。团县委制定"学党史,办实事"志愿服务"菜单",组织辖区青少年自主开展系列志愿服务活动,为群众送上党的关怀。共开展系列志愿服务活动198场次,为青年和群众办实事48件;开展"情暖五月阿瓦提·青春圆梦微心愿"活动,为全县家庭贫困、孤残、特殊帮扶帮教群体、留守儿童、外来务工人员子女实现369个微心愿;举办共青团"爱心生日会",圆各学校家庭困难儿童的生日梦,已累计为62所学校1286名少年儿童举办爱心生日会。

【基层基础】 2021年,阿瓦提县团委将熟练掌握团的日常运行作为打牢基层组织建设的重要抓手,落实团的基础业务。不断扩大"青年大学习"覆盖面,动员各县直机关团支部、非公有制企业团组织团员、青年参与"青年大学习"提升参学率,对参学率较低的团组织进行约谈,确保大学习工作扎实推进。抓每月"三统一"主题团(队)日活动,开展主题团日活动10场次,覆盖5000余名团员青年、入团积极分子。开设主题团课10场次,覆盖4300名少先队员,不定期对各级团组织进行电话抽查,检验学习质量。将青少年思想教育作为服务好青少年的工作主线,在青少年当中开展以"我的中国梦""红领巾心向党"为主题的思想宣传教育活动,举办爱心生日会17场次,累计参与400余人次,着力夯实广大青少年紧跟中国特色社会主义道路、为实现中华民族伟大复兴的中国梦而奋斗的思想基础。

【推进预防青少年犯罪工作】 2021年,阿瓦提县团委发挥各级团组织在预防青少年犯罪工作中的作用,举办法治讲座56场次,开展法治宣讲19场次、模拟法庭1场次。

【组织专场招聘会】 2021年10月10日,阿瓦提县团委在县职业技术学校开展"青春助力,就业启航"青年就业专场招聘会,吸引168名求职者参与。15家企业参加招聘,汇集快递、外卖、邮政、通信、媒体、县周边园区企业及汽修行业,为阿瓦提县广大求职者提供210个职位,通过招聘会初步达成协议140名。

阿瓦提县妇女联合会

【强化思想引领】 2021年,阿瓦提县妇女联合会(以下简称县妇联)以"百千万巾帼大宣讲""女性素质提升工程"等为载体,开展学习宣讲中共十九届五中、六中全会精神,第三次中央新疆工作座谈会及自治区第十次党代会精神,提高广大妇女干部和群众的理论水平。深化理论武装工作,班子成员思想政治素质不断提高。共开展活动850场次,受益1.62万余人。

【维护妇女儿童合法权益】 2021年,阿瓦提县妇联结合"维权与爱同行"、"三八"维权周座谈会,开展乡村两级妇联干部"送法治培训下基层"宣讲活动,主要是《中华人民共和国民法典》(婚姻编)、《中华人民共和国反家庭暴力法》、男女平等基本国策和儿童优先相关政策、《中华人民共和国教育法》、《中华人民共和国义务教育法》等知识的讲解,共开展9场次,受益270余人次。召开2021年阿瓦提县第一次婚姻矛盾纠纷调解联席会议。会上开展《中华人民共和国反家庭暴力法》等相关知识的培训,引导妇女合理表达诉求,化解社会矛盾。家庭矛盾纠纷及困难诉求共66条,已全部化解。定期对涉及婚姻家庭领域的矛盾进行深入排查、重点研判和及时化解,将婚姻家庭矛盾解决在初始、萌芽状态。做好信访工作,共接待来访妇女66名。做好法律宣传工作。4月25日,与民政局一起进行法律宣传教育并发放宣传资料。共发放资料600多份。利用"六一"国际儿童节、"6·26"国际禁毒日宣传学习妇女儿童维权相关的法律法规,共开展宣讲128场次,受益4800余人次。

【"两新"组织组建妇女组织】 2021年,阿瓦提县妇联对全县新兴组织中妇委会的创建工作进行实地调研,了解"两新"组织组建妇女组织情况,按照"哪里有妇女,就哪里建妇女组织"工作要求,共摸排企业203家,其中"三有"企业52家,"非三有"企业128家,社会组织23家。符合组建妇女组织条件的90家企业单独组建妇女组织,不符合组建条件的企业113家,即女性职工不足5人的91家、季节性用工企业1家、没有女性企业职工17家、"僵尸企业"5家,行业联建10家,委托属地妇女组织服务管理61家。

【"爱心一元捐"活动】 2021年,阿瓦提县妇联做好"爱心一元捐"活动。广泛动员各乡(镇)妇联开展"爱心一元捐"活动,截至年底捐款5110人,捐款13791.5元。

【"两癌"患者摸排及唇腭裂儿童统计工作】 2021年,阿瓦提县妇联开展"两癌"患者摸排并开展相关知识培训工作。在各乡镇广泛宣传、动员摸排,按要求收集符合标准的人员相关档案资料并上报地区妇联,共开展16场次,受益419人。做好全县唇腭裂儿童的统计并上报地区,其中新增唇腭裂贫困儿童9名。

【大宣讲活动】 2021年,阿瓦提县妇联持续开展万名妇女赴基层活动,与阿瓦提县妇联系统党史宣讲活动实施方案相结合,分4个组深入开展文化润疆进家庭宣讲活动,团结引领广大妇女群众进一步增强中华文化共同体意识,以优异的成绩迎接中国共产党成立100周年。共开展157场次,受益5710余人。

【评选活动】 2021年,阿瓦提县妇联开展"最美家庭"、"最美执委"、"邻里和睦"创建、"邻里互助"创建等活动,促进社会和谐文明风尚的形成。评选县级"最美执委"4名、"最美家庭"50余户。展出选树"好家风·好家训·好家规"案例上报流程。上报地区3户家风家规相关材料。

【学习、培训】 2021年,阿瓦提县各级妇联开展面点制作、餐饮服务、美容美发等技能专业培训,推动妇女脱贫致富和自我发展,共开展培训260场次,受益8870余人次。进一步规范管理"靓发屋"项目,发挥项目带动引领作用,为农村的贫困妇女提供学习、培训的机会。动员村民发展庭院经济,引导农民在庭院种树、种菜、种花,因势利导发展养殖业,做到既能自给自足又可增加收入。

【美丽庭院创建】 2021年,阿瓦提县妇联开展"美丽庭院建设"检查指导工作,并对调研中发现的问题，深入基层进行现场指导并督促整改。结合乡村振兴战略，动员乡、村妇联主席参与农村人居环境整治，继续深入推进“美丽庭院”建设，让广大农民养成良好的卫生习惯。为将“美丽庭院”建设与乡村振兴有效衔接，深入开展“美丽庭院”建设工作。共开展检查指导工作190场次，召开美丽庭院创建现场会18场次。

阿瓦提县科学技术协会

【科技普及培训】 2021年，阿瓦提县本着“因地制宜、因势利导、因人施教”的原则，把“科技之冬”培训活动作为提高农牧民科学文化素质和掌握运用科学技术增收致富的一项任务来抓，围绕农民增收、农业增效、农村稳定三大目标，精心谋划，组织开展“科技之冬”培训活动。采取远程教育、视频培训、走村入户等方式开展“微宣讲”，发挥“村村通”大喇叭、商铺宣传小喇叭、宣传车作用把现场实用技术培训、理论内容和实例结合起来，组织开展“科技之冬”培训活动。全县共开展科技培训4477场次，累计培训11.1万人次。组织村级力量针对巩固拓展脱贫攻坚成果，实施脱贫攻坚政策、就业政策、社保缴纳及享受政策等惠民政策，共开展培训510场次，受教育0.86万人次。开展普法宣教活动和安全生产知识宣讲，增强群众法律意识、安全意识。累计普法宣传1401场次，受教4万人次。开展安全生产知识专题培训256场次，受教0.75万人次。其中女性4.5万人次，共发放8.8万份宣传培训资料。开展其他活动3383场次，参与人数8.3万人。其中女性3.9万人，发放宣传资料2.6万份。

【科普活动】 2021年，阿瓦提县着力加强农村科普推广应用，助力推动农业农村发展。全县举办科普活动824场次，受训1.09万人次。开展公共卫生健康培训。乡村两级宣讲员走进田间地头、农户开展“微宣讲”活动。开展爱国卫生运动宣讲1155场次，受教育4.2万人次。开展传染病防治、慢性病治疗等知识宣讲113场次，受教育0.35万人次。

【科普中国注册和传播】 2021年，阿瓦提县科学技术协会（以下简称县科协）深入推进“科普中国”App的注册和传播，加大科普宣传力度。指导和协调各乡镇、县直各单位开展“科普中国”App注册和传播工作。注册量在地区排名第二，传播量在地区排名第三。组织县直单位和乡（镇）参与新疆全民科学素质网络知识竞赛、全国农民科学素质网络竞赛，其中在新疆全民科学素质网络知识竞赛中，居全疆第九。

【基层科普行动】 2021年，阿瓦提县科协根据地区科协关于开展“基层科普行动计划”项目推荐的要求，申报“基层科普行动计划”项目8个，争取20万元项目资金。

【青少年科技创新】 2021年，阿瓦提县科协围绕“创新·体验·成长——中国梦 科学梦 青春梦”主题，举办阿克苏地区第35届青少年创新大赛，并取得很好的成绩。在地区第35届青少年科技创新大赛中，阿瓦提县在青少年科技创新成果竞赛类（中学）项目中获得一等奖1个、二等奖3个、三等奖4个。在青少年科学幻想绘画项目中，获得二等奖3个，三等奖9个。2人获得“优秀科技辅导员”称号，1人获得“青少年创新工作优秀工作者”称号，1所学校获得“青少年科技创新大赛特色学校”称号。

【开展“科技活动周”活动】 2021年5月22—28日，阿瓦提县科协、教科局牵头组织，相关部门配合参与，开展以“百年回望·中国共产党领导科技发展”为主题的“科技活动周”科普系列宣传活动。5月22日上午，在阿瓦提镇多浪社区文化大礼堂举办以“百年回望·中国共产党领导科技发展"为主题的"科技活动周"启动仪式。活动周期间，县广大科技工作者发挥自身专业优势，采取集中授课与交流研讨相结合、理论学习与实际操作相结合的方式，以科技助力经济发展为目标，以产业提质增效为抓手，在全县各族群众当中广泛开展具有县域特色、部门特点、内容丰富的"百年回望·科技创新成就展""防疫科普知识进乡村、进校园""小微企业管理人才创新能力提升"等系列科普惠民活动。共举办科普活动340余场次，参与6.5万余人次，发放各类资料1万余份，展示科普产品810件。科技咨询5600人次，举办科普讲座280余次，举办科普培训班210次，提供技术服务150余次，培训农牧民3.5万余人。

阿瓦提县工商业联合会

【非公有制经济领域人才工作】 2021年，阿瓦提县工商业联合会（以下简称县工商联）配合商工局做好企业人才工作。加强对非公有制经济领域优秀年轻干部的理想信念建设，引导优秀人才树立"扎根边疆、服务边疆、建设祖国"的意识，鼓励民营企业拓宽培训渠道，加大政策优抚力度，做好培养人才、拴心留人的工作，完善非公有制经济领域的人才队伍建设，扩充人才队伍信息库，增强民营企业的凝聚力和战斗力，为企业长期发展、稳定发展、良好发展提供坚实的人才保障。

【联系服务企业】 2021年，阿瓦提县工商联常态化开展联系服务企业工作，了解县民营企业发展情况，实时掌握企业生产经营状态，寻求资源再整合、再利用途径，为全县的经济发展尽一份力，加强与援疆指挥部的联系，与绍兴工商联（商会）对接，通过招商引资吸引更多的绍兴企业到阿瓦提县考察。

【开展推荐政协委员工作】 2021年，阿瓦提县工商联按照关于做好阿瓦提县政协第十七届政协委员协商提名工作的相关要求，全面把握条件，确保人选质量，开展推荐阿瓦提县政协第十七届政协委员人选工作，按照规定的人选条件，根据日常掌握的情况，积极商议，推荐12名工商联界别的政协委员，畅通和拓展民营经济人士有序政治参与渠道，帮助提高议政建言水平。

【企业文化建设】 2021年，阿瓦提县工商联将思想政治工作和企业文化建设紧密结合，塑造奋发向上、积极健康的企业精神，展现民营企业富而思源、富而思进、回报社会的正面形象，改善民营企业营商环境，推动民营经济高质量发展。向绍兴民营企业学习民营企业文化建设，增进两地非公有制企业文化交流合作，相互学习、相互提高，助推阿瓦提县经济健康快速发展。

【劳动关系"和谐同行"能力】 2021年，阿瓦提县工商联配合人社局、总工会等部门协助开展阿瓦提县劳动关系"和谐同行"能力提升三年行动计划，帮助协调劳动关系三方，促进企业发展，推进劳动关系治理体系和治理能力现代化，提高三年行动计划在企业和社会的知晓度，形成全社会共同关心、支持和参与构建和谐劳动关系良好氛围。推荐鲁泰丰收棉业有限责任公司参加2021年度"和谐同行"企业培育行动示范企业评选。

【巩固拓展脱贫攻坚成果】 2021年，阿瓦提县工商联引导非公有制企业履行社会责任，引导企业家参与社会慈善公益活动，以巩固拓展脱贫攻坚成果同乡村振兴有效衔接工作为抓手，推动"金秋助学"等服务品牌发展。动员企业家资助困难大学生，金马驾校每年高考期间免费为考生提供接送服务，为困难大学生减免报名费，推进社会慈善扶贫工作向前发展，巩固拓展脱贫攻坚成果同乡村振兴有效衔接。

【民营企业安全生产知识学习】 2021年11月17日，阿瓦提县工商联在二号综合楼5楼会议室举办阿瓦提县民营企业安全生产知识学习宣传培训班，来自各行业的17名民营企业家参加，会议指出：各企业一定要重视安全生产，要确保企业不发生安全事故。

【召开党外代表人士学习座谈会】 2021年12月25日，阿瓦提县工商联会同县委统战部在县委党校一楼，组织召开阿瓦提县党外代表人士学习贯彻中共十九届六中全会精神座谈会，县政协委员代表、非公有制经济组织代表人士、侨眷代表等45人参加。

社科联

【"文化润疆——迎新春·送春联"活动】 2021年，阿瓦提县社科联组织开展"文化润疆——迎新春·送春联"文化惠民活动。以书法家现场书写春联、赠送春联、拍摄祝福小视频的方式进行。组织书法爱好者免费为群众写春联、送春联，旨在铸牢中华民族共同体意识、营造浓浓的节日氛围。

【"文化润疆——迎新春·赏胡杨"文化惠民活动】 2021年2月12日至26日，阿瓦提县在自治区级社科普及基地刀郎部落景区胡杨文化馆开展"文化润疆——迎新春·赏胡杨"文化惠民活动。活动为期14天，先后举办200余场次讲解，吸引1万余人前来参加。

【传统工艺培训】 2021年，阿瓦提县社科联举办阿瓦提县2021年非遗保护传承和传统工艺振兴培训班，培训为期5天，开展40余场次现场讲解指导，吸引300余名各族群众参与，活动采取现场教、现场创作演奏等丰富形式，先后培训300余人，创作以文化润疆、党史学习为主题的墙体画100余面。

【全民读书活动】 2021年4月23日是第26个世界读书日，阿瓦提县社科联、文联和图书馆联合举办"全民读书·书香阿瓦提"阅读活动。组织开展全民吟诵红色经典，通过线上线下的方式，动员全民参与经典吟诵，吟诵活动以视频方式进行，先后共有30余名吟诵爱好者现场吟诵，320余名吟诵爱好者通过线下吟诵、线上报送方式参与活动。组建"百人强国分享会"。通过50人线上、50人线下方式，充分利用"学习强国"学习平台，对习近平总书记用典、理论文章、先进人物事迹、党史等进行学习，交流分享自己的阅读体会。县文联、社科联筛选一批党史学习、科普、文化、诗歌、散文等优秀书籍，向老党员、老军人、老干部、老模范开展免费赠书活动，共赠送图书360余册。发布《共读半小时》世界读书日倡议倡议书，开设红色文献专架，阿瓦提县图书馆在期刊阅览室开设"红色文献专架"，精心梳理600余册图书，摆放党纪党规、领导人重要讲话、经典语录、人物传记、思想指导等优秀图书供广大读者实时阅读。

【"刀郎故里"农民画工作室挂牌】 2021年5月17日，阿瓦提县举行"刀郎故里"农民画工作室挂牌启动仪式，仪式的举行标志着阿瓦提县"刀郎故里"农民画工作室正式开展社科普及工作。

阿瓦提县残疾人联合会

【残疾人基本情况】 2021年，阿瓦提县持证残疾人25951名，其中多重残疾人907名，精神残疾430名，视力残疾1235名，听力残疾386名，言语残疾191名，肢体残疾4446名，智力残疾756名。残疾等级：一级残疾1247名，二级残疾2250名，三级残疾2885名，四级残疾19569名。享受两项补贴残疾4397名，其中享受低保残疾人3052名（一级二级重度残疾人1882名，三级四级残疾人

1170名)；非低保一级二级重度残疾人享受“两项补贴”1345名。

【残疾人摸排办证】 2021年，阿瓦提县残疾人联合会(以下简称县残联)为残疾人开展评估、办证、换证、康复需求筛查等工作，使残疾人不出村就能实现辅助器具适配等工作的办理。全年新增残疾人办证255人，到期换证167人，因死亡和已康复原因注销残疾人证504人。通过办证、换证、注销残疾人证工作，对残疾人的残疾等级进行全面评估和掌握，解决残疾等级长期不更新和落实政策不精准的问题，已死亡的及时注销残疾人证，已康复的残疾人及时退出或降低残疾等级，残疾等级加重的残疾人增加残疾等级及时享受政策，有效遏制“两项补贴”发放不合理、残疾人优惠政策享受不精准的问题，做到“两项补贴”发放工作应享尽享、应退尽退，使残疾人优惠政策的享受公平公正。

【康复工作】 2021年，阿瓦提县残联对各乡(镇)村有辅助器具需求的残疾人进行摸排，对176名残疾人根据实际情况进行辅助器具适配。共发放电动轮椅5把、儿童轮椅6把、普通轮椅65把、腋杖31根、盲杖16根、手杖椅12把、助行器14名、坐便椅12把、沐浴椅8把、防褥疮床垫7张，全部适配完成。

【补助发放】 2021年，阿瓦提县残联做好“两项补贴”发放工作。全年享受“两项补贴”残疾人7449名，其中享受低保残疾人3052名，一、二级重度残疾人1882名，三、四级残疾人1170名，非低保一、二级重度残疾人1345名。完成全年“两项补贴”审核发放工作，共发放“两项补贴”资金832.721万元。

【就业培训】 2021年，阿瓦提县残联开展残疾人实用技术培训95人，投入培训经费4.75万元。技能培训结合残疾人实际拓展就业领域，开发面向城市社区就业的服务类技能项目，采取灵活多样的培训形式和手段，突出培训的实用性和适用性。通过提升技能等级培训适当延长培训限期，提高就业竞争能力，有效解决残疾技能单一、水平不高的问题。

【残疾人就业】 2021年，阿瓦提县残疾人就业年龄段18～50岁残疾人4087人，其中农村残疾人3123人、城市964人，有劳动力2778人、已就业2615人。全年，残疾人新增就业105人。

【就业创业优惠政策】 2021年，阿瓦提县残联为3名残疾人办理享受企业所得税加计扣除优惠政策，减免税费共计22.78万元。政府为14名残疾人减免廉租房房租费。为1名盲人残疾人发放盲人按摩机构补贴1万元。为706名精准(基本)康复的残疾人发放共计13.41万元服务补助金(每人补助190元)。为30名残疾人儿童发放康复救助金共计36万元(每人补助1.2万元)。为128名残疾人免费配发助行器、轮椅、盲杖等辅助器具。为15名成人肢体残疾人发放康复补贴共计4.5万元(每人补贴3000元)。为13名困难儿童以及骨病、股骨头坏死致残人实施“站立计划”救助项目。为51名残疾儿童实施“启明行动”救助项目。

【宣传维权】 2021年3月3日，阿瓦提县残联按照地区残联的工作部署，开展以“人人享有听力健康”为主题的宣传活动。县残联组织6名工作人员在艾特莱斯小区设立宣传咨询台、悬挂“关爱听力健康、建设健康中国”宣传横幅，向群众发放《中华人民共和国残疾人保障法》、“爱耳日”科普知识和宣传活页资料270余份。同时，接受群众听力健康咨询20余人次，宣传向群众普及保护听力健康的科学知识，使群众关爱听力、爱耳护耳。5月15日，为深入开展全国助残日活动，县残联联合县人民医院开展全国助残日宣传活动。在县人民医院儿童康复中心举办第三十一次全国助残日关心关爱集体慰问和宣传活动。活动围绕“巩固残疾人脱贫成果，提高残疾人生活质量”主题进行。悬挂“第三十一次助残日——巩固残疾人脱贫成果，提高残疾人生活质量”宣传横幅。参加的有康复残疾儿童和邀请康复残疾儿童家长，共60余人。宣传康复知识，普及残疾预防知识，散发活页传单30余份；给每名残疾儿童发放玩具，让每名残疾儿童都感受到被关心、关爱；同时给残疾儿童过集体生日，给每名儿童及家长分发蛋糕，让残疾儿童和家长感受到大家庭的温暖；享受优惠政策康复的残疾儿童家长自发对向党和政府谢恩感言。通过活动的开展，营造扶残助残的社会氛围。5月16日，县残联组织工作人员在共建社区——萨依巴格社区农贸市场设置宣传咨询台，并悬挂“扶残助残有你有我”宣传横幅，向群众发放残疾预防核心知识宣传单和宣传活页资料共400余份，接受残疾人群众健康咨询30余人次。通过宣传向群众普及残疾预防知识，使群众意识到健康生活的重要性，促进残疾人平等参与社会生活。开展残疾人辅助器具发放活动。残联组织人员深入全县7个镇2个乡，为残疾人发放轮椅、拐杖、助行器、坐便椅、沐浴椅、防压疮床垫等辅助器具108件。切实解决残疾人的实际困难，为残疾人提供生活便利条件，提升残疾人群众的获得感、幸福感和安全感。6月6日，县残联围绕“关注普遍的眼健康”主题，邀请浙江宁波眼科中心医院和阿克苏同仁眼科医院专家开展“近视防控行”活动，为青少年“精准定制眼镜，控制青少年近视”。同时开展眼病防治和眼保健知识宣传活动。开展“爱眼日”宣传教育活动，加强全县广大群众对眼睛疾病的认识、“早发现、早诊断、早治疗、早康复”的意识，提高居民对常见眼病防治及眼保健知识的水平。

【项目实施】 2021年，阿瓦提县完成地区下达目标考核任务9个。儿童康复救助28人（第一批18人，第二批10人），每人补助1.32万元，由阿克苏诚爱康复中心、阿瓦提县人民医院实施完成；残疾人精准康复（基本康复）1060人，每人补助190元，由阿瓦提县中医医院、巴格托格拉克乡、塔木托格拉克镇卫生院和阿克苏地区残疾预防康复中心实施完成；成人肢体残疾人25人（第一批15人、第二批10人），每人补助3000元，项目实施时间为3个月，由阿瓦提县人民医院实施完成；精神病康复（服药）残疾患者15人，每人补助900元，由阿瓦提县人民医院实施完成；需基本辅助器具适配10万元，由地区残联实施完成；农村实用技术培训95人，每人补助500元，于2021年5月27日至6月2日在拜什艾日克镇、阿依巴格镇实施培训完毕；“爱心天使”助学项目4人，每人补助2000元，由地区残联实施完成；“阳光家园”残疾人托养10人，每人补助3000元，由民政局精神病康复中心实施完成；盲人按摩机构补助资金1万元，于2021年10月中旬拨付给阿瓦提县德康盲人按摩机构。残联根据上级下达的目标任务全面抓好项目进度，认真抓好项目实施，确保各个项目按期顺利完成。

【巩固拓展脱贫攻坚成果】 2021年，阿瓦提县残联将巩固拓展脱贫攻坚成果同乡村振兴有效衔接工作作为首要的政治任务来抓，成立领导小组并下设办公室，有1名专干负责日常工作，研究制订实施方案。对建档立卡1881名已脱贫的残疾人家庭全面进行巩固提升，在就业、救助、康复、基本医疗、义务教育、住房安全有保障方面，落实有针对性的保障措施，深入推进残疾人巩固监测工作，做好残疾人家庭防止返贫工作。

阿瓦提县红十字会

【救助工作】 2021年，阿瓦提县红十字会做好困难群众调查摸排工作，深入困难群众家中，实际掌握困难情况，公平、公正按需发放，并做好登记、签收流程，确保将物资送给最困难、最需要的群众。

【“博爱送万家”活动】 2021年2月9—11日，阿瓦提县红十字会在新春佳节到来之际，分别在阿瓦提镇、乌鲁却勒镇、英艾日克镇、拜什艾日克镇、阿依巴格镇组织开展以“博爱一日捐、温暖千万家”为主题的“博爱送万家”活动。活动共慰问82户家庭，共发放70袋大米、60袋面粉、32桶清油、12个博爱箱子，受益285人。

【爱心企业捐赠】 2021年9月28日，阿瓦提县在援疆指挥部二楼举行浙江爱心企业向阿瓦提县捐赠价值79万元的物资捐赠仪式，经市公安局和市援疆指挥部牵线，浙江企业宁波艾佩克斯商业有限公司通过宁波市红十字会定向阿瓦提县捐赠222箱8739件（套）儿童衣物，价值79.1万元。仪式结束后，当天下午县红十字会会同各乡镇将衣服发放到孩子手中。

【基金项目宣传】 2021年，阿瓦提县红十字会加大对红十字项目的宣传力度，协调各乡镇人民政府调查摸底、登记造册、组织患者筛查等各项工作，并将摸排出来的16名家庭困难唇腭裂患者名单报给地区红十字会，并做好手术前的相关工作。

【红十字博爱周活动】 2021年，阿瓦提县红十字会为纪念第74个世界红十字日，弘扬“人道、博爱、奉献”的红十字精神，开展以“关爱生命，救在身边”为主题的系列宣传活动。5月7—13日，分别在阿瓦提镇、拜什艾日克镇、乌鲁却勒镇、英艾日克镇、阿依巴格镇、三河镇、多浪乡、巴格托格拉克乡组织团体会员单位开展义诊服务、红十字知识宣传活动，宣传《中华人民共和国红十字法》、造血干细胞、无偿献血、捐献遗体和人体器官等红十字知识，向广大群众发放艾滋病、结核病等感染疾病预防知识、无偿献血知识、健康手册等宣传单1000余份，接诊咨询病人200多人次。

【造血干细胞捐献】 2021年5月28日，阿瓦提县红十字会开展主题为“爱心传递永恒，捐赠关爱生命”的造血干细胞捐献活动，进一步弘扬“人道、博爱、奉献”的红十字精神，传播“捐献造血干细胞无损健康”理念。通过发放宣传资料和摆放宣传板的方式，向大家普及造血干细胞捐献知识。志愿者们在工作人员的指导下认真填写中国造血干细胞捐献者资料库（中华骨髓库）志愿者同意书，并进行抽血取样。当天活动中，共有367名志愿者报名，抽取有效血样353份。

【防灾减灾日宣传】 2021年，阿瓦提县红十字会开展以“防范化解灾害风险，筑牢安全发展基础”为主题的系列宣传活动。组织各乡（镇）红十字会开展传教育活动，通过发放宣传单、播放宣传片等方式，普及防灾减灾科普知识，提升公众识别灾害以及逃生避险的能力。5月12日，乌鲁却勒镇、阿依巴格镇、三河镇红十字会结合实际情况在公众较集中的农贸市场设置宣传现场，悬挂宣传横幅、发放宣传材料，进行现场咨询和广播等，掀起防灾减灾宣传活动的高潮。开展应急演练活动。阿瓦提县第四小学、多浪乡通过开展地震演练、制作防震防火音频、大喇叭宣传防震防火等方式，为群众和学生科普地震来了如何正确逃生、火灾发生如何急救、疫情期间如何防疫、交通安全等知识，进一步提高群众灾害风险防御能力和治理能力。在防灾减灾宣传活动中，从不同层面进行防灾减灾知识的宣传，宣讲在日常生活中如何正确使用家电、插板、燃气等。

【世界急救日应急救护知识宣传】 2021年9月11日，阿瓦提县红十字会在阿瓦提镇、乌鲁却勒镇、阿依巴格镇、多浪乡等地开展世界急救日应急救护知识宣传活动，旨在呼吁大众重视急救知识，让更多人掌握急救技能，以便在意外事故发生时可以挽救更多的生命并降低伤害程度。活动现场，向群众演示心肺复苏急救方法，让更多人掌握这一急救知识。

【应急救护培训】 2021年4月24日，阿瓦提县红十字会牵头，县卫健委协助、阿依巴格镇下阿依库勒村村民和村干部参与，邀请阿依巴格镇卫生院的应急救护培训骨干，在阿依巴格镇下阿依库勒村举行应急救护培训启动仪式。从2021年4月24日到11月30日分别在阿依巴格镇、拜什艾日克镇、三河镇、乌鲁却勒镇、阿瓦提镇、多浪乡、塔木托拉克镇开展96次应急救护培训，培训人数达到4002人。课程分为理论学习和实践操作，讲授心肺复苏、创伤救护、意外伤害等急救知识的理论学习和心肺复苏、创伤包扎、骨折搬运等实操训练。

【救护员培训】 2021年10月19—21日，阿瓦提县红十字会和县教科局携手举办红十字应急救护员培训班，县各个学校的体育老师、校医、宿管、保安等200多名学员参加培训。168名学员取得应急救护员证。

法 治

政法委与综治

【市域社会治理试点】 2021年，阿瓦提县委贯彻中央、自治区党委、地委关于推进市域社会治理现代化试点工作各项部署，把社会治理现代化试点工作纳入全县改革发展大局中谋划推进，印发《关于阿瓦提县推进市域社会治理现代化试点工作的实施方案》和工作指引，成立工作专班，负责社会治理现代化的总体布局、发展规划、统筹协调、整体推进、督促落实，着力构建统一领导、运转顺畅、高效协同的社会治理组织体系，推动试点工作取得阶段性成效。按照“边推进边总结、边完善边提升”的工作思路，提倡大胆创新，着力打造特色亮点，形成“警务区警长制”“群众工作三级服务平台”“智慧社区”“1+5工作机制”等一批可推广、可复制的经验做法。

【风险隐患排查】 2021年，中共阿瓦提县委员会政法委员会（以下简称阿瓦提县委政法委）以“三查三找三落实”活动为抓手，坚持目标导向、问题导向、效果导向有机统一，紧盯形势变化，立足工作层面查不足，着眼主观层面找差距，常态开展综合性、全面性、系统性、立体式的“大排查、大整治”活动，及时补齐短板。

【执法监督】 2021年，阿瓦提县委政法委围绕立案、侦查、起诉、审判、执行等容易发生执法问题的重点岗位和环节，加强协调会商，完善周密科学、高效务实、简便易行的内部监督制度，细化警务、检务、审判、监所公开的内容和范围，防止暗箱操作，切实解决责任不清、主体不明、出现执法过错难以查究的问题，把执法公开作为接受人民监督的一项根本性措施抓紧抓实。

【法学会工作】 2021年，阿瓦提县委政法委坚持学好用好习近平法治思想抓紧抓实法学会工作，根据《中国法学会章程》，在全地区率先完成法学会换届。结合“八五”普法，组织开展“百名法学家百场报告会”法治宣讲23场次、“普法四个一”基层行活动16场次。依托本地人才库，大力发挥法治智囊团作用，推行首席法律咨询专家制度，聘任首席法律咨询专家1人、县级法律咨询专家8人。

【平安创建】 2021年，阿瓦提县委政法委印发《阿瓦提县平安建设工作实施方案》，按照“属地管理、行业牵头、全面覆盖”的原则，进行详细安排，明确平安建设主要成员单位工作职责、目标任务，并对照自治区平安细胞评选标准，细化量化平安“家庭、商铺、村（社区）”等细胞创建（复验）指标，推动基层平安细胞创建工程，形成一级抓一级、人人抓创建的良好局面，进一步夯实社会平安稳定根基，群众幸福感、获得感大幅提升。

【政法队伍教育整顿】 2021年，阿瓦提县委政法委坚决扛起主体责任，着力在抓部署、抓教育、抓整治上下功夫、出实招、求实效，教育引导广大政法干警深化认识、提升站位、主动参与。突出思想教育引领，促进党史学习教育与教育整顿相融合。集中开展以案明纪、以案说法、以案促改等警示教育活动。坚持把查纠整改作为提升教育整顿成效的重要抓手。突出抓好持续整改、建章立制、总结评估,核查案件线索、整治顽瘴痼疾。进一步健全正风肃纪长效机制、执法司法制约监督机制、干警能力素质提升机制、政法干部交流轮岗机制等一揽子机制,巩固教育整顿成果,推进源头治理、常态长效。

公 安

【概况】 2021年,阿瓦提县公安局严格落实各项安全防范责任和措施,组织警力对安全生产隐患、公共安全隐患、重点要素安全管理进行排查,坚持“边排查、边整改”方式,全覆盖、无死角地开展隐患排查整治工作。建立起“双向管理、精细服务、信息共享、联动协作”工作机制,高标准推动流动人口管理,强化属地负责制。

【为民服务】 2021年,阿瓦提县公安局围绕公安机关的目标,打通服务群众“最后一公里”。全年群众通过互联网共办理户籍业务15906笔,办理车驾管业务24967笔,机动车业务办理9203起,违章办共处理违章70769起、护照业务30笔。

【“110”宣传日活动】 2021年1月10日,阿瓦提县公安局在艺术广场举办以“一心为民110,砥砺奋进新征程”为主题的“110”宣传日活动,各派出所在辖区主要商圈、市场开展集中宣传活动。

【侦查破案】 2021年,阿瓦提县公安局严厉打击各类犯罪活动,维护群众的生命财产安全。加大矛盾纠纷排查化解工作力度,提高群众遇事用法律保护自己的意识。

【治安管理】 2021年,阿瓦提县公安局进一步落实公安系统“放管服”改革工作,严格落实自治区公安厅、地区公安局相关工作要求。贯彻落实习近平总书记重要批示精神和中央、自治区关于切实解决老年人运用智能技术困难工作部署,统一制作“老年人绿色通道”“老弱病残孕优先”“军人优先”等标识悬挂于户籍窗口醒目位置,对老年人、残障人等特殊人群,实行优先办理、特事特办。以户籍制度改革工作为契机,统一城乡户口登记,全面放宽落户政策,取消“成年子女投靠父母婚姻状况,无合法固定住所、无单位集体户、无亲属投靠”等情况的落户限制,通过宣传引导和遵循定居个人意愿相结合的举措,畅通落户渠道,全面落实改革工作惠民举措;进一步提升“放管服”工作。全年,群众通过“新疆公安”APP共办理户籍业务15906笔。

【道路交通安全管理】 2021年,阿瓦提县公安局加大各类交通违法行为整治力度,加大对酒驾醉驾、超员超速、乱停乱放、超载超限、强超强会、涉牌涉证等严重交通违法行为的整治力度,形成严查、严管、严惩、严处管理的高压态势,全力以赴预防道路交通事故的发生。开展夜查统一行动,按照夜查、“酒驾毒驾醉驾”工作要求,结合辖区特点,以流动巡逻和设卡检查相结合开展夜查统一行动,有效打击“酒驾醉驾毒驾”违法行为;开展恶劣天气应急管理工作,县公安局联系县安委会、交通、运管、客运等部门联合开展应急管理工作,通过发布公告、温馨提示、过站教育、发放限速单、警车带道、分批行驶、结冰路面撒盐等举措杜绝恶劣天气下道路交通事故或大面积拥堵事件的发生。深入运输企业开展隐患排查工作,做好运输企业源头化管理工作;开展重点车辆和驾驶人隐患清零行动,对逾期未检验、逾期未报废以及违法未处理的车辆车主和逾期未换证、逾期未审验、满分未学习的重点驾驶员“一对一”告知,督促其及时办理相关手续,力争将重点车辆和驾驶员的隐患数据降下来。截至年底，全县逾期未检验的农村面包车剩余83辆；AB类重点驾驶人逾期未审验、未换证70人；开展道路隐患排查，选派专职民警对全县道路进行隐患排查，结合交通事故分析研判，并联合县应急管理局、住建局、各乡镇政府以及交通局开展道路隐患排查，共排查出道路交通安全隐患46处；探索“交所合一”警务运行新模式，交警大队联合塔木托克拉克派出所、拜什艾日克派出所、三河派出所、乌鲁却勒派出所4个试点按照“一帮一”“一带一”的原则进行人员分组，各派出所组成事故处理小组，通过交管“12123”App处理辖区简易交通事故，做到简易交通事故快速理赔，在国省、县乡道对交通违法开展道路执勤执法活动。全年，查处各类交通违法行为70733起，共检查运输企业29次，签订责任书12份，发现问题并下发整改通知书47份；办理车驾管业务24967笔，其中办理驾驶证业务15764起，办理机动车业务9203起，处理违章70769起，罚款总金额为650.35万元，合计记分15785分。

【网络安全】 2021年，阿瓦提县公安局开展网络安全现场执法，完成信息系统备案1家，安全评估10家。全县有网吧5家，共检查网吧70次，并与网吧签订安全责任书6份，下发整改通知书3份，办理行政案件1起。组织本地重要信息系统、重点行业、重点网站等单位开展网络安全培训1次。

【警营开放日】 2021年11月12日，阿瓦提县公安局邀请阿瓦提县英艾日克镇小学师生代表分3批走进公安局大院开展“相约警营 筑梦成长”警营开放日活动。

【矛盾纠纷排查化解】 2021年，阿瓦提县公安局与基层组织建立信息共享和相互通报机制，常态做好矛盾纠纷排查化解。全年排查化解矛盾纠纷1418件。

【公安宣传】 2021年，阿瓦提县公安局以接地气的方式讲好警察故事，做到舆论正向引领，掌握主动权；先后选派5名宣传干部参加中央政法委主办的新媒体培训班和县融媒体跟班学习，选派6名专业骨干到乌鲁木齐专业公司跟班学习视频制作，新媒体宣传框架基本搭建完成，新媒体宣传效益逐步显现。全年，共有300余篇稿件被地级以上媒体采用，103篇稿件被国家级媒体采用、转载。

检　察

【刑事检察】 2021年，阿瓦提县人民检察院深刻领会认罪认罚从宽制度重大意义，高位高效推进，以在案事实、证据促进犯罪嫌疑人自愿认罪、认同量刑建议，同时听取律师意见、细致做好被害人工作，全年适用率99%，量刑建议采纳率99.42%。共办理审查逮捕案件202件617人，其中不批准逮捕55件78人；共受理审查起诉各类犯罪案件447件811人。经审查，决定起诉336件578人，决定不起诉72件92人；公安机关撤回移送起诉4件7人；移送检察分院管辖28件119人，切实做到保障人权、推进规范司法、严防冤假错案。

【诉讼监督】 2021年，阿瓦提县人民检察院印发《关于检察机关介入刑事案件侦查工作意见》，进一步加强对重大案件的介入侦查、引导取证。监督公安机关立案42件42人。监督公安机关撤案32件32人。对应当逮捕而未提请逮捕的，追加逮捕3人。对公安机关违法取证、适用强制措施不当提出书面纠正意见9份。

【民事检察】 2021年,阿瓦提县人民检察院针对群众反映强烈的执行难、执行乱问题,开展民事执行专项监督活动,办理民事执行监督案件293件,提出改进工作及纠正违法检察建议126份。针对农民工欠薪问题,开展支持起诉,立案支持起诉案件570件,在检察环节帮助讨回薪资报酬300余万元;受理审判人员违法监督案件43件,提出改进工作检察建议43件,采纳43件;提出虚假诉讼类再审检察建议8件,均已采纳,受理并依法办结当事人申请监督案件4件。

【行政检察】 2021年,阿瓦提县人民检察院多措并举破解行政检察工作案源少力量弱等短板问题,受理并办结行政监督案件66件,其中办理行政执行监督案件11件,办理行政机关审判监督23件,办理行政裁判结果监督案件32件,发出检察建议书21份。注重抓住典型性、引领性案件,规范和加大公开听证力度,实现监督办案政治效果、法律效果、社会效果的有机统一。

【涉案涉诉信访】 2021年,阿瓦提县人民检察院共接到群众来信来访49件。利用远程视频接访1人次,开展法治宣传活动8场,发放宣传手册2500余份,接待咨询群众30余人次,解答法律问题49余条,促进群众来信件件有回复,把释法说理工作贯穿接访、办案全过程,做到矛盾就地解决。

【公益诉讼】 2021年,阿瓦提县人民检察院发挥检察公益诉讼职能。共受理公益诉讼案件190件,其中行政公益诉讼183件,民事公益诉讼7件。发出诉前检察建议186件;查处过期食品25.5千克;查处违规行医个体诊所1家,检察监督保护英烈设施2处、堵塞的消防通道5处。以实际行动守护阿瓦提县绿水青山,满足人民日益增长的美好生活需要。

【未成年人检察】 2021年,阿瓦提县人民检察院做好未成年人检察工作。共受理涉及未成年人批捕案件10件13人,批准逮捕7件10人,不批准逮捕3件3人;受理涉及未成年人审查起诉案件25件39人;向法院提起公诉9件16人,不起诉7件13人,适用附条件不诉人数9人,附条件不诉率40.91%。开展社会调查28人次,社会调查适用率203.57%。对未成年犯罪嫌疑人及受害人开展社会帮教11人次、亲情会见4人次、心理疏导4人次;联合公安、卫健委共同建设"未成年人一站式"办案中心;着力推进法治进校园工程,选派11名检察官担任法治副校长,走进校园开展法治宣讲,受教师生2万余人,发放宣传资料2万余册;与县公安局、教科局会签教职员工入职查询工作意见,开展调查5550人。

【服务三大攻坚战】 2021年,阿瓦提县人民检察院加大打击污染环境、破坏资源类犯罪力度,办理生态环境和资源保护领域民事、行政公益诉讼案件190件,督促恢复非法开垦、占用的林地2公顷,查处违法堆放各类生活垃圾20吨,以实际行动守护绿水青山。接续开展司法救助助力巩固拓展脱贫攻坚成果助推乡村振兴专项活动,加强与乡村振兴部门沟通协作,加强对农村地区生活困难当事人的司法救助,减少因案件致贫、因案件返贫的情况发生,实现应救尽救,受理国家司法救助案件10件,已发放司法救助金19万元,为完成脱贫攻坚与乡村振兴有效衔接做出检察机关的贡献。主动服务金融安全。参与深化打击非法集资犯罪专项行动,开展"守住钱袋子,护好幸福家"防范金融风险法律宣传活动,办理经济犯罪案件3件4人,涉及金额124.15万元,帮助群众守好"钱袋子"。

【公开听证】 2021年,阿瓦提县人民检察院开展各类型公开听证474次,拟不起诉案件29件,民事诉讼监督案件374件,行政公益诉讼9件,行政诉讼监督案件48件,其他类14件。通过案件公开听证会,主动接受监督,倾听各方意见,推行阳光司法,以公开促公正、以透明保廉洁,依法及时公开司法依据、程序、流程、结果,让人民群众在每一件案件中都感受到公平正义,取得良好的政治效果、法律效果和社会效果。

【远程提审】 2021年,阿瓦提县人民检察院建成远程提审室,通过与运维人员、司法警察配合协作,运用远程音频、视频传输等技术完成提审50余次。

法 院

【概况】 2021年,阿瓦提县人民法院共受理各类案件7310件,审执结6845件。

【民商事审判】 2021年,阿瓦提县人民法院优化营商环境,妥善审理各类民事案件。全年共审结民事案件2418件。贯彻善意文明司法理念,妥善采取财产保全措施,帮扶企业复工复产。推进“府院联动”,通过案件审判,着力营造公开、透明的法治化营商环境,执行合同、司法程序质量持续向好。服务乡村振兴,审结涉及土地承包经营权流转纠纷类案件11件。

【执行工作】 2021年,阿瓦提县人民法院共执结案件2120件,其中执行案件执结1076件,保全案件执结1044件,执行到位金额0.52亿元。开展刑事涉财执行案件,全年共涉执结罚金案件247件,执行到位257.09万元,通过网络司法拍卖平台拍卖标的物66件,成交14件,成交额0.24万元。

【诉讼服务】 2021年,阿瓦提县人民法院在诉讼服务中心设立咨询、调解、立案、速裁、保全、鉴定多功能服务窗口,实现一站式服务。在院机关、人民法庭推行当场立案、自助立案、网上立案、就近立案,全年共受理网上立案申请2444件,成功立案2181件,协助当事人跨域立案14件,网上交费1193笔,速裁311件,保全1161件,委托鉴定16件。

【保护弱势群体】 2021年,阿瓦提县人民法院完善家事审判工作机制,对妇女、儿童、老人开设绿色通道,全年共审结案件500件。加强“道交一体化”平台建设,在事故科专门设立审判团队,将诉讼服务关口前移,审结案件682件,成功调解169件。开展为农民工讨薪维权专项活动,审结案件142件,为150名农民工追回劳动报酬32万元。保护弱势群体诉讼权益,依法为困难当事人减缓免诉讼费13件共计6.379万元,指定法律援助律师387人次。

【办实事好事】 2021年,阿瓦提县人民法院以民法典宣传为基础,结合群众现实存在的急难愁盼问题,解决群众实际困难,化解矛盾纠纷,宣讲相关法律。前三季度开展法律宣传月、预防电信诈骗、国际禁毒日等法治宣传20余场次,为广大群众送去宣传手册1000余份、提供法律咨询400余次,不断提升群众的法律意识,切实提高司法公信力和人民群众满意度。

司法行政

【政法队伍教育整顿】 2021年,阿瓦提县司法局严格标准、细化措施,制订实施方案及配套子方案,紧盯学习教育关键环节,发挥英模激励、警示鞭策、党史滋养作用,始终坚持刀刃向内,通过“自查从宽、被查从严”政策宣讲、填写自查报告、谈心谈话、民主生活会、组织生活会、征求线索、职能化数据核查、案卷评查、队伍巡查等系列途径，推动教育整顿工作取得实效，共开展专题学习40余期，观看红色电影10余场次，参观党史馆、廉政教育基地4次，召开警示教育10场次，召开专题党课5场次，开展政治轮训9场次，对10名干部职工按照第一种形态进行处理，先后制定《阿瓦提县司法行政系统能力素质提升机制实施意见》《阿瓦提县司法局干部交流轮岗办法》等8项制度机制。

【基层司法行政工作】 2021年，阿瓦提县司法局协调176名工作人员至乡（镇）司法岗位，配齐配强司法所管理人员，保证基层司法所工作力量，通过定人定岗，确保全县各村均配备1名司法专干，重点村配备2～3名司法专干；先后为基层司法所配备车辆9辆、大型复印机20台、电脑28台、执法记录仪20台、照相机10台、档案柜60余套，保障司法所依法规范开展工作；明确司法所"一长三员一干"（司法所所长，数据统计员、档案管理员、视频会见管理员，司法专干）岗位职责、具体任务，常态化开展教育培训，采取每周自评，每月评估等方式强化"一长三员一干"的业务能力，通过机关干部包联司法所，对照司法所主责主业工作清单，逐一查看，发现问题短板，建立问题清单，制订整改措施，确保发现问题见底清零。年内，塔木托拉克镇司法所荣获全国模范司法所称号。

【依法治县工作】 2021年，阿瓦提县司法局制定《阿瓦提县2021年普法依法治理工作要点》《阿瓦提县关于深入开展法治宣传教育的第八个五年规划（2021—2025年）》，推进"八五"普法规划的实施。不断完善法治文化阵地建设，先后投入90余万元建立英艾日克镇、塔木托拉克镇和阿依巴格镇等3个法治教育基地（法治大院），塔木托格拉克镇英买里村自治区荣获"民主法治示范村"称号。督促全县工作人员参加"法宣在线"网上知识竞赛、网上考试等活动，开展宪法法律宣传月、宪法宣传周、宪法宣传日活动，先后组织法治宣传进机关、进社区、进学校、进企业、进单位、进乡村、进市场、进工地活动40余场次，编写印发系列法治宣传教育传单5万余份，举办法治讲座18场次，悬挂横幅120余条，设立法治橱窗20余块，解答群众法律咨询3000余人次。强化行政执法公示，严格落实事前事中事后公开。对涉及全县执法单位976部法律法规、2753条行政权力事项、2503条行政执法事项，执法流程图、服务指南等事项在政府网予以公布公开。年内，对所有拟上常务会议审议的重大议题出具法律意见书134份，提出法律意见279条，均予以采纳。

【法治政府建设】 2021年，阿瓦提县司法局强化行政执法公示，严格落实事前事中事后公开。对涉及全县执法单位法律法规976部、行政权力事项2753条、行政执法事项2503条及全县234名执法人员信息在政府网予以公布，同时对各行政执法单位执法人员信息、执法流程图、服务指南等事项进行公开；落实行政执法全过程记录。规范文字记录与电子记录。全县重点执法单位配备执法记录仪402台。

【公共法律服务工作】 2021年，阿瓦提县司法局坚持发展新时代"枫桥经验"，把实现"就地化解纠纷，矛盾不上交"作为人民调解工作的重要任务。全县各级人民调解委员会及各行业性专业性人民调解委员会共接待来访群众28530人，办理调解案件1460起，调解成功率达100%，调解协议涉及金额284.8万元，办理司法确认案件128起，发放人民调解案件"一案一补"补贴金额2.24万元。

【法律援助】 2021年，阿瓦提县司法局坚持"应援尽援、应援优援”,畅通“12348”法律援助热线,办好法律援助惠民便民实事。在县法院、看守所、检察院等机构建立法律援助工作站,为诉讼当事人提供法律帮助。县委、县政府将援助经费纳入财政预算,较好地保障法律援助工作的正常运转。同时,严格按照《新疆维吾尔自治区法律援助经费管理暂行办法》的规定,对法律援助经费实行专款专用,明确法律援助业务经费的使用范围和律师办案补贴标准,及时发放法律援助办案补贴17.9万元。调动律师和法律服务工作者主动实施法律援助的积极性,共受理法律援助案件378件,为各类受援对象追回、挽回经济利益或者避免经济损失共计358万元,开展各类法律援助进乡村宣讲活动15场次,活动期间为村(社区)居民发放《中华人民共和国法律援助条例》《新疆维吾尔自治区公证法律服务指南》等各类宣传资料及物品5000余份。

【公证服务】 2021年,阿瓦提县司法局联系、协调县公证处,依托基层公共法律服务平台,开展公证基层服务活动,发放《新疆维吾尔自治区公证法律服务指南》,方便村(居)民随时咨询,适时宣讲公证业务知识,开展公证法律咨询。在基层公共法律服务平台,设立巡回公证办理窗口,实行农村等偏远地区预约、集中受理公证业务。办理各类公证业务1498件,其中公证业务7件、免费办理公证业务6件,行动不便的老年人,残疾人预约上门提供公益性法律服务案件33件,群众满意率100%。

经济管理

宏观经济管理

【完善经济发展内生动力】 2021年，阿瓦提县制定《阿瓦提县“点线片面”推进经济工作实施方案》《阿瓦提县推进经济高质量发展两年提升工程（2021—2022年）实施方案》《阿瓦提县2021年第四季度及2022年经济工作思路》等方案，为全县2022年经济工作指明方向。下发《阿瓦提县2021年全社会固定资产投资项目包联分解方案》《阿瓦提县县级领导主抓重点项目实施方案》，建立固定资产投资项目工作机制，常态化协调推进项目工作。做好城市经济工作协调会议题收集、会议筹备及统筹协调，组织召开城市经济口工作例会4次，及时解决单位资金等困难。

【《阿瓦提第十四个五年经济社会发展规划纲要》印发】 2021年，阿瓦提县发改委广泛征求意见，完成“十四五”规划编制工作，印发《阿瓦提县第十四个五年经济社会发展规划纲要》，为全县“十四五”发展提供发展方向。

【项目建设推进】 2021年，阿瓦提县共实施固定资产投资项目118个，年内计划投资39.2亿元，完成投资实物量43.73亿元，完成年度任务目标的114%，超额完成年度投资目标任务；实施地区级重点项目10个，年内计划投资12.62亿元，完成投资实物量12.94亿元，完成年内投资计划的102%；调整充实“十四五”规划项目储备库，入库项目2436个，总投资1393.81亿元；争取2021年中央预算内投资项目31个，总投资6.07亿元，下达中央预算内资金2.64亿元；申报地方政府专项债券项目13个，总投资24.91亿元，项目均已开工，累计完成投资11.82亿元。

【援疆工作】 2021年，阿瓦提县发改委做好人才援疆、文化润疆、教育进疆等工作。2021年阿瓦提县实施援疆项目33个，投入援疆资金1.52亿余元（含历年结余资金444万元）。截至年底，33个援疆项目全部完工，开工率100%，累计完成投资1.53亿元，投资完成率100%；累计拨付资金1.51亿元，资金拨付率99%。

【以工代赈项目实施】 2021年，阿瓦提县实施以工代赈项目2个，全部完工，总投资749万元，应发劳务报酬115.45万元，其中，贫困户应发劳务报酬42.25万元。参与项目建设191人次（贫困户64人次），累计发放劳务报酬115.45万元，占总投资的15%，其中，发放贫困户劳务报酬42.25万元，占劳务报酬总额的36.6%。做好以工代赈项目的监管，发挥好以工代赈项目的作用，组织人员通过深入项目实施乡村、入户核查等形式对贫困户劳务报酬发放情况核查8次，确保劳务报酬足额精准发放到位。

【依法依规做好价格认定】 2021年，阿瓦提县发改委年审36家收费单位（注销收费单位1家），2021开展价格认定共261件，涉及金额1397.68万元；9月24日组织召开阿瓦提县城市供水价格调整听证会，按程序完成城市供水价格调整工作；加强监测预警促进服务，定期对全县农副产品、建材、农资等重要商品和服务价格进行跟踪监测。

【粮棉安全监管】 2021年，阿瓦提县贯彻执行自治区小麦收储制度改革政策，累计收购各级小麦5.48万吨，全面落实粮食安全县长责任制考核。发改委组织乡（镇、场）、行业部门、企业等召开棉花收售加工动员部署会议，将收购进度、棉款兑付、收购价格等方面作为常态化监测的重点。2021年，全县收购棉花的22个加工厂累计收购籽棉31.02万吨；召开发改财政领域专委会安全生产工作例会11次，实地督查安全生产207次，下发整改通知书65份。

【能源产业推进工作】 2021年，阿瓦提县发改委制定《阿瓦提县2021年能源化工产业发展行动方案》，年内实施燃气管网、输变电基础设施、加油加气站等9个能源项目，总投资3.59亿元，年内完成投资3.37亿元，超过投资目标25.8%。先后2次对全县南疆煤改电二期需求底数进行摸底，2022—2024年全县计划实施煤改电30233户，年内完成煤改电253户11.1万平方米。指导县城燃气企业与气源单位签订储气合同，完成阿瓦提县“3天+5%”储气能力建设任务，应急储气达到103.4万立方米。配合自治区、地区做好储能和电力生产项目安全生产监督检查和安全评估，督促指导全县7家电力企业完成电力工程抗震防灾能力评估、电力行业安全班组能力建设、安全总监设置等工作。

自然资源管理

【建设用地报批】 2021年8月，阿瓦提县自然资源局开展集体土地征收成片开发方案编制工作。制定《阿瓦提县多浪乡和平路棉纺制造片区土地征收成片开发方案》《阿瓦提县多浪乡玉斯屯克多浪村农副产品精深加工产业园片区方案》，并获得自治区批复。

完成城镇一批次、产业一批次用地报批。9月获得自治区对阿瓦提县实施城镇规划2021年第一批次建设用地项目用地批复，用地面积5.89公顷。12月，获得自治区对阿瓦提县实施产业规划2021年第一批次建设用地项目用地批复，用地面积65.38公顷。

【城乡增减挂工作】 2021年12月，阿瓦提县自然资源局初步摸排全县城乡建设用地增减挂钩项目土地复垦面积100公顷，并上报地区。

【项目用地保障】 2021年，阿瓦提县自然资源局全力做好用地保障工作。按照用地单位的申请，做到规划选址提前介入，随时受理，对项目选址进行实地核查，并征求相关单位的意见建议，全年办理建设项目用地预审与选址意见书33件、建设用地规划许可证19件、建设工程规划许可证70件、乡村建设规划许可证25件、规划竣工认可书13件、规划设计条件书38件；按照用地单位的申请整理汇总后提交上会的用地议题（初审意见）173个，政府上会研究通过并下达批复221个，涉及面积364.17公顷。提前介入建设用地报批工作。为做好各类项目顺利落地，根据建设用地报批工作要求，完成实施城镇规划批次项目4个、产业聚集规划项目1个、单独选址项目1个，共有6个用地报件组织工作，涉及41个项目，申请用地面积188.81公顷。按照要求完成2个土地征收成片开发方案的编制工作，用地总规模211.09公顷。自治区人民政府已批复报件1个（涉及3个项目），用地面积5.89公顷。严格执行经营性用地招标、拍卖、挂牌土地制度。全年国有建设用地供应总量32宗，面积218.74公顷。其中出让土地25宗，面积63.55公顷，划拨用地7

宗，面积155.19公顷，采取有效措施不断加大对当年出让和历年欠缴土地出让金的收缴力度，累计收缴土地出让金3.62亿元。严格执行土地征收制度。规范落实征用土地精准测量、征地前发出征地公告、补偿安置方案公示、告知等各项制度。全年征收土地总面积319.56公顷。其中，征收兵团一团至阿瓦提公路建设项目61.32公顷、G580公路建设项目166.4公顷、县城110千伏变电站建设项目0.66公顷、拜什艾日克镇纺织园区扩建用地项目68.33公顷、火车站站前广场建设项目、横六路建设项目21.3公顷、天鹏检测站扩建项目1.55公顷。做到项目用地依法征收，征地过程中不出现被征收人利益受损害等问题。

【保证发展用地】 2021年，阿瓦提县自然资源局按照时间节点完成《阿瓦提县城市总体规划(2011—2030年)》《阿瓦提县土地利用总体规划(2010—2020年)》现状评估初步成果及10个专题专项研究报告初步成果。实施县级国土空间基础信息平台和国土空间规划“一张图”实施监督信息系统建设，共计完成84个图层等数据整合入库工作。国土空间编制“三线划定”初步成果已完成，划定生态保护红线范围2187.44平方千米；初步确定城镇开发边界范围面积82.65平方千米，中心城区开发边界范围面积35.54平方千米，园区(产城融合示范园)开发边界范围面积22.93平方千米，其他乡镇开发边界范围面积21.66平方千米。开展2020年度国土变更调查工作。完成2020年度变更调查疑似图斑1159个、三调跟踪图斑236个的外业核查任务。开展全民所有自然资源资产清查工作。根据《关于全民所有自然资源资产清查第二批试点和自治区资产清查价格体系建设工作的通知》精神，对国有农用地资产、国有建设用地、矿产资源资产、全民所有森林资源资产、全民所有草原资源资产等价格体系进行清查，在全县范围内确定50个国有农用地样点(耕地样点30个、园地样点10个、设施农用地样点10个)、10个森林资源样点、5个草原资源样点、三类矿产4个样点收集相关资料，并将采集成果上传新疆全民所有自然资源价格体系测算工作平台。

【维护用地秩序】 2021年，阿瓦提县自然资源局做好农村乱占耕地建房问题专项整治工作。自治区、国家共下发阿瓦提县农村乱占耕地建房问题图斑7028个，通过乡(镇)分析研判纳入整治类图斑1484个，其中产业类图斑397个、公共管理类图斑64个、住宅类图斑1023个，按照自治区43种处置意见，对已纳入三大类图斑进行研判分析，已累计整治921个，其中已拆除图斑40个，移交阿克苏市2个，产业类完善手续，按设施农用地上图入库210个，按照“一户一宅”完善用地手续696个，常态化督促乡(镇)落实“四项制度”，严格落实属地管理责任，全覆盖开展动态巡查，坚决遏制新增问题。加快生态文明建设，持续开展严厉打击和依法治理非法开荒治理工作，发挥各乡(镇)、村组织的日常监管职责，坚决遏制县域内土地违法违规开垦行为。

【卫片执法检查】 2021年，阿瓦提县自然资源局开展2021年国土变更调查与卫片执法工作。根据《关于开展2021年国土变更调查与卫片执法工作的通知》精神，2021年合并开展国土地调查季度预变更和卫片执法工作，国家、自治区全年下发5306个图斑，已完成第一、第二、第三季度图斑外业举证及内外网系统填报工作，第四季度图斑已完成外业举证149个。核查耕地“非农化”图斑。根据地区下发疑似图斑13620个，面积2094.48公顷，组织相关人员开展耕地“非农化”问题图斑实地核查工作，已完成疑似图斑的实地举证工作，内网系统已上报13620个，上报率100%。加强土地市场动态监测与监管系统网的运行维护，持续做好界址点补录工作。土地市场动态监测监管网站中供地项目共472宗，其中出让土地367宗,划拨土地105宗,需要界址点补录项目宗地为472宗,已完成界址点补录的工作,对新供地项目及时开展界址点补录工作。加大巡查力度。全年开展动态巡查162次,出动313人次,对巡查发现的违法用地,下达责令停止违法行为通知书50份,责令改正违法行为通知书21份起,加强相关部门单位之间的协作配合,确保违法用地发现在萌芽状态,制止在萌芽状态,实现“打击一处、震慑一片”的社会效果。

【耕地保护】 2021年,阿瓦提县自然资源局贯彻落实耕地建房“八不准”(不准占用永久基本农田建房;不准强占多占耕地建房;不准买卖、流转耕地违法建房;不准在承包耕地上违法建房;不准巧立名目违法占用耕地建房;不准违反“一户一宅”规定占用耕地建房;不准非法出售占用耕地建的房屋;不准违法审批占用耕地建房),按照耕地“非农化”六个严禁要求,确保6.68万公顷耕地面积不减少,5.42万公顷基本农田面积得到保护,严守基本农田保护红线,对非农建设项目占用耕地面积124.96公顷进行耕地补充。申报生态修复项目。已申报完善老大河流域生态治理工程等7个项目,总投资6.19亿元,其中中央资金2.86亿元,已到位1.95亿元,并开展招投标工作。做好城乡建设用地增减挂钩拆旧区土地复垦项目的验收工作。塔木托格拉克镇、英艾日克镇12个村城乡建设用地增减挂钩拆旧区土地复垦面积16.06公顷。项目已完工并完成自验,到位资金3150万元,上级部门已开展竣工验收,超额完成10公顷整治任务,做好2022年城乡建设用地增减挂项目申报实施工作。全面开展永久基本农田调整划定工作。根据自治区最新下发数据进行修改完善,阿瓦提县稳定耕地面积9.53万公顷、不稳定性耕地1.53万公顷、永久基本农田总面积5.43万公顷。

【确权登记发证】 2021年,阿瓦提县自然资源局开展农村地籍调查及集体建设用地使用权确权登记发证工作。再次对农村宅基地使用权及集体建设用地使用权确权登记发证工作底数进行摸排,抽调乡镇工作人员9人组成专班,加快推进确权登记发证工作,开展外业调查成果数据57355宗(不具备登记发证数量9965宗),已完成农村宅基地和集体建设用地登簿数量47520宗,去除不具备发证情况,总登簿率为100%,颁发农村宅基地房地一体证书42281个,发证率89%。开展自然资源统一确权工作。与地区自然资源局对接拟订阿瓦提县自然资源统一确权工作计划。

【不动产统一登记】 2021年,阿瓦提县自然资源局推行“一窗受理、并联办理”和“互联网+不动产登记”业务,4家银行、6家开发商已开通网上受理业务,做到一般登记压缩为3个工作日、抵押登记压缩为1个工作日,查封、解压查询、注销登记、异议登记实现即时办结。全年办理不动产登记2591件,其中首次登记91件,转移登记1041件,变更登记80件,更正登记16件,注销登记316件,查封登记12件,解封登记3件,抵押登记1032件。开展网上受理业务504件。

【强化安全生产责任】 2021年,阿瓦提县自然资源局以“以案促改”专项活动为契机,严格落实安全生产大排查大整治暨“以案促改”工作安排,在重大节日期间,开展安全生产大检查20次,发现安全生产隐患15个,下发整改通知3份,年底已整改完毕。

【地质灾害风险普查】 2021年,阿瓦提县自然资源局开展第一次全国地质灾害风险普查工作,完成各类调查点191个,稳步推进地质灾害数据库建设、地质灾害风险评估区划、地质灾害防治区划等工作,累计完成总工程量的75%。

财　政

【一般公共预算收入】　2021年，阿瓦提县一般公共预算收入完成33367万元，较上年增收3530万元，增长11.8%。税收收入完成25675万元，较上年减收3402万元，下降14.4%，其中主体税种完成中，增值税完成13095万元，较上年下降9.44%；企业所得税完成6922万元，较上年增长29.36%；个人所得税完成4283万元，较上年增长69.22%；耕地占用税完成1375万元，较上年下降9.18%。非税收入完成13211万元，较上年增收128万元，增长0.98%。

【一般公共预算支出】　2021年，阿瓦提县完成地方财政支出497762万元，较上年同期增支45924万元，增长10.2%。其中一般公共财政预算支出完成371860万元，较上年同期减支23326万元，下降5.9%；政府性基金预算支出完成125902万元，较上年同期增支69250万元，增长122.2%。

【财政监管】　2021年，阿瓦提县财政局建立涵盖绩效目标、绩效监控、绩效评价、结果应用各环节的管理制度；完善绩效评价指标体系，构建体现相关性、重要性、系统性、经济性原则的绩效评价指标体系，各部门加强预算管理的主体责任，切实提高预算管理绩效。推行全过程的财政绩效管理，强化绩效目标管理，实施预算绩效监控，逐年增加财政专项资金绩效评价数量和规模，以民生项目和重点工程为重点向所有项目推广，逐步推进绩效评价全覆盖。

【政府采购】　2021年，阿瓦提县财政局开展新疆维吾尔自治区政府采购云平台定点服务“全疆一张网”项目，通过互联网技术和思维，激发政府采购市场活力和创新能力，让采购变得简单、高效，让监管变得精准、有力。全年“政采云”平台提交政府采购计划总额51253.32万元，采购完成31520.55万元，采购完成比例61.5%，其中项目采购439个，其余为电子卖场。

【地方财政专户清理】　2021年，阿瓦提县财政局根据自治区财政厅《关于贯彻落实〈关于全面规范和加强财政总预算会计管理的通知〉的通知》要求，整顿地方财政专户，有财政专户10个，其中代管资金账户1个、中央义务教育资金账户1个、非税收入账户3个、社保基金账户3个、粮食风险基金账户1个、偿债准备金账户1个，均符合财政专户设立政策制度。

【财政扶贫资金拨付】　2021年，阿瓦提县到位的财政专项扶贫资金总额为22635万元。其中扶贫发展资金13312万元，以工代赈资金749万元，少数民族发展资金574万元，地方债券资金8000万元。全年，共支付资金20932.98万元，总资金支付比例为92.48%；未支出1702.02万元（质保金522.02万元，未支付完毕项目资金1180万元），全年实施项目40个，已完工38个，未完工2个。

【社会保障和就业支出】　2021年，阿瓦提县社会保障和就业一般公共预算支出投入20800万元，比上年减少9235万元，降低31%。为继续扩大各项社会保障制度的覆盖范围，初步实现人人享有基本社会保障，投入城乡居民养老保险补助资金4503万元，比上年增加456万元，增长11.27%。继续完善城乡最低生活保障制度，稳步提高困难群众低保补助标准和水平，拨付城乡居民最低生活保障补助资金8840万元，比上年增长1159.62万元，增长15.1%。财政对基本养老保险基金的补助4375万元，比上年增长111万元，增长2.6%。完善促进就业财税政策，重点解决高校毕业生、农村转移劳动力、城镇就业困难人员就业问题，继续加大就业困难人员和零就业家庭就业的政策扶持力度，投入再就业资金1890万元，比上年减少577万元，下降23.39%。发放老复员军人、农村籍退伍士兵退役安置费、生活补助。残疾人生活和护理补贴831万元，比上年增长377万元，增长83.04%。

【医疗卫生健康支出】 2021年，阿瓦提县医疗卫生健康一般公共预算支出投入12175.91万元，比上年减少11645.09万元，降低48.89%。为加快完善城乡居民基本医疗保险，财政对城乡居民基本医疗保险基金补助3682.78万元，比上年增加2278.78万元，增长162.31%。为加强公共卫生服务体系建设，改善基层医疗条件，投入基本公共卫生服务补助、重大公共卫生服务、突发公共卫生事件应急处理等资金4092.17万元，比上年减少3298.83万元，下降44.6%，稳步扩大服务范围、提高服务标准、保障群众卫生生命健康。计划生育服务、扶持等资金2125.06万元，比上年增长676.06万元，增长46.66%，确保计生工作扎实推进。进一步完善和落实城乡医疗救助制度，拨付城乡医疗救助资金2275.9万元，比上年增长77.9万元，增长3.54%。

【财政改革】 2021年，阿瓦提县财政局围绕县委、县政府确立的发展目标，以建立适应阿瓦提县经济发展需要的公共财政体系的要求，不断推进财政体制改革，建立健全公共财政框架。将绩效理念和措施融入预算编制、执行、监督全过程，逐步建立“预算编制有目标、预算执行有监控、预算完成有评价、评价结果有反馈、反馈结果有应用”的预算绩效管理机制，真正实现“花钱必问效、无效必问责”。逐步建立以权责发生制政府会计核算为基础，以编制和报告政府资产负债表、收入费用表等报表为核心的权责发生制政府财务报告制度，提升政府财务管理水平，促进政府会计信息公开，持续推进会计核算中心规范化建设，有效解决财务人员配置空缺问题。深化“放管服”改革，推进“互联网+政务服务”。推进非税收入收缴及财政票据电子化改革，实现非税收入缴费和取票线上“零跑腿”、线下“最多跑一次”；全面推行“政采云”服务平台，让采购变得简单、高效，让监管变得精准、有力。

【投资评审】 2021年，阿瓦提县财政局完成全县131个部门单位整体支出绩效评价涉及资金12.9亿元；按照“谁使用、谁自评”的原则，对2020年度除中央73项转移支付资金以外财政预算安排的所有项目支出进行单位自评，涉及单位82个、项目526个、资金21.8亿元；对部门单位2020年度重点项目，且被评价项目资金额应不低于2020年度财政预算安排项目支出资金总额的20%开展项目支出部门评价，项目支出部门评价项目144个，涉及资金10.43亿元，主要包括基础设施类、民生类、行政事业运行类等项目资金。

【金融工作】 2021年，阿瓦提县财政局全面落实落细金融支持企业的各项贷款政策，为企业解难纾困，助力企业发展。指导国有企业贷款融资7.94亿元。常态开展对管辖内法人金融机构实施国有资本监管和融资担保公司融资担保业务、财务、年审等监管工作，处置非法集资存量案件1件，开展各种各类非法集资宣传136场次。

【国库集中支付】 2021年，阿瓦提县财政局继续完善国库集中支付制度，推进国库集中支付改革。简化支付流程，提高资金统筹力，办理集中支付业务51528笔，共计支付资金540247万元。推进公务卡结算改革，截至年底，全县累计办理公务卡1922张，公务卡刷卡支出67.8万元。

【预算管理】 2021年，阿瓦提县财政局深入贯彻落实全国预算管理一体化建设工作会议精神，推进预算一体化系统实施，做好2022年预算编制和执行工作，按照自治区财政厅预算管理一体化系统实施方案的建设实施要求，于2022年1月1日正式上线运行。按照“有预算不超支，无预算不开支”的原则，切实增强预算的严肃性和约束力。坚持政府带头过“紧日子”，树立艰苦奋斗、勤俭办事、厉行节约的思想，从严从紧编制部门预算。按照《中华人民共和国预算法》要求，牵头做好全县127个的部门预算信息公开工作，主动接受社会公众监督。牵头做好全县128个部门的预算绩效管理工作，对2021年部门预算18个项目、涉及0.27亿元资金的绩效目标进行全覆盖；按照“谁使用、谁监控”的原则，对截至2021年8月299个项目、涉及24.64亿元资金的绩效目标实现程度和预算执行进度实行“双监控”；对2020年526个项目、涉及21.8亿元资金开展绩效评价，将绩效评价结果作为年度预算安排的参考依据。依托直达资金动态监控系统及直达资金台账，对直达资金下达、拨付、使用情况进行全程监管，确保每笔资金流向明确、账目清晰，确保群众真正得到实惠。全年，共收到直达资金70笔97023.85万元，完成支出84659.96万元，支付进度87.26%。

【防范风险】 2021年，阿瓦提县财政局贯彻落实中央、自治区关于防范化解重大风险攻坚战的决策部署，加强政府性债务管理，规范政府性债务的举借和使用，防范债务风险，严守违规举债红线、底线，确保零增长。截至11月，共化解财政部监测平台隐性债务9924.71万元，其中化解当年任务9661.13万元，化解以后年度任务263.58万元，完成2021年隐性债务化解任务。经汇总梳理各相关部门上报，无新增隐性债务。

【惠民补贴兑付】 2021年，阿瓦提县财政局严格按照上级部门出台的强农惠农补贴兑付方式相关部署，结合阿瓦提县实际情况制定《关于进一步规范阿瓦提县惠民惠农财政补贴资金“一卡通”管理实施方案》，全面实行惠民惠农补贴实名制发放管理，建立惠民惠农补贴政策公告制度和联席会议制度，加大县业务主管部门及各乡镇、管委会惠农补贴资金审核、兑现的力度，确保补贴金额按标准如实兑付，并指导督促县业务主管部门、各乡（镇）、管委会对“一卡通”系统内的信息进行核对整改，及时将补贴信息录入“一卡通”系统。协调组织各乡（镇）、管委会棉花目标价格补贴、耕地地力保护补贴等18项补贴发放工作，确保补贴足额、及时、准确兑付到位。全年，到位资金86697.75万元，已发放84318.59万元，兑付率97.26%，惠及农户54874户63356人。

【专项扶贫资金管理】 2021年，阿瓦提县财政专项衔接资金到位1.32亿元。其中中央提前下达专项衔接资金0.97亿元，自治区财政专项衔接资金0.02亿元，中央第二批财政专项衔接资金0.32亿元，县级配套0.01亿元。全年，支付1.22亿元，支付率92.42%。

【政府性基金收入】 2021年，阿瓦提县政府性基金收入48139万元，较上年增加28187万元，增长141.3%。

2021年阿瓦提县财政收入情况一览表

表1 单位:万元

一般公共预算收入合计	税收收入							非税收入	政府性基金收入
	小计	增值税	车船税	个人所得税	企业所得税	耕地占用税	其他各税		
33367	20156	7395	1277	1708	2769	1374	5633	13211	48139

2021年阿瓦提县一般公共预算支出情况一览表

表2 单位:万元

一般公共服务支出	教育支出	科学技术支出	文化旅游体育与传媒支出	社会保障和就业支出	卫生健康支出	节能环保支出	城乡社区支出	农林水支出	交通运输支出	住房保障支出	灾害防治及应急管理支出	其他支出
46870	86680	1492	1568	33078	20839	2230	13682	74873	20582	10666	647	26642

2021年阿瓦提县政府性基金支出情况一览表

表3 单位:万元

项目	累计完成金额
政府性基金预算支出合计	13059
社会保障和就业支出	396
城乡社区支出	2853
债务发行费用支出	124
债务付息支出	341
其他支出	9345

国有资产监管

【投资、融资】 2021年,阿瓦提县国有资产服务中心完成融资贷款项目6个,申请额度7.94亿元,已投放5.6亿元。分别是阿瓦提县产业园标准厂房建设项目(二期)0.64亿元,阿瓦提县宏宇综合农贸交易中心建设项目0.8亿元,阿瓦提县文化旅游产业园建设项目1.6亿元,阿瓦提县城市供排水提升改造项目1.5亿元,阿瓦提县产业园区标准厂房及配套附属设施建设项目1.4亿元,阿瓦提县农用土地经营权流转项目2亿元。

【国有企业重组、整合】 2021年,阿瓦提县国有资产服务中心着力在完善国有资产监管体制上求突破,从管企业向管资本转变,改革国有资本授权经营体制,指导县直国有企业改组为国有资本投资、运营公司,打造国有资本市场化运作平台,构建业务监督、综合监督、责任追究"三位一体"的监督工作格局,坚决防止国有资产流失,确保国有资产安全。持续优化国有资本布局。根据国有企业发展实际,按照产业相近、行业相关、主业相同的原则,加大对国有企业的整合和重组力度,4月制定《阿瓦提县国有企业整合重组实施方案》,进一步提高产业集中度,实现资源整合、优势互补,成为打造优势产业集群和城市竞争力的核心载体,有利于做强、做优、做大国有企业。同时依据企业的经营范围、业务特点及功能作用,将国有企业逐步归并为国有资本运营公司和国有资本投资公司两种类型企业,均由国有资产服务中心统一监管。加大国有资产监管力度。始终坚持以管资本为主推进职能转变,依法进行国有资产监管,坚决落实国有资产保值增值责任,建立《阿瓦提县国有企业管理办法》《阿瓦提县国有企业负责人经营业绩考核暂行办法》,国有资产服务中心与各企业签订《阿瓦提县国有企业经营业绩考核责任书》,切实推动各国有企业结合主责主业,想方设法推动企业发展。同时,对县直国有企业负责人实行"一企一策"的年度经营业绩考核和任期经营业绩考核,监管编制国有企业经营预算、资金安排使用情况,并加强"三重一大"事项监督检查。推进行政事业单位下属全民所有制企业改革工作。全县共有3家全民所有制企业,分别是阿瓦提县丰收一场、阿瓦提县丰收三场、阿瓦提县国营博斯坦牧场,3家全民所有制企业3套改革方案已制定实施,3家全民所有制企业已完成公司制改制,已完成注册并挂牌成立。

【混合所有制改革】 2021年,阿瓦提县国有资产服务中心坚持因地施策、因业施策、因企施策,不搞拉郎配,不搞全覆盖,不设时间表,分层分类深化混合所有制改革,不断完善国有企业的公司治理,助推各类所有制资本取长补短、相互促进、共同发展。为补足全县无国有粮油类公司的短板,阿瓦提县宏宇农业发展有限公司对阿瓦提县发强粮油工贸有限责任公司进行收购,已完成收购并正常运营。收购后由发强粮油公司入股15%,原有工作人员保持不变,宏宇农业公司委派经理、出纳和会计,同时聘请发强原负责人作为销售经理和技术人员。支持、推动国有企业进入民生领域,由阿瓦提县城投建设发展管理有限公司对建新供排水、环源污水处理2家公司进行股权收购,确保全县各族群众饮水安全。

【重点项目建设】 2021年,阿瓦提县各级各类国有企业新建项目28个,分别为天宏公司1个项目,为刀郎文旅接待中心建设项目,完成总工程量的30%。刀郎文旅公司3个项目,艺术中心改造项目和融媒体中心改造项目已完工,刀郎文化旅游产业园建设项目处于建设阶段,其中文旅夜市已完工;葡萄村展销中心主体已完成,年底附属设施建设尚未完工。宏宇农业公司3个项目,其中设施农业建设项目、蔬菜保鲜冷藏库建设项目已完工,宏宇综合农贸交易中心建设项目已完成总工程量的45%。兴业水务公司共承接14个水利建设项目,其中已完工7个项目,未完工7个项目。城投公司7个项目,其中已完工4个,分别为永鑫商贸城至四中(延伸段)配套基础设施建设项目、刀郎印象(二期)建设项目、阿瓦提县乌鲁却勒镇污水处理厂中水回用项目管网工程和2021年公租房建设项目2号、3号楼(共计112套)。在建项目3个,阿瓦提县产业园区标准厂房及配套附属设施建设项目(纺织服装生产厂房)完成总工程量的80%;阿瓦提县产业园区标准厂房及配套附属设施建设项目(电子产品组装厂房)完成总工程量的80%;阿瓦提县产业园区标准厂房及配套附属设施建设项目(园区商品交易中心)完成总工程量的30%。

【人才队伍建设】 2021年,阿瓦提县国有资产服务中心改进方式方法,营造人才辈出、人尽其才、才尽其用的政策环境,把各方面优秀人才集聚到全县经济发展事业中来。全面落实引进人才补贴、周转住房、教育培训、健康体检、探亲等各项政策待遇,切实在育才、留才、爱才上狠下功夫,解决实际困难问题,确保引得来、留得住、用得好。年末,国有企业共有经营管理人才27名、基础人才108名。

统 计

【全国人口抽样工作】 2021年,阿瓦提县统计局印发《国家统计局公告2021年第3号》《致人口抽样调查的一封信》《调查员手册》《人口变动情况抽样调查制度》等,提高居民对人口抽样调查的知晓率。通过组织乡村两级统计站干部,共落实普查员和普查指导员29人,基本满足每个普查区至少配备1名普查指导员和1名普查员的要求。县财政落实资金5万元。对全县7个乡镇,85个普查小区6153座建筑物进行建筑物核实等工作。

【统计服务】 2021年,阿瓦提县统计局主动作为,不断强化对全县经济运行的监测预警和分析。精准服务领导科学决策需求,重点加强工业经济数据、商业经济数据和行业、企业等微观经济信息收集;建立重点企业跟踪调研机制和主要指标预测研判制度,为领导决策提供准确度较高的数据预判。向上级统计部门报送统计信息90余篇,完成各类分析报告10余篇。

【统计宣传】 2021年,阿瓦提县统计局利用统计部门丰富的数据信息资源,创新宣传载体,利用统计分析、新闻媒体等扩大统计宣传影响力,宣传经济发展新成果。

【统计基层基础建设】 2021年,阿瓦提县委、县政府高度重视基层统计工作,县长主持召开统计工作会议并就如何加强基层统计作出安排,各乡(镇)人民政府按照《中华人民共和国统计法》、阿瓦提县人民政府办公室印发的《关于进一步加强统计基层基础建设的通知》等有关法律法规文件精神等,成立统计工作领导小组。根据自治区党委编办《关于在全区乡镇街道规范统计工作的通知》和地区统计局《关于规范乡镇街道统计工作的通知》文件精神,县统计局联合县委编办提交《关于在各乡(镇)、管委会增加2名乡级统计人员(事业编制)的报告》,并协助各乡(镇)挂牌成立农村合作经济(统计)发展中心(财政所),确定每个乡镇1名分管领导及2名统计专职干部。挂牌确定办公场所后,各乡镇均配齐办公设备,制定《统计站工作职责》及《乡镇统计员岗位职责》并上墙,明确基层统计部门及统计员岗位职责,为基层统计规范化管理提供有力保障。由统计局业务骨干担任授课讲师,对乡镇统计员开展基层知识培训,根据各自专业实际,对重点统计指标填报及数据审核等操作中普遍出现的问题,有针对性地制订培训内容,以加深统计员对统计指标的理解,准确填报数据,从源头上提高统计数据质量。截至年底,共开展集中培训8场次,受训干部达200余人次。在开展形式多样、内容丰富的培训基础上,加大日常业务指导力度。宣传统计法律法规,进一步增强基层统计人员的法治观念,规范基层统计行为。利用网络、QQ、微信、电话等手段加强各类报表填报的指导,及时解决各乡镇在报表填报过程中遇到的困难问题。每月收集乡镇统计员在工作中遇到的问题,通过集中解答的方式予以答疑解惑,及时统一标准、统一口径。经过调研,选取基础条件好、统计员素质高的乡镇统计站,指导打造示范点,经过对办公环境的改善、统计员的强化培训、档案的整理完善等，初步打造示范点3个，并组织其他乡镇以观摩学习的形式进行现场教学培训，“以点带面”效果明显。

【常规统计调查】 2021年，阿瓦提县统计局以提高统计数据质量为中心，做好各项专业报表数据的审核，加强数据的成因分析和评估，坚持把提高数据质量贯穿于统计报表数据的收集、审核、汇总、传输、提供和公布等各个环节，加强与上级业务部门的协调和衔接。做好国民经济核算、农业、工业、固定资产投资等23项常规统计专业2020年报以及2021年定报工作，客观、真实、准确地反映全县经济社会发展情况。

【统计法治】 2021年，阿瓦提县统计局明确全年目标和任务，明确时间节点，规范流程，将各项任务细化到各科室、责任到人，坚持“全员执法”与“双随机”制度，深入统计一线指导、督察，进一步加强统计工作事先、事中的有效监管，既坚决反对弄虚作假又坚决反对瞒报漏报，以法治统计的工作要求同步抓好实事求是与应统尽统，抓好抓实基础数据。坚持查、教、学相结合，对于发现的问题，及时指正讲解，做到明确指标含义和填报范围，并做好总结和反馈，提高统计员操作的准确性，切实把统计资料的收集、整理、审核、上报等环节与统计法律法规的有关条款结合起来，使法律法规作用到每个专业的每一张报表。组织全局干部学习中央关于统计工作意见、办法、规定，进一步完善落实“谁执法，谁普法”的责任机制，把统计执法寓于统计普法之中。在开展业务培训的同时，加强依法统计的宣传教育，着重讲解《中华人民共和国统计法》《中华人民共和国统计法实施条例》《统计违法违纪责任人充分处理建议办法》中与统计人员有关的处罚条例，引导统计员自觉遵守统计法律法规，力促执法与普法并重，做到执法与普法相依。全年，完成“双随机”执法检查5次，检查36家单位(企业)，立案5家企业。

审　计

【审计项目】 2021年，阿瓦提县审计局完成审计项目25项。其中，经济责任审计12项，县本级财政预算执行和部门预算执行审计3项，中央重大政策措施落实审计5项，财政财务收支审计4项，工程审计1项。审计查出违规金额439万元，管理不规范金额72806万元，发现问题66条，移送处理3项。加大跟踪督促整改力度，根据审计提出的建议，完善体制机制，建立健全规章制度11项，上缴财政资金8359.43万元，归还原渠道资金10.37万元，缴纳其他资金612.87万元，调账处理10616.48万元，纳入国有资产管理32192.65万元，安排、拨付使用资金468.06万元，补收补缴相关税费及其他资金0.85万元。

【重大决策部署贯彻落实情况审计】 2021年，阿瓦提县审计局以推动党中央、自治区党委、地委和县委重大决策部署贯彻落实、促进经济持续健康发展为目标，做好“六稳”(稳就业、稳金融、稳外贸、稳外资、稳投资、稳预期)工作，落实“六保”任务，巩固拓展疫情防控和经济社会发展成果，组织实施公共卫生项目专项审计调查、农村学前三年免费教育政策落实情况专项审计，支持旅游发展政策落实情况专项审计，新增财政资金直达市县基层直接惠企利民情况专项审计和常态化国家重大政策措施落实情况跟踪审计。配合地区审计局完成4个季度中央重大政策措施落实情况；完成迎接审计署重大政策落实情况自查上报4次。

【本级预算执行审计与下级决算审计】 2021年，阿瓦提县审计局推动深化财税体制改革，推动完善标准科学、规范透明、约束有力的预算制度，促进全面实施预算绩效管理，组织实施县本级预算执行及决算草案审计、64个一级预算部门2020年度预算执行和其他财务收支大数据分析审计和教科、环保2个部门预算执行情况现场审计、阿瓦提税务局2020年度税收和非税收入征管及部门预算执行审计。并分别向县人民政府、县人大上报审计结果和审计工作报告。针对财政预算执行中存在的问题提出意见和建议,审计工作得到人大好评。

【专项资金审计和审计调查】 2021年,阿瓦提县审计局推动巩固2020年脱贫攻坚成效同乡村振兴有效衔接等重点民生项目和资金专项审计工作,确保各项惠民政策落在实处,发挥效益。按照审计署统一安排,巴音郭楞蒙古自治州审计局到阿瓦提县开展阿瓦提县扶贫资金交叉审计,通过开展民生领域的审计,揭示出专项资金分配、拨付、管理和项目实施与效益中存在的问题,着力从体制机制制度层面分析问题、提出建议,发挥审计服务经济社会发展和审计"免疫系统"作用。

【经济责任审计】 2021年,阿瓦提县审计局加大审计监督力度,组织实施6个乡(镇、管委会)、5个委办局、1个企业领导干部经济责任审计。针对审计中存在的问题,提出意见和建议,发挥审计监督的反腐倡廉作用,以促进领导干部规范财务行为,依法履行经济责任。

【财务收支审计】 2021年,阿瓦提县审计局为进一步提高财务管理水平,维护财经纪律,完成县英艾日克镇卫生院财务收支审计。通过审计发现存在违反中央八项规定、"现金账证不符、管理不规范"等问题,针对审计提出的问题,被审计单位高度重视,积极进行整改。

【重大公共工程项目审计】 2021年,阿瓦提县审计局以促进中央支持新疆发展各项政策措施落实到位,保障资金管理和项目建设规范有序,提高绩效,开展2021年绍兴市支持阿瓦提县发展资金和项目跟踪审计,阿瓦提县2020年优质棉花基地建设试点建设项目审计。

市场监督管理

【营商环境】 2021年,阿瓦提县市场监督管理局持续强化政银合作,开通21个"工商注册通"业务网点,实现企业开办时间压缩至2个工作日以内办结。线上依托"企业开办专区",优化整合涉及企业开办的营业执照登记、发票申领、公积金开户等多个环节,实现23个工作日办结6个事项。通过直接审批、审批改为备案、实行告知承诺、优化审批服务等4种方式分类推进"证照分离"改革,全年共核发"多证合一"营业执照3094份。推行注销登记便利化,企业注销实现全流程网上办理,共注销148家企业,其中通过简易注销55家。

【综合执法】 2021年,阿瓦提县市场监督管理局执行国家及自治区、地区、县有关食品药品监督管理、工商行政管理、质量技术监督的方针政策和法律法规;负责市场监督管理和行政审批的有关工作,承担相关规范性文件的审核、备案和清理工作;组织开展相关法律、法规和规章的行政执法检查工作。全年在行政执法中使用执法记录仪330余次,记录时长170余小时。举办各类法治宣传咨询活动8场次,悬挂宣传横幅40余条,发放、张贴宣传资料1.2万余份,接受群众咨询1100余人次,通过微信朋友圈转发市场监管正能量3600余条。

【法规建设】 2021年,阿瓦提县市场监督管理局全面推行依法行政,规范行政执法行为。法治审核机构对重大执法决定法治审核2件。公示执法事项495项,其中,行政检查24项,行政许可17

项,行政确认4项,行政奖励6项,行政强制35项,行政处罚409项。每周五围绕特种设备安全、药品安全、食品安全、质量安全等法律法规,开展法律法规、业务相关知识、以案释法培训32次,学习市场监管相关法律法规19部,培训干部540人次。

【创新监管】 2021年,阿瓦提县市场监督管理局精简整合职能相近、业务单一科室,将原有13个科室整合为7个;设置"AB岗"注重培养"多面手",不断增强工作合力。制定"双随机"抽查任务83个,抽查市场主体551家;跨部门联合抽查37个,涉及22家单位91项抽查事项,抽查市场主体756户,抽查结果100%公示。建立守信联合激励和失信联合惩戒机制,全年114家被企业列入企业经营异常名录,移出经营异常名录4户。通过国家企业信用信息公示系统(新疆)平台归集各类涉企信息2000余条,其中行政许可信息1700余条、行政处罚信息300余条。推广阿克苏地区市场监管领域违法行为行政处罚"三张清单"(不予处罚清单、减轻处罚清单、从轻处罚清单),按照宽严相济的思路,做到有效、有度监管,激发市场主体的创新活力。

【知识产权】 2021年,阿瓦提县市场监督管理局以食品药品、家用电器、日用品、环保产品、电子信息产品等重点产品为对象,以商场、超市、专业市场、科技企业孵化器、创业园区及网络交易平台等为重点开展执法检查行动,共计查办假冒专利案件4件、商标侵权案2件,案值0.3万元,罚没款0.05万元。开展宣传活动2次,印发宣传资料500余份;为企业和个体工商户提供咨询服务100余次。引导帮助企业和个人申请创新专利,全年申请实用新型专利2件,授权11件,累计有效发明专利13件,比上年增长20%。

【检验检测】 2021年,阿瓦提县市场监督管理局对取得资质认定的2家机动车检验检测机构和1家建筑检验检测机构进行全覆盖监督检查,重点检查未经检验检测直接出具检验检测数据结果、篡改编造检验检测数据结果、检验检测结果与原始记录不一致且无法溯源、未按规定办理授权签字人变更、非授权签字人签发检验检测报告等,发现问题7条,下发责令整改通知书2份,全部整改完毕。

【注册登记管理】 截至2021年12月31日,阿瓦提县有各类市场主体13483户,其中,企业1285户、个体工商户11590户、农民专业合作社608户。全年,新办个体户2700户,资金数额53536.31万元,从业人员3815人,比上年增加4.29%;注销3181户;新设立各类企业(含农专社)394户,注册资本167307.08万元,从业人员2199人,数量比上年减少17.45%。其中私营企业263户,增长23.47%;农民专业合作社102户,减少53.21%。各类企业变更登记381条、注销登记222户。

【商标注册管理】 2021年,阿瓦提县市场监督管理局为推进商标品牌战略实施,提高全县产品的知名度和市场核心竞争力,促进地方经济又好又快发展,申请商标2件,累计申请注册商标230件。

【经济监督检查】 2021年,阿瓦提县市场监督管理局围绕发展、民生等重点领域,树立正确的执法办案理念,严厉打击各类经济违法行为。开展打击传销规范直销、反垄断与反不正当竞争、打击无证无照经营、商业贿赂、虚假宣传、食品药品、产品质量、特种设备等专项检查,立案181起,上缴罚没款102万元。

【消费权益保护】 2021年,阿瓦提县市场监督管理局通过消费维权"进市场、进商场、进社区、进学校、进景区”等活动，将“农资保春耕”“学生消费维权”“保健讲座”“打击传销”等消费教育融入各项活动中，分别在社区、乡（镇）集贸市场、永鑫商贸城等人员密集场所开展宣传服务活动7场次，现场参与群众800余人，提供咨询服务200余人次，发放各类宣传资料500余份。通过对消费申诉、举报和消费热点分析，受理“12315”消费者投诉举报235件、“12315”群众投诉87件，为消费者挽回经济损失37.47万元。

【药品、药械质量监管】 2021年，阿瓦提县市场监督管理局对全县13家公立医疗机构、71家药品经营单位、15家诊所及12个疫苗接种点的药品、医疗器械、疫苗的收货、验收、在库、储存、使用等环节进行全面检查；开展二类精神药品、职业药师“挂证”、中药饮片和国家组织药品集中采购和使用中选药品等专项整治，查办药械违法案件40起，上缴罚没款20.95万元。药品监督抽样7批次，上报药品、医疗器械、化妆品不良反应435例。宣传培训《中华人民共和国疫苗管理法》和新修订的《中华人民共和国药品管理法》、《医疗器械监督管理条例》、《化妆品监督管理条例》2300余人。

【餐饮食品安全工作】 2021年，阿瓦提县市场监督管理局先后组织相关部门在元旦、春节、五一国际劳动节、春秋季等节日期间开展学校食堂及周边食品安全整治、旅游景区、网络餐饮等联合执法检查，共出动执法人员1800余人次，检查餐饮店2300余家次。抽检农副产品403个批次，涵盖蔬菜、蛋、禽、肉、鱼及副产品，抽检不合格5批次，合格率98.7%。使用快检车检查蔬菜、水果、煎炸用油160余批次，开展重要宾客、重大活动的食品安全保障17次。

【质量强县工作】 2021年，阿瓦提县市场监督管理局做好地方标准阿瓦提慕萨莱思修订工作，多次组织专家对地方标准阿瓦提慕萨莱思进行修订，已形成阿瓦提慕萨莱思标准初稿。开展滴管带、薄膜、化肥、柴油机产品质量监督抽查工作，抽检20批次，其中1批次不合格。加强工业产品质量监督检查，对获得工业生产许可证企业加强事后监督检查。

【特种设备监管】 2021年，阿瓦提县市场监督管理局集中开展电梯、压力容器、压力管道、锅炉等特种设备安全隐患排查。特种设备维保率达100%，电梯责任保险投保率100%；特种设备定检率99%，作业人员持证率100%；确保特种设备万台设备死亡人数不超过0.5人，无重大责任事故发生。

【计量器具监管】 2021年，阿瓦提县市场监督管理局对辖区市场805台计量器具进行强制检定，没收不合格计量器具2台；加强加油站计量监管，对县域18家加油站108支加油枪进行检查及检定。

【服务行业】 2021年，阿瓦提县有维修行业480户，从业人员744人，汽车、摩托车、家电维修占主要部分；家政服务67户，从业人员286人；职业介绍6户，从业人员12人；婚姻介绍2户，从业人员3人；房屋中介15户，从业人员55人；车辆出租11户，从业人员35人；场地出租19户，从业人员107人；婚庆23户，从业人员51人；文化娱乐及其他服务员207户，从业人员1266人；足浴13户，从业人员53人。

【服装及日用工业品购销】 2021年，阿瓦提县共有日用百货类经营主体2975户、服装类经营主体1671户、文化用品类经营主体576户、五金交电类经营主体898户。

【餐饮服务】 2021年，阿瓦提县持证的餐饮服务单位1103家，其中大型餐馆23家，中型餐馆261家，小型餐店654家，各类食堂165家（含学校）。县市场监督管理局按照餐饮服务许可管理办法，持续对已办证餐饮服务单位进行动态管理，辖区内持证餐饮服务单位量化分级率达100%。

【美容、美发业】 2021年，阿瓦提县市场监督管理局化妆品科对辖区内所有美容美发、化妆品店，逐店进行指导检查，针对产品的供货企业资质、供货报告、检验报告、进货发票、化妆品进货查验记录等进行严格检查，防止过期、失效产品的出现。化妆品不良反应上报59例，查办化妆品违法案件22起，上缴罚没款7.35万元。

【照相业】 2021年，阿瓦提县专业照相馆全部由传统胶片机转为数码机，并购置数码冲印设备、摄像设备、电脑光盘刻录设备，高分辨率彩色打印设备等配套设施。截至年底，全县共有摄影摄像类经营主体151户，其中较大的有曹氏影楼、蓝天照相馆、大明星、东风照相馆4家。

【食品生产安全】 2021年，阿瓦提县有食品生产企业32家、面粉生产企业7家。县市场监督管理局从食品加工企业的原料、辅料着手，严格按照质量标准规范面粉企业生产。同时，使用“食安员抽考”App，加大对面粉生产企业负责人和食品管理员的学法测试力度，督促企业开展自查落实主体责任。出动执法人员59人次，检查面粉生产企业22家次，下发责令整改通知书4份，开展培训2次，开展自查2次，组织食品安全抽考1次。

【塑料制品生产】 2021年，阿瓦提县有塑料制品生产企业12家，其中规模比较大的有2家（阿瓦提县振中塑料制品有限责任公司和阿瓦提县汇鑫塑料制品厂）。主要生产地膜（规格有1.2米、1.45米、1.80米）、滴灌带，其他10家规模比较小，主要生产滴灌带。

【医药购销】 2021年，阿瓦提县有药品零售企业71家、医疗器械专营企业4家、公立医院13家（乡镇卫生院10家），民营医院4家、个体诊所15家。全县药品销售企业、各乡镇卫生院通过阿克苏药品集散中心购买药品，其中可供乡镇卫生院使用的药品有150种。

【法治教育】 2021年，阿瓦提县市场监督管理局组织开展行政许可、行政处分案卷评查，开展各类业务培训11期，参训260余人次，选派一批干部到基层一线岗位锻炼、到上级重要岗位历练，人才队伍能力更加过硬。

【“平安商铺”创建】 2021年，阿瓦提县市场监督管理局开展“平安商铺”创建活动，新创建318家。

【市场监管】 2021年，阿瓦提县市场监督管理局加强食品生产企业、食品流通企业监管，规范餐饮经营行为，依托快速检测技术，开展农产品快速检测，坚持“标本兼治、着力治本、突出重点、带动全面”方针，筑牢食品安全防护墙，持续开展校园食品安全守护行动，全面推进从农田到餐桌食品安全全程监管。没收“三无”、过期食品80余千克，抽考食品生产企业32家，全县153所学校食堂智慧监管系统，全部调测上线，组织召开校园食品安全视频提醒座谈会、私立幼儿园食品安全培训会6场次，完成403批次农产品抽检任务，合格率98.7%。药品监管推进“执业药师远程审方”“电子处方”等信息化平台建设。上报药品、医疗器械、化妆品不良反应435例；开展药品抽检工作，加强质量监管，及时发现和控制质量风险，确保药品质量安全，根据任务指标，完成监督抽样批次，合格率100%。对全县63家特种设备使用单位全面开展检查，维保率达100%，电梯责任保险投保率100%；特种设备定检率100%，作业人员持证率100%。

【"放管服"改革】 2021年，阿瓦提县市场监督管理局核发"多证合一"营业执照2760份，全县统一社会信用代码市场主体共13709户。共办理全程电子化登记1213户，简易注销47户，累计开通"工商注册通"网点21个，食品经营许可证设立573户，注销1176户，变更登记130次。制定"双随机"抽查任务83个，抽查市场主体551家；跨部门联合抽查37次，涉及22家单位91项抽查事项，抽查市场主体756户，抽查结果100%公示。承担的优化营商环境监管19条任务已全部完成。督促市场主体开展年报工作，企业已报978户，农民专业合作社已报484户，个体已报9887户，平均年报率99.05%。列入异常名录拟吊销企业114户，移除异常名录3户。

【价格、广告、网络监管】 2021年，阿瓦提县市场监督管理局对5家外卖配送平台、4家网络餐饮配送单位开展监督，对9家校外培训机构户外广告和室内广告进行全面清理，加大对实行政府定价、指导价商品和检查力度，督促经营者严格执行政府定价管理部门依定价权限制定的商品和服务价格，加强对商品和服务明码标价的监督检查。

【校园食品安全守护】 2021年3月，阿瓦提县市场监督管理局联合教科局，对校园及周边开展全覆盖检查2次，检查校园食品347家次，校园周边食品经营者241家次，对学校及周边立案9起，结案9起，罚没款4.5万元，对全县153所学校实行互联网+明厨亮灶监管，覆盖率100%。

应急管理

【重点行业领域隐患排查治理】 2021年，阿瓦提县应急管理局坚持把"1+X"风险隐患大排查工作机制作为做好安全生产的政治保障，严格按照"三个全覆盖"要求，县安全委员会办公室发挥牵头抓总作用，严格落实各专委会周评比月排名工作制度，定期对各专委会运行情况督促指导，常态化开展隐患排查治理。根据全疆安全生产工作会议精神，县安委办成立12个专项执法检查组，对各自行业领域深入推进安全隐患排查治理工作，对12个执法检查组工作开展情况坚持每日统计，每月对各执法检查组的工作开展情况进行督导检查，并形成2期通报呈送县领导，有效推动执法组排查隐患工作。全年检查场所6426个，发现安全隐患问题6537条，已整改问题5865条，整改率达到89.72%，下发责令整改通知书1870份，停产停业整顿大小企业130家，立案调查企业（场所）161家，盘查大小型（农机）车辆901922辆，查处违法违规行为55688起，行政处罚719万元。

【安全检查】 2021年，阿瓦提县安全生产监察大队出动检查249人次，出动车辆129辆次，检查单位156家次，发现隐患498项，现场整改79项，下发整改通知书88份，隐患均已整改，共办理安全生产违法事件9起，行政处罚25.6万元。

【应急保障】 2021年，阿瓦提县应急管理局对已有的储备物资进行整合归类，登记造册，做到底数清，确保应急物资集中存放，出入有序，管理规范，建立健全应急物资储备和调用机制，切实提升应急保障能力。县救灾物资储备库储备帐篷类、服装类和装具类等物资25种，6255件（套），与金桥超市、金帆粮油等企业签订物资代储协议，确保关键时刻救灾物资能用得上。加强对应急避难场所的规划建设，利用城区内广场、绿地等场所在县域范围内确定3处避难场所并挂牌，完善供水、供电等基础服务设施，加强日常管理和维护，使之具备安全避险、医疗救护、基本生存保障等功能，以确保发生灾情时人民群众能够紧急疏散、避难、临时生活及政府开展救灾工作。

【应急救援】 2021年，阿瓦提县应急管理局完善应急预案，为提高预测、预警、预防和应急处置水平，全面修订完善阿瓦提县突发事件总体应急预案和各类专项预案，明确工作机制，细化任务分工，确保预案的科学性、实用性和可操作性，切实把责任落实到人。加强应急救援队伍建设。按照"一专多能""一队多用"的方式，依托县消防救援大队综合应急救援队伍，各乡（镇）、各单位结合医疗卫生、安全生产、社区管理、基层警务人员、民兵、物业保安，企业应急队伍等职能和资源优势，建立专业、半专业或兼职应急救援队伍。年内，组建县级综合应急救援队伍1支（27人），森林草原防灭火应急分队1支（21人），各乡（镇）、企事业单位、学校、村（社区）共组建基层应急救援队伍192支（2625人）。坚持把应急演练作为检验预案、锻炼队伍、磨合机制、教育群众的重要方式，组织开展应急演练，强化演练结果应用，不断调整完善预案，增强可操作性和科学性。全年开展防洪、地震疏散、森林草原火灾、城市内涝、高层建筑火灾等县级应急演练6场次。通过演练，应对突发事件的应急反应机制得到完善，应急救援能力得到进一步提高。

【安全监管】 2021年，阿瓦提县应急管理局直接监管19家危险化学品经营企业（加油站）、烟花爆竹临时售点1家。其中，中石油加油站13家，中石化加油站5家、社会加油站1家，二级标准化达标加油站18家，三级标准化达标加油站1家。全年共开展加油站安全检查23场次，发现各类安全隐患71条，整改71条。

【安全生产事故控制】 2021年，阿瓦提县共发生各类安全生产事故70起，死亡2人，受伤1人，造成经济损失17.55万元。其中，火灾事故68起，无伤亡情况，造成直接经济损失17.31万元，比上年火灾起数上升59%、直接经济损失下降36%。道路交通事故2起，死亡2人，与上年持平；受伤1人，比上年下降100%；造成直接经济损失0.24万元，比上年下降16.66%。

【安全生产专委会工作】 2021年，阿瓦提县安全生产委员会结合地区安委会工作要求调整为7个安全生产工作领域专业委员会，分别为发改住建人社领域专业委员会、商务园区领域专业委员会、市场应急交通领域专业委员会、公安农林水牧领域专业委员会、卫生民政文化旅游领域专业委员会、国资金融领域专业委员会、教育领域专业委员会，专委会统筹协调推进成员单位各项安全生产工作顺利开展，确保全县安全生产工作平安稳定。

【安全生产教育培训】 2021年，阿瓦提县安全生产委员会组织全县规模以上工贸企业和安全生产重点单位召开安全警示教育大会，组织企业召开安全生产座谈会5场次，常务副县长组织施工工地人员开展安全生产警示教育2次，召开现场推进会2次；副县长贺建组织危化品、工贸领域开展安全生产警示教育3次，召开现场交通、消防安全现场推进会3次。聘请自治区安全生产专家团队对乡镇安全生产负责人员、县直单位安全监管人员、企业负责人开展安全知识大培训，利用周三干部夜校邀请中央党校、应急管理教研部教授、“一带一路”风险治理首席专家李雪峰对全县科级干部、村（社区）第一书记和党支部书记、企业负责人开展安全风险管控知识培训，切实提高各级干部及企业负责人综合管控风险能力。

【防灾减灾救灾】 2021年，阿瓦提县安全生产委员会强化会商研判，每月召开自然灾害风险分析研判会，做好灾情预防预报预警工作，形成自然灾害分析报告13期。做好防汛抗旱工作，在汛期加强会商研判，根据汛情雨情，及时采取相应防范应对措施，开展防洪险情排查工作，定期对阿克苏河、和田河、叶尔羌河3条河流9个河段每个分河进行巡查，共巡查35次。同时做好灾情上报工作和冬春救助工作。全年共上报灾情12次，其中1次低温冷冻灾害、11次风雹灾害。累计受灾46918人次，农作物受灾面积40960.89公顷，成灾40924.06公顷，绝收面积356.67公顷；林地受灾面积1518.23公顷，造成直接经济损失36773.84万元。全年经受灾群众本人申请、村民委员会民主评议、乡（镇）人民政府审核，县应急管理局审批，阿瓦提县2021—2022年冬春救助需口粮救助27216人，需衣被救助27216人，需取暖救助27216人，需现金救助1149人，向地区应急管理局、财政局申请2021—2022年中央冬春救助资金2010.36万元，并及时将上级下拨的1100件棉衣、棉被发放到受灾群众手中，并将下拨的473万元资金通过“一卡通”形式发放到22312名受灾群众手中。

农业农村

综　述

【农业产业化】 2021年，阿瓦提县引进农副产品精深加工项目7个，签约金额8.01亿元。完成5.5万平方米、11栋标准厂房及配套设施建设，4家企业入驻。建成林果“百十一”基地0.8万公顷、小麦“百十一”基地0.07万公顷、畜牧“百十一”基地产肉860吨；推进“十仓百企”联盟建设。年末加盟企业15家，建立仓储“公共仓”5000吨，设立销售网点69家，销售特色农产品1.7万吨。申报香梨、面粉绿色产品2个，“阿瓦提胡安娜杏”地理标志保护1个，全国绿色食品标准化原料基地小麦基地1.21万公顷。集中打造“西域刀郎”“戈壁刀郎”等县域品牌，统一设计红枣、核桃等各类农产品包装24种，组织企业参加疆内外农产品展销会、产销对接会9场次。

【人居环境整治】 2021年，阿瓦提县发动群众，持续做好院内院外“六件事”（“厕所革命”、庭院环境、居住环境、污水排放、垃圾清理、渠道清淤），抓好“千村整治”“百村示范”工作巩固提升。推进村庄清洁、绿化行动，实施“三清三改两提升”（清理农村生活垃圾、清理农村沟渠、清理畜禽养殖污污等农业生产废弃物；改建农村户厕、改善村容村貌、改变影响农村人居环境的不良习惯；提升农村生活污水治理率，提升农民群众生活品质）。强化运营管护，农村垃圾、污水治理有效开展，实施垃圾分类处理“五分法”，建立村级垃圾集中回收站点540座，累计清理垃圾4.6万吨，6个行政村建立集中式农村生活污水治理设施，1534户生活污水排入城镇管网，对161个行政村污水进行集中、联户、分户处理，覆盖率100%。

【农业农村改革】 2021年，阿瓦提县推进农村集体产权制度改革。全县涉及改革的8个乡（镇）、129个村、484个小组，均已完成组织实施、成员界定、折股量化、成立合作社、挂牌、网上赋码登记和证书打印工作，成员身份界定42657户187822人，股权设置207719股，涉及资产总额27085.73万元，发放股权证42657本。加快培育新型农业经营主体。开展农民专业合作社质量提升整县推进工作，规范农民专业合作社运行管理，提升服务带动能力。全县共注册农民专业合作社793家，其中2021年新成立176家，规范运行617家，470家已配备会计，辐射带动农户1.5万户、5.3万人。申报自治区、地区、县级示范社50家、地区级示范家庭农场2家。

【智慧农业平台】 2021年，阿瓦提县农业农村局结合农业发展情况，着力打造全县智慧农业平台，平台涵盖数据呈现、种植管理、政务服务、设备运营、供应链金融服务等五大功能，截至年末，平台上线土地面积8.2万公顷，服务农户5000户以上，管理监察农机超过1000台。对全县农业相关平台、数据进行连通汇聚，在农业控制中心集中展示、分析、调度，打造全县农业一盘棋的宏观调度指挥中心。通过历史数据统计汇总、物联网设备管理、规模化土地上线以及本地数据采集，为种植户种植生产提供“耕种管收”全流程智能帮助。平台发布最新农业政策，更新农业数据，连通自治区、地区的相关惠农补贴平台、农机管理平台、数据统计平台，通过手机App和功能网页方便农户了解资讯，享受政策。大量的农机社会化服务在平台上进行集中管理、补贴、监督，设备包括大马力拖拉机、采收机、无人机等。搭建阿瓦提县农业金融生态，对接纳入银行、保险、监理体系，打通从农户—银行—供应商的信用体系架构，提高农户用款效率、促进农业产业发展。组建农业服务运营团队，开展农业社会化服务，借助线上平台工具，有序开展土地流转、土地发包、供应链金融、数据处理、种植管理等工作。依托CCIA（国家棉花产业联盟）体系平台，根据优棉产业布局，打造从棉花种植、交售终端、加工主体、成品生产等棉花全产业链环节种植的国际认可的中国好棉花品牌。

【农牧民增收统计】 2021年，阿瓦提县实现农牧民人均纯收入20428元，比上年增加1862元，增长10.02%。

【项目建设】 2021年，阿瓦提县第一批中央、自治区、地区下达农业项目14个，下达总资金28785万元，完成投资24622万元，完成投资率86%。第二批中央、自治区、地区下达农业项目6个，下达资金1214万元，完成投资1214万元，完成投资率100%。

【废旧地膜回收项目】 2021年，阿瓦提县废旧地膜回收利用项目总投资782.25万元。确定1.58万公顷示范区域。示范区域补贴每公顷300元、残膜回收三方验收合格后支付资金。合作社自筹资金购买的残膜回收机60台，其中30台通过“购买两台补一台”的方式补贴240万元。残膜回收网点建设任务3个，分别位于多浪乡、乌鲁却勒镇、三河镇。年末，乌鲁却勒镇、三河镇残膜回收网点已建设完成。

【农业生产社会化服务项目】 2021年，阿瓦提县农业生产社会化服务面积0.43万公顷，其中小麦社会化服务面积0.22万公顷，小麦社会化服务内容包括打药、机械采收环节，机械化作业成本为72元，每公顷补助300元。

农村人居环境整治

【环境整治】 2021年，阿瓦提县161个行政村开展村庄清洁行动，累计清理垃圾4.6万吨，清理残垣断壁2.2万处，清理村内沟渠8358千米，清理村内淤泥1.67万吨，清理畜禽养殖粪污等农业生产废弃物10万吨，开展进村入户宣传5885场次，发放宣传资料130万份，张贴宣传标语2447条，通过电视广播宣传5.8万余次，161个行政村的农户实现三区（两区）分离，完成主要街道、村委会、文化广场、学校等场所的亮化工程，实现村内道路两旁绿化全覆盖。

【绿化美化行动】 2021年，阿瓦提县农村人居环境整治工作推进协调小组办公室坚持因地制宜、因户施策，在保持原有庭院面积不变的基础上，按照“一村一品”“一巷一品”“一户一景”的原则，合理规划利用庭院空地进行绿化美化，调动农户的主观能动性，在村庄、林带、庭院内外、房前屋后栽植经济类果树，套种花卉、蔬菜、搭藤（葡萄、爬山虎等）架，多选用一年栽多年生的植物，适合土壤的花卉、树木、种苗，宜栽宜活，容易养护，处处有花，三季常绿，让小庭园变为小果园、小花园、小菜园，实现生活、休闲、绿化功能分区，既满足生产生活需要，又能满足休闲娱乐需求。在推进乡村环境整治的同时，增加农民收入，提升农户生产生活水平，实现绿化美化和经济双丰收。

【村庄清洁】 2021年，阿瓦提县农村人居环境整治工作推进协调小组办公室按照破旧立新工作思路，广泛宣传、引导动员群众以厕所清洁、庭院环境整治、健康卫生生活方式普及、污水坑沟清理、农村垃圾治理、村组巷道改造院内院外“六件事”为抓手，严格落实农户庭院布局“两条线”规划管控。拆除危旧房棚圈，清理残垣断壁垃圾，实施“三清三改两提升”宣传引导群众坚持每日一清扫，每周一大扫，保持院内院外卫生干净整洁，做到“五洗一刷”，形成良好卫生习惯，全面改善人居环境。

【农村垃圾治理】 2021年，阿瓦提县农村人居环境整治工作推进协调小组办公室采取“以户为主、乡村结合”“五分四步三减二处理一管护”，将农村垃圾分为可腐烂垃圾、可燃烧垃圾、建筑垃圾、可回收利用垃圾、有害垃圾五类。按照“三类垃圾”（可腐烂垃圾、可燃烧垃圾、建筑垃圾）在农户院内消化利用，部分建筑垃圾村收集综合利用再减量，“二类垃圾”（可回收利用垃圾、有害垃圾）集中站点一名管护人员统一回收的方式，有效解决垃圾治理设备和运输成本过高问题，实现垃圾源头减量、资源再利用、零填埋和环境保护。全县已建设村级垃圾集中回收站点540个。

【农村污水治理】 2021年，阿瓦提县农村人居环境整治工作推进协调小组办公室结合农村改厕，对农户家庭产生的“两股水”，以户为单位，与户厕化粪池同步建设，结合农户就近100%粪污直接就近还田和村级抽污车定期抽污，集中还田排放。生活污水结合洒路降尘和灌溉林带及生态林等方式，实现资源化再利用。1534户生活污水排入城镇管网，161个行政村进行集中、联户、分户处理，占总行政村的100%，配备农村生活污水处理设施5座。

【以点带面】 2021年，阿瓦提县农村人居环境整治工作推进协调小组办公室在每个乡镇打造40%的村或每个村打造1个村民小组人居环境整治示范点，对人居环境整治工作中出现的示范村、示范点、典型户好的做法和经验及时宣传引导，通过以点带面整体推进的方式稳步推动。

【项目竣工验收】 2021年，阿瓦提县农村人居环境整治工作推进协调小组办公室根据《关于开展2019—2020年农村人居环境整治项目竣工验收工作的通知》规定，自5月对2018—2020年农村“厕所革命”户厕建设改造、“千村示范”项目进行复验自查。年末，对农村“厕所革命”户厕建设改造存在重复发放现象已整改完毕，农村人居环境整治项目资金无结余（2018—2020年农村“厕所革命”项目资金1955.94万元，已支付1955.94万元；“千村示范”项目资金500万元，已支付500万元）。

农业综合执法

【行政执法】 2021年，阿瓦提县农业综合执法大队结合农村假冒伪劣食品专项治理、农资打假、农产品质量安全监管、农药专项监管、种子专项执法年等活动做好执法检查与日常监管。全年开展各类执法检查591次，出动执法人员1811人次，检查生产经营场所1691个，行政处罚76起，其中农作物种子4起，农产品质量4起，动物检疫8起，农机及大型工程机械60起，罚款10.42万元。

【日常执法检查】 2021年，阿瓦提县农业综合执法大队依托农资打假行动开展打击农村假冒伪劣食品、农药、种子等专项活动，常态化开展县域内蔬菜、水果农药残留检查；以小麦、棉花、蔬菜种子为主，定期或不定期开展种子专项检查；农药以经营禁限用农药，假冒伪劣农药和套用、冒用登记证、农药产品电子追溯为主进行检查；推行农药经营许可制度和限制使用农药定点经营制度，杜绝非法农药流通使用；肥料专项整治以硝基肥管控、以肥带药、夸大肥料功效、肥料有效成分不足、假冒伪造登记证等为重点检查对象。全年出动执法人员500余人次，检查县域内农资市场经营户123户，检查肥料15种5000余吨、农药80种50吨、农作物种子3000余吨。

【动物卫生执法检查】 2021年，阿瓦提县农业综合执法大队拓宽案件线索来源，加大执法检查力度，组织开展动物诊疗专项执法检查，非法调运、经营、运输动物及动物产品专项执法检查，非法收购、贩卖、屠宰病死猪和私屠滥宰执法检查等，严厉查处相关违法行为。常态化开展打击电鱼、无证捕捞及采用非法渔具捕捞等执法检查，探索实践水生野生动物保护执法，切实保护渔业资源，保障渔业生态安全。

【农机安全监管】 2021年，阿瓦提县农业综合执法大队重点查处农用机械超载超限、无牌无证驾驶、一车多挂、农用车载人、未成年人驾驶、报废车和改装车上路等严重违法行为，加大农机车辆审验、张贴反光膜、安装尾灯执行情况的监督检查力度。按照《拖拉机和联合收割机驾驶证管理规定》和《拖拉机和联合收割机登记规定》进行牌证管理，严格依法行政，坚决制止超标准、超范围发放农机牌证；实施严格的报废措施，利用农机报废更新政策，加大变形拖拉机报废力度。开展农机安全专项整治等活动，全面排查治理农机安全生产隐患。

【“放心农资下乡进村宣传周”活动】 2021年，阿瓦提县农业综合执法大队开展“放心农资下乡进村宣传周”活动，组织农业执法人员、农业技术人员深入农村田间地头，把优质放心农资送到乡村，把有关法律法规宣传到户。组织开展农村假冒伪劣食品、农药、兽药监管知识宣传，把识假辨假和科学使用农资知识传授给农民，帮助农民树立正确的农资消费观念，增强农民维权意识、质量安全意识和农资企业守法诚信意识，营造支农护农、打假扶优的社会氛围，维护农资市场秩序，保障农业生产顺利进行。全年共组织法律宣传8次，出动执法人员23人次，发放宣传资料2000余份。

【协作联动】 2021年，阿瓦提县农业综合执法大队联合市场监督管理局开展农资市场、私屠滥宰、农业生产资料“双随机”抽查工作，制定联合抽查工作任务3个，内部抽查农机维修点任务1个。从事农业经营活动的监管主体274户，按照20%～30%的比例，随机抽取检查对象76户。其中3家发现问题已责令改正，3家未发现此次经营涉及活动，70家未发现问题。检查结果在国家企业信用信息公示系统进行公示。在执法监管过程中，随机抽取检查对象，随机选派执法人员，及时公布查处结果，转变监管方式，提升执法效能，克服“任性”检查、实行“阳光”文明执法。

【规范执法程序】 2021年，阿瓦提县农业综合执法大队制定《阿瓦提县农业综合行政执法公示制度》《阿瓦提县农业农村局行政处罚案件信息公开制度》《阿瓦提县农业综合行政执法全过程记录制度》《阿瓦提县农业农村局行政执法行为规则》等多项制度，规范执法主体、依据、程序、行为，建立责权明确、行为规范、监督有效、保障有力的行政执法体制，做到公平公正文明执法。逐步对各项属于农业领域的执法权限梳理归纳，厘清各岗位职责，建立科学高效的行政管理体制，增强政府社会管理与公共服务职能，组建科教法规办公室及明确农业综合行政执法3个中队人员。形成权责明晰、上下贯通、运行高效、保障有力的农业综合行政执法体系。为加强行政执法案件的监督管理,规范农业综合执法大队执法程序,成立阿瓦提县农业综合行政执法重大行政决定法制审核领导小组,以县农业农村局局长为主任,种子管理站、畜牧科、农机科相关科室人员为成员,进行农业综合行政执法案卷审核。对每一个案件都严格审核把关,确保事实清楚、证据确凿、处罚合理、依据得当、程序规范。

农村合作经济发展

【农村集体产权制度改革】 2021年,阿瓦提县农村集体产权制度改革工作共涉及8个乡(镇)129个村、484个小组,均已完成农村集体产权制度改革组织实施、成员界定、折股量化、成立合作社、挂牌等阶段性工作,129个村已完成网上赋码登记和证书打印工作;已完成成员身份界定42657户187822人、股权设置207719股、涉及资产总额27085.73万元。全县农村集体产权制度改革工作已打印并发放股权证42657本,各乡(镇)已从全国产权制度改革平台下载表格录入信息,已录入完并上传至全部产权制度改革平台。

【农村土地承包经营权确权登记颁证延续工作】 2021年,阿瓦提县根据《2021年自治区农村土地承包经营权确权登记颁证延续工作实施方案》工作安排,组织开展整县农村集体机动地调查整理工作,统一机动地调查数据库结构与内容,规范上图入库,并与自治区农村承包地确权登记数据相衔接。年末,全县共调查农村机动地面积4.1万公顷,已发包面积4.1万公顷,合同1.78万余份(合同使用自治区统一规范合同)。机动地摸底调查已完成,"四荒地"调查完成后,上图入库,数据汇交自治区。

【土地流转和适度规模经营】 2021年,阿瓦提县通过农村土地承包经营权流转,以稳定农村土地承包关系为基础,以促进土地资源优化、产业壮大、农村生产力发展为宗旨,通过农村土地的适度规模流转,加快推进土地平整、高效节水等工作,改变"地块小难种地",棉花种植品种杂、乱、多的问题,实现全程大型机械化作业,棉花提质增效,降低成本,提高市场竞争力;农户通过土地流转既有一份稳定保险的收入,还能从繁重的劳动力中解脱出来,通过就近务工或外出打工实现创收,也能降低单一种植给农户带来的种植风险。也实现传统农业向现代农业转变,保障农民收入持续、稳步增长的目标。全县共有161个行政村,实际农作物种植面积12.33万公顷。按照"依法、自愿、有偿"的原则,引进新疆利华棉业有限公司、中棉集团、新疆水控大美农业发展有限公司3家企业开展土地流转。年末,全县农村土地流转共3.57万公顷,其中企业流转面积1.67万公顷,约占全县农作物种植面积的13.5%。全县农村土地流转给本村大户(合作社、组)面积1.9万公顷,约占全县农作物种植面积的15.3%。

【农村经济收益分配统计工作】 2021年,阿瓦提县农村合作经济发展中心依托县、乡(镇)、村三级统计体系,逐级审核上报,严把质效关,确保统计数据准确无误、报表上报及时有效,发挥农经统计在掌握动态、判断形势、服务决策、指导工作等方面的重要作用。据初步测算统计,全县农村经济总收入877287万元(含农场),比2020年增加80214万元,增长10.1%;农牧民人均纯收入20428元(不含农场)以上,同比增加1862元,增长10.0%。

【合作社质量提升整县推进试点】 2021年,阿瓦提县农村合作经济发展中心制定下发《阿瓦提县农民专业合作社质量提升整县推进试点方案》,

成立专门的合作社指导专班进行合作社组建、规范运行的指导。合作社执行严格的财务管理制度，聘请有上岗资格的财务人员，由乡（镇）核算中心统一管理；建立由事业单位技术人员领办创办合作社的激励机制，形成村党支部监督、核算中心管理、技术人员指导服务合作社的良好运行机制。形成基层党组织领办合作社群众有决心，专业技术人员领办合作社群众安心，核算中心管理合作社财务群众放心，解放劳动力增收脱贫致富群众欢心，定期考评年终奖励合作社员有信心。农户人均耕地（白地）在3.33公顷以下的要加入1个种植合作社。农户人均林果地（红枣、核桃）在1.67公顷以下的要加入1个林果合作社。按行业制定合作社示范社评分细则，制定评分标准和奖励标准，激励合作社规范化运行。截至11月，全县累计成立农民专业合作社783家，其中经摸底已清理注销140家，吊销26家，续存合作社617家，拟清理注销68家，规范运行549家，其中470家已配备会计。其中2021年新成立176家，已完成地区目标考核任务。

【农村土地纠纷仲裁】 2021年，阿瓦提县结合农村土地确权登记颁证工作和土地流转工作，县、乡、村三级协调联动，在宣传动员农民群众上下功夫，抓早抓小，把苗头隐患化解在源头。全年，辖区内共发生1起土地纠纷仲裁案件，已仲裁处理完成。

【农村集体经济审计】 2021年，阿瓦提县农村合作经济发展中心根据地区《关于印发〈阿克苏地区农村集体经济审计工作方案〉等三个方案的通知》的工作要求，制定《阿瓦提县农村集体经济审计工作方案》《阿瓦提县发展壮大薄弱村集体经济集中攻坚实施方案》《阿瓦提县农村集体“三资”管理问题整改方案》，从各乡（镇）核算中心选调审计业务熟练、专业能力强的业务干部成立3个审计工作小组，每个工作小组2人，确定工作小组组长，压实工作责任，按照每个小组1个月完成2个村的进度落实审计工作。全年被审计村名单为阿瓦提镇、多浪乡、乌鲁却勒镇、巴格托格拉克乡、三河镇等的43个村；年末43个村均已完成审计，共发现问题3463条，已整改2061条，未整改1402条。

【宅基地审批】 2021年，阿瓦提县农村合作经济发展中心审批宅基地建房512个，已审核512个，审批通过508个。其中，申请原址建房391个，申请新宅基地建房117个。

脱贫攻坚与乡村振兴有效衔接

【持续加强组织领导】 2021年，阿瓦提县坚持“县委、政府负总责，乡村抓落实”的工作机制，坚持“三级书记一起抓”，落实党政主要领导“双组长”制，及时调整优化领导小组，由7名县级领导牵头组建12个专项组，围绕“巩固、拓展、衔接”重点，按照县每月一部署、乡（镇）每月一推进、村每半月一研究的“三个一”推进机制，先后召开县委专题会议6次、领导小组专题会议11次，研究重点问题，安排部署重点工作，统筹推进工作落实。县乡村及时成立乡村振兴组织机构，并按照“县不少于20人、乡（镇）不少于10人、村（社区）不少于5人”的标准，配齐配强各级力量935人。

【完善工作体系】 2021年，阿瓦提县制定《阿瓦提县巩固拓展脱贫攻坚成果同乡村振兴有效衔接实施方案》《阿瓦提县关于巩固拓展脱贫攻坚成果分类全面推进乡村振兴的实施方案》等系列文件，做到县有工作方案、乡（镇）有工作计划、村有任务清单。建立县级领导干部乡村振兴联系点制度，实行“县处级领导联乡包村”“乡科级领导联村包户”机制，明确30名县级领导联系9个乡（镇）、30个村，4670名干部包村联户全覆盖，压紧压实包联责任，确保责任落实、政策落实、工作落实。

【精准施策】 2021年，阿瓦提县委农村工作领导小组暨乡村振兴领导小组办公室持续巩固“两不愁三保障”成果。坚持紧贴民生推动高质量发展，以“六大品质提升行动”为抓手，深入实施教育、医疗等“十项惠民工程”，让各族群众的获得感成色更足、幸福感更可持续、安全感更有保障。实施教育事业品质提升行动。持续落实15年免费教育，健全完善控辍保学机制，通过援疆“鲁迅”助学金、“雨露计划”、生源地助学贷款等，资助脱贫家庭学生1765人642.1万元，义务教育阶段适龄学生无一人失学、辍学。实施医疗卫生品质提升行动。全面落实大病医保和医疗救助政策，常态做好全民健康体检，持续巩固10个乡（镇）卫生院、141个村卫生室标准化建设成果，脱贫人口和监测对象基本医疗保险参保率达100%，家庭医生签约服务全覆盖，已脱贫人口无一人因病返贫。实施城市建设和美丽乡村品质提升行动。坚持城乡统筹、协调发展，推进城市精细化管理和乡村建设，持续补齐基础设施短板，改善群众生产生活条件。全年，新建农村安居房768套，完成棚户区改造600户、城市供排水管网改造47千米，新建农村公路160千米，农户住房安全等级全部达B级以上，农村饮水安全持续保障到位，群众生活质量明显提升。优化完善多层次社会保障体系。累计实施临时救助1.69万人次，发放临时救助金及物资共计1523.14万元。6所农村幸福大院集中供养有意愿的“五保”老人35人。2019年、2020年、2021年脱贫人口兜底人数分别为2891人、3456人、3262人，呈逐年下降趋势，实现应保尽保、应兜尽兜。

【动态预警监测】 2021年，阿瓦提县委农村工作领导小组暨乡村振兴领导小组办公室持续推进防止返贫致贫监测预警和动态帮扶，印发《关于阿瓦提县进一步完善防止返贫动态监测和帮扶机制实施方案》《关于进一步做好防止返贫致贫动态监测和常态化帮扶工作的通知》等文件，建立健全“乡村两级做前哨、乡村振兴局做中转、行业部门做主力、纪委监委做监督”的工作机制，采取农户自主申报、基层干部排查、部门筛查预警、社会信息补充的方式，依托大数据平台，常态化与教科、卫健、人社等部门开展信息比对、数据筛查预警，以年人均纯收入7000元为监测线，集中排查新识别“三类户”460户1788人，制定“一户一策、一人一办法”，提供针对性帮扶，消除风险278户1103人，做到即时发现、即时帮扶、动态管理，坚决守住防止规模性返贫底线。

【项目建设和扶贫资产管理】 2021年，阿瓦提县委农村工作领导小组暨乡村振兴领导小组办公室用好乡村振兴衔接资金，全年优化完善项目库入库项目70个7.94亿元，到位资金2.12亿元，实施项目40个，完工40个，支付资金2.02亿元，支付进度达95%。全面加强扶贫资产管护，分级分类制定项目管护、运行、监督长效机制，明确管护主体、管护任务、管护责任，对2013—2020年形成资产的447个扶贫项目做到运行安全、管理高效、效益持续发挥。同时，落实小额信贷政策，累计为3375户脱贫户发放小额信用贷款1.3亿元。

【产业振兴】 2021年，阿瓦提县委农村工作领导小组暨乡村振兴领导小组办公室坚持“产城融合”发展理念，深挖县域资源，精准谋划“六大主导产业”，以促进就业为导向，发展棉纺制造、阿瓦提慕萨莱思、馕等劳动密集型产业，推动一、二、三产融合发展。做优第一产业。坚持“稳粮、优棉、强果、兴畜、促特色”发展思路，发挥优质棉花、“阿瓦提红”葡萄、九月菊桃、胡安娜杏等特色林果以及畜牧养殖、设施蔬菜等农业资源优势,加大品种培优、品质提升和品牌打造力度,推动乡村产业振兴。做强第二产业。按照“一区四园”产业布局,加快推进棉纺制造、农副产品精深加工等特色优势产业延链补链,推动产业集聚发展。年内,全县投产的棉纺企业13家,形成70万锭棉纺产能;农副产品精深加工产业园入驻企业4家,实现年总产值1000万元;完成馕产业园建成投用,实现日产19.39万个;打造阿瓦提慕萨莱思原材料生产基地0.17万公顷,引进3000吨阿瓦提慕萨莱思生产线。坚持把文化旅游产业发展作为推进乡村全面振兴的重要突破口,深入实施“旅游+”“+旅游”战略,挖掘乡村旅游潜力,提升葡萄村、索克满休闲公社、恰其乐和乡村等景区品质与服务水平,着力打造乡村旅游精品路线,推动旅游与文化、农业、生态、特色餐饮等融合发展。同时,发展商贸物流、电子商务等产业,贯通县域产业生产、加工、销售链条,促进全产业链发展。

【人才振兴】 2021年,阿瓦提县委农村工作领导小组暨乡村振兴领导小组办公室坚持把人才振兴作为关键,持续加大人才培养培育力度,强化乡村振兴人才支撑。加强技能培训。把促进就业与乡村振兴、经济高质量发展相融合,用好县技工学校、乡(镇)分校、名师发展中心等培训资源,构建县乡村三级培训体系,开展基础课程农牧民实用技术、纺织服装、汽修、建筑瓦工、打馕、电子商务等技能培训2.73万人,农村富余劳动力就业4.15万人,完成年度500名高素质农民培训任务,其中脱贫群众100人。分批分次组织村干部及村级后备力量,举办农牧民培训2.05万余场次,培训农牧民47.6万余人次。发挥科技人才服务乡村作用。选派161名农业技术人才组建技术服务团队、聘任40名科技特派员,开展各类实用技术技能培训240余场次,受益群众达3.9万余人次,培养本土科技实用人才361人。

【文化振兴】 2021年,阿瓦提县委农村工作领导小组暨乡村振兴领导小组办公室实施文化润疆工程,着力培育文明乡风、良好家风、淳朴民风。实施“习近平新时代中国特色社会主义思想进万家”活动,累计开展各类宣讲5.2万余场次,受教育130万余人次。开展党史学习教育。深入学习习近平总书记关于党史学习教育的系列重要论述,特别是“七一”重要讲话精神,各级党组织开展集中学习、研讨交流等1.4万余场次,累计为民办实事好事1.07万余件。开展民族团结进步示范创建活动,全县“十一进”创建率达95%,累计建成互嵌式居住示范点46个,选树民族团结示范创建先进集体23个、先进个人77名,县人民政府荣获“新疆维吾尔自治区民族团结进步模范集体”称号。弘扬中华传统文化。围绕“中国共产党成立100周年”“我们的中国梦——文化进万家”主题活动,深入各乡(镇)、村(社区)开展送文化惠民演出活动160余场次,开展送戏下乡100余场次,开展送图书下乡35场次,编排并演出文艺精品、器乐、舞蹈节目50个,利用节假日、农闲时开展各类文化惠民活动2000余场次。全力推动新时代文明建设。建成新时代文明实践中心1个、实践所9个、实践站173个,形成县乡村三级“10+N”志愿服务体系,宣传服务群众1800余场次18.9万余人次,打通宣传群众、教育群众、关心群众、服务群众的“最后一公里”。

【生态振兴】 2021年,阿瓦提县委农村工作领导小组暨乡村振兴领导小组办公室坚持“绿水青山就是金山银山”的理念,全面提升生态文明建设能力和水平。开展美丽乡村建设。实施乡村建设和农村人居环境整治提升五年行动,持续做好院内院外“六件事”,因地制宜做好垃圾、污水综合治理,6个行政村建设集中式农村生活污水治理设施，1761户生活污水排放接入城镇管网，建成村级垃圾集中回收站点540座，161个行政村实现污水和生活垃圾处理全覆盖，创建自治区级美丽乡村示范村1个。推进农村“厕所革命”。逐级组建县、乡户厕摸排专班、村级排查小组、县级驻乡（镇）实地帮助指导组，合力推进全县户厕摸排工作，共开展各级培训439期（7367人次），打造县级实训基地1个、户厕示范户32户。持续推进生态文明建设。以地区“第五个百万亩暨艾西曼区域生态修复及荒漠化治理工程”实施为契机，推进退耕还林、退牧还草、防沙治沙等工程建设，见缝插绿、缺绿补绿、减硬植绿，全年完成植树造林0.12万公顷，乡村绿化美化工程230.79公顷，新建街角公园5个、街头绿地12块、宽幅林绿地11块，城区新增绿地面积111.4公顷，绿化覆盖率达43.24%。

【组织振兴】 2021年，阿瓦提县委农村工作领导小组暨乡村振兴领导小组办公室坚持将组织振兴作为全面推进乡村振兴的根本保证，着力建设服务型基层党组织，不断提高抓党建促乡村振兴的精准度和时效性。加强村级党组织建设。贯彻落实自治区党委“1+2”文件精神，选派416名国家干部到村任职，优化调整村党组织书记37名，储备村级后备力量793名，实现大学生和留疆战士进村“两委”全覆盖，推进“三大行动”，优化设置“三中心”，明确“六类组织”任务，规范“九项机制”，不断优化村级组织运行。按照软弱涣散基层党组织“一村一策”整顿工作方案要求，完成16个软弱涣散基层党组织整顿工作。发展壮大村集体经济。制订经济“空壳村”“薄弱村”村级集体经济发展壮大“一村一策”方案，将县域内闲置门面房81间分配至42个集体经济薄弱村免费使用30年，申报发展壮大村集体经济项目10个，争取中央和自治区专项扶持资金500万元，村集体经济发展活力持续增强。

【农产品加工】 2021年，阿瓦提县乡村振兴服务中心统计农产品加工样本企业34个，农产品加工总产值370614万元。全县农产品加工业产值与农业总产值之比为1.84∶1。

【“一村一品”建设】 2021年，阿瓦提县三河镇（棉花）、塔木托格拉克镇库吾尔尕村（纳西甘甜瓜）被农业农村部授予第十一批全国“一村一品”示范村镇称号。

【招商引资】 2021年，阿瓦提县引进辣椒色素、辣椒酱、蛋白桑、红枣、脱水蔬菜、果蔬冻干等农副产品精深加工项目6个，签约总金额7.01亿元，到位资金3.94亿元，提升阿瓦提县农副产品精深加工能力。

【农产品外销】 2021年，阿瓦提县乡村振兴服务中心对外销农产品实行化学、物理检测，组织全县“十仓百企”加盟企业完成化学检测150批次、物理检测1500批次，检测合格产品张贴“十城百店”产品标识。依托绍兴市对口援疆，通过“十城百店”渠道在浙江销售特色农产品1.7万吨。

【农产品展销】 2021年，阿瓦提县乡村振兴服务中心组织县内企业、合作社参加第二届中国—中东欧国家博览会（宁波）、第二十四届中国（河南驻马店）农产品加工业投资贸易洽谈会、第八届新疆（阿克苏）特色果品交易会、第二十一届中国（厦门）国际投资贸易洽谈会、第十八届中国西部（成都）国际博览会、武汉镶产品推介会暨特色产品交易会等疆内外各类农产品展销会9场次，其中在第八届新疆果品交易会中，阿瓦提县11个林果产品和包装设计获得评比奖项，阿瓦提县获得最佳组织奖，提高阿瓦提县农产品的知名度。展会期间签订农产品销售订单1.05万吨。

【特色农产品】 阿瓦提慕萨莱思。阿瓦提特色产品，年产量约2000吨。是一种以葡萄为原料，采用传统工艺生产的原生态类似葡萄酒的饮料，颜色呈暗黄褐色，口感质朴、醇厚，入口味甜、略带酸味。2010年获地理标志证明商标注册，2007年酿造工艺被列入新疆第一批自治区级非物质文化遗产名录，同年农业部授予阿瓦提县“中国阿瓦提慕萨莱思之乡”称号。

纳西甘甜瓜。阿瓦提县日照时间长，无霜期长，昼夜温差大，适合甜瓜种植。纳西甘甜瓜呈椭圆形，表皮呈灰绿色底，覆黄绿和深绿色条纹。表皮光滑、无网纹，皮薄，肉质橙红，味甘如蜜，可口怡人，甜度较高（含糖量16%～20%），在新疆种植的各类甜瓜中可谓“佼佼者”。“纳西甘”维吾尔语的意思是甜似冰糖，在当地栽培历史悠久，被称为甜瓜中的“活化石”。

阿瓦提长绒棉。阿瓦提纺出的纱线纱条好，棉结少，看纱样似蚕丝，丝光极强，适宜纺80支以上的精纺品与外观要求高的产品。皮棉级长度37.46毫米，马克隆值3.96、黄度小于10.5、均匀度大于88.8%、束纤维强度大于39.0克/特、棉结数小于160粒/克。新疆三场丰收棉业有限责任公司的“丰海”牌长绒棉多次被评为“新疆著名商标”“新疆农业名牌产品”。

农业产业化

【农副产品精深加工业】 2021年，阿瓦提县农业产业化服务办公室按照《2021年阿瓦提县推进农副产品精深加工业发展行动方案》要求，拟定细化工作方案，并认真开展各项工作。开展农副产品精深加工招商引资。针对全县农产品精深加工能力薄弱的现状，把招商引资作为推进农副产品精深加工业发展的突破口，依托全县农业资源，确定阿瓦提慕萨莱思、辣椒色素、畜产品和红枣、核桃精深加工为招商重点，围绕技术提升、产业延伸，与区内外企业联系对接，宣传推介阿瓦提县招商引资项目，并邀请企业到县实地参观、考察、洽谈。引进辣椒色素辣椒酱加工、蛋白桑种植加工、红枣、核桃和蔬菜精深加工项目6个，签约金额6.01亿元。抓好农产品加工产业园区建设。抓住自治区“十四五”期间重点支持县级农产品加工园区建设的有利机会，根据阿瓦提县区位条件、产业实际，编制《阿瓦提县农产品加工园区建设项目可行性研究报告》上报农业农村厅，争取自治区将阿瓦提县纳入农产品加工园区建设项目县。同时，加强与园区办、鼎城公司协调配合，完善农副产品精深加工产业园规划建设，已完成6.3万平方米、13栋标准厂房建设和配电室、消防设施、供排水、道路等配套建设，新疆昆仑情农业科技有限公司、沙漠农夫枣业有限公司、广华生态农林技术（新疆）有限公司设备已到位，棉都阿瓦提慕萨莱思有限公司开始投产。

【“十城百店”工程建设】 2021年，阿瓦提县建设优质特色农产品“百十一”基地，为企业提供优质原料。协调林草局等部门建成林果“百十一”基地0.8万公顷、小麦“百十一”基地0.07万公顷，畜牧“百十一”基地产肉0.08万吨；推进“十仓百企”联盟建设。由供销社牵头，吸纳县内带动力强的优质林果、阿瓦提慕萨莱思、粮食、畜牧企业扩大联合运营公司规模，加盟企业总数达到15家；在新疆昆仑情、叶河果业建立仓储“公共仓”5000吨，对加盟企业产品实行统一入库、出库管理，外销产品统一包装、统一区域品牌，共同开拓市场。加大资金扶持力度，争取“十城百店”援疆项目资金70万元，对加盟企业从产品展销、冷链仓储、品牌宣传等方面加大扶持力度，确保市场援疆“十城百店”工程顺利推进。

【开拓农产品外销平台】 2021年，阿瓦提县农业产业化服务办公室依托浙江援疆优势，做好与绍兴市援疆指挥部、绍兴供销社和诸暨新农都实业公司在农产品订单签订、市场信息对接、销售网络建设、产品宣传推介等方面的协调与沟通工作，不断扩大在浙江“十城百店”销售规模。在浙江“十城百店”旗舰店、加盟店、直营店等销售网点69家。通过“十城百店”渠道在浙江销售红枣、核桃、苹果、香梨等特色农产品1.7万吨。

【农产品品牌培育】 2021年，阿瓦提县农业产业化服务办公室创建绿色、地理标志品牌。引导农产品生产加工企业、合作社申报香梨、面粉等绿色产品2个；申报“阿瓦提胡安娜杏”地理标志保护1个，申报1.21万公顷小麦全国绿色食品标准化原料基地。将龙头企业外销农产品纳入“十城百店”工程免费检测范围，检测合格产品统一张贴“阿克苏好果园”区域大品牌防伪标识和二维码疆外销售。完成外销农产品化学检测150批次、物理检测1500批次，保障流入国内市场农产品的质量。创建“十仓百企”县域公共品牌。引导企业和合作社加盟阿瓦提县“十仓百企”联合运营公司，集中打造“西域刀郎”“戈壁刀郎”等县域品牌，以刀郎文化为设计理念，统一设计红枣、核桃、葡萄、香梨、苹果、枸杞等各类农产品包装24种，所有加盟企业均可使用，为阿瓦提县区域品牌发展带来新方法、新机遇。组织企业参加疆内外农产品展销会、产销对接会9场次，通过展会平台宣传、推介阿瓦提县特色农产品，其中在第八届新疆（阿克苏）特色农产品交易会上，全县11个林果产品和包装设计获得评比奖项，阿瓦提县还获得最佳组织奖，这次活动提高了阿瓦提县农产品的知名度。

【培育龙头企业】 2021年，阿瓦提县农业产业化服务办公室组织利华现代农业有限公司、新疆昆仑情农业科技有限公司等3家企业成功创建地区级农业产业化龙头企业，组织国能生物发电等成功创建自治区级龙头企业。组织刀郎部落景区、阿依巴格镇葡萄村申报自治区休闲农业和乡村旅游精品景点线路，组织刀郎部落景区、红林子农庄申报自治区新疆休闲农业精品农庄（园），通过休闲农业旅游精品景点线路和精休闲农业精品农庄（园）创建活动，提升阿瓦提县乡村旅游影响力，为农民通过发展乡村旅游业就业增收提供新的途径。

水　利

【水资源突出问题专项治理】 2021年，阿瓦提县水利局共完成阿克苏河5处、叶尔羌河13处沿河取水口整治，调查叶尔羌河沿岸322眼电井、封填234眼，向流域管理机构申请保留88眼，完成耕地退减3609.13公顷。

【水利基本建设】 2021年，阿瓦提县水利局完成渠道防渗改建3条，总长12.3千米；自来水管网改造1320千米及配套附属设施；农业水价综合改革4.4万公顷，安装自动化量测水设施210套。

【水土保持】 2021年，阿瓦提县水利局共审查、批复水土保持方案报告书7项，申报率和执行率达到100%。加大依法缴纳水土保持设施补偿费力度，全年征收水土保持补偿费34.26万元。开展水土保持监督管理培训，全年共开展相关培训2次，累计培训88人次。

【防汛抗旱】 2021年，阿瓦提县落实主要领导汛期24小时带班制度，应急保障车辆24小时在岗在位，定期检查阿瓦提县境内主要防洪点位。加强应急演练，完成除险加固。根据往年的防汛情况补充完善预案。5月29日在多浪乡、7月7日在拜什艾日克镇共组织开展防汛抢险演练2次，调动应急队伍150余人、大型机械10余台，提升抢险队伍应对洪水的能力。从4月开始开展险工险情排查,对2020年的水毁情况进行登记,制订2021年度阿克苏河、和田河阿瓦提县段防洪坝体除险加固方案,组织各乡(镇)对排查出的险工险段进行加固,完成加固3.2千米,投入树木800根、树梢750吨、编织袋3万个、铁丝0.5吨、块石5000立方米。落实会商研判,开展日常巡河。汛期坚持每日召开防汛会商会,对3天、7天灾害天气进行分析,结合上游水文情况分析县域内3条主要河流的次日水情和3日水情,及早预报灾害威胁,提前防范灾害发生或采取有效措施将灾害损失降到最低,确保人民群众生命安全。储备防汛物资,建立应急队伍。根据往年的防汛投入情况,储备铅丝笼1.6万平方米、铁丝1.5吨,编织袋9万条、麻袋3000条、蚂蟥钉7500个、救生背心70件、废旧电表箱子1万件。同时落实救灾物资储备与供应,储备帐篷、被褥、应急灯、发电机等救灾物资,与超市、粮油、批发企业签订应急物资供销协议,确保在灾害发生时企业服从防汛指挥部保障基本生活物资调配。各乡(镇)建立一支1000人的防汛队伍,并建立后续增援队伍,共落实应急抢险队员7482人、机械249台。做好群众宣传,提升防灾意识。加大防汛抢险救灾的宣传力度。通过广播电视、微信平台及发放传单等形式,向全县干部群众宣传汛期应急避险和防汛自救知识,其中广播电视1条,发放宣传单1000份。

【水利工程管理】 2021年,阿瓦提县筹备组建项目法人机构,明确法人代表,建立健全各项建设管理制度。项目法人严格履行水利工程基本建设程序,落实“四制”要求,即项目法人制、工程招投标制、工程监理制、合同管理制,委托具有水利水电工程招标代理资质的招标代理机构进行公开招标。通过公开招投标,建立公开、公正、公平竞争的良好环境,选择一些信誉好、实力强的施工企业和监理单位承担项目建设任务。在工程实施过程中,强化工程建设与管理,采取“四抓”和“四管”措施,即抓制度、抓管理、抓质量、抓进度和管资金、管环境、管廉政、管安全,对质量、进度、安全、造价、文明施工等严格管理,确保工程建设程序规范,管理严格。在组织实施项目建设的同时,严格对照资金绩效评价的要求,组织开展绩效评价和绩效自评工作。

【水利项目投资】 2021年,阿瓦提县在防渗渠道建设、饮水安全改造、大型灌区现代化改造、农业水价综合改革等方面共实施项目5个,涉及各类资金22922.34万元,改造提升阿瓦提县水利基础设施现代化程度。中央预算内资金用于实施阿克苏地区老大河“十四五”大型灌区续建配套与现代化改造阿瓦提县片区工程项目(一期)。下达投资计划7012万元,其中中央预算内投资5609万元,县配套1403万元。水库移民扶持资金用于水库移民防渗渠项目。累计到位资金395.39万元。共修建2条渠道,累计5.15千米。中央水利发展资金用于农业水价综合改革项目。下达资金1320万元。地方政府债券资金用于阿瓦提县2个乡1个镇4个片区饮水安全管网及配套设施改造工程。下达资金13200万元,其中债券资金下达10000万元。河湖岸线确权划界,工程通过水资源费自筹190万元,在河湖岸线开展界桩埋设工作。

【农村饮水安全】 2021年,阿瓦提县通过投资14004.95万元,实施阿瓦提县2个乡1个镇4个片区饮水安全管网及配套设施改造工程,新建及更新改造输配水管网1321.40千米,新建蓄水池4座,安装物联网水表11518块,建设自动化监控系统和信息化系统平台1套,将阿瓦提县的供水保障率提高到96%以上,有效缓解下游居民饮水困难问题。发放饮水安全明白卡3万余份,安排人员定期开展入户排查,对群众用水情况、设施管护和设备运行维护等情况进行全面排查,切实解决群众用水问题。全年解决群众反映饮水问题100余件。每月对出厂水进行一次水质检测,每季度对阿瓦提县末端水进行一次水质检测,全年达标率100%,有效确保水质安全。

【大型灌区续建配套与现代化改造】 2021年,阿瓦提县老大河大型灌区阿瓦提县片区一期工程对丰收总干渠15+478—33+094段、多浪奎坦木干渠、塔木托格拉克镇托格拉克勒克村支渠、塔木托格拉克镇巴格央塔克支渠4条输水渠道进行改建,总长35.45千米,改造各类渠系建筑物38座,增设防护围栏总长0.66千米,增设管护道路23.17千米。工程估算总投资为22515万元,其中国家财政配套投资为18012万元,地方财政配套为4503万元。

【水行政执法】 2021年,阿瓦提县水利局加大对河湖"四乱"(乱占、乱采、乱堆、乱建)和非法凿井、非法取水的治理力度,查处非法凿井案1起,处罚金2万元,填埋机井23眼。调动各乡(镇)水资源站的力量,全面开展非法凿井和河湖"四乱"清查,封填零散机井6眼。按要求对执法案件进行公开,开展执法人员培训,处理化解"12345"平台投诉。

【河湖长制落实】 2021年,阿瓦提县健全组织体系,强化相关人员管理,构成三级责任体系。根据人员变动情况,制定《关于调整阿瓦提县全面推行河(湖)长制领导小组成员的通知》,重新调整县河长制领导小组成员,明确各级河长和成员单位的职责分工。落实河湖长工作会议制度要求,县级层面先后召集各成员单位召开2次河湖长制工作推进会,安排部署各项工作,协调解决工作中存在的问题。按照自治区、地区河长制工作的要求,全面建立区域与流域相结合的以县、乡、村三级河长制组织体系。设立县级河长4名,乡级镇河段长7名,村级河段长45名,实现县、乡、村三级全覆盖。完善基础信息,完成责任公示。根据自治区、地区工作要求,全县安装"河长通"(巡河App软件)55人,覆盖县、乡、村三级河长,通过使用"河长通",县河长制办公室可以及时督促各级河长巡河,防止遗忘和漏巡,按要求内容和次数进行巡河巡湖,做到信息管理系统数据填报准确,并通过相关程序和系统上报地区和自治区。阿瓦提县境内共设置河长公示牌34块,其中县级公示牌6块,包括阿克苏河、喀什噶尔河、叶尔羌河、阿克苏老大河、和田河、艾西曼湖;乡级公示牌15块。按自治区相关规定,公示牌标明河流河长姓名、职务、工作职责、整治目标、监督电话等内容,保障地、县、乡三级巡查监督信息畅通,起到良好的宣传作用。开展巡河工作,重点推进问题整改,全年各级河长累计开展巡河3829次。

【用水总量控制】 2021年,阿瓦提县农业用水限额用水总量8.836亿立方米,其中地表水8.4437亿立方米,地下水0.3923亿立方米。全年,地表水实际用水量7.0474亿立方米,地下水实际用水量0.5166亿立方米。调整各乡(镇)2021年地表水控制指标,修订2021年乡(镇)农业供水方案。在农业灌溉中全面推行"灌溉面积、用水定额、用水总量、灌水时间"四控制措施,并通过控制地下水的开采量,逐步压减水资源开采量。加强对水管干部的监管,确保各项灌溉制度落到实处。结合干部作风整顿工作,强化水管干部职工的责任意识,促进农业灌溉用水管理水平不断提高,用水效率不断提升。同时规范工业、服务业用水,创建节水型社会,完成"井电双控"信息化建设工作,对全县1052眼机电井进行设备安装,实现对全县机电井的有效控制和计量,使节水理念深入社会的每个角落。

【高效节水及退地减水】 2021年，阿瓦提县总计退减耕地1396.53公顷，核减用水量1152万立方米。

【水利信息化建设】 2021年，阿瓦提县地表水一级取水口监测中，阿瓦提县从老大河第一闸引水有5个计量点，全部安装自动化监测设备，数据能够正常上传。在地下水“井电双控”建设中，通过招商，吸引3000万元社会资本，对全县机电井实施全面“井电双控”，并对原有系统进行升级改造，共完成1052眼。通过数据交换的方式把部分接入地区平台。在水旱灾害防御平台中，阿瓦提县在阿克苏河、叶尔羌河、和田河上设10个监测点，全部通过技术升级，上传到水利厅山洪系统中。在农村饮水安全信息化中，阿瓦提县通过申请债券，全年计划投入1730万元，对全县农村供水管网及9座水厂的管道压力和流量进行全面控制，主干管网数据已具备上传能力。农业在水价综合改革信息化中，阿瓦提县农业水价综合改革农田水利基础设施改造和量水设施配套工程建设项目。实施4.4万公顷农田水利基础设施改造和量水设施配套，总投资1320万元。

【水库移民工作】 2021年，阿瓦提县到位资金574.61万元。其中，项目资金395.39万元，新建防渗渠5.148千米；直补资金177.54万元用于发放移民补助。

【农业水价综合改革】 2021年，阿瓦提县水利局压实水利基础设施管护责任。与各乡（镇）、村委会层层签订水利基础设施管护协议，共移交灌溉渠道993条，总长2441千米，移交渠道附属物闸口745个，供水到户在全县推进，全县完成供水到户任务，全面落实渠长制，供水到户工作覆盖全县7个镇2个乡。建立差异化水价征收机制。2021年30年承包地达到成本水价80%，即0.116元/立方米（含末级渠系维护费0.0171元/立方米），绿色企业地达到成本水价1.25倍，即0.1719元/立方米（含末级渠系维护费0.0171元/立方米）。组建农民用水专业合作社。全年结合全县行政村实际和渠系分布情况及《阿瓦提县农业水价调整方案》的通知精神，根据《中华人民共和国农民专业合作社法》，全县成立农民用水专业合作社98家，基本做到行政村全覆盖。加快推进水改项目的实施。阿瓦提县农业水权水价综合改革农田水利基础设施改造和量水配套设施工程建设项目，全年总投资1320万元，落实斗口计量体系，同时实现灌区水量信息采集自动化和信息规范化管理，为搭建水权交易平台提供软件支撑。

【巩固拓展脱贫攻坚成果】 2021年，阿瓦提县水利局针对“两不愁三保障”中的饮水安全有保障任务，安排人员定期开展入村排查，围绕群众用水情况、设施管护和设备运行维护等情况进行全面排查，建立台账，即查即改。共计发放饮水安全明白卡3万余份，加强群众与干部的联系，使群众知道出现用水问题该反映给谁，如何解决。全年累计解决群众反映饮水问题20余件。

【水质监测】 2021年，阿瓦提县水利局每月接收阿克苏水质监测有限公司提供的一份水质检测报告，同时每季度对末梢水开展抽检工作，并配合疾控人员对全县的饮水水质开展检测，每季度检测1次。

【水价综合改革】 2021年，阿瓦提县水利局压实水利基础设施管护责任。与各乡（镇）、村委会层层签订水利基础设施管护协议，共移交灌溉渠道993条，总长度2441千米，移交渠道附属物闸口745个；供水到户已在全县推进，全面落实渠长制，供水到户工作覆盖全县7个镇2个乡。建立差异化水价征收机制。30年承包地达到成本水价的80%,即0.116元/立方米(含末级渠系维护费0.0171元/立方米),绿色企业地达到成本水价1.25倍,即0.1719元/立方米(含末级渠系维护费0.0171元/立方米)。加快推进水改项目的实施。阿瓦提县农业水权水价综合改革农田水利基础设施改造和量水配套设施工程建设项目,全年总投资1320万元。落实斗口计量体系,同时实现灌区水量信息采集自动化和信息规范化管理,为搭建水权交易平台提供软件支撑。

【农民用水专业合作社】 2021年,阿瓦提县水利局组建农民用水专业合作社。结合全县行政村实际和渠系分布情况及《阿瓦提县农业水价调整方案》的通知精神,根据《中华人民共和国农民专业合作社法》,全县成立农民用水专业合作社98家,覆盖全县152个行政村,基本做到行政村全覆盖。

【水资源总量控制】 2021年,阿瓦提县农业用水限额用水总量8.836亿立方米,其中地表水8.4437亿立方米,地下水0.3923亿立方米。地表水实际用水量7.0474亿立方米,地下水实际用水量0.5166亿立方米。同时规范工业、服务业用水,创建节水型社会,完成"井电双控"信息化建设工作,对全县1052眼机电井进行设备安装,实现对全县机电井的有效控制和计量,使节水理念深入社会的每个角落。同时按计划开展退地减水工作,全年全县总计退减4189.6公顷,核减用水量1152万立方米。调整各乡(镇)全年地表水控制指标,修订乡(镇)农业供水方案。在农业灌溉中全面推行"灌溉面积、用水定额、用水总量、灌水时间"四控制措施,并通过控制地下水的开采量,逐步压减水资源开采量。加强对水管干部的监管,确保各项灌溉制度落到实处。结合干部作风整顿工作,强化水管干部职工的责任意识,促进农业灌溉用水管理水平不断提高,用水效率不断提升。

【专项治理】 2021年,阿瓦提县水利局起草《塔里木河流域(阿瓦提县境内段)三年行动突出问题专项整治方案》《阿瓦提县水资源管理突出问题整改工作方案》,对沿河取水口和机井开展详细的摸底调查工作,建立一户一档,制定一户一策。排查核实阿克苏河阿瓦提境内共有5处无证,3处已完成拆除,2处已办理取水许可手续,采购电磁计量装置完成安装。叶尔羌沿河取水口13处,调查机电井322眼,调查土地4318.2公顷。年内,叶尔羌沿河取水口已全部拆除,第一阶段已封填155眼,完成退减1098.4公顷;第二阶段封填79眼,退减种植土地2499.27公顷。

【河(湖)长制】 2021年,阿瓦提县河(湖)长制工作要求,每季度召开全面落实河(湖)长制领导小组会议,及时调整河(湖)长制领导小组信息。全年各级河长累计开展巡河3829次,其中县级河长开展巡河159次,乡级河长开展巡河484次,村级河长开展巡河3186次,巡河频次达到要求,清理河湖"四乱"32起。对各乡镇河湖长制工作办公室开展业务培训2次,河岸治理工作与乡村振兴结合。

【防汛工作】 2021年,阿瓦提县加强对险工险段的摸排,组织党员先锋队和青年突击队,加固险工险段3处险工险段2.2千米,投入防洪物资木头420根、树梢750吨、编织袋3万个、铁丝0.5吨。根据工作要求起草防洪演练方案,并组织防洪演练1次。储备铅丝笼1.6万平方米、编织袋9万余条、麻袋3000个、铁丝15吨、蚂蟥钉7500个及各类生活应急物资。

【隐患排查】 2021年,阿瓦提县水利局开展全覆盖、拉网式安全生产大排查、大整治工作,累计排除隐患2项，制作安全警示牌4块、渠堤防护栏180米。对照自查和整改，5月自治区安全生产大排查、大整治反馈问题5项，整改5月11日专委会对成员单位检查反馈问题1项，于5月底组织安全生产工作实地督查1次。在刀郎河景观带河、22处泵站、蓄水池、滴灌池安装安全警示牌和防护栏。

种植业

【粮食生产】 2021年，阿瓦提县粮食作物种植总面积3.82万公顷，粮食总产27.44万吨。其中，冬小麦种植面积1.97万公顷，总产14.15万吨；整播玉米种植面积0.32万公顷，总产3.45万吨；复播玉米种植面积1.52万公顷，总产9.78万吨；水稻种植面积53.33公顷，总产0.06万吨。

【棉花生产】 2021年，阿瓦提县棉花种植总面积9.66万公顷、每公顷单产2018.55千克，总产19.52万吨。其中，陆地棉6.97万公顷、每公顷单产2274千克、总产15.8585万吨；长绒棉2.69万公顷、每公顷单产1357.5千克、总产3.66万吨。棉花滴灌8.3万公顷，机采棉种植模式9.54万公顷。

【其他瓜果生产】 2021年，阿瓦提县西(甜)瓜种植面积0.14万公顷，其中，西瓜0.1万公顷、甜瓜140公顷。

【农业生产】 2021年，阿瓦提县推广应用冬小麦缩行种植、干播湿出、节水滴灌等新技术，挖掘小麦高产潜力。推进“十百千亿”工程建设，以“两基地两中心”为引领，发展规模化养殖，提高能繁母畜存栏，促进畜牧业提档升级。创建科学养畜示范乡(镇)、场、村18个，年内无重大动物疫情和畜产品安全事件发生。全县新建日光温室202座、大田拱棚623座、庭院小拱棚2570座。全面推广“大苗移栽”技术，日光温室、大田拱棚大苗移栽率90%以上。与县内外10余家蔬菜批发经销商建立稳定供销关系，订单销售比例85%以上。设施农业种植总面积427.33公顷、总产1.71万吨，亩(0.07公顷)均生产效益6197元；种植复播冬储蔬菜0.07万公顷，总产3.16万吨。重点发展以黄瓤西瓜、纳西甘甜瓜为主的地方特色西(甜)瓜产业和辣椒、小茴香产业，种植特色作物0.21万公顷，黑木耳菌棒58.5万棒。

【夯实现代农业发展基础】 2021年，阿瓦提县加强高标准农田建设。在土地平整、高标准农田建设上持续加大投入力度，累计建成高标准农田8.42万公顷，完成土地平整9.46万公顷，流转土地3.57万公顷。整合农机资源，提升农机服务水平。全县拖拉机保有量1.53万台，配套各类农机具5.12万台(架)，农机总动力47.5万千瓦以上，落实农机购置补贴资金2339.89万元，推行“全程机械化+综合农事”“机械化+数字化”等农机服务新模式，实施3.33万公顷农机全程订单作业服务，提供从种到收到残膜回收一条龙服务，农机作业质量及效率大幅提升。做好优质棉花、小麦品种繁育。以塔木托格拉克镇、三河镇为核心建立棉花、小麦良繁制种基地，引入8家制种企业进驻塔木托格拉克镇种子良繁基地，引入冬小麦优质品种4个。

【推广滴灌小麦】 2021年，阿瓦提县农业农村局采用带卫星导航大型机械进行等行精量播种，保障播种质量高、缩减用种量，铺设滴灌带，实现水肥有效管理，保证各生育期水肥滴施到位，建立县小麦高产示范指导服务组，组织实施小麦高产示范，做到责任到人、分工明确，制定滴灌小麦高产示范技术方案和针对性技术措施，开展田间生育动态调查、技术效果跟踪和技术调研，现场解决技术问题，示范推广种植滴灌小麦0.13万公顷，公顷平均单产7642.5千克，比常规小麦每公顷增产499.05千克，其中阿依巴格镇幸福村冬小麦滴灌栽培高产示范田，经专家测定，平均每公顷单产11079千克，打破南疆冬小麦单产纪录。

【高标准农田建设】 2021年，阿瓦提县农业农村局以高标准农田建设为抓手，探索实施"一二三四五"(一对比、二刺激、三获利、四扶持、五助推)工作法，在土地流转、土地平整以及高效节水上持续发力，累计建成高标准农田8.42万公顷、完成土地平整9.46万公顷、流转土地3.57万公顷，有效盘活土地资源、解放农村富余劳动力，农民收入不断增加。2021年上级下达高标准农田建设任务1.06万公顷(高效节水0.78万公顷，土地平整0.08万公顷，优质棉基地0.2万公顷)，0.87万公顷高标准农田建设任务到位资金14004万元，其中中央财政专项(直达)资金11559万元，自治区财政配套资金2445万元。2月8日发布施工招标公告，3月11、12日开标，3月15日开工。年末基本完工，支付资金12850.53万元，支付率91.76%。0.2万公顷优质棉基地建设任务到位资金3300万元(为中央预算内资金)。项目于9月22日完成施工、监理招投标工作。9月26日开工，至年末铺设管网0.08万公顷，砌筑泵房4座，土地平整273.33公顷，支付资金1723.18万元，支付率52.22%。累计建成高标准农田8.42万公顷，完成土地平整9.46万公顷，农业综合机械化率达88%。

【发展现代种业】 2021年，阿瓦提县农业农村局依托第二批国家区域性良种繁育基地、自治区"四个百万亩"制种基地项目，加强优质棉花、小麦制种基地建设，建立以塔木托格拉克镇为核心的0.87万公顷棉花、小麦良繁制种基地，引入8家制种企业进驻良繁基地，开展小麦、棉花新品种育种，应用现代智慧农业提升粮棉制种技术能力，引入冬小麦优质品种4个，棉花优质品种12个，落实优质棉花品种良繁面积0.4万公顷，优质小麦品种良繁面积0.2万公顷。在三河镇建立长绒棉新品种试验研发基地1个、长绒棉品种对比试验站1个、长绒棉育种"三圃田"3.33公顷。与中国农科院生物研究所合作，共同开展棉花抗棉铃虫、抗除草剂、高产优质品种选育等育种研究，种植棉花优质品种品系材料300多个。在三河镇和阿克苏市空台里克农场共同建立的长绒棉生产全程机械化示范区，长绒棉机采试采成功，采净率达97.11%，成为新疆首个长绒棉机采的成功试验，中央电视台对此进行报道。

种子管理

【种子法律、法规宣传培训】 2021年，阿瓦提县种子管理站结合国家、自治区关于种子会议精神，以规范种业行为为切入点，开展棉花"一主一辅"品种的宣传推广。通过推广宣传，使人民群众对种子质量安全和棉花"一主两辅"品种推广有全新的认识，提高农民群众种植优良品种的认识和辨别种子真假的能力。

【开展优质棉花品种试验】 2021年，阿瓦提县种子管理站加强对种子协调、农资市场的监管，全县棉花高品质品种面积达到95%以上。在全县开展20个细绒棉高品质棉花品种展示、两组各11个品种实验和1组22个细绒棉品种试验，为选定地区棉花品种提供重要场所。

【小麦良种繁育】 2021年，阿瓦提县种子管理站引导各种业做好小麦主导产业的良繁田建设规划，规划以塔木托格拉克镇为核心的良繁基地建设。全县小麦良繁田经检验合格的有1975.13公顷，2021—2022年小麦"三圃田"10余公顷，小麦品种试验1组19个。小麦良种田2466.67公顷。

【行政许可证的审批、发放】 2021年，阿瓦提县种子管理站及时为种子经营者办理农作物种子生产经营备案证。全年发放种子登记备案证80份。在审核、发放工作中，严格办证程序，认真履行职能，实现公平、公开、透明，杜绝人情证、关系证，严把种子市场经营准入关。

【种子供应和市场管理】 2021年，阿瓦提县种子管理站和局农业执法大队联合开展种子市场大检查及打假保春耕工作，采取自查与抽查相结合，定期、不定期对全县种子企业及种子经销商的行为进行执法检查，受理化解农民种子纠纷10起。挽回棉农经济损失200万元。全年小麦良种7000多吨。

【种子质量监督检验】 2021年，阿瓦提县种子管理站严格按照《种子质量检验规程》对全县种子经销商所售种子进行全面抽样、检验，做到公平、公正、公开，严把种子质量关。为确保全县棉花、小麦种子质量和供种需求，严格按照种子田间检验规程督促种子企业对小麦、棉花种子田进行去杂去劣，地县两级种子管理部门对种子田进行全面检验。

【新品种区域试验】 2021年，阿瓦提县种子管理站和种业试验站承担自治区新品种展示试验示范53个；自治区早中熟长绒棉品种（系）预备试验、生产试验43个品种；自治区早中熟常规组生产试验1个、区试试验15个；自治区审定陆地棉、长绒棉推广品种展示试验40个；4组多家种业多点测试试验88个；2组联合体试验17个。开展棉花、小麦三圃田的种植。规范金丰源、鲁泰丰收棉业、棉城种业、天玉种业、天丰种业试验站和良繁田的建设，一些试验站承接自治区部分项目和各类品种的区试试验。

农业技术推广

【设施农业生产】 2021年，阿瓦提县设施农业生产总面积485.06公顷，总产19145吨。其中设施蔬菜427.33公顷，产量17731吨；设施瓜果45.13公顷，产量1083吨；设施黑木耳9.4公顷、鲜耳产量331吨；设施花卉0.4公顷、林果1.13公顷、育苗1.67公顷。

【落实小麦“一主一辅”用种】 2021年，阿瓦提县农业技术推广中心落实小麦“一主一辅”用种模式。全县小麦主栽品种为“新冬22号”，辅助品种为“新冬55号”，其中“新冬22号”种植面积1.67万公顷、“新冬55号”种植面积0.3万公顷、“新冬60号”种植面积20公顷。提高冬小麦种植规模。全县冬小麦种植面积1.97万公顷，通过改善粮食生产地块配套基础设施建设，持续扩大集中连片种植规模，稳步提升粮食生产全程机械化种植水平和生产管理效益。开展冬小麦新技术示范推广工作。通过开展冬小麦缩行种植、北斗导航播种、干播湿出、节水滴灌等新技术试验示范，进一步挖掘小麦生产高产潜力，依靠提高单产水平来确保粮食总产，以提升全县小麦生产科技和市场竞争力，不断提高粮食生产管理水平、产量品质和经济效益。全县落实冬小麦节水滴灌技术0.14万公顷，平均单产达到每公顷7642.5千克，个别滴灌冬小麦种植地块单产达到每公顷11079.75千克。加大冬小麦核心技术综合运用力度。以选用“一主一辅”优质高产品种和建设高标准粮田为前提，全力主推“良种化保障技术、高质量整地技术、规范化播种技术、科学化灌溉技术、精准化施肥技术、病虫害防控技术和机械化作业技术”等七大核心技术，实现冬小麦丰产丰收，全县冬小麦平均每公顷单产7152.6千克。集聚技术优势力量，全程跟踪做好技术指导服务。邀请疆内及地区粮食生产专家开展座谈讨论活动,制订完善冬小麦节水滴灌栽培技术方案;每月定期联系地区粮食生产专家经常性地深入田间地头全程踪开展技术指导服务,确保各项集成技术措施及时有效落实。抓好高产示范创建。借助自治区农业科技推广与服务项目平台,联合地区农技推广中心和农机服务农民专业合作社以促进粮食丰产、优质为目标开展协同攻关,落实好冬小麦滴灌栽培模式下农机农艺配套、智慧农业、水肥一体化高效利用等技术的集成示范推广,完成高产示范田面积0.63万公顷。

【棉花种植结构】 2021年,阿瓦提县为持续推进棉花产业提质节本增效,巩固提升国家优质商品棉基地地位,从种植、管理和生产方面抓好抓实抓细各项措施,全方位抓实棉花生产,确保棉花产业高质量发展。全县统一棉花种植品种,强力推进县域棉花长绒棉、细绒棉"一主一辅"品种布局。严格落实棉花"一主一辅"品种种植规划布局,在2020年"一主两辅"用种模式的基础上,选定鲁泰700Q和MCR3915作为长绒棉"一主一辅"种植品种,选定"J206-5"和"新陆中62号"作为细绒棉"一主一辅"种植品种。配制"营养套餐",助力节本增效。应用科技成果,因地制宜,科学制定7种施肥配方,既有滴灌配方、漫灌配方,也有不同肥料品种组合配方和棉花"一主一辅"品种配方,做到用肥有所参考,施肥有所依据。多方宣传,在持续利用"科技之冬"、"冬季攻势"、田间学校、印发资料等多种形式外,还通过抖音、微视频类等新兴网络宣传媒介普及测土配方施肥技术。狠抓整地播种,提高种植水平。提出整地播种"两不犁、三不种"(配方施肥不到位不犁地、残膜回收不彻底不犁地,一主两辅不落实不播种、整地质量不达标不播种、人机培检不合格不播种)工作要求和"10字"(整地"齐、平、松、墒、碎、净"6字要求和播种"直、精、实、带"4字要求)技术要求,力争达到兵团标准水平。将工作质量、进度列入农业生产工作重中之重,作为农业考核的重要依据,对不达标的地块,坚决不准播种,对已播种不达标的地块,坚决重播,并由责任领导承担农户经济损失。干部群众、农企参与,全面覆盖,巡回指导,确保各地块严格落实整地播种各项技术措施,实现"播种早、质量高、进度快"的春播目标,为棉花提质节本增效奠定坚实的基础。开展田间调查,服务农田管理。技术人员在各乡(镇)代表性棉田建立监测点,定时定点监测棉花生育动态和病虫情动态,发布《棉花生育动态监测简报》《虫情动态》《植物病虫服务简报》《植物病虫测报》,指导服务棉花田间管理工作。通过专家研究田管现状和存在问题,提出针对性技术措施,解决生产管理中各阶段遇到的技术问题。县委、县政府主要领导高度重视棉花产业发展,亲自抓生产、抓落实。各乡(镇)和县直农业农村部门将棉花生产作为基础工作、重点工作,加强组织领导,加大工作力度,强力落实分片包联责任制,确保产前、产中、产后管理工作有专人负责,做到常态化指导、奖罚并举。配套生产设施,强抓棉田基础建设。县农业农村局会同各乡(镇)和县直有关部门加强土地平整、高标准农田建设、高效节水农田建设及配套路、渠、林等基础设施建设,统筹谋划,全力推进,快速提升农田生产条件,增强抵抗自然灾害能力,为棉花高质高效发展打下坚实的基础。

【发展设施蔬菜】 2021年,阿瓦提县加快推进设施蔬菜产业发展模式,突出提高设施蔬菜效益,不断为稳固脱贫攻坚成果、乡村产业振兴、县域经济发展注入新动力,将生产中的新思路、新模式、新技术有机结合起来,不断发挥出设施蔬菜生产优势。按照地区下达建设日光温室202座(其中全钢架柔性复合材料温室数量≥100座)、大田拱棚500座、庭院小拱棚2417座的设施农业建设任务，加强组织领导，统筹协调各相关部门，抓好各项建设任务的完成，确保设施农业专班人员组织到位、建设用地落实到位、配套资金保障到位。重点抓好日光温室、大田拱棚和庭院小拱棚等设施农业建设和种植管理，培养种植能手、职业菜农，壮大蔬菜种植合作社，培育农民增收新增长点，助力农业产业化发展。抓好日光温室建设。全县新建完成单体日光温室72座、共占地面积41.41公顷。其中建设完成砖混结构单体日光温室36座、建筑面积6.75公顷（67564平方米），折合标准温室数量101.3座，建设基地为2个，在阿瓦提镇团结村建设单体日光温室25座、建筑面积4.32公顷（折合标准温室64.8座），塔木托格拉克镇玉斯屯克阿热勒村建设单体日光温室11座、建筑面积2.43公顷（折合标准温室36.5座）。同时，在乌鲁却勒镇红旗村采用全钢架柔性复合新型材料建设单体日光温室36座、建筑面积6.77公顷（折合标准温室101.5座），占地面积20.33公顷。抓好设施拱棚建设。建设完成大田拱棚378座（折算后623座）、占地面积13.87公顷、建筑面积12.47公顷。加大蔬菜育苗力度，确保日光温室和大田拱棚实现大苗移栽。依托已建成的阿瓦提县育苗中心，全面推广“大苗移栽”技术，及早育苗，为设施蔬菜早定植、早上市全力做好准备，冬春季共育苗360.4万株，夏季育苗43万株，共计育苗403.4万株。其中集中育苗260万株、分散育苗143.4万株。为全县设施蔬菜春提早、秋延晚打下育苗基础，实现日光温室、大田拱棚大苗移栽率达到90%以上。全程技术跟踪服务，确保技术指导全覆盖。为确保全县设施蔬菜种植效益，结合农业专业技术人员联乡包村技术服务工作，每个设施蔬菜生产基地（日光温室、大田拱棚）都配备专业技术人员、农民技术员，分片包干开展指导服务，加强对全县设施蔬菜生产基地的管理，继续发挥好生产办设施组技术人员的作用，定期加强对设施蔬菜生产基地的督促检查，确保生产基地管理到位。加强技术服务指导，对设施蔬菜生产基地种植户和务工人员定期开展技术培训。在蔬菜生产的关键时期加大技术人员到设施蔬菜生产基地的技术服务指导力度，确保蔬菜种植各项技术培训指导到位，实现设施蔬菜生产基地技术指导服务全覆盖。全县种植蔬菜投入生产的设施农业种植总面积427.33公顷（为种植一茬至两茬的面积）、生产面积262.71公顷、总产量17379吨、总收入2487.4万元。拓宽蔬菜销售渠道，抓好蔬菜订单销售。与县内外10家蔬菜批发经销企业签订蔬菜购销协议，其中乌鲁木齐市1家、阿克苏市5家、县内4家，建立稳定的供销关系，使生产出的蔬菜能够适时稳价地销售出去，设施生产基地蔬菜订单销售比例达到85%以上。

【丰富特色作物种植品种】 2021年，阿瓦提县科学调整产业布局，推广应用实用新技术，实现特色产业产量、效益“双增”。进一步拓宽农业产业发展渠道，实现农业产业化、多元化、特色化发展，在持续做好辣椒产业的基础上，重点发展以黄瓤西瓜、纳西甘甜瓜为主的地方特色西（甜）瓜产业和小茴香产业，推进订单农业发展，统筹衔接脱贫攻坚与乡村振兴，以期培育壮大特色产业支柱，助力农民增收致富。全县共种植完成特色作物0.21万公顷，其中，西（甜）瓜种植面积0.114万公顷（西瓜0.1万公顷、甜瓜140公顷），特色辣椒种植面积0.04万公顷，小茴香种植面积0.05万公顷，呈现出丰富化布局、规模化种植、标准化管理、产业化发展态势。提升种植管理水平。集中种植、统一管理，通过流转或承包土地形式实现分区域集中规模种植，便于统一种植管理和指导服务。规模种植、统一管理，在偏远、零散地块和未荫蔽枣园集中种植，实现种植规模化、用水集约化、收益最大化的目标，由瓜果种植专业合作社（合作组）生产，实现统一种植、统一管理、统一服务的管理目标，有效提升管理质量、产品品质；应用双膜小拱棚栽培技术，实现早出苗、早结瓜、早上市。落实县乡两级技术指导服务，全程跟踪开展春耕施肥、中耕除草、整枝拉蔓、水肥管理、病虫害防治等技术指导服务工作，形成县有“责任片”、乡有“责任区”、村有“责任田”的管理格局。

【稳定黑木耳种植】 2021年，阿瓦提县在4个乡（镇）5个基地共种植完成黑木耳菌棒58.5万棒，其中，拜什艾日克镇代热亚博依村20万棒，玉斯屯克塔勒克村4万棒，阿依巴格镇玉斯屯克阿依库勒村4.5万棒，巴格托格拉克乡墩买里村10万棒，英艾日克镇吐热村20万棒。加强对黑木耳生产的技术指导，确保各项技术措施落实到位。及时做好黑木耳的采收和销售工作。全县5个黑木耳基地共采收鲜木耳330.4吨，晾晒干耳26.14吨，已销售木耳25.11吨142.49万元，262户脱贫户实现户均增收5439元。

【病虫害综合防治】 2021年，阿瓦提县主要农作物病虫草害发生为中等发生（3级），发生面积14.97万公顷次，防治面积14.97万公顷次，其中绿色防控面积5.71万公顷次，专业化统防统治面积9.26万公顷次。

农业检验检测

【农产品抽检】 2021年，阿瓦提县农业检验检测中心做好农产品质量安全检验检测工作，加大抽检力度，为全县群众“舌尖上的安全”保驾护航。制订阿瓦提县农产品抽检工作计划，定期对辖区内农产品质量安全（果蔬）进行抽检，发现问题及时移交案件线索跟进执法，及时消除农产品质量安全隐患。全年累计开展县级抽检果蔬样品396批次，总体合格率100%。

【绿色食品基地创建】 2021年，阿瓦提县农业检验检测中心力推农业标准化生产，发展绿色优质农产品。围绕组织管理、基础设施和环境保护等七大体系，做好全国绿色食品标准化生产基地创建工作。截至年底，已成功创建1.4万公顷全国绿色食品原料（红枣）标准化生产基地和0.6万公顷全国绿色食品原料（核桃）标准化生产基地，0.14万公顷全国绿色食品原料（香梨）标准化生产基地进入创建期，新申报1.2万公顷全国绿色食品原料（香梨）标准化生产基地。

【农产品监测】 2021年，阿瓦提县农业检验检测中心严格按照《2021年阿瓦提县农产品质量安全检验检测工作计划》要求，发挥县、乡（镇）二级监测网络作用，形成县本级以例行监测和监督抽查为主，乡镇以快速检测为主的监测网络，实现全区域、全基地、全品种“三个100%”全覆盖。对县域范围内所有蔬菜种植基地、农民专业合作社、蔬菜种植散户展开县级例行检测8次，监督抽查4次，累计抽取果蔬396批次，经定量检测分析，总体合格率达100%。指导建成3个乡（镇）农产品质量安全监管站做到上市果蔬批批检测，累计完成4053批次快速检测，总体合格率达100%。

【乡镇监管站建设】 2021年，阿瓦提县农业检验检测中心组织实施自治区农业发展农产品安全专项项目，分别在乌鲁却勒镇、阿依巴格镇、塔木托格拉克镇、多浪乡、巴格托格拉克乡新建5个乡（镇）农产品质量安全监管站，提升网格化监管能力。全年召开乡（镇）农产品质量安全监管站检测人员能力提升现场培训会3次，检测人员检测能力水平得到进一步提升。

【实行食用农产品达标合格证制度】 2021年，阿瓦提县农业检验检测中心与市场监督管理局联合下发《阿瓦提县强化产地准出市场准入管理完善食用农产品全程追溯机制实施方案》，进一步扩大食用农产品合格证制度试行成果，探索构建以合格证管理为核心的农产品质量安全监管新模式，推动形成生产者自律与政府监管相结合的农产品质量安全监管新格局。完善食用农产品合格证监管名录，将小散户也纳入监管范围，确保所有食用农产品规模化生产主体覆盖率达到100%，其生产的产品上市时均要开具食用农产品合格证。年末，纳入国家农产品质量安全追溯管理信息平台管理的生产经营主体有138家，到各乡镇轮回服务指导3次，开展各类现场“微培训”100余场次，利用下乡采样、入户走访等契机进行食用农产品达标合格证宣传。把开具和出具合格证真实性、规范性纳入日常巡查检查内容，指导生产者自控自检，确保合格证真实有效。种植基地环节累计巡查5次，检查生产主体75家。

畜牧业

【畜牧业生产】 2021年年底，阿瓦提县牲畜存栏74.73万头(只)。其中，牛存栏6.68万头，羊存栏66.95万只，猪存栏0.54万头，其他0.56万只。牲畜出栏72.18万头(只)。其中，牛出栏4.03万头，羊出栏65.84万只，其他出栏2.31万只。家禽出栏628.15万羽。完成产肉3.03万吨，产奶1.45万吨，产蛋0.55万吨。

【能繁母畜存栏】 2021年，阿瓦提县推进牲畜良繁体系建设，加大肉牛、肉羊改良力度。全县推广西门塔尔牛性控冻精2.3万剂；全力实施多胎多羔肉羊改良工程，培育并推广多胎(多羔)种公羊0.51万只，建成肉用种羊场3个。母畜存栏61.28万头(只)。其中，母牛存栏5.1万头，母羊存栏56.18万只。

【调整种植结构】 2021年，阿瓦提县抓住退棉种草的时机，扩大饲草料种植面积，增加冬麦种植面积，实施新植林带和遮阴带种植苜蓿，加快推进农作物秸秆资源加工、转化和高效利用。完成饲草和农作物秸秆收储121.51万吨。其中，农作物秸秆收储49.75万吨，制作青贮饲料收储71.76万吨。提高农作物秸秆的利用率，提高牧草全程机械化水平，农机补贴较上年提高10%以上；进一步提高复播青贮玉米、甜高粱、一年两茬青贮玉米和苜蓿单产水平。

【养殖小区建设】 2021年，阿瓦提县坚持“科学谋划、政府扶持、农民自筹、经济实用”的原则，加快肉牛、肉羊规模化养殖小区(场)建设。采取“公司+合作社+农户”的养殖模式运行，按照统一管理、统一饲养、统一防疫、统一销售“四统一”方式进行科学饲养。年末，全县建成万头牛场1个，千头牛场6个，规模养羊场25个，规模化养殖场(户)按标准已建立养殖档案，备案场建档率达到100%。

【科学养殖体系】 2021年，阿瓦提县进一步完善和加快推进科学养殖“三级”示范体系的创建步伐，通过良舍、良种、良法、良料的示范推广，逐步改变农区传统养殖生产模式，让农牧民从落实科学养殖中获益。持续做好“肉羊改良”“科学养畜”示范乡、村、户创建工作，为畜牧业发展打好稳定基础。年末，有“科学养畜”示范乡镇2个、科学养畜示范场3个、科学养畜示范村13个、科学养畜示范户1174个；有“肉羊改良”示范乡2个、示范村17个、示范户1239户。

【动物疫病防控】 2021年，阿瓦提县严格落实“政府保密度、业务部门保质量”的责任制和“月月补免”制度，督促乡(镇)畜牧兽医站人员全员回岗，参加重大动物疫病防控工作，农业农村领导和畜牧技术人员包乡(镇)开展技术防疫指导工作。加快推行以村级防疫员为主体的防疫治疗经营性服务组织，推行集中连片整乡整村强制免疫方式，落实重大动物疫病防控工作责任制和责任追究制。全年，全县完成口蹄疫免疫108.13万头（只），完成小反刍兽疫免疫25.5万只，完成羊痘免疫25万只，完成羊三联四防免疫25万只，完成布病免疫19.5万头（只），完成禽流感免疫172.20万羽，完成新城疫免疫151.3万羽。无重大动物疫情和畜产品安全事件的发生。

【疫情监测】 2021年，阿瓦提县按照集中免疫结束21～45天开展免疫效果集中监测的要求，以村为单位对口蹄疫、禽流感、小反刍兽疫、猪瘟、新城疫免疫进行全覆盖随机抽检，对抗体水平不达标的村及时进行补免，累计完成牛羊口蹄疫抗体监测2292份，完成全年任务的143.25%；禽流感抗体监测1450份，完成全年任务的145%；新城疫抗体监测1450份，完成全年任务的120.8%；小反刍兽疫抗体监测430份，完成全年任务的107.5%；猪瘟抗体监测200份，完成全年任务的100%；抗体监测结果同时作为对村级防疫员工作考核的重要依据。组织各乡镇完成“人畜共患病”监测16178份，完成全年任务的133.59%，其中布病感染抗体监测8198份，完成全年任务的115.46%；布病免疫抗体检测3630份，完成全年任务的359.4%；牛结核病检疫4350份，完成全年任务的108.75%。

【违法行为查处】 2021年，阿瓦提县全面贯彻《中华人民共和国动物防疫法》，加大动物防疫、兽药、饲料监督检查执法及巡查力度。全年查处动物防疫案件8起，已结案件8起，其中，销售应当检疫而未检疫产品案件2起，屠宰应当检疫而未检疫动物案件1起，涉及动物防疫案件5起，涉及金额12.01万元，处罚金额2.14万元。全年完成动物屠宰检疫牛羊5.48万头（只），家禽15.8085万羽。检疫出病害羊肺脏135千克、肝脏580千克，共715千克病害产品进行无害化处理。检出病禽162羽，全部在焚烧炉中无害化处理。

【养殖污染治理】 2021年，阿瓦提县加强对养殖污染治理的宣传，强化养殖源头监管，根据《阿瓦提县禁养区、限养区划定工作方案》《畜禽养殖禁养区养殖场（小区）及定点屠宰厂关闭搬迁专项实施方案》《阿瓦提县畜禽养殖污染综合治理工作实施方案》，严格落实畜禽养殖场禁养区限养区规定，采取对已建成的标准规模化畜禽养殖场，通过改进养殖方式和建设配备污染处理设施，将畜禽粪便发酵转化为高效、无污染的有机肥料，直接还田利用。年内，完成20个畜禽规模养殖场养殖污染源配套设施工程，配套率达到100%，粪污资源化利用率83.26%。

【畜牧产业化】 2021年，阿瓦提县进一步加快推进畜牧产业化进程。全年完成招商引资项目4个，共计投资3亿元，已投资金额1.78亿元，其中和柯坪县喜羊羊农牧科技有限公司签订畜牧产业联盟协议书，并已收购1000只小山羊；和光华生态农林技术（新疆）有限公司签订蛋白桑种植加工项目，重点生产桑芽菜、桑叶茶、桑无抗饲料等，共计投资4000万元，已投资金额3500万元；和新疆汇鼎农牧发展有限公司签订饲料厂配套养殖项目，重点生产全价颗粒饲料、反刍饲料等，共计投资6000万元，已投资金额4300万元；和新疆铭顺达农牧科技发展有限公司签订玫瑰冠鸡、盐津乌骨鸡产业园区项目，共计投资2亿元，已投资金额1亿元。通过招商引资，全县现代化畜牧业朝着产业化方向发展。

【引资购销平台】 2021年，阿瓦提县按照“百十一”生产基地建设要求，发挥畜牧企业作用，搭建畜产品销售平台。全县打造“博斯坦羔羊肉”有机品牌1个,“穆沙疆牛羊肉”绿色品牌1个。探索线上线下联合销售模式,扩大销售量。全年,向疆外销售羊肉332吨,牛肉88吨,增加畜牧业附加值,增加效益。

【牲畜品种改良】 2021年,阿瓦提县使用冻精4.58万剂,配种母牛2.64万头,其中推广性控冻精27850剂,配种14112头。推广种公羊5115只,其中多浪种公羊2736只,湖羊种公羊2306只,卡拉库尔种公羊73只。

【良种公羊补贴】 2021年,阿瓦提县发放多浪羊种公羊2736只,每只多浪种公羊补贴1200元,发放资金328.32万元;湖羊种公羊2306只,每只湖补贴1000元,发放资金230.6万元;卡拉库尔羊种公羊73只,每只卡拉库尔种公羊补贴800元,发放资金5.84万元,共计发放良种补贴资金564.76万元。

动物疫病防控

【疫苗供给】 2021年,阿瓦提县兽医站推进乡(镇)冷链体系建设,按照疫苗运输、冷藏保存、使用的要求,为各乡(镇)、管委会及时供应各类疫苗,全年供应羊口蹄疫疫苗111.4万毫升,牛口蹄疫疫苗19.1万毫升,猪口蹄疫疫苗0.57万毫升,羊痘疫苗25万头份,羊三联四防疫苗25万头份,牛布病疫苗0.7万头份,羊布病疫苗20万头份,小反刍兽疫疫苗25.6万头份,禽流感双价苗69.72万毫升,确保防疫顺利进展。累计完成动物防疫、驱虫、治疗任务237.3万头(只)。其中完成牛羊猪口蹄疫免疫107.9万头(只),小反刍兽疫免疫25.5万头,羊痘免疫25万只,炭疽免疫10万只,羊三联四防免疫25万只,牛羊布病免疫19.5万头(只),高致病性蓝耳病免疫0.5万头(只),猪瘟免疫0.6万头(只),药浴、驱虫22.2万头(只),治疗1.6万头(只)。禽流感免疫171万羽,新城疫免疫151万羽,其他免疫121万羽。

【疫情监测】 2021年,累计完成牛羊猪口蹄疫抗体监测2572份,禽流感抗体监测1500份,新城疫抗体监测1500份,小反刍兽疫抗体监测412份,猪瘟抗体监测205份,抗体监测结果同时作为对村级防疫员工作考核的重要依据。制定以免疫质量和免疫密度为奖惩机制的激励措施,依据兽医实验室检测结果达标与否,为村级防疫员发放绩效工资,确保防疫工作质量达标。年内已落实实验室抗体检测结果与村级防疫员工资挂钩2次。组织各乡镇完成“人畜共患病”监测16190份其中布病感染抗体监测8460份,布病免疫抗体检测3630份,牛结核病检疫4100份。

【防疫技术培训】 2021年,阿瓦提县兽医站完善村级防疫员队伍建设,培养专业水平过硬的村级防疫员142名,邀请地区动物疫病控制诊断中心专家对全县村级动物防疫员进行动物疫病防控专题培训2期,开展村级防疫员现场培训2次、集中培训2次。县兽医站业务骨干赴各乡(镇)畜牧兽医站组织并开展集中培训2次、现场操作培训2次,针对村级防疫员业务知识水平不扎实开展一对一指导,受训村级防疫员累计达142人次,切实提高防疫员技术水平。

畜牧科技

【肉羊品种改良】 2021年,阿瓦提县畜禽改良站按照地区“整乡覆盖”“整村推进”的要求,以“四良一规范”和肉羊改良示范带动为引领,全力推动肉羊改良进程,年内完成肉羊改良11.06万只、调运种公羊5100只。

【黄牛改良】 2021年,阿瓦提县畜禽改良站采购牛性控冻精23万剂。争取到自治区西门塔尔牛(安格斯牛)群体改良提升行动项目，对全县黄牛进行普查，开展黄牛体尺测定，健全黄牛改良器械设备，进一步推动全县黄牛改良进程。全年使用冻精44564剂，配种25330头，其中推广使用性控冻精27850剂，配种14112头；使用液氮7773升。在地区业务部门的指导下，组织配种员成立银牧畜牧技术服务农民合作社，由51名配种员组成，主要采取流动上门服务，实行星级化评定、社会化服务模式管理，定期对配种员进行理论及实践操作培训，坚持持证上岗，提高生产母牛受胎率，共举办性控冻精技术推广培训班13期，培训650余人次。印制生产母牛“一畜一档”1.5万份，建立档案册，进一步规范生产母牛管理，做到底数清情况明，为全县黄牛改良工作打下坚实基础。

【科学养畜示范体系建设】 2021年，阿瓦提县畜禽改良站按照地区“科学养畜示范体系”建设的要求，创建羊改良示范镇2个、肉羊改良示范村17个、肉羊改良示范户1263个；科学养畜示范镇2个，科学养畜示范村15个、示范场4个、示范户1174个。

【饲草料储备】 2021年，阿瓦提县种植冬小麦1.95万公顷，种植水稻53.33公顷，种植正播玉米0.35万公顷，种植复播玉米1.52万公顷，种植苜蓿0.08万公顷，种植甜高粱0.1万公顷。县畜禽改良站指导帮助农牧民开展饲草料收储和制作青贮饲料，粮食作物秸秆收储52.92万吨，作青贮饲料80.15万吨。

【畜牧科技推广】 2021年，阿瓦提县畜禽改良站围绕提高农牧民收入，加大科技支撑力度，举办科学养畜培训班，普及科学养畜知识，提高养殖水平。继续加强配种员技术培训，邀请地区畜牧技术推广中心专家教授对县配种员进行集中培训。利用村级阵地，向广大农牧民广泛宣传科学养畜的重要意义，调动广大农牧民发展养殖的积极性。加强养殖培训，以现场培训指导方式，加大对基层技术人员和养殖户的技术培训力度。共举办各类畜禽养殖技术培训班28期，培训1098人次。

【畜禽资源遗传普查】 2021年，阿瓦提县畜禽改良站在地区畜禽遗传资源普查领导小组的领导下，对县9个乡(镇)、171个行政村进行普查，完成基本情况普查，普查数据录入全国畜禽遗传资源数据库。

动物卫生监督

【法律法规知识宣传和咨询】 2021年，阿瓦提县动物卫生监督所每季度开展畜牧业安全生产法律法规知识宣传和咨询服务活动。通过采取发放《中华人民共和国动物防疫法》《阿克苏地区牲畜调运及落地监管管理办法》《兽药管理条例》等法律法规，家禽高致病性禽流感疫病预防知识、家畜五号病预防知识、非洲猪瘟防控知识等宣传册，发放奶牛繁殖技术、新生羔羊常见病诊疗技术、动物布鲁氏菌病防治、包虫病危害及防治等手册。加大宣传力度，提高广大农牧民群众对预防动物传染病意识，让广大群众领会法律法规，预防各种畜禽传染病，确保畜牧业健康发展。以图片展览、实物展览、发放宣传材料、现场咨询等形式，宣传畜产品质量安全法律法规、食品安全常识等科普知识，动员全社会关注、参与食品安全工作，营造协同共治的浓厚氛围。全年开展宣传活动发放宣传材料共3200余份，解答咨询380余次。

【动物防、检疫】 2021年，阿瓦提县动物卫生监督所全面贯彻《中华人民共和国动物防疫法》，加大动物防疫、兽药、饲料监督检查执法及巡查力度。查处动物防疫案件8起，结案件8起，其中销售应当检疫而未检疫产品案件2起，屠宰应当检疫而未检疫动物案件1起，涉及动物防疫案件5起，涉及金额12.01万元，处罚金额2.14万元。

【屠宰监管】 2021年，阿瓦提县动物卫生监督所对全县1家牛羊屠宰厂、1家家禽定点屠宰厂、4个活畜交易市场及流通的牛羊肉类、禽类、蛋类等动物产品进行检查，检查检疫合格证明、检疫印章、检疫痕迹和私屠乱宰现象。

【兽药监管】 2021年，阿瓦提县动物卫生监督所对全县6家兽药经营店是否经营假劣、过期兽药，是否销售国家明令禁止的“三聚氰胺”“瘦肉精”违禁物质，是否使用违禁饲料添加剂等现象进行检查。强化对兽用生物制品的监管。在地区畜牧兽医局行政主管部门的指导下，加强对辖区内重点检查非法制售的生物制品、假借试验名义制售的生物制品、走私生物制品以及违法经营、使用高致病性禽流感等重大动物疫病防疫用疫苗行为的管理。通过开展专项整治活动，进一步规范经营者经营行为，净化全县兽药、饲料市场环境，确保畜牧业投入品的质量安全。

【工作规范化】 2021年，阿瓦提县动物卫生监督所为进一步规范动物检疫行为，提升动物卫生监督信息化水平，加强动物检疫合格证明电子出证工作的监督管理，提升动物检疫合格证明电子出证工作水平，已授权国家官方53人。

【畜禽养殖环境监管】 2021年，阿瓦提县动物卫生监督所为加强畜禽养殖业的污染防治，合理优化畜禽养殖业布局和结构，进一步促进全县畜禽养殖业持续健康发展。突出重点区域环境治理，减少畜禽养殖业污染，保障人民群众身体健康。加强对畜禽养殖场污染源治理，对规模养殖场排污情况进行一次摸底调查，要求各规模养殖场按规定建设污水、粪便处理设施，禁止乱排乱放污水，对粪便进行发酵上地利用。年末，全县国家直联直报系统录入的规模化养殖场25家，已安装污染治理实施12家，配合率94.17%，废污监管利用率80.73%。

【畜禽无害化处理】 2021年，阿瓦提县动物卫生监督所加大宣传病死畜禽无害化处理力度，使养殖户、厂全面了解国家的病死畜禽无害化处理政策。规范养殖户、屠宰场在养殖、屠宰环节病死畜禽申报程序，并由动物卫生监督机构派官方兽医现场监督对病死生畜禽进行无害化处理。

【市场准入】 2021年，阿瓦提县动物卫生监督所加强县4座活畜交易市场产地检疫监管，未凭动物产地检疫证明的牲畜，证物不符的一律不让出售，进行隔离观察。

【规模化养殖】 2021年，阿瓦提县动物卫生监督所加强养殖场（小区）监管，落实养殖情况监督核查台账制度。对全县规模饲养场（小区）建立动物养殖情况监督核查台账，实行动物养殖监督检查制度。对监管对象实行分类管理，结合全县实际，制订动物卫生监督管理对象分类管理工作实施方案。通过调查摸底，全县重点监管对象30个，根据风险等级进行定期与不定期的监督检查和瘦肉精检测，督促落实养殖场建立健全免疫、用药、用料、出栏等登记，加强对养殖场相关政策法规宣传和养殖技术方面的指导和服务，督促、指导和帮助养殖场（户）依法建立科学、规范的畜禽养殖档案，科学免疫，科学用药用料，提高养殖户的报检意识。检查指导规模养殖场（户）32场次，抽样检测瘦肉精550份，通过检查指导，树立养殖户科学养殖意识，增强动物及动物产品报检意识，从源头上保障畜（水）产品质量安全。加强养殖场（小区）调进调出动物监管。落实检疫申报、引进审批、隔离观察等制度，确保畜牧业生产安全。加强畜产品质量安全源头监管，与养殖场和屠宰场签订重大动物疫病防控畜产品质量安全责任书55份，养殖场和屠宰场签订污染源治理责任书20份，完善和规范养殖档案。

【动物产地检疫工作】 2021年，阿瓦提县动物卫生监督所全面提升动物检疫监督工作水平，控制动物疫病，保障全县畜牧业的健康发展和动物产品的质量安全。对不报检、拒绝检疫、逃避检疫的畜禽贩运户进行宣传教育。分阶段对需上市的牲畜查验产地检疫证明、无证牲畜一律禁止参加交易活动。全年完成动物产地检疫牛0.64万头，羊3.44万只，家禽80.34万羽。检出病禽162羽。

【畜禽屠宰检疫】 2021年，阿瓦提县动物卫生监督所加强屠宰场待宰畜禽监管，未凭动物产地检疫证明的畜禽，证物不符的一律不许进屠宰场。落实无产地检疫证和无免疫标识的畜禽坚决不允许进入屠宰场，严防疫病的传播和扩散。在屠宰检疫过程中严格执行“四个程序”，做到随宰随检，有宰必检、不漏检、不误检。严格执行屠宰场消毒制度，确保出场肉品质量。驻场官方兽医严格按照《畜禽屠宰检疫规程》的要求落实检疫，与养殖户、厂签订《动物及动物产品质量安全承诺书》，公开承诺对所生产的肉及副产品安全负责。强化瘦肉精检测工作，驻场官方兽医在履行动物屠宰检疫的同时，实施瘦肉精同步检测。对进入屠宰场的畜禽严把查证验物，宰前静养，宰前检疫，监督落实屠宰场“瘦肉精”自购自检、“瘦肉精”复检。确保出场肉品检疫率达100%，杜绝病死畜禽进场和不合格肉品出场。落实动物屠宰检疫规程，检疫员严格执行国家《畜禽屠宰卫生检疫规范》（NY—2001），做好检疫操作熟练、必须检查必摘应检部位、病害和三腺、严格规范盖章出证、备案登记，出场动物产品、脏器检疫率100%，出场胴体持证率100%。禁止屠宰能繁母畜和幼龄母畜。适龄母畜禁止屠宰，检疫员严格落实审核把关，并且实行检举制度，一旦违反规定的，严肃追责问责。全年，完成动物屠宰检疫牛羊5.48万头（只），家禽15.81万羽。检疫出病害羊肺脏135千克、肝脏580千克，对715千克病害产品进行无害化处理。检出病禽162羽，全部在焚烧炉中无害化处理。

【兽药及饲料监管】 2021年，阿瓦提县动物卫生监督所加大对兽药市场的专项整治力度。加强兽药和兽用生物制品质量管理和规范经营，贯彻落实《兽用处方药和非处方药管理办法》，开展兽用抗菌药专项整治工，规范兽药经营使用行为。全年检查兽药经营店10次。强化兽药GSP(《药品经营质量管理规范》)验收监管。严格落实兽药进货、销售、使用记录档案制度，全县6家兽药经营店二维码追溯系统正常运行，对兽药经营店进行专项整顿检查6次，检查覆盖率达100%。加强牲畜调运检疫审批。严格出县境动物及动物产品的检疫监督管理。对调出的动物及动物产品全部持动物产地检疫合格证明或动物产品检疫合格证换取出县境动物检疫合格证明。

【证章管理和兽医平台录入信息】 2021年，阿瓦提县动物卫生监督所加强对证、章、标志的使用，实行专人负责、专账登记、专库保存，统一领取、统一发放、统一回收、统一审核，责任到人，兽医平台录入证章入库、出库、回收数据，规范填写。

【非洲猪瘟疫病防控】 2021年，阿瓦提县动物卫生监督所根据阿克苏地区畜牧兽医局下发《非洲猪瘟防控工作开展情况的通知》的要求，制定防控制度，细化工作措施，层层落实防控责任。广泛宣传，科学防控。成员单位组织人员深入各乡镇村生猪养殖(场)户、生猪屠宰场、屠夫、经营者，对非洲猪瘟防控工作进行现场宣传指导，在养猪场(户)、肉产品市场、屠宰厂显著位置张贴《关于加强非洲猪瘟防控工作的通告》、"非洲猪瘟科普知识宣传栏"，共130份。加大生猪调入监管力度。重点在208省道(县境检查站)、英艾日克镇恰其村县境检查站，做好生猪运输车辆的相关检查，查验生猪是否来自疫区、是否有有效的检疫证明。全县各卡点共检查生猪运载车辆31辆次，生猪726头，没有来自或途经疫区生猪运输车辆，均无异常情况。

林业和草原

【概况】 2021年，阿瓦提县森林资源按起源划分，天然林总面积为15.94万公顷，其中国家级公益林7.78万公顷，地方公益林8.16万公顷。国家公益林有81个林班，546个小班；地方级公益林有47个林班，261个小班，护林员110人，管护站18个，人均管护面积0.14万公顷；人工林2.33万公顷，其中经济林2.06万公顷，防护林0.27万公顷。按地类分有林地4.99万公顷，疏林地4.52万公顷，灌木林地2.3万公顷，未成林造林地1万公顷，宜林地1.93万公顷，沙生灌丛地3.72万公顷。森林覆盖率7.18%。

【林果业】 2021年，阿瓦提县林果面积2.26万公顷，其中核桃1.21万公顷，红枣0.27万公顷，苹果0.31万公顷，香梨0.18万公顷，葡萄0.21万公顷，杏0.05万公顷，桃0.02万公顷，枸杞60公顷，西梅、樱桃、酸梅、恐龙蛋、桑等66.67公顷。2021年果品总产量18.58万吨，其中红枣2.04万吨，核桃4.48万吨，苹果2.76万吨，香梨6.7万吨，葡萄1.64万吨，杏0.4万吨，桃、西梅等0.56万吨；果品总产值9.58亿元，其中红枣0.71亿元，核桃4.48亿元，苹果1.16亿元，香梨2.08亿元，葡萄0.74亿元，杏0.24亿元，桃、枸杞、西梅等0.17亿元。

【草原】 2021年，阿瓦提县天然草场面积为17.16万公顷，占全县土地面积的13.79%。可利用天然草原面积16万公顷，占阿瓦提县草原总面积的93.25%，四季草场是阿瓦提县放牧草场主要特征。阿瓦提县草原类型共有2类，主要是温性荒漠类和低地草甸类，在海拔1020～1040米均有分布。天然草原植物有3科，17种植物，以禾本科、豆科、菊科植物为主。

【有害生物防控】 2021年，阿瓦提县林业和草原局做好森防机械的维护工作。全县悬挂杀虫灯5948盏，打防水圈1.47万公顷、石硫合剂喷施面积2.06万公顷、树膜面积1.98万公顷、悬挂黄板545.2万张。做好防治工作。3月17日至4月10日，统一喷施石硫合剂，防治早春病虫害，全县喷施2.06万公顷。4月1—3日，对苹果枝枯病采取花前防治，全县防治面积0.18万公顷。主要措施有全园喷施2%春雷霉素水剂(加收米)800倍液。4月20—23日，对苹果枝枯病采取花后防治，全县防治面积0.18万公顷。主要措施有全园喷施20%噻唑锌悬浮剂(碧生)400倍液、3%噻霉酮粉剂(细杀)1000倍液。5月3—5日，对全县香梨园进行梨小食心虫统防统治，使用药剂为高效氯氰菊酯，全县防治面积0.18万公顷。5月3—6日，进行枣瘿蚊统防统治，使用药剂为阿维啶虫脒，防治面积为0.5万公顷。7月13—26日，对全县的红枣红蜘蛛进行统防统治，使用药剂为螺螨酯或阿维达螨灵，防治面积为0.5万公顷。8月30日至9月1日，对全县的红枣园桃小食心虫统防统治，使用的药剂高效氯氰菊酯。9月6—8日，对红枣园进行裂果病和黑斑病防治、防治面积为0.5万公顷。

【林业有害生物预测预报及监测】 2021年，阿瓦提县林业和草原局共发布10期202份林业有害生物趋势预报，主要有林业有害生物总趋势预报、春尺蠖、枣瘿蚊、苹果蠹蛾、梨小食心虫等虫情预报，并进行虫情预报验证工作，平均预报准确率达95%以上。做好8个自治区监测点的正常运行和管理，按照地区下发的7种重要病虫害监测任务，确定28个病虫监测固定标准样地，按时向地区森防站上报阿瓦提县内主要林（果）业有害生物发生防治情况。完善各监测点建设，定期对各监测点业务开展情况进行检查，各监测点业务工作按方案要求正常开展。

【林业植物检疫执法】 2021年，阿瓦提县林业和草原局进一步提高对危险性、潜在危险性和外来病虫害的监测，为病虫害科学防治提供可靠依据。同时严格执行产地检疫工作制度，完善产地检疫合格证，确保新造林苗木的质量。在调运检疫方面加强现场建议，杜绝危险性病害的传播蔓延和外来林业有害生物入侵。在苗圃地产地检疫中，3月以来，县林业和草原局组织专职检疫人员对全县苗木产地进行产地检疫及苗木质量检查，共检疫苗木38.75公顷、435万株，通过清理产地检疫合格苗木38.75公顷，236万株。其中杨树99.02万株、杏树50.5万株、胡杨12万株、沙枣2万株、杜梨15.1万株、苹果14.6万株、月季花12.83万株、桃树26.8万株、石榴1.2万株、无花果1.95万株。进一步规范调运检疫管理。县林草局实施现场检疫，经检疫合格后，方签发植物检疫证书，坚决杜绝“只收费，不检疫”或不认真检疫以及滥发植物检疫证书的情况发生。从3月开始，对调运检疫逐步实行定点现场检疫，经现场检疫，没有检疫性有害生物和危险性病虫害的签发植物检疫证书，有检疫性有害生物或危险性病虫害的让其进行现场处理，处理合格后方才签发植物检疫证书。全年开具苗木调运检疫证书2份，共1.5万株，其中阿瓦提县调入库车市玫瑰花苗1万株、阿瓦提县调入新和县玫瑰花苗5000株。为落实从外地引进的苗木健康，品质优良，无病虫害的要求，县林业和草原局检疫员对从其他省调入的林业植物及其产品进行复检。共复检71批次，其中苗木68批次、共251.63万株，木箱2批次、120件，楠竹1批次、2.6万根。复检后未发现危险性检疫对象，有效地控制林业有害生物的传播蔓延。开展重大危险性林业有害生物专项调查。为进一步贯彻落实自治区人民政府对苹果枯枝病防控工作的决策部署，及时掌握疫情发生情况。对所有香梨、苹果园进行摸排，发现疑似发病植株及时锁定。做好苹果枝枯病防控药剂的贮备工作。根据摸排调查，全县苹果枝枯病专项调查寄主树种面积为0.28万公顷，专项调查面积0.28万公顷，其中发生面积598公顷。从春季督促喷施石硫合剂开始，全县严格落实花期、花后喷杀菌剂等措施，减少病害发生率。根据苹果枝枯病发病一般伴随着腐烂病的发生的特点，拟定香梨花前花后统防药剂由2%春雷霉素、3%噻霉酮构成的方案。加强对疫情发生果园防控措施的落实。全县普查疫情发生面积598公顷，其中轻度发病面积584公顷、中度发病面积14公顷，对此部分果园，采取“三定”方式，即定片区、定人员、定责任，做到任务到人、责任到人、防治措施落实到位。全县开展专项调查，全年还未发现有扶桑绵粉蚧、松材线虫病、美国白蛾、光肩性天牛、枣实蝇、葡萄蛀果蛾等检疫性害虫的疫情。

【护林防火】 2021年，阿瓦提县林业和草原局坚持“预防为主、积极消灭、防消结合”的方针，进一步完善和落实森林防火责任制，建立和健全监督约束机制。与各乡（镇）、管委会、企业、各基层管护站层层签订森林防火责任书，权责明确、齐抓共管，完善护林防火体系。在各管护站每周常态化森林火灾扑救演练的基础上，开展县级综合森林火灾扑救演练与实战演习1次，强化半专业扑火队伍建设，提高广大护林员对突发性森林火灾的快速反应能力。加强半专业扑火队伍建设，为随时应对可能出现的森林火灾险情做好准备。由林业和草原局领导分片包干，对公益林区和草原进行火灾隐患大排查。各部门负责人每天从气象因素、火源管控、重点部位及管护站汇报的情况分析研判当下防火形势和防火重点。安全隐患排查的同时，利用张贴禁火令、发放宣传单和深入农牧民家中讲解森林火灾危害和防火知识的方式提高广大人民群众对防火工作重要性的认识。全系统干部职工同心协力，全年度未发生森林火灾。在亚苏克管护站瞭望塔上安装热成像烟火探测重型云台1台。利用生态补偿资金25万元，在艾买却克瞭望塔安装高空云台1座，提高林区森林防火智能巡护水平。利用生态补偿资金6.16万元为基层管护员购买服装，提高护林员工作积极性、凝聚力。

【管护站基础设施建设】 2021年，阿瓦提县林业和草原局为改善管护员的生活条件，购买多种瓜果蔬菜种子以及一批果树苗木分发到各个站所，指导各管护站完成果园和菜地的种植工作。利用生态补偿金7.6万元，完成380平方米宿舍、办公室等场所煤改电取暖工作，解决安全取暖问题。实施阿瓦提县国家级公益林管护站建设项目，总投资75万元，总规模为艾买却克管护站原址改建300.1平方米，3月招标，中标价63.628万元，5月起开始施工，9月竣工，改善管护员办公、生活条件。利用生态补偿金5.04万元，解决博斯坦牧场、叶尔羌河中心管护站、四号闸、塔木托拉克等4个管护站的安全饮水问题。利用生态补偿金34.36万元，改善和田桥、博斯坦牧场、叶尔羌河中心管护站、艾买却克瞭望塔等4处安全用电问题。利用生态补偿金7.84万元，为黑尼亚、苏盖提托喀依、库木格热木、克尤木塔拉、英艾塔克、木孜鲁克等6个管护站吊顶维修640平方米，改善生活办公。利用生态补偿金7.22万元，为黑尼亚、博斯坦牧场、亚苏克、英艾塔克等4个管护站维修、改建食堂，改善生活。

【森林培育】 2021年，阿瓦提县林业和草原局根据新疆塔里木河流域胡杨林拯救行动总体规划，设计4万公顷拯救任务，分3年完成，其中2020年引洪封育任务1.67万公顷，总投资500万元，作业区位于叶尔羌河南岸胡杨林区、亚苏克管护站至苏盖提托卡依管护站林区，疏通3条补水口，修建2条河道拦洪坝，清挖引水干渠3条、共计60.65千米，林区拦水坝14座，支渠14条、共计36.5千米，通过补水口和引洪渠完成封育任务1.67万公顷，项目已竣工验收。根据项目要求完成2019年森林抚育任务0.27万公顷。

【林果示范园建设】 2021年，阿瓦提县林业和草原局通过建设三级示范园带点连线扩面及开展林果企业（合作社）认领林果基地，适时培训技术人员、果农及贫困户，全面提升阿瓦提县的林果管理能力，在上年示范园建设的基础上，个别调整示范园建设，以建立红枣示范园为主，以建立核桃、香梨示范园为辅，共落实县、乡、村三级示范园62个0.09万公顷，其中地区级1个34.07公顷、县级7个0.02万公顷、乡（镇）级44个0.06万公顷、村级10个86.67公顷。持续推进“百十一”基地建设工作，提升基地标准化管理水平，全年创建“百十一”基地0.81万公顷，完成任务的101.7%，受益农户17610户，其中脱贫户2433户。示范园全面落实挂牌工作，并按照县、乡、村三级领导干部、技术人员及示范农户“三位一体”管理机制建设，带头落实各项技术措施，并及时组织召开现场管理及推进、培训会，带动所有果园的田间管理工作。

【"阿瓦提红"葡萄种植基地建设】 2021年,阿瓦提县林业和草原局为做好阿瓦提慕萨莱思原料阿瓦提红葡萄种植基地0.17万公顷规划,派专业技术人员赴吐鲁番市、鄯善县和库车等地考察学习林果技术、葡萄育苗和栽植技术。对各乡(镇)进行动员部署,举办1个葡萄班,5个常态化指导组长期对各乡(镇)讲解指导葡萄育苗和栽植技术,全年种植0.17万公顷"阿瓦提红"葡萄,全面完成2021年度"阿瓦提红"葡萄种植任务。

【林果业合作社管理】 2021年,阿瓦提县林业和草原局登记注册的林果类合作社有40家,注册资本538.5万元,固定员工290人,季节性用工2685人,通过农民合作社示范创建,提高运行水平,提升服务质量,增强综合实力,发挥示范带动作用,使农民合作社成为小农户和现代农业发展有机衔接的中坚力量。

【林果业助力脱贫攻坚】 2021年,阿瓦提县林业和草原局实施林果提质增效项目5个,项目总投资212万元。加大林果业提质增效攻坚力度。继续实施生态扶贫帮扶政策。聘用35名脱贫户为生态护林员,每人每年发放工资1万元,35名脱贫户实现就业增收,巩固脱贫成果。推进林果业政策性保险、红枣目标价格保险。

【林果质量提升】 2021年,阿瓦提县林业和草原局实施的林果提质增效项目有5个,项目总投资212万元。其中林果技术服务合作社建设项目补助40万元,企业合作社展会补助10万元,林果提质增效市场开拓(销售专区)补助10万元,地区级、县级示范园项目资金152万元。

【林果业科技培训】 2021年,阿瓦提县林业和草原局根据自治区、地区林业和草原局部署,在各乡(镇)的支持下,开展林果业培训活动。采取理论与现场实训相结合的形式,针对红枣丰产栽培技术、核桃修剪及病虫害防治技术、红枣栽培技术管理,开展多内容、多批次的培训,共开展培训452场次,培训1.62万人次。其中地区级培训6场次,培训272人次;县级培训23场次,培训793人次;乡级培训41场次,培训1254人次;村级培训381场次,培训13918人次。

【"百十一"基地建设】 2021年,阿瓦提县林业和草原局创建"百十一"基地0.81万公顷,受益农户17610户,其中,脱贫户2433户。开展分层次、多渠道培训,通过邀请自治区、地区专家,组织开展自治区特色林果提质增效"百千万培训行动"。通过自治区下派林果提质增效工程专家技术服务团到阿瓦提县开展林果业技术指导,在林果业管理的关键时期召开现场培训会16次,主动邀请地区林草局的专家到阿瓦提县进行指导、调研、培训,建立起通畅的自治区、地区、县、乡镇和村五级信息交流通道。

【特色种植业】 2021年,阿瓦提县为进一步优化林果业结构,稳定、保有已有的红枣、核桃、苹果、香梨四大树种的布局与结构,适当引进、栽植、试验示范名优特新林果产品,丰富市场供应,促进林果增效、农民增收。结合农村人居环境整治工作,引导种植农户进一步调优林果结构,发展名优特新果品。其中种植枸杞50公顷、杏(胡安娜、芒果)227.33公顷、阿瓦提红葡萄205.33公顷、杏李3.33公顷、药桑5.27公顷、大沙枣27.8公顷、其他61.33公顷。尤其是发展"阿瓦提胡安娜杏",打造阿瓦提胡安娜杏品牌,加大杏树育苗力度,在阿依巴格镇建立3公顷采穗苗圃,进行化肥补贴,进行修剪、施肥技术指导,为获取纯正品质接穗做准备。

【退耕还林】 2021年,阿瓦提县新一轮退耕还林总面积5533.33公顷，涉及阿瓦提县所有乡（镇）175个村，涉及农户6285户，共2882个小班。工程总投资12900万元，其中已到位资金12300万元。

【造林绿化】 2021年，阿瓦提县林业和草原局推动生态文明建设，做好造林绿化工作。2020年秋季至2021年春季，全县造林总面积936.77公顷，其中经济林240.83公顷、农田防护林492.47公顷、退化林修复203.47公顷。组织全民开展义务植树活动，义务植树面积26.47公顷，义务植树5.9万株，参加义务植树18010人次。按照“宜封则封、宜补则补、宜改则改、宜造则造”的模式，以人居环境整治为载体，开展“村庄增绿、人人护绿”活动。全年30个行政村实施村庄绿化美化工作，总投资600万元，建设内容主要包括道路主次干道绿化、农田防护林绿化、公共用地绿化和撂荒地绿化等，共开展村庄绿化230.81公顷。

【实施艾西曼区域生态修复和荒漠化治理工程】 2021年，阿瓦提县贯彻地委、行署把实施阿克苏艾西曼区域生态修复和荒漠化治理工程作为地区第“五个百万亩”生态治理工程。阿瓦提县艾西曼区域位于工程核心区，在阿瓦提艾西曼区域实施工程1731.35公顷。其中完成湿地修复工程23.05公顷、人工造林工程866.67公顷、乡村绿化美化工程230.79公顷、封沙育林育草工程400公顷，累计投入中央预算内资金200万元、中央林业改革发展资金1405万元。

【森林资源采伐】 2021年，阿瓦提县林业和草原局严格执行限额采伐制度，规范林木采伐审批程序，办理林木采伐手续，确保不超限额发证。根据地区下达2021年度核定的限额采伐指标为8819立方米，全年共发放采伐许可证748份，累计采伐蓄积量39584.85立方米，其中占采伐限额的7392立方米，采伐面积271公顷。

【林业执法】 2021年，阿瓦提县林业和草原局办理案件总计50宗，处罚总额21.11万元。其中滥伐林木案14宗，处罚金额13.99万元；非法收购加工案1宗，处罚金额290.09元；毁坏林木案4宗，处罚金额3179元；毁坏林地案1宗，处罚金额4670元；擅自改变林地案件2宗，处罚金额5302.32元；公安局移交给林草局的非法捕猎野生动物案22宗，处罚金额55736元；非法采集野生植物案件3宗，处罚金额2040元；林草局移交给县食药环侦查大队3宗。

【草原地貌】 阿瓦提县天然草原属于平原草原。植被以旱生和盐生植物为主，草原类型有温性荒漠类草原、低地草甸类草原。主要生长的植物为盐穗木、盐生草、盐豆木、白麻、小獐茅、甘草、驼绒藜、铃铛刺、苦马豆、苦豆草、芨芨草、骆驼刺、多枝柽柳、花花柴、红豆草、黑果枸杞、芦苇等17种有较强耐旱、耐盐碱能力的植物。

【草场分布】 阿瓦提县草场主要分布于和田河、叶尔羌河、阿克苏河三河两岸，叶南片区、多浪乡牧业村、博斯坦牧场、英艾日克镇艾希曼湖周围等平原低地带。组成植被以低地草甸类为主。四季草场质量较低，牧草可利用率较小。

【草场等级】 阿瓦提县天然草场以三等、四等草场为主。三等草场面积占全县天然草场面积的85.5%，四等草场面积占全县天然草场面积的14.5%。

【草原重点建设项目】 2021年，阿瓦提县林业和草原局在草原生态保护奖励项目中，上级下达草原生态保护补助奖励政策任务17.15万公顷。其中禁牧草场面积2.33万公顷、草畜平衡草场面积

14.82万公顷。下拨奖励资金765.9万元。其中禁牧补助资金210万元,草畜平衡奖励资金555.9万元。在一般性禁牧补助中,对退化严重的温性荒漠草原实行禁牧封育管理,对履行禁牧义务的牧民按照每年每公顷90元的标准给予禁牧补助。牧民要自觉履行禁牧义务,监管部门要强化监管职责,确保草畜平衡任务的落实。在草畜平衡奖励中,对禁牧区域以外保持天然性的草原根据承载能力核定合理载畜量,实施草畜平衡管理,并对履行草畜平衡义务的牧民按照每年每公顷37.5元的标准给予草畜平衡奖励。在退耕还草项目中,建设人工亩草地179.33公顷。

【草原资源动态监测】 2021年,阿瓦提县林业和草原局对低地草甸类草地的植被生长状况、生产力利用状况、灾害情况、保护建设工程生态效益等进行有针对性的地面监测,结合不同季节草地遥感资料、气象资料和入户调查资料,科学测算草原产草量、载畜量、盖度、高度等,通过年际间的比较分析,寻找草原生态变化规律,掌握年际草地资源变化动态,为草原生态修复、草原生态保护补助奖励机制绩效考核提供重要依据和技术支撑。年内,阿瓦提县有1个春季天然草原返青期监测点(监测时间为每年3—5月)、2个生产力高峰期监测点(监测时间为7月中旬)、2个冷季监测点(监测时间9月中旬)。在草原生物灾害监测预警及防治中,阿瓦提县草原生物灾害发生面积每年有0.43万公顷,占全县可利用草场面积(16万公顷)的2.69%。在鼠害监测预警中,草原鼠害主要分布在叶南片区、博斯坦牧场、乌鲁却勒镇牧业村等平原区低地草甸类及英艾日克镇苏亚依迪村温性荒漠类等草地,优势种为子午沙鼠。根据草原鼠害监测数据,适时采取以化学防治为主,以物理防治(招鹰控鼠)和人工防治为辅(布放老鼠夹子)的防治方法,全年共防治鼠害面积0.27万公顷。在虫害监测预警中,草原蝗虫优势种为西伯利亚蝗、黑腿星翅蝗。重点分布在县和田河岸和博斯坦牧场段,面积0.17万公顷,全年有效防治面积0.17万公顷。在毒害草监测预警中,主要危害种类为小花棘豆、刺旋花、黑果枸杞等。在已有毒害草种类主要为黑果枸杞,主要分布在博斯坦牧场、乌鲁却勒镇、三河镇以及多浪乡等盐碱化平原草原区域,分布面比较广、面积比较大。有害草种类有红豆草,主要分布在和田河岸、博斯坦牧场等区域,发生面积266.67公顷。苜蓿锈病是人工草地和改良草场主要的牧草病害,从每年的监测结果来看,未发生此类病情。

【草原防火】 2021年,阿瓦提县林业和草原局加大草原防火力度,完善防火体系建设。县草原站根据地区林业和草原局下发《关于认真做好2021年春季秋季草原防火工作的通知》要求,在春防秋防期间,制订草原防火计划、措施、各项具体制度,及时上报春防秋防草原防火值班表,将草原防火重点责任区划分到各乡镇,各乡镇签订草原防火责任书,加强与各乡镇草原防火工作的沟通。执行春季秋季草原防火24小时值班制度,要求值班人员24小时开机,并做好火情调查、了解和上报,做到防火信息通畅。

农牧业机械化

【农机购置补贴】 2021年,阿瓦提县通过农机购置补贴政策引导、信贷资金扶持、农机报废更新补贴激励,引导农机专业合作社购进农业生产所需的大型动力机械和作业机具,补齐大型机械数量不足,机具门类不全的短板,不断优化农机装备结构,提升农机化作业服务能力。全县实施农机购置补贴资金2339.89万元,农机购置补贴机具483台,补贴资金已通过一卡通发放到农户手里。

【农机安全监理】 2021年,阿瓦提县在册拖拉机和联合收割机16581台,其中联合收割机642台,大中型拖拉机11220台,小型拖拉机4719台,已检验拖拉机和联合收割机14651台,检验率91.92%,拖拉机和联合收割机驾驶员13386人,在册大型工程机械1438台,其中,装载机829台、轮式挖掘机40台、履带式挖掘机569台,应安装终端的大型工程机械(装载机和轮式挖掘机)869台,已安装终端的大型工程机械290台。

【农机专业合作社】 2021年,阿瓦提县动员农机户入社、小型合作社入联社或参与联社统筹调配作业,解决农户各为其事,机具重复配置,利用率低、资源浪费以及农机户、小型合作社机械装备少、服务项目单一,大活干不了、作业质量不高、作业效率低、不能配套完成全产业链机械化服务的突出问题,助推农机化事业及农业现代化的发展。年末,全县拥有农机合作联合社1家、农机服务农民专业合作社64家。其中2021年新注册10家农机合作社,实现全县农机一盘棋,着力推广实施3.33万公顷农业机械化全程式订单作业服务,促进农机合作社与种植业合作社或种植大户的有机融合,达到互惠共赢的目的。

【农机化服务】 2021年,阿瓦提县农机推广服务人员有11人,其中高级工程师2人、工程师6人、助理工程师3人。小麦精少量播种、温室大棚微耕、特色林果业加工冷藏、农机深松、棉花机采、无人机植保、保护性耕作技术、棉花小麦玉米干播湿出等试验示范推广科研技术项目。

【农机化技术推广】 2021年,阿瓦提县农机总动力47.5万千瓦,农业"耕种收"综合机械化率大幅度提高,特别是粮食作物,基本实现机械化。主要农作物综合机械化率达88%以上,小麦机收率达100%、玉米机收率达到90%以上。全县拥有采棉机157台,细绒棉全程机械化率达80%以上,长绒棉已实现机械化采收。实施精量播种面积9.67万公顷。其中推广机采棉模式种植8.02万公顷,实施棉花机械化采摘5.87万公顷,其中示范推广长绒棉机采333.33公顷,棉花生产机械化水平大幅度提升,农机社会化水平迅猛发展。在三河镇、拜什艾日克镇、阿依巴格镇试验推广棉花干播湿出播种0.53万公顷。在阿依巴格镇草原河新村试验推广133.33公顷4.4米超宽膜播种技术,该技术有提高地温、促进棉花生长、减少杂草、提高棉花产量的作用。在各乡镇试验推广233.33公顷玉米免耕播种技术。年内,阿瓦提县被农业农村部认定为全国第六批率先基本实现主要农作物生产全程机械化示范县。

人工影响天气

【防雹基地建设】 2021年4月,阿瓦提县人工影响天气办公室新建完成的英艾日克镇拉特勒克村标准化防雹作业基地正式投入使用。基地是将原英艾日克镇托万克栏杆村3组和玉斯坦阿热力迪村3组2个固定作业点进行整合后的综合性防雹作业基地,配备流动作业车5辆,工作人员12人。

【人工影响天气】 2021年,阿瓦提县人工影响天气办公室在防雹作业期共开展人影防雹作业28次,最大限度地降低冰雹灾害程度,较好地完成全年的防雹减灾任务。

工 业

综 述

【企业服务】 2021年,阿瓦提县抓好各项惠企政策落实,减轻企业负担,激发企业活力,做好各项惠企政策的兑现。通过持续加大政策宣传力度,梳理打通政策兑现中遇到的堵点问题,确保做到应享尽享,不漏一企。年内,兑现自治区纺织服装专项资金2600万元,为舜馨纺织等8家企业申报纺织服装特殊电价,为普美纺织等3家企业申请自治区"银纺贷"备案。一系列惠企政策的落实有效降低企业生产运行成本。

【工业企业】 截至2021年年底,阿瓦提县主要涉及纺织服装、农副产品加工等产业,其中规模以上企业15家,规模以下企业70家。全县15家规模以上工业企业共实现工业增加值3.33亿元,比上年增长20.8%。纺织服装产业方面,建成纺纱规模67.6万锭、织机1400台、包覆纱机560台、袜机300台、服装600万件,纺织服装上下游全产业链初步形成。农副产品加工产业方面,主要包括面粉加工、阿瓦提慕萨莱思加工和林果加工,共有企业12家,年加工林果4.6万吨、面粉1.5万吨、阿瓦提慕萨莱思4000吨。能源化工产业方面,主要包括清洁能源发电企业5家,建成光伏发电规模160兆瓦,生物质发电装机规模12兆瓦,全年发电量达2.5亿千瓦时。

【纺织服装产业】 2021年,阿瓦提县有纺织服装企业39家,其中棉纺企业4家、织布企业10家、织袜企业2家、原料包覆纱企业2家、大小服装企业21家。建成纺纱规模67.6万锭(含气流纺),织机1400台,服装600万件,袜机300台规模,年内,6家规模以上纺织服装企业共实现工业增加值1.88亿元,占全县规上工业增加值比重的56.5%。

【企业运行调度】 2021年,阿瓦提县商工局根据《2021年阿瓦提县壮大实体经济攻坚行动方案》工作要求,密切关注重点行业、重点企业生产运行情况,对企业生产情况实行"周调度"。针对不同企业"因企施策、分类施策"。全县12家规模以上企业产值"九增三平",增长的9家企业中8家实现两位数的增速,其中普美纺织、卡迪丹服饰、久盛混凝土3家企业增速超过60%,有效拉动全县工业经济增长。

【纾困解难】 2021年,阿瓦提县出台制定《阿瓦提县领导干部带部门包联服务企业实施方案》,同时重新调整阿瓦提县领导干部带部门包联服务企业工作领导小组,全县工业企业均由县级领导、各部门科级领导干部进行包联,并负责相关走访帮扶解困工作的落实,走访企业1025人次,上报走访台账985份,搜集企业政策、资金、用工和要素保障等各类问题诉求86条,已基本解决完毕。采取反向测评,倒逼包联企业工作落实。本着以企业满意为标准的原则,督促包联领导到企业走访后进行签到,实行反向测评制,由企业对包联领导走访和解决实际问题情况进行满意度测评,进一步夯实包联服务企业工作的落实。

县委、县政府主要领导根据所上报内容进行电话核实，抽问包联领导服务企业情况，切切实实做好为企业提供优质的“保姆式”服务。

【减轻企业负担】 2021年，阿瓦提县用足用好国家、自治区支持纺织服装产业发展的各项政策，抓好政策兑现。累计为全县纺织服装企业兑现产品出疆运费补贴、电费补贴、社保补贴、贷款贴息、一次性新增就业补贴、岗前培训补贴等各类补贴资金6427.72万元，有效减轻企业运行成本。及时兑现招商引资优惠政策，累计为企业兑现纺织服装企业政策补贴2337.72万元，拨付设备补贴、运费补贴、基础设施补贴等4090万元。

【企业安全生产】 2021年，阿瓦提县商工局完善企业安全生产责任体系。商工、园区等部门组织常态化指导组对重点企业安全生产进行专项检查，累计走访检查企业221家次，对于发现的问题全部要求企业进行立查立改，确保企业安全稳定，运行平稳。

【市场监管】 2021年，阿瓦提县商工局抓好成品油零售市场监管。为强化成品油市场监管，规范成品油市场经营秩序，促进全县成品油市场健康有序发展，对全县19个加油站开展执法专项检查对违法经营、非法拉运进行专项整治，全年共检查油品质量39次，全县19个加油站已全部通过年审。

工业园区建设

【经济运行情况】 2021年以来，阿瓦提县工业园区管委会累计完成总产值10.86亿元以上，其中工业总产值完成8.28亿元，同比增加28.7%；工业增加值完成2.58亿元，同比增加15.2%。截至年底，园区共入驻企业75家，其中规上企业12家（新增升规3家），园区新增投产企业8家（思维纺织、祥顺纺织、裕德纺织、冠宇纺织、舜馨纺织、棉都阿瓦提慕萨莱思、新疆昆仑情枣业、阿瓦提沙漠农夫枣业），新增设备安装调试企业1家（新疆九安电器设备安装有限公司）。园区经济增长主要来源于棉纺制造产业园入驻企业逐步建成投产，其中，以新疆思维纺织科技有限公司35万锭纺纱1050台喷气一期6万锭纺纱9月投产，10月成功升规纳统、阿瓦提县宝隆纺织有限公司于10月升规、阿瓦提县苏诚科技塑业有限公司（11月升规）、新疆冠宇606台喷气织机一期128台9月底投产，新疆裕德纺织有限公司，阿瓦提县祥顺纺织科技有限公司、新疆益正毛纺针织服饰有限公司陆续投产拉动就业1万余人。

【农副产品加工设施建设】 2021年，阿瓦提县工业园区管委会立足于农业大县发展农业特色产业，新规划建设面积3500亩，投资3.3亿元，建成标准化厂房13栋，6.5万平方米，新引进入驻阿瓦提慕萨莱思、红枣、核桃、冷冻干果食品精深加工企业8家，总投资3.3亿元。

【基础设施升级建设】 2021年，阿瓦提县工业园区管委会针对棉纺制造产业园、农副产品精深加工产业园、产城融合发展区水、电、路、气、讯等基础设施改造，完成园区内新建道路20千米（棉纺制造产业园10千米、农副产品精深加工产业园10千米）；完成园区供排水管网、燃气管道30千米，供电由10千伏拜库线51号杆零式接入，满足首期开发用电需求，二期电力提升改造项目园区110千伏变电站正在建设中；4G通信网络工程已全覆盖；同时园区加大绿化、美化、亮化工程建设力度，营造宜居宜业园区环境，共计绿化面积200亩，累计投入资金400余万元；建成职工周转房24栋，已全部投入使用，园区幼儿园、职业高中已招生就学有学生2155人；一期4000立方米/日污水处理厂年底投入使用。

【招商引资项目建设推进情况】 2021年，阿瓦提县工业园区管委会新入驻企业纺纱规模96万锭，喷气织机6221台，其中重点企业思维纺织一期6万头气流纺于9月建成投产，10月升规纳统、裕德纺织一期2万头纺纱、普美纺织三期7000头气流纺、冠宇纺织一期128台喷气织机、舜馨纺织一期100台喷气织机按期调试投产。2021年，阿瓦提县工业园区管委会累计实施项目13个，其中，续建项目3个，新建项目10个，项目总投资37.92亿元，年内计划完成投资7.49亿元。截至年底，已完工项目5个，累计完成投资6.91亿元。

【企业服务】 2021年，阿瓦提县工业园区管委会优化服务指南，规范企业办事流程，指派专人搭建联系服务平台，确保企业无忧入园，尽快投产。为企业做好用水、用电、用工生产要素保障做好"帮代办"服务，启动"大事快办""要事急办"程序，为入驻企业提供一站式、一条龙、多方位、多角度的服务。截至10月底，累计解决企业各类困难诉求150余件，协调解决用工就业500余人次。

招商引资

【招商项目】 2021年，阿瓦提县招商引资项目30个，其中工业产业类项目24个，完成到位资金37.81亿元，完成全年目标任务122%。围绕优势资源和产业定位持续加大招商力度，全产业链基本形成。以延伸"植棉—轧花—纺纱—织布—成衣"全产业链为主攻方向，推动产业发展，建成纺纱47.6万锭、织机1078台、包覆纱机642台、袜机580台、制衣2000万件产业规模。

【招商机制】 2021年，阿瓦提县将招商引资工作作为"一号工程"和"一把手工程"，出台制定《阿瓦提县2021年度招商引资单项考评奖励办法（试行）》，通过任务分解将全年招商引资任务分解到69个单位，做到"千斤重担人人挑，个个肩上有指标"，营造全员招商氛围。在签约任务已完成的基础上，重点推进项目落地，紧盯产城融合园区秋季招商引资项目集中开工仪式上的5个重点项目，发挥包联专班作用，做好项目用地审批、环评等前期手续跑办工作，加快推进项目建设进度。

【招商形式】 2021年，阿瓦提县通过小分队招商、驻地招商、以商招商等多种形式，共计对接洽谈项目231次，收集有效信息95条，成功促成思维纺织35万锭纺纱、1050台喷气织机等重点项目的签约落地。

【招商签约】 2021年3月，阿瓦提县商务和工业信息化局与新疆思维纺织科技有限公司举行签约仪式。计划投资17亿元，建设30万锭纺纱、1050台喷气织机项目，项目全部投产后，年生产棉纱4.2万吨、棉布1.5亿米，年产值可达22亿元，解决就业3500人。5月，县商务和工业信息化局召开招商引资推介会，共计150余人参加，与3家企业进行现场签约，签约金额达5000余万元。7月，县商务和工业信息化局举行招商引资集中签约仪式。集中签约项目10个（新疆融科纺织30万锭纺纱、1050台喷气织机织布项目，阿克苏精一纺织有限责任公司20万锭气流纺、600台喷气织机织布项目，新疆裕德纺织有限公司1万头气流纺纺纱、608台喷气织机织布项目，新疆冠宇纺织科技股份有限公司608台喷气织机织布项目，新疆铭顺达农牧业科技开发有限公司玫瑰冠鸡、盐津乌骨鸡产业园区项目，弘于丝新上302台大剑杆织机织布项目，阿克苏一瑾网络科技有限公司2000辆共享电瓶车项目，新疆九安电气设备安装有限公司产值1亿元电气设备、钢结构、路灯、包装制品生产项目，多浪出租车有限公司新能源汽车充电桩、新能源电动汽车租赁、新能源电动汽车维修保养项目，阿瓦提县兴隆免烧砖转型投资新建商品混凝土项目），签约金额达26.95亿元。主要涉及纺织服装、畜牧业养殖、装备制造等产业，进一步拓宽了投资渠道，将优质企业“引进来”。

9月，县商务和工业信息化局举行产城融合示范区2021年秋季招商引资项目集中开工仪式。集中开工项目7个(融科纺织30万锭纺纱、1050台喷气织机项目、舜馨纺织1200台喷气织机项目、拓鑫纺织1100台喷气织机项目、精一纺织20万锭气流纺、600台喷气织机项目、冠宇纺织608台喷气织机项目)，总投资31.55亿元。

企业简介

【新疆恒大建业建筑工程有限公司】 新疆恒大建业建筑工程有限公司位于阿瓦提县拥军路，拥有房屋建筑工程施工总承包二级资质、市政公用工程施工总承包叁级、水利水电工程总承包叁级、公路工程总承包叁级资质。公司下设28个直属施工队伍，秉承“团结拼搏，追求卓越”的企业精神，不断健全各项管理制度。所建工程获得过建设部优质工程奖，竣工工程一次交验合格率100%。

【阿瓦提县久盛建筑安装有限责任公司】 阿瓦提县久盛建筑安装有限责任公司位于阿瓦提县8号(绿景花园小区)4幢二单元201室，下设阿克苏地区久盛房地产开发有限公司、阿瓦提县久盛商贸有限责任公司、阿瓦提县久盛混凝土有限责任公司、阿瓦提县久盛劳务派遣有限责任公司，合计注册资金6000余万元，年收入达到2亿元以上。公司拥有与施工能力相适用的机械设备，实行独立核算，自主经营。公司内设总工办、财务科、生产技术科、质量安全科、材料设备科、合同预算科等6个职能部门。经营范围：房屋建筑安装工程施工，室内外装饰装潢设计、施工，园林绿化施工，土方石工程施工，地基基础施工，防腐保温工程施工，市政工程施工，消防工程的前期勘察、勘探、施工，机电设备安装，工程设备出租，建筑材料、五金交电、天然气管道、压力钢管、机械设备及配件销售。2021年，公司拥有在编技术管理人员45人，其中中级职称10人，二级建造师8人，现场管理人员22人，具备与申报资质相适应的建设工程施工的专业能力。

【新疆鸿宇天成建筑安装有限公司】 新疆鸿宇天成建筑安装有限公司位于阿瓦提县丰收一场九连，于2016年6月24日成立，总面积120平方米。2021年，公司有成员48人。主要从事房屋建筑安装工程施工，室内外装饰装潢设计、施工，园林绿化施工，水利水电工程施工，土石方工程施工，桥梁工程施工，市政工程施工，公路工程施工，仿古建筑施工。

【阿克苏地区建新建筑安装有限责任公司】 阿克苏地区建新建筑安装有限责任公司成立于1998年3月，是一个以房屋建筑总承包为主的贰级资质施工企业。公司具有市政公用工程施工总承包贰级、钢结构工程专业承包叁级、起重设备安装专业承包叁级资质。公司在经营发展过程中先后投资设立阿克苏地区永固房地产开发有限责任公司、阿瓦提县建新供排水有限责任公司、阿瓦提县环源污水处理有限责任公司。公司注册资本为2100万元，有固定资产3150万元，固定员工215人。有职称人员162人，其中工程技术人员154人，经济管理人员8人；具有高级职称管理人员3人，中级职称管理人员56人。管理人员普遍素质高，具有大专以上(含本科)学历人员106人，中专以上学历42人。公司下设16个施工队，自有机械设备达4613.41万元，总功率为9215.5千瓦。公司承建的县文化艺术中心附楼工程被建设部授予“自治区安全文明生产施工现场”称号，被地区住房和城乡建设部授予“先进单位”称号。

【新疆康耀建筑工程有限公司】 新疆康耀建筑

工程有限公司成立于2017年1月。公司拥有建筑工程施工总承包叁级，市政公用工程施工总承包叁级，钢结构工程专业承包叁级等多项资质。主要经营房屋建筑工程施工总承包；市政公用工程施工总承包；水利水电施工总承包；地基与基础工程专业承包，混凝土预制构件，建筑装修装饰工程，土石方工程，钢结构工程，城市及道路照明工程等。公司内设工程安检科、工程管理科、预算科、工程业务科、财务室及行政办公室等多个部门科室，全面负责公司的总体规划及运营。

【新疆增承工程建设有限公司】 新疆增承工程建设有限公司于2012年2月27日在阿瓦提县工商局登记注册成立。注册资金3000万元。公司主要经营房屋建筑工程施工总承包贰级、市政公用工程叁级、水利水电叁级资质允许范围内的工程。2021年公司在册职工总人数285人，其中中级以上工程师48人。项目经理23人，其他岗位人员56人，专业工人158人。

【新疆万安工程建设有限公司】 新疆万安工程建设有限公司自2018年11月1日被阿瓦提县城投建设发展管理有限公司收购，位于建设北路27号（原林业局办公楼4楼），公司房屋建筑、市政工程叁级资质升级为贰级资质，地基基础工程专业承包叁级、钢结构工程专业承包叁级、城市及道路照明工程专业承包叁级。

【阿克苏地区恒顺建筑安装有限责任公司】 阿克苏地区恒顺建筑安装有限责任公司位于阿瓦提县团结西路7号，2011年12月1日成立，占地总面积200平方米。2021年，有液压撬1台、皮卡车1辆、打印机1台、电脑6台、员工6人、保洁2名。

【新疆盛磊建筑安装工程有限公司】 新疆盛磊建筑安装工程有限公司成立于2017年1月4日，注册资本金1000万元。位于阿瓦提县建设北路三河建工小区2号综合楼2-2层。公司具备建筑工程施工承包叁级、市政公用工程施工总承包叁级、钢结构工程专业承包叁级、城市及道路照明工程专业承包叁级资质。2021年，有职工75人，其中中级职称人员15人，初级30人，其他专业技术人员30人。拥有机械设备110台。内设总工办、财务室、质量安全科、预算科、材料设备科、合同科等6个职能部门。

【阿瓦提县阳光热力有限责任公司】 阿瓦提县阳光热力有限责任公司2021年有员工36名，其中中级专业技术职称3名，初级专业技术职称6名，司炉工及水化工全部持证上岗。公司对县城范围集中供热面积达144万平方米，有40吨锅炉1台、20吨锅炉3台、锅炉房2座、换热站4个，建脱硫除尘塔1座，供热主管网达33千米。

【阿瓦提县建新供排水有限责任公司】 阿瓦提县建新供排水有限责任公司始建于1987年，原名阿瓦提县自来水公司，2003年更名为阿瓦提县银河供排水公司。2004年公司改制更名为阿瓦提县建新供排水有限责任公司。2021年5月公司纳入国企，归阿瓦提县城投建设发展管理有限公司管理。2021年公司有员工31人，内设行政办、财务室、抄表收费组、供排水管道安装维修班、供排水运行组等部门。公司日供水能力达到15000立方米，日污水处理能力15000立方米，排水普及率达到80%。供水管网达70千米，排水管网达33千米，各项供水排水设施、设备运行良好。全年，公司累计供水330万立方米，销售收入830万元，上缴税金38万元。为中普名都城安装智能水表558户，华夏名筑小区安装智能水表1160户。

交通运输

【行政执法工作】 2021年，阿瓦提县交通运输局规范执法行为。开展交通运输执法领域突出问题专项整治，围绕“宗旨不牢、作风不优、本领不强、担当不力、执法不廉”等方面排查整治重点问题，查找出共性问题24条、个性问题5条，健全问题排查台账，逐项提出切实可行的整改措施，确保问题整改落实到位、不反弹。强化联合执法。进一步加大公安交警、农业农村等执法部门联合执法力度，严格落实路政巡查制度，对损坏农村公路及附属设施和违法建设等行为及时查处，切实维护路产路权，延长道路使用寿命，提升公路使用效率，为全县经济发展提供一个良好的道路运输环境。共检查货运车辆2040余辆次，查处超限超载货运车辆211辆。

【安全生产】 2021年，阿瓦提县交通运输局结合交通运输安全生产专项整治三年行动，开展安全生产大检查，全年出动480余人次、车辆140余辆，开展专项检查130余次，发现隐患527条，整改完成527条。开展安全教育宣讲34场次，发放宣传资料700余份，确保全年全县交通运输安全生产实现总体平稳，无一起重特大安全事故发生。公共服务得到提升。

【城市客运管理】 2021年，阿瓦提县交通运输局优化客运结构，实现绿色出行。按照城乡公交“经济快捷、适度超前”的原则，采取“政府主导、购买服务、企业运营”的公交运营模式，实施城乡公交一体化改革，引进并投入使用纯电动新能源公交车，结合县域实际，优化线路布局，稳步提升全县交通运输服务质量和水平。通过督促县鸿运公交运输有限公司加快推进公司转型升级，购买引进并投运新能源纯电动公交车10辆，另订购4辆。做好农村客运油价补贴发放工作。严格按照油价补贴发放政策文件要求，做好2020年度城乡客运车辆油价发放工作，推动农村客运由“开得通、走得了”向“留得住、通得好”转变，更好满足农村地区群众出行需求。共计发放528.64万元，涉及204辆农村客运车辆。

【公路规划】 2021年，阿瓦提县交通运输局采取“乡村申报、行业审查、上下联动”的方式，重点、优先编报产业融合发展配套道路项目，如红葡萄旅游产业融合发展基础设施（道路）建设项目；重点农村公路项目，如多浪乡干道、塔木托格拉克镇至万头牛基地道路；乡村振兴公路项目，如示范村村内道路硬化。召开3次项目评审会，初步编制2022年重点推进农村公路项目10个，总里程154.5千米，概算总投资1.65亿元；储备项目7个，总里程68千米，概算总投资0.48亿元。

【公路建设】 2021年，阿瓦提县交通运输局聚焦主责主业，加强建设管理。配合推进“第一师阿拉尔市1团—阿瓦提县”南环路建设。项目全长53.13千米（阿瓦提段35千米），项目于2020年6月开工建设，已完工通车；配合推进“阿克苏市—阿瓦提县—阿拉尔市”铁路建设。项目全长114.63千米（阿瓦提段48.37千米），2020年5月开工建设，已全面完成轨道铺设工作，加速推进火车站场建设，2022年1月中旬正式通车。配合推进"阿克苏市—阿瓦提县"G580高等级公路建设。项目全长53.34千米(阿瓦提段25千米),总投资25.3亿元,2021年5月开工建设,征迁工作已基本完成,推进路基路面及桥涵建设工作,确保项目顺利实施。配合推进兵地项目建设。"第一师阿拉尔市一团—阿依库勒镇"(全长39.92千米,阿瓦提段10.06千米)、"第一师阿拉尔市二团—英艾日克镇"(全长41.09千米,阿瓦提段8.41千米),上述项目于2020年6月开工建设,已完工通车。抓好农村公路建设。全年争取资金1.25亿元,实施阿瓦提县新建农村公路项目5个,建设总里程160千米。其中以工代赈建设项目2个,投入资金749万元,建设总里程8.7千米;债券资金项目3个,投入资金11787.99万元,建设总里程151.3千米。已全部完工通车,进一步改善沿线12万名群众出行环境,为全县经济社会持续健康发展提供强有力支撑。

【公路养护管理】 2021年,阿瓦提县交通运输局做好农村公路的日常养护工作。结合"十三五"公路养护经验,进一步完善落实养护管理、养护作业、检查考核等标准及办法,规范养护管理与养护作业流程。继续抓好公路养护质量。重点抓好对养护人员的业务培训和养护质量工作,做到业务精、养护质量好,对接县畅达道路养护有限公司,加大养护机械引进购买力度,推进科学化、专业化养护。继续抓好路政管理及日常宣传工作。维护公路路产路权,按照《中华人民共和国公路法》等法律法规,加强公路巡查,加强交通安全设施维护和管理,推进路域环境综合整治。

【"四好农村路"建设】 2021年,阿瓦提县交通运输局抓好落实农村公路各项管养工作。制定并出台《阿瓦提县全面推行农村公路"路长制"实施方案》《阿瓦提县全面深化农村公路管理养护体制改革实施方案》等文件,设立阿瓦提县农村公路三级路长,建立农村公路管养机制,细化责任分工,并着力完善阿瓦提县农村公路管养长效机制。组织召开"四好农村路"创建工作现场观摩会,以道路提档升级和路域环境整治为抓手,提升农村公路通达能力和服务水平,并与各乡镇签订涉及700余千米农村公路路产路权移交协议。构建县级路政专管员、乡级监管员、村级护路员的县乡村三级路产路权管理体系,并设置公益性岗位对辖区农村公路定期巡查维护,全面开展路域环境整治1019次,为困难群体创收150余万元。在加大监督力度的同时,广泛发动群众,聘请责任心强的村民代表为义务监督员,对农村公路各项管养工作进行义务监督。全年,义务监督员发现农村公路建设质量不达标、护路员不作为乱作为、货车超限超载损坏公路等问题90余项。倡导各村组以乡规民约、村规民约为基准,自发开展各类爱路护路主题活动,并无偿自发开展路域环境整治350余次,切实提高广大群众爱路护路意识。自筹资金85万元,对日常巡查发现及群众反馈的农村公路破损问题进行养护,县乡道经常性养护率达到100%,重要村道达65%以上。

邮政 通信

邮 政

【概况】 2021年,中国邮政集团公司新疆维吾尔自治区阿瓦提县分公司(以下简称阿瓦提县邮政分公司)位于阿瓦提县北京路,有职工59人(含合同工、劳务工、劳务承揽工),全县有10个邮政局所、1个机要通信服务网点、1个纪特邮票销售网点,补建空白乡镇邮政局所2个,基本实现乡镇邮政普遍服务网点全覆盖。邮件实现妥投到户,基本构建"覆盖城乡、惠及百姓"的邮政普遍服务体系。函件、包裹、报刊、机要、汇兑等各项邮政普遍服务和特殊服务寄递时限基本达到国家规定标准。

【邮运邮路】 2021年,阿瓦提县邮政分公司投递段道共15条,其中县城5条,农村10条,全县农村投递邮路及县到乡邮运邮路总长度单程为1068.4千米,其中县到乡邮路单程175千米,农村投递邮路718.4千米,城市投递邮路175千米。

【业务收入】 2021年,阿瓦提县邮政分公司业务收入完成1076万元,完成基础档1016万元的105.9%,超累计预算60万元,较上年同期增长17.34%。其中寄递收入计划282万元,实际完成239万元,完成累计进度84.75%,欠计划43万元;报刊收入计划140万元,实际完成137万元,完成累计进度97.59%,欠计划3.4万元;函件收入计划48万元,实际完成21万元,完成累计进度43.5%,欠计划27万元;增值业务收入完成24万元,完成计划目标,但较上年同期下降11.77%。其他专业收入较上年同期完成较好,其中金融收入完成419万元,较上年同期增长27.6%;分销收入完成195万元,较上年同期增长69.96%;集邮业务收入完成38万元,较上年同期增长20.95%。

【邮政服务质量提升】 2021年,阿瓦提县邮政分公司服务综合满意度达到91.31分,比上年提高1.48%。对新普服标准的贯彻实施,建制村直接通邮率和"党报党刊"当日、次日见报率有所提升。受理用户投诉195件,申诉处理满意率99%。机要通信实现全年安全无事故。

中国移动阿瓦提县分公司

【运营管理】 2021年,中国移动阿瓦提县分公司实现个人用户、家庭用户和政企用户规模全线增长。个人用户方面,移动用户7.7万户,增速远超市场预期;5G套餐用户达2.9万户,5G网络用户达1.09万户,5G业务延续快速增长态势。家庭用户方面,有线宽带用户总数达到2.5万户。

【基础设施建设】 2021年,中国移动阿瓦提县分公司坚持把推动供需双向升级作为品牌建设着力方向,构建以5G、算力网络、智慧中台为重点的新型信息基础设施,形成"连接+算力+能力"新型信息服务体系,助力本地速度向本地质量转变。打造品质一流的5G网络,建成5G精品网络,提供高速、移动、安全、泛在的"连接服务"。

打造泛在融合的算力网络，构建网络与算力深度融合的算力网络，推动算力服务供给侧结构性改革，提供一点接入、即取即用的“算力服务”。打造开放共享的智慧中台，建设具有运营商特色、中国移动特点的智慧中台，提供统一封装、灵活调用的“能力服务”。

【信息服务】 2021年，中国移动阿瓦提县分公司始终把满足人民美好生活需要作为品牌发展目标追求，紧紧抓住“人心红利”，丰富有品质、有品格、有品位的品牌内涵。坚信锤炼品质是赢得客户信赖的根本，推广“心级服务”品牌，持续提高客户满意度、获得感。塑造品格促进消费升级，持续推进全球通、动感地带、神州行三大品牌迭代升级，满足超7.7万名用户的高品质数智生活需要。涵养品位释放综合价值，实施“C^2三能——碳达峰碳中和行动计划”，升级“网络+”乡村振兴模式，支撑共建“一带一路”，助力全县构建高品质美好数智生活。

中国联通阿瓦提县分公司

【业务范围】 2021年，中国联合网络通信有限公司阿瓦提县分公司(以下简称中国联通阿瓦提县分公司)主要经营领域包括GSM(全球移动通信系统)、WCDMA(宽频码分多址)、FDD-LTE(长期演进技术)、TD-LTE(分时长期演进)制式移动网络业务，固定通信业务，国内、国际通信设施服务业务，数据通信业务、网络接入业务和各类电信增值业务、集团租线业务，集团行业应用。同时，公司在智慧城市、智慧农业、智慧旅游、智慧环保等行业领域就“互联网+信息化”运用也取得成效。

【网络覆盖】 2021年，中国联通阿瓦提县分公司网络已覆盖阿瓦提镇、乌鲁却勒镇、拜什艾日克镇、阿依巴格镇、塔木托格拉克镇、英艾日克镇、多浪乡、巴格托格拉克乡。县境内有良种繁育场、丰收一场、丰收三场、兵团第一师三团。县境内道路覆盖为车道217线、省道309线。阿瓦提县分公司网逻辑站点440个，其中2G基站95个、3G基站137个、4G基站204个、5G基站4个，逻辑基站总量占全网8.74%。重点聚焦区域主要分布在行政村、县城、乡镇场；建设开通后实现阿瓦提县核心城区布局层覆盖(MR覆盖率大于96%)；校园、乡镇覆盖较完善，校园覆盖率100%，A类乡镇覆盖率100%；省内高速等高等级交通线覆盖较完善(覆盖率约65.5%)，行政村4G覆盖率为70.97%。大型购物区域、综合楼宇室分覆盖率达99%。其中I类楼宇覆盖率达100%。阿瓦提室内网络分布主要覆盖区域为大型购物区域、公共场所、交通枢纽、综合办公楼宇。

【网络建设】 2021年，中国联通阿瓦提县分公司LTE FDD无线网新建工程新增1800M站点27个，投资金额为239.58万元；新增基站网络覆盖区域全部为行政村场景。

【市场经营】 2021年，中国联通阿瓦提县分公司完成主营收入4633万元，比上年增长1.4%，完成预算进度的91%，预算完成率排名地区第十二名。累计发展用户数35053户，比上年下降21.2%；出账用户64252户，出账用户比上年末下降1055户。

商贸服务

综 述

【物流(托运)寄递行业】 2021年,阿瓦提县设立快递物流安全发展中心,增加编制2名,专门负责寄递物流行业发展。年末,全县共有快递企业8家,物流企业13家,7个镇2个乡布设网点36个(含邮政所),实现乡镇快递覆盖率100%,156个行政村通邮率100%;18个社区安装智能快递柜52个,解决就业150人;县乡村三级物流体系畅通,为寄递物流行业高质量发展奠定基础。

【重点项目建设】 2021年,阿瓦提县建设商贸物流重点项目1个,即阿瓦提县利民物流园续建项目。项目总投资0.9亿元,一区占地面积6.51公顷,建筑面积1.05万平方米;二区占地面积3.64公顷,建筑面积2万平方米;续建项目于2021年6月完成施工任务。商贸物流园为物流企业发展提供公共仓储、车辆停靠、装卸、充电等配套设施,有46家企业(个体工商户入驻),有利于阿瓦提县物流行业聚集和规模发展,促进阿瓦提县各类产品的贸易往来,进一步降低阿瓦提县物流行业成本。

【商贸流通业】 2021年,阿瓦提县商贸流通业发展环境和条件不断趋好,区域合作不断拓展、规模不断扩大,服务水平不断提高,特别是产城融合区建设,铁路、公路等交通基础设施不断改善,商贸流通业将迎来大发展、大繁荣。阿瓦提县升限企业4家(零售2家、批发业2家),限额以上大个体14家。全年全口径零售总额8.18亿元,增长17.4%;限额以上企业完成2.92亿元,增长15.6%。

【对外贸易】 2021年,阿瓦提县实际开展外贸进出口业务企业1家,外贸备案企业2家,为全县经济发展做出应有的贡献。

【市场运行监测】 2021年,阿瓦提县按照地区“三大系统”监测平台要求,及时督促相关企业填报,全县生活必需品市场监测系统样本企业1家,即阿瓦提县金桥超市;重要商贸物流系统样本企业2家,即阿瓦提县棉城酒店有限责任公司、阿瓦提县金帆粮油购销有限责任公司。全年企业正常填报市场监测系统,全年市场运行正常,未出现脱销、断档的现象,各类商品价格平稳。

【电子商务】 2021年,阿瓦提县成功申请为2021国家级电子商务进农村综合示范县,培育年销售额100万元以上电子商务专业村2个(阿依巴格镇托万克喀格木什村、巴格托格拉克乡英买力村),促进县域网络零售额0.48亿元,农产品网络零售额0.21亿元,培育网络零售额1000万元以上电商企业2家,培育网络零售额300万元电商企业4家,培育新注册网络销售额5万元以上微小企业45家。同时,加大农村电商人才培训力度,对9个乡镇的农村居民、大学毕业生、返乡创业青年等多个群体开展电子商务培训达800人次,全年已培育本地“网红”5名,打造县域电商带头人15个；深化农村电商公共服务体系，建设完成阿瓦提县级电子商务公共服务中心，面积900余平方米，拥有16个办公室，已吸引5家企业入驻，内含直播室、孵化中心、培训室、会议室、O2O线下体验馆等多个功能区域。

【扩大内需】 2021年，阿瓦提县商工局多措并举扩大内需，消费活力不断释放。为进一步释放市场活力，激发市场动力，县商工局准确把握全年不同季节消费特点、习惯和季节元素，组织企业开展促销活动；在开展促消费月活动过程中，阿瓦提县利用工会资金90余万元为全县9000余名干部职工发放消费券，直接带动消费2000余万元，同时加大家电家具以及汽车下乡活动政策宣传力度，进一步释放汽车以及家电家具消费潜力。借势节庆促消费，打造节日消费旺季。县商工局统筹全县商贸企业开展元旦、春节、五一国际节、端午节、国庆、中秋节等促消费活动，培育特定群体节日消费热点，支持企业开展店庆、周年庆、网络购物节促销优惠活动，带动市场消费。全年共开展各类促销活动17场次。释放餐饮消费活力。

【监测保障】 2021年，阿瓦提县商工局抓好市场保供监测工作，紧盯全县各族群众“米袋子”“菜篮子”全力抓好市场保供工作，及时掌握肉蛋奶菜市场波动情况，多措并举确保全县商场供应充足、价格平稳。加强成品油市场监测。县商工局发挥行业监管责任，规范成品油市场经营秩序，每月对中石化、中石油销售进行统计，分析预警全力做好成品油市场保供工作。强化外贸企业监测。根据地区商务局年初下达外贸进出口完成指标，县商工局及时分解任务下达至外贸企业，加强外贸企业服务包联以及监测统计工作，掌握企业进出口完成情况，兑现企业外贸奖励政策，强化外贸企业事前、事中、事后监管，防止外贸企业骗取国家补贴，通过梳理全面申报奖励资金30万元，申报外贸开拓市场项目1个。

供销合作社

【基层综合服务改善】 2021年，阿瓦提县供销合作社联合社深化供销体制改革要求，建立和完善为农服务综合平台在阿依巴格镇葡萄村、拜什艾日克镇玉斯屯克塔勒克村、塔木托格拉克镇玉斯屯克阿热勒村、乌鲁却勒镇红旗村等4个乡镇建立农村综合服务社，统一综合服务社标识牌匾，并在服务社设立农副产品、粮油等销售专区。增加阿依巴格镇基层社醉香妃阿瓦提慕萨莱思厂设备，规范生产标准，扩建厂房提升薄弱基层供销社的经济实力，增加基层社收入，截至年底投入资金30余万元，增加储酒罐20个，可年产阿瓦提慕萨莱思110余吨。

【打造区域品牌】 2021年，阿瓦提县供销合作社联合社利用“十城百店”工程建设吸纳县域内企业加入联合运营公司现有加盟企业15家。结合刀郎文化宣传，打响阿瓦提县农副产品品牌新注册“胡安娜杏”“芒果杏”等2个商标。

【助农增收】 2021年，阿瓦提县供销合作社联合社加强与浙江、四川等地的对接，扩宽农副产品产销渠道，利用网红直播带货等方式销售鲜果，累计销售芒果杏、胡安娜杏800余件，销售金额4万余元，纳西甘甜瓜400余件，销售金额3.2万元。举办“电商助农 乡村振兴”农特产品线上直播活动5场，通过网络直播带货帮助农户在线销售农产品58万余元，销售农产品40余吨，签订采购协议120余万元。

【拓展农产品销售市场】 2021年，阿瓦提县供销合作社联合社以绍兴援疆指挥部和绍兴市供销社为依托，运用“十仓百企”联合运营公司在浙江绍兴等地设立农产品销售旗舰店、加盟店、直营店74家，并设置前置仓和直营门店，2021年销售红枣、核桃、苹果、香梨等特色农产品1.62万吨。建立四川、浙江绍兴、嘉兴、乌鲁木齐销售合作网点5家。

旅游业

【概况】 2021年，阿瓦提县文旅局认真贯彻自治区党委“3+1”重点工作部署，深入推进地委“6+2”产业发展规划，大力实施“旅游兴疆”战略，推动旅游产业高质量发展，阿瓦提县文旅局共召开工作例会4次；制定并下发《2021年阿瓦提县推进旅游产业发展行动方案》《阿瓦提县进一步加快旅游业发展奖励扶持政策》等方案。至年底，全县已开发且具备接待能力的旅游景区（点）、乡村农家乐25家（个），其中，星级及准星级宾馆4家、生态酒店1家、AAAA级景区1家、AAA级景区4家、星级农家乐12家、农业休闲观光点3个，开放式景区（点）7个。建设民宿床位400余张、体验式民宿观光点2个。2021年1—10月，共接待国内外游客174.25万人次，同比增长29.19%，完成地区下达全年任务的106.15%，累计国内外旅游收入8.13亿元，同比增长22.45%，完成地区下达全年任务的117.32%。

【文化惠民活动】 2021年，阿瓦提县文旅局选购群众喜闻乐见、科技养殖、爱国教育影片，完成电影放映任务800余场次；举办中华戏曲、剪纸、书法、绘画、古典舞等中华优秀传统文化培训7场，开展“我们的中国梦”文化进万家系列活动145场次，开展送戏下乡100余场，开展“话春节·送祝福”活动40场次，送春联、窗花3000余个（副）。

【旅游活动】 2021年，阿瓦提县文旅局持续打响“刀郎劲歌舞·情醉阿瓦提”文旅节庆品牌。年底已成功举办“与刀郎人过春节”、阿克苏地区第十七届“多浪·龟兹”文化旅游节启动仪式暨阿瓦提县第九届刀郎美食文化旅游节、阿瓦提县第八届阿瓦提慕萨莱思文化旅游节等节庆活动12场次，体育赛事4场次。

【旅游宣传】 2021年，阿瓦提县文旅局先后在国家级媒体发布文旅相关报道245篇，在省级媒体刊稿178篇，在地区级媒体刊稿278篇，在县级媒体刊稿236篇。在全县6块户外电子大屏及刀郎部落、刀郎大酒店等旅游场所电子大屏，常年滚动播放阿瓦提县文化旅游宣传片、旅游宣传标语。利用“游新疆”App、“一码游阿克苏”小程序、“智游阿瓦提”“阿瓦提县零距离”微信公众号，宣传推介阿瓦提。2021年以来，先后组队赴绍兴、乌鲁木齐、义乌等地开展文旅宣传推介活动4场次，推介展示阿瓦提县文旅资源。2021年参加四川乐山举行2021年“中国特色旅游商品大赛”，阿瓦提县阿瓦提慕萨莱思被认定为首批“阿克苏老字号”。持续推进“阿克苏好礼”相关工作。制定并下发“阿克苏礼物—阿瓦提好礼”研发及宣传营销工作实施意见，重点开发以刀郎民俗文化、阿瓦提慕萨莱思文化为主的文化旅游产品。研发具有刀郎文化特色的文创产品4款。在刀郎部落、刀郎故里、刀郎大酒店、阿瓦提县旅游集散中心设立“新疆礼物·阿克苏好礼”旗舰店，在6家加油加气站、1家客运站及阿瓦提县馕产业园设立“新疆礼物·阿克苏好礼”销售专柜，补齐县旅游“购”的短板。开展“阿瓦提人游阿瓦提”活动，激活文化旅游消费潜力。通过引导旅游景区景点开展让利消费、门票打折和阿瓦提本地游客免门票等方式，组织工会职工游、党团游、老干部游、民族团结一家亲游、节庆活动游等方式，鼓励广大干部职工利用双休日、节假日游览阿瓦提县本地旅游景区（点），到农家乐、特色餐饮一条街、民乐购物中心等旅游场所消费，全年参与干部群众达2.4万人次，切实提升旅游热度，激活阿瓦提县本地旅游市场。积极开展“引客入阿”工程，拓展客源市场。全年与多浪龟兹、新疆春秋、康辉等旅行社对接，引入县外旅游团队127个，派出旅游专列62趟，旅游包机7架次，接待游客3.68万余人次。

【优化文旅市场环境】 2021年，阿瓦提县文旅局落实《在线旅游经营服务管理暂行规定》，建立在线旅游市场网络监管机制，开展文化旅游市场整治，严厉打击旅游行业违法行为，推行“双随机、一公开”机制，采取联合执法检查、开通旅游投诉电话、“体验式”暗访等形式，对全县旅游景区景点、星级农家乐开展旅游市场环境执法检查50余次，下发整改意见115条，检查各类文化经营单位34家，收缴非法音像制品120张。开展各类规范性文件清理工作4次，梳理政务服务事项7个大项、157个小项，完善权力清单和责任清单。

【旅游市场整治】 2021年，阿瓦提县文旅局不断提升服务质量。确定专人负责旅游统计工作，按时报送统计各类数据及报告。聘请第三方旅游统计公司实施旅游统计抽样调查工作全面展开。管理维护好“游新疆”“一码游阿克苏”“智游阿瓦提”微信公众号平台，督促景区使用“游新疆”App预约核销，积极主动搜集相关信息和数据，做好基础资源、产品、内容的规范整理、填报审核、固定上传和对外发布工作，提升智慧旅游管理营销和服务水平。开展旅游服务环境和市场秩序专项整治行动4次，督促指导旅游企业落实各项措施，全方位提升旅游服务质量和游客舒适度、满意度。严格推行“双随机、一公开”执法检查机制，全年采取联合执法检查、“体验式”暗访等方式，开展旅游市场整治12次。持续开展“微笑阿瓦提”活动，推进微笑服务进机关、进景区、进企业、进车站、进商超、进广场、进人员密集场所等活动，选树优质服务行业标杆，全面提升阿瓦提县旅游形象品质。及时处理旅游投诉案件和旅游纠纷，开通旅游投诉受理电话，结案率、满意率均为100%。年内，接到旅游旅游咨询电话5个，“12345”转办函2件，均办理完毕。抓旅游安全，强化安全意识，完善应急救援体系，联合安监、消防等部门，在重大节点对景区、酒店、农家乐等涉旅企业进行安全生产大排查22次，开展安全知识宣传25次，受教育群众达5300余人次，未发生一起重大涉旅安全事故。加大文化旅游人才培养力度。全年，举办旅游行业冬季攻势大培训等旅游人才培训班4期，共培训景区服务员、讲解员，酒店、宾馆、餐厅服务员560余人次，有效提升旅游行业从业人员服务质量。

【文化旅游产业发展】 2021年，阿瓦提县文旅局推动旅游与文化、体育等行业深度融合，构建“大旅游”格局，以“旅游＋农业”模式实施阿瓦提县葡萄村景区、索克曼休闲公社、恰其乐和乡村等建设项目，发展生态农业观光游，以“旅游+工业”模式积极培育工业旅游点，结合阿瓦提慕萨莱思酿造、手工葫芦制作，鼓励企业增加游乐性、体验性项目；以“旅游+商业”模式，发展刀郎工艺系列葫芦、瓷器、香梨膏、木雕、红枣、枸杞、核桃油等旅游商品加工业，以“旅游+文化”模式打造刀郎文化体验区和阿瓦提慕萨莱思风情体验区，创建“刀郎农民画”“慕萨莱思”“刀郎民俗文化”“刀郎民俗体育”“刀郎劲歌舞·情醉阿瓦提”等以刀郎文化为重点的旅游品牌5个。阿瓦提镇被自治区文旅厅命名为2021—2023年度“新疆维吾尔自治区民间文化艺术之乡”（刀郎农民画）。阿瓦提县刀郎部落被自治区农业农村厅评选为2021年“新疆休闲农业精品农庄”。以“旅游+康养”模式，制定并下发《阿瓦提县关于加快推进沙漠经济创新发展工作方案》，依托沙漠公园、刀郎沙漠游园等沙漠资源，发展沙漠户外拓展、沙漠户外露营、沙滩排球等体育养生运动，推动沙漠经济与体育、旅游、度假、健身、赛事等业态融合发展。

【乡村旅游产业发展】 2021年,阿瓦提县文旅局助力乡村振兴。乡村旅游接待人数稳步增长,农家乐经济火热。1—10月乡村旅游接待游客36.45万人次,实现旅游收入3711万元。重点打造索克满休闲公社、葡萄村、也可力红色逐梦文旅小镇等乡村旅游景区景点。培育发展红林子、刀郎沙漠游园向景区模式发展,引导民间资本发展旅游产业。整合各乡(镇)文旅资源,打造乡村文旅品牌。按照"一乡一品""一村一特"要求,打造"翻翻鸽之乡""黄瓤西瓜之乡""葡萄村""纳西甘甜瓜之乡"等特色旅游乡村,年底已举办刀郎部落桑葚采摘节、百花节、捕鱼节、三河镇美食节等乡村旅游节庆活动7场次;三河镇(棉花)、塔木托格拉克镇库吾尔尕村(纳西干甜瓜)被农业农村部列入第十一批全国"一村一品"示范村镇名录,有效带动乡村振兴。

【文旅宣传】 2021年,阿瓦提县文旅局借助第十五届中国(义务)国际文化和旅游产品交易博览会、深圳国际交易博览会等大型国际展会活动以及"绍阿共建情,刀郎鉴湖缘"绍兴援阿十周年成果展示暨阿瓦提县文化旅游宣传专场推介,先后组队赴绍兴、杭州、上海、成都等城市开展宣传推介活动,吸引河南省凯立有限责任公司意向开发葡萄村景区、望天山沙漠景区,并签订初步合作协议。

【精品景区建设】 2021年,阿瓦提县文旅局着力打造刀郎民俗文化之旅、沙漠胡杨探险之旅等旅游精品线路。重点推出1条"U"形乡村旅游线路,并尝试接入国内国际旅游线路;丰富乡村旅游休闲度假产品,推出四季乡村旅游线路,2021年1月至2021年12月,全县旅游接待177.67万人次,旅游收入8.9亿元。

金 融

中国人民银行阿瓦提县支行

【货币政策执行】 2021年，中国人民银行阿瓦提县支行贯彻执行稳健的货币政策。全年召开3次金融分析会，向阿瓦提农商银行转发4次货币政策指导意见书；4次组织阿瓦提农商银行领导参阅金融精准扶贫贷款先进经验材料，研讨金融如何助力民营小微企业发展。全县非金融机构企业及机关团体贷款余额为69.07亿元，占贷款总额的72.08%，推动辖区大中小型企业融通发展，持续营造银企融资新氛围。支行持续落实易地扶贫搬迁后续扶持金融政策，参与易地扶贫搬迁后续扶持工作方案制订，引导金融机构助力农业，提升金融服务水平，发挥助学贷款阻断贫困代际传递功效。截至12月末，阿瓦提县农商银行累计为建档立卡贫困户3374户，发放扶贫小额贷款共计13088.8万元，支持3160人实现脱贫，贫困户贷款获得率达38.55 %，扶贫小额贷款不良率为0，发放生源地助学贷款127笔254.54万元；涉农贷款29.81亿元。全年，阿瓦提县支行累计约谈辖区法人金融机构2次，指导法人金融机构落实两项货币政策直达工具，全力保障企业顺利复工复产，对有贷款需求的客户给予优惠利率，并做到应贷尽贷，应延尽延。阿瓦提县金融机构累计发放普惠小微企业信用贷款1031笔，金额9684万元，阿瓦提县支行已为金融机构给予信用贷款支持计划资金1951.7万元；累计办理延期贷款51笔9550万元，支行已累计完成发放激励资金56.37万元。

【再贷款】 2021年，中国人民银行阿瓦提县支行严格落实再贷款信贷政策，明确责任，把控再贷款发放对象、资金用途，加大对县域金融机构资金支持力度，引导金融机构加强对县域小微企业、农户的信贷支持。截至年末，支行累计向阿瓦提农商银行发放扶贫再贷款3笔1.68亿元，支农再贷款2笔1.36亿元，支小再贷款1笔0.5亿元。至12月末，阿瓦提农商银行各项存款余额为45.56亿元，比上年增长51850万元，占县金融机构存款的47.81%。存放同业资金2.9亿元。

【存贷款】 截至12月末，阿瓦提县人民币各项存款余额为95.28亿元，比上年增加13.62亿元，同比增长16.68%，占地区存款量的4.90%；各项贷款余额为98.82亿元，比上年增加18.78亿元，同比增长23.46%，占地区贷款量的6.26%，存贷比达100.57%，高于地区21.29%。

【金融环境建设】 2021年，中国人民银行阿瓦提县支行通过参加党政会议交流汇报的形式，将中央经济金融和上级行工作会议精神在党政、经济部门传达学习，督导金融机构通过横幅、LED电子屏、发放宣传折页等方式将稳健的货币政策和民生信贷政策传达给群众，营造良好的货币政策环境。

【金融稳定】 2021年，中国人民银行阿瓦提县支行划拨存款保险保费累计完成核定工作2次，下发保费缴纳通知书2份，完成保费收缴76.57万元。

【普惠金融】 2021年，中国人民银行阿瓦提县支行组建金融文化宣传团队开展金融知识宣传活动。支行人员主动进社区、进农村、进学校、进商铺开展宣传活动，给社区干部和群众普及宣讲金融知识，在“3·15”金融消费者权益保护日、金融知识普及月、防范非法集资宣传月等特殊时节点，开展宣传活动，落实各项宣传要求。全年，支行联合辖内金融机构开展“百团进千村活动”覆盖行政村数10个，受众7620人次；开展农村领导干部金融赋能培训1次，受众18人次。活动期间，人行阿瓦提县支行建立金融教育示范基地6个，开展系列线上线下宣传活动。利用各金融机构营业网点工作人员加大对进网点办业务客户金融知识的普及力度，向客户解答咨询问题。各金融从业人员在朋友圈转发，进一步提高偏、远、散群众金融扶贫政策的认识。利用营业网点金融知识宣传园地，通过摆放宣传资料、宣传展板、播放专题片等形式，让广大人民群众进一步了解金融知识，提高理财知识。

【反洗钱】 2021年，中国人民银行阿瓦提县支行主动践行“金融为民”理念，不断完善建立“人民银行牵头、各单位分工负责”的工作框架协调机制，把打击洗钱犯罪活动作为“我为群众办实事”实践活动之一，加强与公安、检察院、法院的主动对接，强化情报会商与线索研判，形成多部门协同打击洗钱犯罪工作合力，持续贯彻“强监督”“强监管”理念，引导义务机构加强反洗钱履职能力，督促义务机构履行好客户身份识别、大额和可疑交易报告、客户身份资料和交易记录保存义务，推进反洗钱宣传和培训，进一步发挥反洗钱工作在央行履职等方面的重要作用。

【货币金银工作】 2021年，人民银行阿瓦提县支行以假币“零容忍”为工作目标，以打击假币犯罪活动为着力点，不断完善反假工作机制，净化人民币流通环境，强化反假货币宣传成效，持续开展小面额现金服务暗访和整治拒收现金工作，服务民生保障，提升公众对现金服务的获得感。全年假币收缴160张，收缴假币合计面额为14140元。

【支付结算】 2021年，人民银行阿瓦提县支行践行“支付为民”理念，以风险防控为底线，深化农村支付服务环境建设，助力乡村振兴；组织开展“一人多户”排查清理整治工作，切实压降存量账户数量；严格落实账户全生命周期管理责任，深入推进跨境赌博“资金链”治理；统筹做好优化银行账户服务和防控银行账户业务涉电信网络诈骗犯罪风险工作；持续加强无证经营机构监管，整治支付市场乱象。

【国库工作】 2021年，人民银行阿瓦提县支行践行“国库为民”服务理念，把国库资金安全作为国库工作底线，持续落实社保费征管职责划转工作，优化营商环境，实行“减税降费”政策，规范退库资料传递，做到退库流程“精、准、快”，切实提升退库效率。全年，完成收入59.22亿元(包含转移性收入49亿元)，其中税收收入2.02亿元，非税收入6.14亿元，社会保险基金收入2.06亿元。

中国农业发展银行阿瓦提县支行

【粮棉收购】 2021年，中国农业发展银行阿瓦提县支行的主要有粮棉油收购资金供应、特色小镇项目建设、棚户区改造、农村路网建设等中长期贷款项目、存款、中间业务，中长期贷款项目，2021年产值达到328.57万元，比年初增加205.25万元，比上年同期增加205.25万元；资产利润率0.29%；成本收入比91.44%。

【经营状况】 截至2021年12月31日，中国农业发展银行阿瓦提县支行存款余额75056.16万元，比年初增加25800万元。贷款业务。2021年以来，阿瓦提县支行认真贯彻党中央乡村振兴政策，围绕县域经济发展规划出主意，想办法，融资融智，截至2021年12月31日，全年投放贷款372029.11万元，其中购销储类贷款投放270208.87万元，包括粮油贷款13146.87万元；非购销储类贷款投放101820.24万元，年末各项贷款余额451573.26万元，比年初增加123296.54万元。基金业务。截至2021年12月31日，支行重点建设基金余额8200万元，主要是阿瓦提县多浪部落基础设施建设项目1500万元，阿瓦提县2016年棚改建设项目6700万元。利润情况。截至2021年12月31日，支行账面利润15.68万元，FTP（文件传输协议）利润1191.15万元，利润下降的原因为贷款投放大幅增加，减值准备增加利润减少。截至12月底支行无不良贷款，不良贷款比例为0；12月末全行账面利润15.68万元。

【信贷业务】 中国农业发展银行阿瓦提县支行，贷款业务截至2021年12月31日，全年投放贷款372029.11万元，其中购销储类贷款投放270208.87万元，包括粮油贷款13146.87万元；非购销储类贷款投放101820.24万元，年末各项贷款余额451573.26万元，比年初增加123296.54万元。贷款业务主要为购销储类贷款，余额169945.77万元；非购销储类贷款余额281627.49万元。

【服务地方经济】 2021年，中国农业发展银行阿瓦提县支行严格执行财会制度，规范财会手续。综合部以加强监督管理、检查辅导相结合的方式，配合人民银行，做好防范电信诈骗及反洗钱宣传工作。在日常的业务工作中，综合部通过张贴防骗提示海报、群发短信提示、转发朋友群宣传等多种途径宣传防范电信网络新型违法犯罪知识。2021年，支行办理资金归集扫码收单业务3笔，成功办理1家手机银行业务，免收企业蓝牙UK工本费及年费，为企业营造良好的服务环境。在办理过程中，“农发企业银行”App账户查询、转账汇款、电子对账、资金归集、企业生态等各项服务功能。截至2021年12月31日，支行总共办理3家手机银行业务，提高了支付结算效率、提升客户服务质效。柜面业务有序开展。针对已开户，开通网银意愿不强的客户，根据企业不同的特点，制定不同的方案，电话沟通，每天推进。截至2021年12月31日，支行共开通网银113户，比年初增加49户，增长76.56%。

阿瓦提农村商业银行

【经营状况】 截至2021年12月末，阿瓦提农村商业银行股份有限公司（以下简称阿瓦提农商银行）资产总额550953.86万元，比上年增加66098.85万元，增长13.63%；信贷资产（含票据）362869.17万元，占资产总额的65.86%，较上年末增加33963.70万元，增长11.5%；2021年累计发放各项贷款310225万元，比上年同期增加34081万元，其中累计发放涉农贷款290541万元，占全部累计发放贷款的93.65%以上。非信贷资产总额18.81亿元，占资产总额的34.14%。负债总额为498217.7万元，比上年增加61667.82万元，增长14.13%，其中各项存款余额455578.63万元，较上年增加51849.86万元，增长12.84%，其中储蓄存款为335378.28万元，较上年增加45570.09万元，增长15.72%；对公存款为120194.16万元，比上年增加6276.61万元，增长5.51%。所有者权益52736.16万元，较年初增加4430.18万元，增长9.17%，其中股本金余额为13805万元。表内不良贷款余额8615.2万元，较上年末减少1265万元；核销贷款余额5654.61万元，较上年末增加1356.65万元；2021年累计收回9339.27万元，其中核销贷款2459.03万元,不良贷款率2.37%。实现各项收入24314.75万元,较上年同期减少81.85万元,其中利息收入20510.31万元,占总收入84.35%;实现税前利润6882.95万元,净利润达到4856.54万元。

【零售及中间业务】 2021年,阿瓦提农商银行共新增借记卡18489张(含社保卡),完成计划数的234.81%;借记卡活跃率81.19%,新增手机银行客户15271户,交易笔数56401笔,完成计划数的136.96%;新增个人网上银行15271户,交易笔数12060笔;新增企业网上银行418户,交易笔数130294笔,完成计划数的149.29%;新增微信银行绑卡数10584个,完成计划数的107.4%;新增第三方支付绑卡数98742个,完成计划数的282.12%;新增超级网银手机号转账签约用户数3611个,完成计划数的128.96%;新增公务卡68张;新增特约商户数1023户,完成计划数的113.67%,交易笔数3297824笔,交易金额64857.57万元;新增云闪付4165个,完成计划数的103.34%;新增ETC(电子不停车收费)签约数65个;新增签约烟草代扣93户;新增场景建设6个,共投入27.35万元,完成计划数的100%。

【客户服务】 2021年,阿瓦提农商银行推出简化业务流程,为行动不便的客户提供上门金融服务、定期开展电信诈骗、征信、反洗钱等金融知识大宣讲活动。结合"党旗映天山"主题,组织党员干部到联谊村播放红色电影、举办党史学习交流会、开展卫生知识宣讲教育,组织开展"我为亲戚赠图书"活动,共为帮扶村捐赠图书3000余册、修缮书屋4个,并配置乒乓球桌等设施,共计受益3000余人。

【干部考核评价】 2021年,阿瓦提农商银行完善干部考核评价机制,优化干部队伍结构。行党委始终坚持德才兼备标准,真正把政治上靠得住、工作上有干劲、思想上有创新的年轻干部提拔重用。在干部选拔任用工作中,始终坚持按章办事,严格程序,做到坚持原则不动摇,执行标准不走样,履行程序不变通。全年,共提拔任用年轻干部6人,中层干部(含副职)的平均年龄在36岁,学历均在大专以上,使干部结构更趋年轻化、合理化。

【宣传与营销】 2021年,阿瓦提农商银行开展"开门红"百日存款劳动竞赛活动,制订存款营销方案,召开动员大会,细化分解任务,定期排名通报。每周六集中组织机关与城区员工开展"手拉手"大营销活动,按周召开动员会,通过上门营销宣传、维护本行条码、POS商户的使用率,达到沉淀存款的目的。全年,共组织"全员营销日"活动39次,参加600余人次,走访商户5160户,维护条码商户1527户,新增条码285户,云闪付270个,微信银行649户,手机号码转账签约743户,贷款67笔,营销存款3500万元。坚持高位推进,搭建上下联动的营销平台。行领导走访行政事业单位,对接财政专项资金,争取到阿瓦提县财政局惠民惠农补贴资金代发项目,共沉淀资金约3亿元,大力遏制存款大幅下滑势头。

【服务地方经济】 2021年,阿瓦提农商银行实现农户贷款增户扩面。对农户贷款覆盖率进行调整,及时更新评级授信模板,对农户贷款授信重新进行测算,确保农户贷款增长率和农户贷款覆盖率逐步提高。截至年末,农户贷款23695户20.34亿元,较上年增加617户1.64亿元,增长8.77%,农户贷款覆盖率达到98.3%。全年共为4家棉花加工企业发放贷款5.44亿元。创新信贷品种,支持阿瓦提县畜牧业高质量发展。于9月试行开办畜禽活体抵押贷款,截至年末,畜牧业贷款余额7860户64554.87万元,较年初增加

4251户29100.6万元。同时,针对农户外出务工、土地流转等情况,推出农户消费贷款,全力满足农户有效信贷需求。年末,农户消费贷款余额154户782.66万元,较年初增加49户563.87万元。纾难解困,为小微商户提供金融支持。推出城乡个体工商户的信用贷款产品“抗疫贷”。全年累计发放“抗疫贷”501笔金额3002万元。支持县域经济发展,加大产业扶持力度,为招商引资企业(含纺织企业)提供各项金融服务。共代办工商营业执照36户,其中为招商引资企业、国有企业开立账户12户,办理贷款5户金额3347万元。全年共新增首贷户1751户余额37945万元,全年累计发放普惠小微企业贷款24125.31万元,其中累计发放普惠小微企业信用贷款526笔515户6499.15万元,普惠小微企业信用贷款占比26.94%。

【化解金融风险】 2021年,阿瓦提农商银行落实领导包户工作制度,实行重大事项报告,对涉及企业破产、改制等重大事项,及时反馈信息。采取现金清收、法律清收、第三方合作实现债权转让等手段,加大不良贷款的清收处置力度。全年,共清收处置不良贷款14993.88万元。截至年末,表内不良贷款余额8615.2万元,较上年末减少1265万元,不良贷款率2.37%。抓好贷款日常管理,转化清收潜在风险贷款。对企业或个人资产经营状况好转并符合信贷政策的企业,重新进行清分认定,对符合转化条件的及时转化,通过展期或借新还旧的方式化解贷款风险,全年共办理展期、借新还旧贷款16笔,金额4529万元。

【风险管理】 2021年,阿瓦提农商银行持续做好专项审计工作,全面防范风险。开展关联交易、扶贫小额信用贷款、业务连续性、信贷资产质量、薪酬管理等各类专项审计工作14次,较上年增加7次,发现问题72个,已整改72个,整改率100%。抓案件防控,保持高压态势。持续加大对各支行(部室)经营管理中存在的案件风险隐患的排查力度,按季召开案件防控警示例会,分析各部位、各环节存在风险隐患根源。共开展案件风险排查4次,发现问题68个,已整改64个,整改率94.12%。开展排查工作。及时召开动员大会,成立领导小组,制订实施方案,主要针对会计、信贷、信息科技条线和员工行为进行排查,通过排查共发现问题18类115个(信贷业务24个、会计业务30个,信息科技业务61个),已整改104个,整改率90.43%;员工行为排查覆盖面达到100%。开展“内控合规管理建设年”自查工作。采取联合大排查的方式对内控薄弱、风险突出和案件易发的支行(部室)业务进行重点抽查,重点对中小微企业贷款的准入条件、贷款审批流程、贷后管理及受托支付进行重点检查,覆盖面达到30%以上,共发现问题11个。

【推进乡村振兴】 2021年,阿瓦提农商银行健全金融服务乡村振兴的机制体制,成立乡村振兴领导小组,制订相关办法,实行“双组长”制,统筹协调乡村振兴各项工作,更好满足乡村振兴多样化、多层次的金融需求。按照县政府有关乡村振兴工作的安排,聚焦脱贫人口和带贫溢贫企业融资需求,保持脱贫攻坚政策连续稳定。全年,累计发放脱贫人口小额信贷3374户13088.8万元。其中向边缘易致贫户发放475.4万元,及时满足贫困户的信贷资金需求。满足县域产业扶贫项目信贷需求,累计向7家县域纺织服装企业发放贷款11247万元;向2家新型农业产业化龙头企业发放贷款7000万元,通过转移就业、土地流转的方式累计直接带动脱贫人口876户3174人。

【完善公司治理机制】 2021年,阿瓦提农商银行结合业务需要,董事会新增合规委员会、消费者权益保护委员会、信息科技委员会,建立健全各项议事规则，制定《党委前置程序研究制定重大问题责任清单》，修订《阿瓦提农商银行董事履职评价管理办法》《阿瓦提农商银行高级管理层履职评价办法》等办法，确立党委在公司治理中的地位和作用。梳理完善各项制度。根据农商行改制要求，各职能部门从制度入手，对不适应农商行发展的旧制度进行废止，及时更新完善新制度，做到开展工作有章可循，有据可依。共修订制度470余项。

中国邮政储蓄银行股份有限公司阿瓦提县支行

【存款业务】 截止到2021年末，中国邮政储蓄银行股份有限公司阿瓦提县支行（以下简称邮储银行阿瓦提县支行）存款余额2.26亿元，较上年末净增4200万元。公司业务余额1.13亿元，较上年末下降1324万元。

【中间业务】 截止到2021年末，邮储银行阿瓦提县支行销售理财日均保有量4841万元，保险销售趸交168万元，国债95万元，资管累计销售1325万元，实物贵金属销售金额21万元。信用卡发卡实际完成565张，POS机布放11部，装二维码121户，云闪付635户。

【信贷业务】 截止到2021年，邮储银行阿瓦提县支行累计发放贷款673笔，金额为8914.7万元，其中，经营类贷款400笔，金额为5668.3万元；消费类贷发放265笔，金额为3121.77万元；二手住房贷款8笔，金额为124.7万元。截至12月末，邮储银行阿瓦提县支行不良结余38笔，金额为402.97万元，其中表外22笔，金额为165.19万元；表内16笔，金额为237.78万元，不良率为4.52%。

【收入完成情况】 截止到2021年，邮储银行阿瓦提县支行收入累计完成1260万元，全年预算目标为1220万元，完成预算目标的103.28%，超收40万元；利润累计完成643万元，全年预算目标为466万元，完成预算目标的137.98%，超利润177万元。个人金融业务全年实现收入651.66万元，零售信贷业务收入345.57万元，全年零售信贷预算目标为330万元，完成预算目标的104.72%；公司业务收入233.52万元，全年公司业务预算目标为250万元，完成预算目标的93.4%。

【制度建设】 2021年，邮储银行阿瓦提县支行持续深入开展中共十九届六中全会精神学习等，把学习成果与经营发展结合起来，通过开展各类党建活动、青年理论学习，抓好宣传教育、思想政治、文化建设等重点工作，营造干事创业的党建氛围，推进企业文化和精神文明创建工作；持续加强党支部建设，坚持党史学习制度，推进党务公开工作制度化、规范化、程序化运行。以“内控提升”活动为主线，切实做好案件防范工作，制定案件防控及安全生产目标，与行内所有员工签订案防工作责任书，从源头上防范操作风险，定期组织学习业务知识及各项规章制度、内控案防制度，落实人员行为排查工作，严格按照“内控提升年”活动要求，带头遵守各项规定，认真执行“十个严禁”、“案防28条”、“征信管理”、“账户管理”和“司法查询”规定，做到合规建设工作与业务发展紧密地结合在一起；并有效地结合治理“市场乱象”等专项活动，深入开展检查、对照制度查找缺陷，有效地控制各类问题屡查屡犯的发生。加强工作的规范化管理。建立周例会制度、各部门晨会制度、每周三的学习制度以及中层干部每周工作报告制度。定期不定期对业务条线进行检查，按时汇总通报检查出来的问题，及时传达上级及监管部门相关文件制度精神。严格落实贷款“三查”制度、反洗钱反假币制度、资金收付制度等，突出运作的质量与效率，协同推进各类金融业务。

中国人民财产保险股份有限公司阿瓦提县支公司

【业务开展】 2021年，中国人民财产保险股份有限公司阿瓦提县支公司（以下简称人保财险阿瓦提县支公司）主要开展财产保险业务、人身保险业务（意外伤害保险和短期健康保险业务、大型商业风险、政府采购、行业统保集中性业务）及农险业务。

【保费收入】 2021年，人保财险阿瓦提县支公司实现保险业务收入21000.85万元，比上年下降1575.87万元，下降6.98%。其中财产险保费570.58万元，增长151.26万元，增长36.07%；车险5761.05万元，增长976.62万元，增长20.41%；货运险43.72万元，增长19.13万元，增长77.8%；农险11893.24万元，下降3248.82万元，下降21.46%；意外健康险1429.57万元，增长109.93万元，增长8.33%；责任险1302.69万元，增长416.01万元，增长46.92%。

【理赔】 2021年，人保财险阿瓦提县支公司及时启动大灾理赔预案，开展查勘定损理赔工作，为受灾群众及时恢复生产和保证农业丰产丰收提供坚实保障。全年共计赔款23942.62万元，其中农险赔款19249.34万元。

城乡建设 房地产业

综 述

【市市管理】 2021年,阿瓦提县城建管理监察大队继续按照主干道严管、次干道严控、大街小巷逐步规范的工作计划,采取各种措施、温馨提示、文明执法的工作理念,针对市容环境中存在的突出问题,加大整治力度,实现城市容貌大幅改善。对影响市容市貌的违规行为进行治理,对门面前摆设物品的进行批评教育325人次、清理流动商贩687人次、处理违章占道经营的402处、治理乱建台面、室外楼梯,馕坑等47处。及时处理群众投诉事项,受理群众来信来访投诉事项共37起,办结率为99%。规范城区交通秩序,治理乱停乱放行为。定期专项整顿,规范机动车辆停放秩序。开展专项整顿12次,进行批评教育的车辆787辆、简易程序处理的共有998辆,处理违规行驶、乱停的三轮摩托车、电瓶车共315辆,其中批评教育的77辆,简易程序处罚的238辆,罚没款共计24.724万元。加强运输车辆管理。为保持城区道路交通好的秩序,对运输建筑垃圾、砂石、泥土、废弃物等不作覆盖,超高冒尖,沿途抛撒滴漏,带泥上路行驶的违章行为进行查处。发放通行证11682份,处理未办通行证行驶城区道路的货车130辆,按简易程序处理罚款124辆,其中批评教育的6辆。加大户外广告和门匾整顿整治力度,对城区主街道,背街面的1357间商铺门店按“五统一”要求规范门匾,查出处理擅自在城区主干道设立违规落地的广告牌37起。利用各种措施,控制违规建设行为。查出各类违章建筑共9处,面积2164平方米,按照法律法规进行拆除。

【安全生产检查】 2021年,阿瓦提县住房和城乡建设局(以下简称住建局)以全覆盖、拉网式安全生产大检查、大整治工作为切入点,全面开展建筑施工领域执法检查,加大处罚和整治力度,全年累计签发建设工程质量安全整改通知书106份、停工通知书34份,行政处罚企业16家,罚款金额51.05万元。在高温、雨季、冰雹等恶劣天气,及时向企业下发预警防范机制,利用建筑行业开展应急演练周活动在阿瓦提县华夏名筑工地开展高处坠落应急演练活动和地震灾害应急演练活动、在阿瓦提县多浪混凝土搅拌站开展触电应急演练活动。

【安居富民工程建设】 2021年,阿瓦提县实施农村安居工程768户,其中阿瓦提镇5户、乌鲁却勒镇330户、拜什艾日克镇84户、英艾日克镇55户、塔木托格拉克镇72户、阿依巴格镇159户、三河镇4户、多浪乡34户、巴格托格拉克乡25户。全县以地区要求的建设标准,紧抓工程进度,累计开工建设768户,竣工768户;纸质档案填写和电子档案录入768户。

【保障性住房管理】 2021年,阿瓦提县共开工建设各类保障性住房14149套,总建筑面积57.14万平方米,累计完成投资达9.98亿元,已全部完工,累计分配各类保障性住房11908套。根据中央、自治区、地区出台的有关文件精神,阿瓦提县结合实际，成立以县政府主要领导为组长、分管领导为副组长、财政、住建、国土、环保、发改等相关部门为成员的住房保障工作领导小组，设立专门服务窗口，相继出台《阿瓦提县廉租住房管理办法》《阿瓦提县低收入家庭廉租住房申请、审核、公示、轮候及退出管理暂行办法》《阿瓦提县经济适用住房管理暂行办法》《阿瓦提县公共租赁住房管理办法》等一系列规章制度，在城镇廉租房和公租房建设和管理、房屋配发等方面做出明确规定和要求。

【保障性住房建设及旧城区改造】 2021年，阿瓦提县公租房建设任务224套，项目主体已完工。全县棚户区改造任务600户，已签订拆迁协议600户。上级下达的全县城镇老旧小区任务，年底已完成7个老旧小区9栋160户改造已完工。

城乡规划

【规划编制】 2021年7月，阿瓦提县完成国土空间规划“三线”(生态保护红线、永久基本农田、城镇开发边界三条控制线)初步划定工作，并报自治区质检。10月完成阿瓦提县产城融合示范园控制性详细规划编制初步成果。

【规划审批管理】 2021年，阿瓦提县住建局进一步规范城乡规划管理工作，继续推进简政放权工作，精简行政审批事项，规范城乡规划许可核发程序，优化审批服务，提高审批效率，严格落实规划强制性内容和约束性指标。严把“两书两证”及乡村规划许可证审批，不符合要求的一律不予审批。2018年1月至2021年共计核发建设项目选址意见书23件、建设用地规划许可证20件、建设工程规划许可证40件、乡村建设规划许可证119件。同时在建项目按照批前公示、批后跟踪管理的模式，严格管理，项目在放线后，跟踪做好验线和日常巡场工作，维护规划的权威性和严肃性。加大城乡违法建设行为的查处力度。逐步规范城区建设用地范围内私房建设行为，明确建设要求，拆除位于县道、城区主街道、城乡接合部的严重影响市容市貌，占压道路红线的房屋，临时建筑物，构筑物148户(处)，总面积13354平方米。

城镇基础设施建设

【城区绿化】 2021年，阿瓦提县新增公园5个，街头绿地12个，宽幅绿化11条，累计投资6000余万元，乔木已基本种植完成。同时完成城区绿化树木修剪、灌溉、养护等工作。

【市政工程】 2021年，阿瓦提县住建局实施县城供水、排水管网工程，新改建供水管网25千米、排水管网20千米，完成投资约4500万元，已完成供水管网12千米，排水管网8千米。

房地产业

【征收补偿工作】 2021年，阿瓦提县住建局完成上级下达的600户棚户区改造任务。全年共征收阿依巴格镇玉斯屯克卡格木什村、多浪社区3组等735户，签订房屋征收与补偿安置协议735份，征收房屋面积共计80398.05平方米，征收土地面积284129.42平方米。其中阿依巴格镇玉斯屯克喀格木什村征收78户，征收房屋面积13328.56平方米，征收土地面积26584.23平方米；阿瓦提镇火车站红线外供水管网项目征收183户，征收房屋面积1989.21平方米，征收土地面积8493.58平方米；阿瓦提县城扩建路(1千米)项目征收32户，征收土地面积120.85平方米；胜利社区等新增片区征收67户，征收房屋面积29952.03平方米，征收土地面积155962.02平方米；阿瓦提县城改扩建项目(2.3千米)征收107

户,征收房屋面积1340.62平方米,征收土地面积3486.63平方米;阿瓦提镇库木巴格社区征收23户,征收房屋面积1046.11平方米,征收土地面积3315平方米;乌鲁却勒镇污水处理厂中水回用项目(16.2千米)征收8户,征收土地面积136.32平方米;阿瓦提县城改扩建项目(团结路一段、团结路二段)征收46户,征收房屋面积5796.25平方米,征收土地面积10299.99平方米;阿瓦提县保障性租赁住房建设项目三标段(2.7千米)征收63户,征收房屋面积9208.87平方米,征收土地面积17464.37平方米;阿瓦提县城改扩建项目(和平路一段)气象局征收27户,征收房屋面积1089.45平方米,征收土地面积3090.46平方米;人寿保险公司家属楼项目征收8户,征收房屋面积625.73平方米,征收土地面积625.73平方米;阿瓦提镇古勒巴格村2组(文旅夜市两侧)征收24户,征收房屋面积9816.94平方米,征收土地面积19486平方米;多浪社区3组征收38户,征收房屋面积4474.8平方米,征收土地面积29784.85平方米;多浪社区排水管网征收项目征收20户,征收房屋面积1373.36平方米,征收土地面积3602.29平方米;阿瓦提镇幸福社区4组征收11户,征收房屋面积356.08平方米,征收土地面积450.09平方米。

【物业管理】 2021年,阿瓦提县新增2家物业服务企业,年末全县共有物业服务企业13家,管理面积150.23万平方米。县住建局为规范物业管理活动,维护业主和物业服务企业的合法权益,根据《新疆维吾尔自治区物业管理条例》和《阿瓦提县物业服务提升三年行动实施方案的通知》要求,每月开展不少于2次对物业服务企业的服务质量、安全生产等进行监督检查,对于问题较多且不及时整改的物业企业在媒体上曝光,并记入失信名单。根据《阿瓦提县物业服务收费管理实施细则》要求,完成物业服务收费备案登记,对达不到标准的物业服务企业实行降低服务等级或退出机制。同时处理信访投诉68件次,其中电话投诉20件次,已全部办结,办结率100%;县长信箱投诉15件次,完成15件次,办结率100%;“12345”市政服务投诉33件次,办结33件次,办结率100%。按照阿瓦提县委组织部和阿瓦提县住房和城乡建设局党工委的要求成立物业联合党支部3个,覆盖10家物业企业。制定并出台《阿瓦提县大物委管理工作实施方案》,通过“大物委委员会”着力提高基层统筹协调、改革创新、服务群众等方面的能力,构建政府主导、社会协同、公众参与的基层社会治理新格局。3月,在文明社区成立大物委1个,通过开放式党组织活动等方式,把物业企业、“大物委”党员纳入社区党组织管理,扩大党组织和党的工作“两个覆盖”。

【房地产监管】 2021年,阿瓦提县住建局加强房地产行业管理,落实调控政策,规范市场秩序,根据《住房和城乡建设部关于进一步规范和加强房屋网签备案工作的指导意见》要求,按照“放管服”的改革要求,全面规范和加强房屋网签备案,全年累计完成商品房合同买卖合同备案1025份,办理预售许可证16本。

【工程质量监督】 2021年,阿瓦提县住建局累计监督工程133项(单体),受监面积48.9万平方米,其中跨年度工程88项,受监面积41.62万平方米,2021年新开工工程45项,受监面积7.28万平方米。竣工验收工程13项,面积1.86万平方米,通过竣工验收备案的工程93项,建筑面积16.3万平方米。

【建筑施工】 2021年,阿瓦提县有12家建筑施工企业,分别是新疆华茂建筑安装有限责任公司、阿克苏地区建新建筑安装有限责任公司、新疆三河建设工程有限责任公司、新疆恒大建业建筑工程有限公司、阿克苏地区恒顺建筑安装有限责任公司、新疆增承工程建设有限公司、新疆万安工程建设有限公司、新疆鸿宇天成建筑安装有限公司、阿瓦提县久盛建筑安装有限责任公司、新疆康耀建筑工程有限公司、新疆盛磊建筑安装有限公司、新疆帕力万建筑工程有限公司，全年办理117个施工许可证，总建筑面积35678.75平方米，合同价259611.2万元。

【建筑材料生产】 2021年，阿瓦提县生产免烧砖企业、个体共7家，分别为永利木业、佳乐水泥制品厂、新大地建材有限公司、阿瓦提县兴隆免烧砖、阿瓦提县众信苯板厂、阿瓦提县飞宇水泥制品厂、阿瓦提县多浪新星建材有限责任公司，就业人员共90人；商品混凝土企业2家，分别为阿瓦提县多浪混凝土有限责任公司，就业人员36人；阿瓦提县久盛混凝土有限责任公司，就业人员30人。

【工业生产资料购销】 2021年，阿瓦提县建材主要从阿克苏市多浪水泥厂和新疆青松建材化工（集团）股份有限公司、新疆西楚水泥有限公司购进，品种主要是普通硅酸盐水泥、复合硅酸盐水泥。购销量约69.89万吨。阿克苏地区建新建筑安装有限责任公司使用水泥1.96万吨，新疆恒大建业建筑工程有限公司使用水泥3.6万吨，新疆增承工程建设有限公司使用水泥1.96万吨，新疆盛磊建筑安装工程有限公司使用水泥50万吨；钢材主要从新疆八一钢铁集团有限责任公司、阿克苏润禾商贸有限公司购进，主要品种有圆钢、螺纹钢、角钢、钢管、盘螺钢、扁钢、高线钢材。钢材购销量63.66万余吨。其中新疆盛磊建筑安装工程有限公司使用钢60万吨，阿克苏地区建新建筑安装有限责任公司使用钢材1.36万吨，新疆恒大建业建筑工程有限公司使用钢材1.5万吨，新疆增承工程建设有限公司使用钢材0.8万吨。

生态环境保护

【水环境监测】 2021年，阿瓦提县生态环境局聘请第三方监测公司新环检测公司对水环境质量进行监测。阿瓦提县地表水断面名称为玉满闸，水质目标为III类，断面位于阿克苏老大河，县生态环境局聘请第三方监测公司对地表水共监测12次，水质均达到或优于Ⅲ类。地下水监测主要为城乡饮用水水源地，全年共监测12次，水质均达到或优于饮用水Ⅲ类标准。

【大气环境检测】 2021年，阿瓦提县环境空气质量监测点位有3个，2个为手工监测，分别位于光明中路1号综合办公楼院内和体育馆院内，主要监测项目为可吸入颗粒物(PM_{10})、二氧化硫(SO_2)和二氧化氮(NO_2)3项指标。年内，由第三方监测公司新环检测公司监测4次，因沙尘暴影响，全年部分时段空气质量不佳，多数时段空气质量优良。另一个监测点位位于河滨一区环保局楼顶，为大气自动监测，主要监测项目有SO_2、NO、NO_2、NOx、CO、O_2、PM_{10}、$PM_{2.5}$、气象五参数(包括风向、风速、温度、湿度及压力)。环境空气质量自动监测站系统可对环境空气质量进行24小时自动连续监测，包括采样系统、气体分析仪器、校准装置、气象系统、数据采集等。监测的数据通过网络传送至自治区环境监测中心站进行实时控制、数据管理及图表生成。

【废气污染防治】 2021年，阿瓦提县废气污染源主要有机动车尾气、餐馆油烟、加气站油气、燃煤锅炉、扬尘、秸秆焚烧等。县生态环境局落实好大气污染治理措施。下发《阿瓦提县2021年大气污染防治工作实施方案》，进一步明确各成员单位大气污染防治工作职责，压实责任；抓好城市扬尘治理专项行动，督促责任部门落实扬尘治理职责，按照“六个百分之百”要求对全县7个建筑工地、6处堆料场所扬尘治理开展检查指导和规范。相关单位共下发整改通知书25份，建成区道路机械化清扫率60%。对城区餐饮油烟进行治理。与住建、市场监管、社区等单位联合对城区居民小区周边餐饮油烟单位开展检查，督促9家餐饮单位安装和维修油烟净化器，对2家餐饮单位违法行为进行行政处罚。加大工业废气治理力度。拆除全县最后一座工业砖瓦炉窑，对重点排污的发电、供暖企业做好日常监督检查，杜绝违法排污行为。做好城区燃煤锅炉拆除改造工作。对城区所有燃煤锅炉进行全面摸排，掌握底数。督促指导阳光热力公司投资20余万元安装在线监测设备并与地区联网，有效监督企业污染物排放行为。年内，在3个镇新建燃气锅炉，实施煤改电、煤改气小锅炉各4台，乡镇集中供热有效推进，污染物排放进一步降低。全年秸秆综合利用率、农作物肥料综合利用率、畜禽粪污综合利用率分别达到95%、42.5%、83.26%。做好燃煤锅炉改造资金的申报工作。在上级业务部门的支持下，申请到2021年第二批中央大气污染防治资金共计430万元，对部分乡(镇)、村燃煤锅炉拆除给予资金支持。县域内$PM_{2.5}$浓度、重污染天气数较上年明显增加，空气质量持续提高。

【废水污染防治】 2021年，阿瓦提县地表水环境质量好于国家Ⅲ类标准达100%，城乡集中式饮用水水源地水质良好达标率100%。县生态环境局结合河流国考监测断面设立，主动与兵团第一师沟通协调，持续有效开展喀什噶尔河污染治理工作，水质由年初劣Ⅴ类转为Ⅳ类，治理取得初步成效。城镇建成区污水基本实现全收集、全处理，县城污水处理率达90.76%，污泥无害化处理处置率达100%。建成区公共供水管网漏损率9.35%、再生水利用率达30.55%。对全县入河排污口进行排查整治，通过与三河镇、水利、教育、鲁泰公司等单位多方协调，在做好污水处置的基础上，完成三河镇区域3处排污口治理工作，全县入河排污口已整治完毕。每月持续开展对城镇生活污水处理厂运行情况进行监督，确保其稳定运行，已完成中水回用88.18万立方米。申报阿瓦提县城乡接合部、工业园区附近村庄、三河镇污水管网建设项目，项目涉及32个村，总投资10850万元，已上报自治区生态环境厅审核。全县地表水环境质量、城乡集中式饮用水水源地水质达标，水环境持续改善。

【土壤污染防治】 2021年，阿瓦提县生态环境局做好城市生活垃圾填埋场封场后的环境监管工作。要求主管部门按期做好周边土壤、地下水质量监测，严防发生环境污染事件。加强农业面源污染防治监督，包括农业农村部门做好农田残膜回收利用，减少农田白色污染；农药使用量较上年减少1.04吨，化肥使用量实现零增长、负增长。加强废弃农膜回收利用，建立农膜回收利用机制，实现废弃农膜全面回收利用。协调推进畜禽养殖、屠宰污染防治，全县18家规模化养殖场完成粪污处理配套设施建设，配套率100%。严格危废监管。联合公安、交通、市场监督管理等部门，对全县3家废铅蓄电池产生单位及73家汽车修理厂的废铅蓄电池、废机油贮存和处置情况进行检查，督促车辆维修行业规范储存危废，做好危废暂存间防漏防渗、防流失，并依法规范处置。

【排污管理】 2021年，阿瓦提县生态环境局督促企业在国家排污许可网站申报登记，核发阳光热力、西域沙源屠宰厂、向阳热力、红宝石慕萨莱斯厂等7家企业核发排污许可证。

【节能减排】 2021年，阿瓦提县完成“煤改电”256户。实施集中供热和清洁取暖项目，申请资金1.2亿元完成3个镇供热管网及配套设施建设项目，新建6台天然气锅炉，铺设燃气管网46千米。实施煤改电4台、煤改气1台、拆除工业炉窑1台。实施供热管网改扩建8.5千米，全县冬季清洁供暖面积达到143万平方米，天然气供暖4567户，电供暖面积1.5万平方米，建成区集中供热基本实现全覆盖。

【环境监察】 2021年，阿瓦提县生态环境局加大日常环境监察频次和环境执法力度，全面开展环境隐患风险排查，对环境安全隐患重点排查对象进行现场执法，全面做好环境风险防范工作。办理信访案件8件，案件办理率100%，群众满意率100%。办理行政处罚案件7件，实施行政处罚5.74万元。

【生态保护】 2021年，阿瓦提县生态环境局全面做好建设项目环评审批工作。全年办理网上备案环评登记表58个，出具环保审查意见90份、初审意见5份，开展环保竣工验收项目60余个。在环评审查过程中，严禁“三高”项目落户，切实保障县域生态环境。加强核安全管理。严格落实《放射性同位素与射线装置安全许可管理办法》，对全县16家核与辐射单位开展督察检查，未发现无证经营和超权限经营行为。强化环保宣传，在“六五”环境日与16家相关单位、2家企业共32人举办宣传活动，悬挂横幅6条、宣传标语36条，展出各类展板12块，发放宣传资料8000余份、环保袋1000余个，进一步增强群众环保意识。保质保量完成各类规划编制，配合地区做好区域空间生态环境评价"三线一单"修编工作，开展《"十四五"生态环境保护规划》《县域农村生活污水治理专项规范(2020—2023)》编制工作，完成《阿瓦提县声环境功能区划分技术报告》，在编制过程中，在广泛征求意见的基础上，提出符合阿瓦提县实际的意见建议，切实提高规划编制的质量。全面完成年度国家重点生态功能区县域生态环境质量监测评价与考核，强化各成员单位责任落实，形成环境保护合力。做好县全面深化改革工作任务，及时掌握工作任务进展情况并按要求上报。加强医疗机构及污水处理厂设施和达标排放情况检查，确保消毒处理设施正常运行。对医疗机构、集中观察场所及人员密集场所污水进行采样，并送至县人民医院进行监测。指导督促3个医疗废物暂存点规范开展医疗废物收集、贮存、转运和处置工作，保障人民的生命安全。

【乡村振兴工作】　2021年，阿瓦提县生态环境局将巩固拓展脱贫攻坚成果同乡村振兴工作有效衔接，开展生态振兴。持续保障水环境安全，开展县集中式饮用水水源地规范化建设，督促责任单位维护界碑、标识标牌，按要求对水质开展检测；以三河镇污水处理厂建设为契机，完成鲁泰公司纺织厂、第五中学等单位共3处入河排污口整治；对喀什噶尔河水质开展治理，全面摸清上游污染来源，主动对接，协调兵地双方共同治污，河流水质已由年初劣Ⅴ类转为Ⅳ类；高度重视城镇污水处理厂中水回用工作，利用中水浇灌周边绿地和经济林共计133.33公顷，有效提高资源的利用率。推进畜禽粪污治理。联合农业农村局，对县域范围内规模化畜禽养殖场和定点屠宰场开展执法检查。重点检查养殖场、屠宰场环评手续办理情况、畜禽粪便、废水利用和无害化处理情况。严防工业企业废弃物污染环境。对产生废渣的国能生物发电和阳光热企业，要求企业做好每日废渣产生台账，严格监督废渣处置情况，2家企业所产生的固体废物均进行有效利用，未对环境产生污染。加快环评审批，助力脱贫攻坚。开通扶贫项目绿色环评审批通道，缩短审批时限，即报送即办理，全年办理扶贫项目用地预审及环评审查、备案登记60余件。

【生态环境保护宣传】　2021年，阿瓦提县生态环境局将生态文明建设和环境保护方针政策及时向县委、县政府领导汇报，列入县委、县政府中心组学习内容，以县领导和县直单位主要领导为重点，抓好生态环境保护日常学习教育。县委、县政府理论学习中心组开展有关生态环保内容学习14次，县政府常务会议专题研究部署和督促落实生态环境保护工作4次。县领导和部门领导生态环境保护意识得到进一步提高，推动社会各界对生态环境保护的重视力度。

【中央生态环境保护督察反馈意见整改】　2021年，阿瓦提县生态环境局开展好中央生态环境保护督察反馈意见整改"回头看"工作。阿瓦提县涉及中央生态环境保护督察反馈问题7项，已交账销号7项。按照已交办的第一轮整改台账任务不出问题，新的问题查得准而全、有措施改得好、突出群众信访问题排查整治。持续做好生活垃圾无害化处理的日常管理、中水回用、开展非法机电井和"井电双控"落实情况再排查、再整治，加大生态环境突出问题排查整治力度。

科学技术·气象服务

科　技

【科技项目申报与管理】 2021年,阿瓦提县先后实施各类科技项目5个,累计争取专项资金46.5万元,促进先进技术引进、技术创新和成果就地转化应用。

【科技服务与政策宣传】 2021年,阿瓦提县教育和科学技术局(以下简称县教科局)深入企业走访调研,向企业宣传鼓励和扶持企业发展的各项优惠政策,探讨科技创新助力高质量发展的观点,在科技项目的实施、政策的引导、成果的转化与推广等方面提出建议,鼓励企业增强发展信心,加大研发投入力度,以科技的力量让企业焕发出更大的生命力。

【创新驱动发展环境】 2021年,阿瓦提县教科局坚持以创新驱动发展战略为引领,进一步优化创新创业环境,加大高新技术企业、科技型中小企业培育力度,推动科技与经济社会高质量发展的深度融合,不断提升全县创新驱动发展水平。

【科技创新】 2021年,阿瓦提县教科局建立高新技术企业培育库5家,组织各企业参加科技创新创业大赛,阿克苏普美纺织科技有限公司荣获三等奖,争取4.5万元奖励;对12家规模以上企业、24家规模以下企业、5家事业单位、11家国有企业、1家创新平台进行科技资源调研统计,有研发活动和投入的企业5家、有产学研合作的企业9家、计划认定高新技术企业2家。

【知识产权保护】 2021年,阿瓦提县教科局开展咨询服务与专业培训2次,参与企业15家、科技骨干22人,增强企业创新意识。全年申报专利21件,超额完成每万人发明专利拥有量达到0.7件,全年发明专利18件指标。

【科技发挥双创载体作用】 2021年,阿瓦提县教科局发挥2家电子商务众创空间的孵化基地作用(自治区级1家,县级1家),免费为创业者提供办公场地、硬件设施等,入驻孵化小微企业及创业团队20余家、孵化创业个人50人。加强新开发的“科技教育一条街”宣传,并成立培训中心,高起点培训电商各级各类各层次人才,为电商产业发展出谋划策,推进阿瓦提县电商产业做大做强。已成功吸引2家科技服务型企业、3家电子商务服务站入驻。此外,阿瓦提县刀郎众创空间完成建设扶贫微工厂,完成固定资产投入,签署战略合作企业10家,建成后实现销售收入1500万元,解决劳动就业100人以上,让微工厂始终保持“微特色”和辐射带动作用,有效缓解农村劳动就业率,推动电子商务成为经济发展的新引擎,助力乡村振兴。

【科技人才队伍】 2021年,阿瓦提县教科局加大聚才引智力度,拓宽柔性引才渠道。全县研发人员为212人,研发人员在总人数中的占比为0.09%,每万人口中占8.7%。从业务骨干、技术人员、外来专家和企业家中选出85名拥有实践经验、具备一定专业知识的专家组建科技智库。

【科技宣传培训】 2021年，阿瓦提县教科局以“科技之冬”“科技下乡”“科技活动周”“冬季大培训”“知识产权日”“全国科普日”为契机，举办各类培训班800余期，参训受益群众达28.8万余人次，开展科普活动460次，参与群众15.25万余人次，发放各类科普宣传书籍、资料9.82万余份，展出科普挂图300余份。

【科技投入】 2020年，阿瓦提县财政科技支出1400万元，按照财政科技支出年均增长15%以上的标准，2021年度应投入1650万元，已投入财政科技资金2054.96万元，较2020年增长46.78%。2021年度本级科技计划项目4个，共计12万元，较2020年增长100%。

【科技特派员工作】 2021年，阿瓦提县教科局以40名技术人员、业务骨干、乡村科技副职、农村实用人才、致富能手为主体，组建第九批科技特派员队伍，并开展各类实用技术技能培训240余场次，受益群众达3.9万余人，开展科普活动6次，参与群众1.8万人次，发放各类科普宣传书籍、资料2.3万余份，为村民答疑解惑1.4万余人次，推广普及先进实用技术，培养乡土技术人才和农村致富带头人，推动农业现代化，促进农民增收致富，巩固脱贫攻坚成效。

【科技服务企业】 2021年，阿瓦提县教科局培育高新技术企业，对符合要求或者有高新技术企业潜力的企业加大跟踪指导力度，宣讲国家对认定高新技术企业方面的优惠政策。已建立5家高新技术企业培育库，通过开展5期高新技术企业培育培训，其中2家企业计划于2022年申报高新技术企业。高新技术企业培育库企业营业总额共5.2亿元。

【科技项目服务中心】 2021年12月25日，阿瓦提县科技项目服务中心挂牌成立。

气象服务

【概况】 2021年，阿瓦提县气象局利用气象现代化建设成果，做好数字天气预报系统的开发利用，不断提高灾害性、关键性天气预测预报准确性。为更进一步做好气象服务，新建阿依巴格镇万亩葡萄园农田小气候实景观测站1套，完成阿和公路2个区域自动站的选址、审批工作。利用广播电视、国家突发事件预警信息发布平台、电话预警终端、阿瓦提县为农服务微信公众号等便捷手段及时为阿瓦提县党政领导、防汛责任人、地质灾害责任人、驻村工作队、应急管理部门等决策服务用户在开展安全生产、指挥农业生产和防灾、减灾工作时提供准确的气象预报依据。建立由101名乡镇村（社区）书记组成的村级气象信息员队伍。发挥气象在防灾减灾和经济社会可持续发展中的作用。开展“直通式”气象服务，建立健全气象为农服务体系，多渠道发布各类气象信息345期。其中，发布气象预警信息79期、农气周报48期、天气过程预报28期、防洪专报59期、天气实况59期、其他各类气象服务信息72期。

【气象灾害防御体系建设】 2021年，阿瓦提县气象局按照“建设现代气象为农服务体系”要求，进一步加大农业气象服务体系和农村气象灾害防御体系建设力度。遇突发或重大天气过程，向县委、县政府主要领导和分管领导汇报天气情况，启动电话叫应机制，加强与相关职能部门的沟通联系，做好气象决策服务工作，有效应对“8·16”冰雹重大灾害性天气，为做好全县防灾减灾工作提供气象保障，发挥气象防灾减灾第一道防线作用。为春运、第九届刀郎美食文化旅游节开幕式、地震灾害应急演练、阿瓦提慕萨莱斯文化旅游节、高考等重大活动做好专题气象服务，为地方各类活动提供气象服务保障。开展“直通式”气象服务，建立健全气象为农服务体系，多渠道发布各类气象信息345期。建立由阿瓦提县涉农专家组成的农业气象服务专家联盟，定期开展联合调查、联合会商，联合制作、联合发布等协同服务机制，形成良好的多部门协同服务格局，助力全县脱贫攻坚和乡村振兴有效衔接。全年共开展联合会商4次、联合调查3次。利用“3·23”世界气象日、“5·12”全国防灾减灾日和“10·13”国际减灾日宣传气象防灾减灾科普知识。

【气象装备】 2021年，阿瓦提县气象局继续加大装备保障投入力度。按照地区4月内审问题整改清单，投入近2万元，对业务用电线路进行优化改造，新增加UPS(不间断电源)蓄电池一组，彻底解决因断市电UPS供电不足的问题。6月底投入2万余元对观测场地沟路面进行改造，采用耐高温轻型塑胶材料，既美观又方便设备维护。购置一批国家站和区域自动站备份配件，避免因无备份仪器设备更换导致数据缺测的业务事故发生。按要求及时做好辖区区域自动站和农气自动站的不定期维护，并抽调干部职工对3套区域站仪器设备进行更换送检。确保辖区内自动气象站稳定运行，数据可靠且传输正常。

【业务规范】 2021年，阿瓦提县气象局根据上级部门相关业务规章制度，进一步规范和细化《阿瓦提县气象局业务规章制度》和《网络安全和保密规章制度》，并严格落实。更新完善《阿瓦提县气象局气象观测质量管理体系执行文件手册》。县气象局按照地区气象局的业务指导，参加上级组织的各类业务培训学习12次，每月不定期开展业务应急演练共21次，业务数据传输率、可用率均达到目标考核要求。

【安全生产】 2021年，阿瓦提县气象局联合发改、住建、应急管理等部门，持续开展防雷安全隐患大排查、大整治，对县域内31家防雷防静电安全重点企业进行安全生产执法检查，发现防雷安全问题隐患47项，已完成整改45项。修订完善本单位各类应急预案6个，储备生活应急物资4000余元。落实县易燃易爆场所安全生产督察工作。在节假日、重点时间节点及“大检查、大排查、大整治”安全生产专项活动中发挥气象部门职能作用，参与联合执法。汛期期间，每日制作防汛专题气象服务材料，局领导按时参加县防汛会商研判。

教 育

综 述

【学校概况】 2021年，阿瓦提县共有中小学、幼儿园195所，其中小学63所，教学点7所，初中10所（含3所九年一贯制学校），普通高中1所，职业技术学校1所，幼儿园113所（含6所民办幼儿园）。

【基础设施建设】 2021年，阿瓦提县续建、新建单体建筑及附属项目34个，总投资2.16亿元，总建筑面积74962平方米。其中中央专项资金2902万元，政府债券资金6000万元，援疆资金12665万元。义务教育阶段11617万元，建筑面积48042平方米；职业技术学校2300万元，建筑面积9000平方米；幼儿园4411万元，建筑面积13438平方米；改扩建学校7所，新建1所鲁迅中学，建筑面积29807.6平方米。

【教师招聘】 2021年，阿瓦提县通过自主招聘方式补充师资队伍，招聘中小学和幼儿园教师274人。

【免费师范生就业安置】 2021年，阿瓦提县根据《关于下达2021年自治区农村中小学定向培养公费师范毕业生就业计划的通知》《关于下达2021年教育部直属师范大学新疆生源公费师范毕业生就业计划的通知》精神，对16名定向培养公费师范生就业安置。

【学校领导班子建设】 2021年，阿瓦提县配备校级领导266人，其中正科级9人，副科38人，股级219人。181人拥有本科学历，占总体配备校级领导人数68.05%；专科学历85人，占31.95%。年龄在30岁以下87人，30～40岁113人，40～50岁57人，50岁以上9人，40岁以下人员占配备总人数的75.19%。

【师资队伍建设】 2021年，阿瓦提县选派3369名教师参加国培、区培培训，其中集中培训797人，网络研修培训2572人。县级各类培训12136人次，其中继续教育培训1136人，中小学及幼儿园教师专业能力强化培训1497人次，国家通用语言强化培训9503人次，幼儿园园长、骨干教师专业发展提升培训44人，支教干部培训147人。地区级各类培训354人次，其中网络培训239人次，集中培训115人次，累计开展各级各类培训17859人次。在支教工作中，阿瓦提县向柯坪县派出小学支教教师7名，县域内选派13名城镇教师赴农村薄弱学校支教。共有185名学前教育支教干部到阿瓦提县开展支教工作，缓解学前教育教师短缺的问题，推进农村幼儿园阵地建设。

【教师资格认定】 2021年4—7月，阿瓦提县开展2轮教师资格认定工作，共认定中小学和幼儿园（含高中、中职）语文、数学等学科教师资格794人。

【专业技术职务评审】 2021年，阿瓦提县共465人获得中高级教师职称，其中晋升正高级教师2

人、晋升高级教师43人、晋升一级教师57人、乡(镇)初定一级教师358人、硕士授予一级教师5人。

【校园教育】　2021年,阿瓦提县教育和科学技术局(以下简称县教科局)结合建党100周年党史学习教育,以"开学第一课"、党的重要时间节点为契机,组织开展"童心向党·党的故事我来说"专题展演、"新时代好少年·红心向党"读书活动、"青年说"微课、"我和国旗合个影"、绘制国庆百米长卷等活动300余场次,惠及青少年6万余人次,组织400名学生参观阿克苏博物馆、科技馆、柯柯牙纪念馆,涵养学生的家国情怀,使广大青少年感受祖国的伟大,激发学生爱国旗、爱祖国的热情。依托"12·13"国家公祭日、"九一八事变"纪念日开展国防教育宣讲,将"时代楷模"拉齐尼·巴依卡和"七一勋章"获得者陈红军英雄事迹纳入课前三分钟、主题班会学习内容。对校园文化建设阵地进行专题调研2次,指导学校根据自身办学特色,深入挖掘学校办学内涵,汲取凝练"三风一训",打造党史文化墙、文化长廊100余处,推动校园文化不断发展、全面繁荣。全面落实《青少年法治教育大纲》,组织开展"美好生活·民法典相伴""学宪法 讲宪法"活动、国家宪法日"宪法晨读"活动、法治副校长进校园法治宣传教育等400余场次,师生法律意识不断增强。在德育示范校评估、复验中,以寒暑假教职工能力提升"大培训"活动为载体,对315名思政(德育)教师培训,全方位提升思政教师能力和素质,为德育示范校的评估验收奠定坚实基础。稳步实施德育示范校评估、复验,指导县实验小学成功申创自治区级德育示范校。依托"三进两联一交友"活动,对特殊重点学生进行一对一心理健康教育引导,变"问题清单"为履职清单,推动教育系统各级党员干部和教职工累计进班级、进宿舍、进食堂15万余次,联系学生12万余次,联系家长9万余次,累计为困难师生解决实际问题1.3万余个,促进学生身心健康发展巩固民族团结教育成果。对照平安校园评估创建标准,完成"平安校园"初审复检工作,154所中小学、幼儿园县级"平安校园"均通过复检,为全县"平安建设"做出应有贡献。

【教育教学科研】　2021年,阿瓦提县教科局加强教育督导队伍建设,选优配强76名督学,开展幼儿园办园行为督导评估、义务教育均衡发展、开学复课联合督导等教育综合督导工作,规范办学行为。以全县21名高级职称教师、"组团式"援疆教师团队、"十百千"名师为主体,组建中小学语文、数学、英语、物化生等21个学科工作室,加大县域教育教学研究力度,以教科研活动为依托,为教师搭建展示才艺、交流经验的平台,完善优秀人才成长培养机制,推进全县教师队伍建设,促进全县教育事业更好更快发展。建立"地区—县级—片区—学校"4级网络研修体系,常态化开展语文、数学、英语等学科线上线下培训研修活动,培训2572人。探索全面提高课堂教学效率和教学质量的有效途径,并加强对"1+3+5""四步三查""三学三导"等启发式、探究式、讨论式、参与式课堂教学法的推广,提高课堂教学效率和教学质量。全年,阿瓦提县各中小学、幼儿园共申报"以校为本"小课题地区级15项,县级126项,按照评审方案,通过初审、复审和终审程序,共有63项申报小课题获得立项,其中地区级3项。制定并落实《阿瓦提县教育系统2021年教学质量提升年工作实施方案》,以分层施教、课后服务、目标管理和有效教研为抓手,在"堂结日清"的基础上,及时监测学生阶段性学习成果,以多种形式检测学生课堂学习效果,做到当日基础知识人人过关。与2020—2021学年第二学期期末考试成绩相比,全县小学三科平均分提高5.66分,初中六科平均分提高8.88分。

【教育学会工作】　2021年,阿瓦提县教科局举办中小学教师各学科教学设计和案例评比活动、“教研月”岗位练兵技能大赛等教研活动，同时组织教师参加自治区、地区各学科研赛和参赛作品上报工作，2300余名中小学和幼儿园教师参与比赛，其中荣获自治区级奖项69人、地区级奖项140人，433人获得县级奖项。开展“十百千”青年教师培养工程，申报认定地区级“名师”“学科带头人”等称号教师67人、县级“名师”“学科带头人”等称号教师94人。开展各中小学、幼儿园教师的示范课评选活动，从中遴选出20节示范课作为县级优质示范课例资源在阿瓦提县内展播，同时评选出40节优质课上报地区参加评选，发挥优质示范课例的辐射作用，规范新教师开展课堂教学，提高教育教学质量。统筹县直中小学（园）与42所乡（镇）学校和乡（镇）中心校（园）与42所村级校（园）按照“管理互通、师资互派、学生共育、研训联动、项目共研、质量共进和文化共融”要求进行“联盟办学”，形成“优进带后进”的良性循环，构建和完善“以强带弱、以点带面、辐射全县、提升全部”的教育质量提升体系。

【教育信息化】 2021年，阿瓦提县教科局投入资金100万元，完成第四小学、实验小学、第三小学、鲁迅分校、第一中学等5所学校录播教室设备建设及装修，为全县各级各类学校配齐班班通设备并接入光纤，并开展以“新疆基础教育资源公共服务平台应用、班班通监管系统应用、录播设备录课、听课技术、视频会议设备安装调试”为主要内容的培训，提升学校信息化管理人员专业素养，为教育教学质量提供技术支撑。

【青少年科技工作】 2021年，阿瓦提县教科局以“科技之冬”“科技活动周”“知识产权日”“全国科普日”为契机，开展科技、农业生产与科技、国防建设与科技、网络安全、知识产权保护等相关科普知识宣传培训800余场次，展示科普作品7500余件，14.8万余人次接受科普教育，让学生切身感受到科技的神奇、体验科学的魅力、放飞科学梦想，激发学生科学探究的兴趣和科技创新的热情。

【制度建设】 2021年1—11月，阿瓦提县教科局为从源头上消除“庸懒散浮拖”等现象，研究制定《阿瓦提县幼儿园管理办法（试行）》《阿瓦提县幼儿园年度考核办法》《阿瓦提县中小学、幼儿园教师陪餐管理办法（修订）》《阿瓦提县教育系统乡村教师生活补助实施办法》《阿瓦提县教育系统教职工请（销）假管理办法》《阿瓦提县教育系统乡村教师生活补助实施办法》《阿瓦提县教育系统财务管理办法（修订）》《阿瓦提县教育系统教职工管理办法（试行）》《阿瓦提县中小学教育教学工作奖惩暂行办法》《阿瓦提县中小学幼儿园安全管理办法》《阿瓦提县教育系统学校应急维修管理办法》等规章制度10余份，明确和细化各项工作要求和标准，实现用制度管人，制度管事。

【应急维修】 2021年2月，阿瓦提县教科局统筹组建教育系统应急维修队3支，对学校水暖电、电脑、学校监控等设备出现的微小故障进行检修，减少对定点维修商维修依赖，维修费用从2020年的2200余万元降至600万元。3—9月，召开固定资产管理推进会6次，盘点清查库存物资2次，偿还以往债务3686.46万元，办公经费压缩50%，从1500万元降至700万元。

【学校食堂自主经营管理】 2021年6月23日，阿瓦提县巩固教育脱贫攻坚成果同乡村振兴有效衔接工作专题会审议通过旨在“规范义务教育阶段学校食堂经营和管理，为学生提供更加营养更加美味的营养餐，减轻家庭教育负担、提高群众幸福指数”的《阿瓦提县义务教育阶段学校食堂自主经营工作方案》。9月，全县80所义务教育阶段学校食堂全部实现自主经营管理，农村学校实现三餐全部免费，让学生吃得更好，吃得更饱，受到社会各界一致称赞。

【学校撤销(合并)】 2021年7月31日,阿瓦提县人民政府第七次常务会议研究通过县教科局在深入开展调研、细致分析学校撤销(合并)可行性并广泛征求乡(镇)意见的基础上,制定旨在“解决村级小学、幼儿园师资浪费严重,经费严重不足、教学质量提升难、提升慢”等难题的《阿瓦提县小学、幼儿园撤销(合并)方案》。8月底,撤销(合并)的38所学校的174名教职工和2895名学生及教学设备整建制到并入学校工作和就读,在有效增加并入学校的师资力量和提升硬件设施水平(教学仪器等)的同时,节省冬季取暖费、水电费等开支170余万元。

【援疆观摩】 2021年7月,阿瓦提县为向第八次全国对口支援新疆工作参会人员全面展示援疆工作成效,县鲁迅小学被自治区党委指定为第八次全国对口支援新疆工作会教育唯一的教育援疆观摩点。7月20日,50余人参加第八次全国对口支援新疆工作会的国家部委、省市主要领导,通过实地查看、与师生交流、旁听援疆教师公开课等方式,由点到面地对绍兴阿瓦提两地“组团式”教育援疆和文化润疆工作及取得成效进行现场观摩、全面了解,获得一致称赞。

【助学金发放】 2021年8月31日,阿瓦提县浙江绍兴援疆“鲁迅助学金”发放仪式在阿瓦提县第四中学举行,活动受助学生154人,发放助学金92.4万元。

【援疆资金】 2021年9—11月,阿瓦提县争取援疆资金150万元,建成录播教室、石榴籽工作室、培训教室、普通话测试间等功能室8间,并配齐全套设备。以198名正高级教师、“组团式”援疆教师团队、学科带头人、教学能手为主体,组建名师发展中心学科工作室21个,培养教育教学骨干、学科带头人和青年后备人才162人,“以点带面、辐射全县、带动整体,提升全部”的教育质量提升体系初见成效。

【减轻家庭教育负担】 2021年9月,阿瓦提县成立以县分管领导为组长的“双减和五项管理”工作领导小组,全面推行“5+2”模式课后服务,让学生在校内学足学好,降低学生校外培训需求,减轻家庭教育负担。县教科局联合市场监管、公安、民政、住建等部门成立2个督导组,对校外培训机构进行全覆盖检查,签订运行资金监管授权书9份,指导9所学科类校外培训机构转型发展(注销6所、转型3所),维护正常教育生态;严格控制中小学校作业量,完善作业管理、布置、考核、监督办法,确保教学难度不超国家课标,探索“作业协商”机制,全面提升学科教师的作业设计和命题设计能力,减轻学生课业负担。

【优秀教师表彰】 2021年9月10日,阿瓦提县在第37个教师节上对480名优秀教师进行表彰并发放奖金96.6万元。

【示范校创建】 2021年11月15日,阿瓦提县第四中学、第三中学、实验小学被自治区教育工委授予自治区级党建示范校称号。12月,阿克苏地区民族团结创建活动领导小组授予阿瓦提县第三中学、第四小学地区级民族团结示范校称号。

【爱心物资捐赠】 2021年12月17日,阿瓦提县“疆愿越领”微心愿暨中狮联浙江大禹等慈善服务队爱心物资捐赠活动在阿瓦提县第三小学举行。活动共征集阿瓦提县家庭困难学生“微心愿”1000个,“微心愿”物品11138件,价值20万元。12月28日,阿瓦提县“圆梦阿克苏 一万微心愿”活动在拜什艾日克镇第二中心小学举行。活动共征集阿瓦提县家庭困难学生“微心愿”500个,“微心愿”物品500件,价值5万元。通过爱心物资和“微心愿”礼物，鼓励孩子们满怀感恩之情、深化感恩之心，不断完善自己、发展自己、提高自己，争做新时代好少年。

基础教育

【学前教育】 2021年，阿瓦提县有幼儿园113所(公办幼儿园107所，民办幼儿园6所)，城区幼儿园16所(含6所民办幼儿园)。全面实施学前三年免费教育，除失能幼儿外，入园率100%。

【小学教育】 2021年，阿瓦提县有公办小学70所，其中县直小学4所，乡村小学66所，教学班867个。

【初级中学教育】 2021年，阿瓦提县有初级中学10所(含3所九年一贯制学校)，班级323个。

【学生资助】 2021年，阿瓦提县在学前教育阶段，落实落细学前三年保障经费共计3777.38万元，其中伙食费1783.65万元、保教费1563.14万元、取暖费189万元、其他241.59万元，惠及幼儿16415人。义务教育阶段，实行“两免一补”政策，城乡义务教育阶段保障经费共计6727.3万元，其中公用经费4189.34万元，惠及中小学生46424人；家庭经济困难学生生活补助资金2537.96万元，惠及中小学生26033人。农村义务教育阶段学生营养餐补助经费3090.96万元，惠及农村中小学生34344人。高中阶段实行“三免一补”政策，普通高中补助资金共计714.35万元，其中免学费293.09万元、助学金421.26万元，惠及学生2519名；职业技术学校补助资金846.11万元，其中免学费等运转经费611.9万元、助学金234.21万元，惠及学生1740名。教育扶贫项目补助中，全年“雨露计划”支持农村贫困家庭新成长劳动力接受职业教育扶贫补助项目资助建档立卡贫困中、高职学生1364名，按照生均3000元标准，补助资金409.2万元。2021年统筹“浙江绍兴鲁迅助学金”“润雨计划”“荣盛教育助学金”“地区红十字会助学金”“助学贷款奖补资金”等大学生助学金114.7万元，资助贫困大学生327人；为189名大学生申请合计143.7万元的生源地助学贷款。

【特殊教育】 2021年，阿瓦提县教科局联合县直8个单位印发《阿瓦提县义务教育阶段重度残疾儿童少年送教上门服务工作的实施方案(试行)》，会同卫健委、民政局、残联组建阿瓦提县特殊教育专家委员会，对全县694名适龄残疾儿童身体状况、接受教育能力等情况进行评估，并根据评估结果随班就读428人，办理延缓入学手续12人，送教上门64人，在阿克苏启明学校等特殊教育学校就读49人，残疾儿童受教育权利得到有效保障。

【社会力量办学】 2021年，阿瓦提县共有民办教育机构9所(民办幼儿园6所、非学科类校外培训机构3所)。

【控辍保学】 2021年，阿瓦提县教科局联合统战、发改、公安、民政、财政等10个部门，建立“政府主导、部门分工、齐抓共管、综合治理”的控辍保学机制，落实五步控辍保学法，全县小学入学率达到99.87%，巩固率99.83%；初中入学率达到99.72%，巩固率99.89%。

2021年阿瓦提县各类学校基本情况统计表

表4

学段	学校数(所)	班级数(个)	教职工(人)	备注
幼儿园	113	472	1028	含6所民办幼儿园
小学	70	867	1945	含7所教学点
初中	10	323	1130	含3所九年一贯制学校
普通高中	1	57	235	—
职业技术学校	1	36	159	—
合计	195	1755	4497	—

职业教育

【概况】 2021年，阿瓦提县共有职业技术学校1所，班级数68个，教职工181人，其中专任教师151人；在校学生3418人。开设专业14个(中职8个，技工6个)。校企合作14个，实训基地数10个，定岗实习点10个，定岗实习1239人，稳定就业毕业生983人。

【中等职业教育改革与发展】 2021年，阿瓦提县按照“普职比大体相当”的要求，统筹普通高中和中等职业教育协调发展。深入推进“专业紧跟产业走，就业围绕企业转”发展模式，结合县域棉花产业优势，依托“理实一体化”教学设施，开发以“服装设计专业”为主，辐射纺织技术、园艺技术、农机设备应用与维修、烹饪、美容美发等10个专业，并与新疆工业职业技术学院、新疆商贸经济学院等2所优质职业学校通过“3+2”“3+1”办学模式联合开设机械设备维修、旅游服务与管理、计算机应用等3个专业，“教—研—训”一体化实用技术型育才机制和专业布局全面建立，技能型人才培育水平明显提升。

【基础设施设备】 2021年1—9月，阿瓦提县教育科学技术局为将县职业技术学校升格为阿克苏地区阿瓦提县中等职业技术学校，向县域经济社会发展和乡村振兴提供优质技术型人才保障，筹集资金3750万元，建设总面积9000平方米实训基地厂房7栋，职业教育基础设施设备持续完善。顺利通过地区教育科学技术局升格验收。

成人教育

【高等教育自学考试】 2021年，阿瓦提县依托高考标准化考场设施，组织2次全国高等教育自学考试，共计681人参加考试。

【广播电视大学】 2021年9月，新疆广播电视大学阿克苏分校阿瓦提县教学点更名为阿克苏开放大学阿瓦提县分校，作为阿克苏开放大学县市分校，与阿克苏开放大学合作办学，业务接受阿克苏开放大学的指导和管理，开设本科开放学历教育专业16个、专科专业18个。以促进终身学习为使命，以现代信息技术为支撑，以“互联网+”为特征，围绕各专业特点，开设必修课和选修课，面向社会大众提供终身教育及服务，着力构建“人人皆学、处处能学、时时可学”的公共服务平台。根据专业及入学时间，共设立班级137个(本科66个、专科71个)，共有学员439人，其中本科246人、专科193人。

文化·体育

文化建设

【主题宣传】 2021年,阿瓦提县融媒体中心通过开辟“在习近平新时代中国特色社会主义思想指引下”“奋斗百年路 启航新征程”“中国共产党人的精神谱系”“学党史、悟思想、办实事、开新局”“深入学习贯彻党的十九届六中全会精神”“石榴花开 籽籽同心”“乡村振兴”“党风廉政建设”“访民情惠民生聚民心”“安全生产”等专栏,以全媒体报道的方式,对全县各单位在学习宣传贯彻落实习近平总书记系列重要讲话精神以及在开展民族团结、访惠聚、乡村振兴、安全生产、深化干部作风整顿等重大主题活动中的好经验、好做法进行宣传报道,集中展示在县委的领导下,全县各族干部群众积极向上的精神风貌、维护民族团结和社会稳定的正向认同、干事创业的决心和信心。全年在本地各类官方媒体平台中共刊播各大主题宣传产品6000余条(部)。

【党史学习教育宣传】 2021年,阿瓦提县融媒体中心利用媒体融合优势,坚持“移动优先”理念,在“阿瓦提县零距离”公众号、“阿瓦提好地方”App、“遇见阿瓦提”官方抖音等平台先后开设“学习百年党史·汲取奋进力量”“学党史、悟思想、办实事、开新局”“向党说句心里话”“听故事·学党史”“党史小考场”“我为群众办实事”等10余个专栏,宣传中央、自治区、地区、县委关于党史学习教育的部署和具体举措。与此同时,组织记者深入基层一线,广泛报道全县广大党员干部开展党史学习教育的具体行动、强烈反响和进展成效,引导全县各族干部群众学史明理、学史增信、学史崇德、学史力行。全年,在各媒体平台累计刊播(发)有关党史学习教育相关内容3600篇(部),尤其是拍摄制作的刀郎儿女唱响《唱支山歌给党听》MV先后在央广网、中国日报新疆频道、中工网、中国日报网、天山网、凤凰网等30余家媒体广泛传播,引发强烈反响。借助全县72名广播电视基层维护员力量和县融媒体中心专业技术力量,做好基层群众“看电视、听广播”的服务工作,切实让党的声音和党的故事传遍千家万户,着力推动党史学习教育深入群众、深入基层、深入人心,进一步增强各族干部群众的思想自觉、政治自觉和行动自觉。

【对外宣传】 2021年,阿瓦提县融媒体中心坚持“围绕受众、抓好策划、做好内容、引领方向”发展理念不动摇,做到守土有责、守土负责、守土尽责。通过开设“文化润疆”“阿瓦提是个好地方”“爱国爱疆爱家乡·好歌大家一起唱”等专栏,运用大众化语言讲好阿瓦提故事,宣传好惠民政策,营造良好的宣传氛围。1—10月,外宣共刊发稿件3544篇,其中中央媒体1641篇,自治区媒体1520篇,其他媒体383篇。融媒产品推陈出新,围绕中心工作,用心用情制作一批符合全媒体时代的微视频、H5(手机网页)、海报、直播等短平快融媒体产品,正面宣传表现力和感染力明显增强。共生产融媒体产品7000余部,其中抖音平台发布作品2200余部,原创1120余部,浏览量过亿的作品1部,浏览量千万以上作品3部、百万以上作品80余部、十万以上作品832部，直播15次，参与观看直播8万余人次；“两微一端”发布作品1.42万余部，客户端原创视频904条、发布要闻作品1157部。特别是制作的《为暖心之举点赞》《你的纵身一跃“真帅”》等短视频被全国各级媒体转载刊发，引发强烈反响。共制作发布300余期电视节目、450余期广播节目，“阿瓦提县零距离”微信公众平台已刊发各类新闻稿件2664条，其中原创稿件1000余条。

【人才培养】 2021年，阿瓦提县融媒体中心把干部队伍建设和人才培养工作放在重要位置，制订《融媒体中心干部岗位大练兵、能力大提升实施方案》，加强业务培训，着力培养集采编、播录、摄发能力于一体，能写、能拍、能编、能策划的复合型人才，进一步提升记者、编辑等人员灵活运用现代传媒新手段、新方法的能力，着力提高传媒作品创作的数量和质量；先后组织10名业务骨干赴北京、乌鲁木齐等地学习交流，进一步拓宽思路、开阔视野。县融媒体中心利用较为完备的硬件设施条件，与新疆农业大学、新疆财经大学新闻学院达成将县融媒体中心建成高校实训基地的战略合作关系，先后接收6名学生跟班实习。同时，加大社会招聘力度，持续吸纳广电技术、新闻采编、播音主持、短视频拍摄制作等专业人才，为融媒体队伍建设增添新生力量。全年共招聘专业技术人才5人。

【开展活动】 2021年2月26日，阿瓦提县委宣传部组织开展“刀郎人过元宵”主题花灯展，展出花灯30余盏，营造喜庆、祥和的节日氛围。3月17日，组织开展新时代文明实践观摩推进会，各乡(镇)党委委员、宣传委员及业务骨干18人参加会议。4月2日，举办阿瓦提县“百名党员忆初心”庆祝中国共产党成立100周年讲故事比赛。9月14日，组织开展宣传思想工作观摩推进会，各乡(镇)党委委员、宣传委员、业务骨干以及新时代文明实践站示范点第一书记30余人参加会议。11月15日，举办“爱国爱疆爱家乡·好歌大家一起唱”红歌大赛，全县各乡(镇)共14支代表队参赛，大赛评选出一等奖1名、二等奖2名、三等奖3名、优秀组织奖2名。

【宣传先进典型模范人物】 2021年，阿瓦提县委宣传部常态化开展向“时代楷模”、道德模范、最美人物、身边好人等学习活动，利用公交车站台、广场橱窗、公示栏等形式宣传14个先进典型模范人物，利用“Hi苹果红了”App宣传阿瓦提县中国好人、道德模范事迹7篇。向地区推荐全国学雷锋志愿服务“4个100”先进典型2个；自治区道德模范4人；自治区新时代好少年1人；精神文明建设“五个一”亮点工程5个，获评2个；联合县教科局向地区推荐阿克苏新时代“百佳好少年”14人，获评1人。贯彻落实《新疆维吾尔自治区道德模范荣誉称号管理暂行办法》，组织自治区道德模范等先进典型人物赴乡(镇)、村(社区)开展宣讲。为进一步树立德者有得、好人好报的价值导向，利用国庆节契机，组织开展自治区道德模范慰问活动。

【社科联(文联)工作】 2021年，阿瓦提县委宣传部、文联举办参与多种活动，讴歌党的丰功伟绩。1月18—25日，举办“我们的中国梦”文化进万家·阿瓦提县文联、文化馆、图书馆“迎新春 送春联”文化惠民活动。先后送出春联6000余副，参与书法家6人。1月15日，地委宣传部、地区网信办、地区文旅局主办的“云游阿克苏”文化旅游网络宣传作品征集大赛评选结果揭晓，阿瓦提县文联报送的6幅作品获奖。3月8日，地区文化润疆工作领导小组办公室印发《关于命名阿克苏地区文化润疆示范基地的决定》，阿瓦提县鲁迅小学、阿瓦提县刀郎部落景区榜上有名。5月16日，县文联以中国共产党成立100周年为契机，创作百幅主题农民画。主题内容为伟大的中国共产党带领各族人民取得的辉煌成就，围绕建立中国共产党、成立中华人民共和国、推进改革开放和中国特色社会主义事业三大历史性事件进行创作。共创作作品100幅。5月17日，阿瓦提县“刀郎故里农民画”工作室在县文化馆挂牌成立。5月19日，阿瓦提县朗诵协会成立，共有22名会员。5月19—25日，阿瓦提县举办第七届刀郎美食文化旅游节，全县文联各协会128名会员参加木卡姆演出和文艺会演8场次，举办为期7天的“建党100周年主题刀郎农民画展”。5月15日至6月15日，县文联邀请绍兴援疆教师中的美术教师利用周日休息时间对县刀郎农民画家开展中华传统绘画培训，提升农民画家的层次和对中华文化的认知，培训后进行墙画、农民画创作。提升刀郎农民画的厚重感、传统感，弘扬中华传统文化，增强中华文化的认知，在全社会掀起弘扬中华传统文化的热潮。6月，阿瓦提县投入6万元，以书法家协会、美术家协会、摄影家协会、刀郎农民画协会、朗诵协会为依托，面向全社会开展以文学作品、书法作品、美术作品、摄影作品、朗诵类作品、视频类作品为主的庆祝中国共产党成立100周年主题文学艺术作品有奖征集活动。共收集作品122幅。6月20日，县文联组织美术家协会、摄影家协会会员开展“深入生活，扎根人民”主题创作采风活动。带领县美术家协会、摄影家协会会员22人深入阿依巴格镇葡萄村、刀郎部落、阿瓦提慕萨莱思酒厂等地，进行实地采风、作品创作。6月22日，县文联参加地区举办的建党100周年主题文艺作品征集活动，共报送文艺作品151幅。其中美术作品35幅（中国画16幅，刀郎农民画19幅），文学作品23个，书法作品62个，摄影作品31个。7月1日至9月1日，在县文化馆举办阿瓦提县“庆祝中国共产党成立100周年”主题文艺作品展。7月5—6日，县文联联合纪委监委举办“廉政书法展”。9月4—25日，县文联邀请中国书法家协会会员、阿克苏地区书法家协会一行等8人到县进行创作，举办金马杯阿瓦提县文联进企业书法创作展。10月10—15日，县文联邀请自治区、地区摄影家协会5名副主席到阿瓦提县进行采风，创作摄影作品200余幅。10月16—18日，县文联在刀郎文化广场、刀郎故里景区举办阿克苏地区第十七届“多浪·龟兹”文化旅游节暨阿瓦提县第八届阿瓦提慕萨莱思文化旅游节“刀郎故里摄影作品展”，刀郎农民画长卷展。10月20日，县文联协助政协举办“学党史、聚共识、促团结、办实事”主题书画美术摄影作品有奖征集、评选、展出活动。11月15日，由中共中央宣传部文艺局、中央文明办二局、文化和旅游部公共服务司、中国民间文艺家协会主办，文化和旅游部全国公共文化发展中心、中国文化传媒集团承办，中国文化馆协会、中国手艺网实施，“新生活·新风尚·新年画”——我们的小康生活主题美术创作征集展示活动，阿瓦提县农民画家创作的农民画《小白羊》入选。12月28日，县文联对“中国共产党成立100周年文艺作品征集活动”6个奖项72名获奖者进行颁奖。年末，阿瓦提县文联共有9个协会（音乐家、舞蹈家、美术家、书法家、摄影家、作家、广场舞、农民画协会、朗诵协会），全部会员322人。

【农民画传承发展工作】 2021年，阿瓦提县文旅局积极筹备举办2期刀郎农民画培训班，选拔5幅优秀农民画作品参加自治区展览，并代表新疆维吾尔自治区参加浙江省杭州市举办的“决胜全面小康”第二届全国农民画作品展。开展刀郎麦西热甫、刀郎木卡姆、刀郎乐器等非遗传承及广场舞、曳步舞、现代舞等业余文化等公益培训3场，精心编排《赞美中国》《幸福中国一起走》等优秀文艺作品30余部。

【文物保护和非物质文化遗产传承】 2021年，阿瓦提县文旅局制定《阿瓦提县2021年度“5·18”国际博物馆日宣传活动实施方案》，广泛宣传《中华人民共和国文物保护法》《中华人民共和国非物质文化遗产法》等法律法规。以第八届新疆非物质文化遗产宣传周为契机，开展以“非遗传承·健康生活”为主题巡回展演活动8场次，开展刀郎麦西热甫、农民画展示展演活动80余场次；举办刀郎麦西来甫、刀郎木卡姆、刀郎热瓦甫、卡龙琴等文化传承培训班10余期，参训300余人次。

体　育

【公共文化服务体系完善】 2021年，阿瓦提县文旅局紧盯博物馆配套附属设施建设、刀郎部落景区旅游基础设施建设等6个固投项目和1个扶贫项目开工建设，通过整合乡镇文化站、广播站、综合性文化服务中心，构建县乡村三级服务站点服务机制，按照乡（镇）、社区自主申报、资格审查、实地验收程序，设立文化馆分馆9个、图书馆分馆3个。

【全民健身和全民健康融合】 2021年，阿瓦提县文旅局争取中央资金100万元，为各乡镇新建2个农牧民体育健身项目，争取自治区体彩30万元，给6个行政村阵地配置体育器材，建成县、镇、村三级全民健身网络。积极开展“全民健身日”线上宣传活动，动员全县群众积极参与居家“云健身”活动4期，先后举办“第六届全国大众冰雪节暨第二届红林子景区冰雪旅游节”“重阳节老年人门球比赛”等体育竞赛4场次，参与6000余人次。

【旅游基础设施建设】 2021年，阿瓦提县文旅局推动标准化建设。完善旅游重点项目库，2020年实施的刀郎部落景区旅游基础设施建设项目、阿瓦提慕萨莱思文化故里旅游基础设施建设项目已全部按期完工。2021年新建旅游项目4个，其中，沙漠公园基础设施建设项目完成2000万元专债投资；阿依巴格镇葡萄村游客服务中心项目完成投资650万元；总投资1.2亿元的刀郎文旅产业园项目年内完成投资8000万元；总投资2.4亿元的文旅接待中心项目年内完成投资8000万元。2021年，投资30万元新建阿瓦提县葡萄村景区游客服务中心旅游厕所按期完工，通过验收。全年累计完成固定资产项目投资1.605亿元，完成年度任务的267.5%。开展标准化创建，推动景区（点）提质增效。阿瓦提县红色逐梦文旅小镇成功创建为国家AAA级旅游景区，“我家小院农家乐”为3星级农家乐，刀郎沙漠游园提质增效为4星级农家乐。同时，英艾日克镇也克力村成功申报自治区级乡村旅游重点村，塔木托格拉克镇吐格贝希村成功申报地区级乡村旅游重点村。

卫生健康

综 述

【医药卫生体制改革】 2021年，阿瓦提县深化医改工作成效凸显。全县2家二级及以上公立医院建立现代医院管理制度，组建紧密型县域医共体2个。稳步实施薪酬制度改革。加快分级诊疗建设，基层医疗机构服务水平不断提升，县域内就诊42.74万人次，上辖病人1687人、下转病人2436人，县域内就诊率90%以上。

【提升医疗服务水平】 2021年，阿瓦提县中医医院完成二级医院复审工作，推动完成3个中心卫生院手术室建设，新增地区级临床重点专科1个，10项中医治未病适宜技术得到推广应用。推进中医药宣传和发展，建成标准化基层中医馆9家，为基层中医药服务开展奠定基础。

【建设"互联网+医疗"平台】 2021年，阿瓦提县人民医院、县中医医院建设"互联网+医疗"平台，实现网上预约挂号、诊间和医保线上结算平台预约诊疗3717人次。

【构建公卫服务体系合力】 2021年，阿瓦提县坚持预防为主、防治结合，持续构建公卫服务体系合力。疾病预防控制体系日益完善，县疾控中心增加编制16名。县卫健委争取中央预算内项目，推进疾控中心升级改造，总投资金额1000万元，推进疾控中心基础设施设备建设。开展艾滋病、结核病防治攻坚行动，结核病报告发病率较同期下降39.75%。推进常规免疫规划工作，国家免疫规划疫苗报告接种率95%以上。加强地方病防治，规范管理率达95%以上。推进爱国卫生运动，落实健康细胞创建，成功创建健康样板乡镇1个（阿依巴格镇）。

【依法行政】 2021年，阿瓦提县卫生健康委员会（以下简称县卫健委）加强依法行政工作的落实，严格惩治各类违法行为，查处案件7起，警告1起，行政处罚6期，罚款金额6.6万元，停业整顿医疗机构8起，责令限期整改医疗机构8起，进一步规范行业执业行为。

【全民健康体检】 2021年，阿瓦提县全面实施全民健康工程，稳步推进全民健康体检工作有效落实。人均基本公共卫生服务经费达79元，开展家庭医生签约履约服务，签约率96. 39%。规范慢性病管理服务，高血压规范管理率达79.6 9%；糖尿病规范管理率达73.3 7%。严重精神残疾患者规范管理率为100%。

【实施基层医疗卫生服务能力提升】 2021年，阿瓦提县实施基层医疗卫生服务能力提升三年行动计划，推进"优质服务基层行"活动，6家基层医疗卫生机构达到基本标准，1家达到推荐标准，其中乌鲁却勒镇卫生院被国家卫健委表彰为"优质服务基层行"服务优质机构。持续实施大病专项救治、"先诊疗后付费"和"一站式"结算服务。持续提升医护人员能力素质，开展各类继续医学教育培训5期320余人。

【妇幼健康】 2021年，阿瓦提县稳步推进母婴安全建设。全县孕产妇“零”死亡，5岁以下儿童、婴儿死亡率均完成地区指标任务，艾滋病母婴(垂直)传播率为0。建立3岁以下婴幼儿照护服务机构1所，岗前培训从业人员30人次，开展托育机构联合质量评估2场次。组织实施“暖心行动”，建设“暖心家园”，全县已建立“暖心家园”3所，投入资金11.47万元。为148人购买意外险及护理补贴险共2.41万元。

【医疗卫生人才队伍建设】 2021年，县卫健委注重“医教协同”，打造精湛医疗卫生人才队伍。在“引进来”上下功夫。通过人才引进、全科特岗医生招聘、事业单位招录考试等方式，引进和聘用紧缺实用型人才和学科带头人。采取线上、线下引才招聘工作，县直各医疗卫生单位全年共引进各类人才238人，有效缓解医疗卫生行业人才短缺问题。在“留下来”上下功夫。探索实行引进人才年薪制、协议工资制、岗位工资和绩效工资等收入分配方式，完善引进人才入编、住房保障扶持激励、服务保障等措施，实行知识、技术、管理等生产要素参与收益分配。在“再提高”上下功夫。加大卫生人才培养培训力度，通过逐级筛选，选派基层卫生单位有发展潜力的专业技术人才进修深造，全年县乡两级共完成进修75人，选派26名优秀医疗人才到国内知名医学院校或医疗机构深造、50名优秀卫生人才到上级医疗机构提升培训；培养各学科带头人7人，培养专科、全科医生3人，进一步提升基层医疗人才素质。强化基层医务人员的帮扶，乡镇卫生院对辖区村医开展不少于2个月的轮训，乡镇卫生院、社区服务中心医务人员按照不低于50%的比例选配到县级医院开展轮训，轮训时间达到1个月。

【志愿服务】 2021年，县卫健委把“我为群众办实事”活动作为各项工作的出发点和落脚点，立足行业特点组建“健康领航”志愿服务队，“白衣天使”宣讲团。年内，开展志愿服务17场次，开展各类政策宣讲236次，覆盖群众37246人次，开展健康义诊13次，惠及群众3000余人次。

疾病预防控制

【法定传染病网络直报】 2021年1月1日至12月31日，阿瓦提县报告法定乙、丙类传染病21种，共1459例，死亡7例，发病率543.37/10万，死亡率4.79/10万，无甲类传染病报告；2021年阿瓦提县网络报告麻疹病例1例，麻疹病例发病率为0.38/10万。

【国家免疫规划工作情况】 2021年，阿瓦提县共有国家免疫疫苗接种点138个，安全接种点138个，占比100%，冷链运转12次以上的接种点为138个，占接种点总数的100%。全部接种点实行每月开展2次以上免疫活动。截至2021年1月至10月底全县卡介苗接种率100%；脊髓灰质炎接种率99.9%，百白破接种率99.89%；麻腮风接种率100%；乙肝接种率99.9%；白破接种率99.1%；甲肝接种率100%；流脑A群接种率99.3%，流脑A+C接种率99.87%。全县两轮2月至4岁以下儿童脊灰疫苗补充免疫应种8022人，实种7967人，接种率为99.35%。经地县两级联合督导组的评估验收接种服苗率为100%。

【流感疫苗接种】 2021年，阿瓦提县流感疫苗共计接种22422人，其中已接种三价流感疫苗11995人，四价流感疫苗8980人，B型流感疫苗1447人，均无异常反应。

【艾滋病防控工作】 2021年，阿瓦提县疾病预防控制中心发放预防艾滋病宣传材料558份，免费发放安全套10060只。针对县城市居民,乡镇居民和学生调查对象,调查城市居民60人,艾滋病防治知识知晓率98.6%;抽查农村居民60人,艾滋病防治知识知晓率98.3%,调查高中学生60人,艾滋病防治知识知晓率99%。县卫健委组织县疾控中心、县人民医院加大专干业务知识培训力度,开展每个月1次下基层现场培训指导,各乡镇培养21名艾滋病技术骨干。

【结核病防治】 2021年,阿瓦提县疾控中心组织开展乡镇专干、村医、学校培训,累计培训640余人。对县直各成员单位、学校、乡镇机关开展宣讲活动,受教育人数达2000余人。全年抽调30名干部随机抽取15个村,对“集中服药+营养早餐”全过程进行监督指导,开展8次技术指导。结核病“闭环管理”工作,完成15岁以上人群筛查工作及设施病原学阴性患者14天集中住院治疗工作。

【碘缺乏病防治】 2021年,阿瓦提县疾病控制中心在乌鲁却勒镇、拜什艾日克镇、英艾日克镇、阿依巴格镇、巴格托格拉克乡开展碘缺乏病病情调查工作,完成采集5个乡(镇)孕妇尿样100份,家中食用盐采样300份。学生甲状腺B超检查200人,采尿样200份。阿瓦提县学生甲状腺肿大率小于5%,学生尿碘中位数193.5微克/升(尿碘低于50微克/升的1人)孕妇尿碘中位数156.5微克/升(尿碘低于50微克/升的5人)。抽查学生家中食用盐200份、孕妇家中使用盐100份,其中食碘盐300户,碘盐覆盖率100%,合格碘盐食用率100%。5月15日开展第28个“防治碘缺乏病日”宣传,组织各成员单位于5月14—20日,利用各乡镇巴扎天在农贸市场开展以“‘碘’亮智慧人生、共享健康生活及食用合格碘盐,预防碘缺乏病”为主题的碘缺乏病防治知识宣传活动。为了防止新生儿克汀病和儿童智力残疾的发生,对2000名重点目标人群开展口服碘化油活动。

【包虫病防治】 2021年,阿瓦提县疾病控制中心对各乡镇卫生院院长、专干、村医165名人员进行分批培训,发放1000多份宣传折页。开展包虫病监测项目完成B超普查6000人,完成工作量的100%;学生B超筛查2300人,完成工作量100%;儿童血采样60份,阳性0份;采集犬粪便标本1610份,完成工作量100%,阳性率0。全县所有家犬开展月月驱虫。新发病10名药物治疗病人7人、手术病人4人。

【布病防治】 2021年,阿瓦提县疾病控制中心对辖区内畜牧兽医人员、畜牧防疫员、养殖农牧民、从事屠宰、贩运,皮毛加工及餐饮等人员进行筛查,共筛查出布鲁菌病高危接触者785人,检测785人,血清学检测阳性人数51例,其中新发现41例,复发10例(农民),血检阳性率0.97%。

【慢性病防治】 2021年,阿瓦提县疾病控制中心慢性病建档人数240128人,居民建档率96.17%,管理的高血压病人数11966人,规范管理人数16021人,高血压规范管理率74.69%;发现2型糖尿病病人数3793人、规范管理糖尿病2750人,糖尿病规范管理率72.5%;老年人数20375人,规范管理人数20350人,老年人的规范率95%。2021年,阿瓦提县重度精神残疾患者,规范管理率99.15%。组织开展“肿瘤防治宣传周”“高血压防治宣传日”“联合国糖尿病日”“全民健身日宣传”等慢病宣传日活动19次,发放宣传单8000余份,发放宣传品760份。根据自治区职业病防治工作要求,重点监测企业17家,均已建立企业档案。

卫生监督

【卫生法治建设】 2021年,阿瓦提县卫生健康综合监督执法局稳步推进卫生法治建设，抓好卫生行政执法工作。组织法治培训，参加普法考试、行政执法证考试，办理卫生监督员证，通过参加普法考试，增强干部职工的法律意识、依法行政意识。加强卫生监督业务知识培训，组织在职干部进行学习培训，提高执法人员的执法水平。深化卫生监督体制改革，完善农村卫生监督体系。

【卫生许可管理】 2021年，阿瓦提县卫生健康综合监督执法局依法发放公共场所卫生许可证128个。

【打击非法行医】 2021年，阿瓦提县卫生健康综合监督执法局共立案查处案件7起，行政处罚6.7万元，取缔无医疗机构执业许可证擅自从事诊疗活动2家，有力地规范医疗卫生市场秩序。

【医疗卫生机构、公共场所卫生监督】 2021年，阿瓦提县卫生健康综合监督执法局开展医疗机构、住宿业、美容美发场所日常监管，定期开展各行业整治专项行动，严肃查处医疗机构聘用非卫技人员行医，查处医疗机构超出范围开展诊疗活动，查处医疗机构发布医疗广告等违法行为。医疗机构、住宿业、美容美发场所监督覆盖率达100%，每周监督频次1～2家次。为加强对全县医疗机构消毒效果监测，有效地预防和控制院内感染，确保广大人民群众的身体健康和生命安全，定期由疾控中心抽检各行业消毒效果监督监测工作，共抽检28家，对一家不合格的场所现场下发卫生监督意见书，责令立即整改，以确保群众安全。

【学校卫生监督】 2021年，阿瓦提县卫生健康综合监督执法局为加强学校传染病防控和饮用水卫生监督管理，有效预防控制传染病发生，保障学生身体健康，推动安全、文明、卫生、和谐校园建设，对全县22所中小学的卫生设施、直饮水（包括饮用水供应设施）以及传染病防控等进行全面监督检查，监督覆盖率为100%，监督频次达2次。同时，对中高考考点进行专项监督检查，为中高考学子保驾护航，营造一个良好的卫生安全环境。

【职业卫生监督】 2021年，阿瓦提县卫生健康综合监督执法局开展《中华人民共和国职业病防治法》宣传，发挥新闻媒体作用，深入用人单位宣传职业病防治情况。全县共有17家企业，职工总人数1968人，接触职业危害因素的从业人员有1744人。开展企业职业病防治监督检查1次，监督覆盖率达100%。

【重要节日及重大活动卫生监督】 2021年，阿瓦提县卫生健康综合监督执法局为确保元旦、春节、五一国际劳动节、国庆节等重要节日及重大活动的场所卫生安全，均派出卫生监督员对县城周边的供水单位和住宿行业进行监督检查，对重大活动的就餐场所和住宿接待单位进行监督，重点对住宿场所内的空气质量、公共卫生用品用具及饮用水卫生进行严格把关。确保重要节日和重大活动的卫生安全，杜绝公共卫生事件的发生。

【卫生监督宣传】 2021年，阿瓦提县卫生健康综合监督执法局为让广大群众更多地了解卫生法律法规知识，让监管对象提高对法律法规的认识，更好地配合卫生监督执法工作，利用广播、电视、新媒体客户端等宣传形式，开展卫生法律法规专项宣传活动。宣传的形式主要有开展街头咨询、利用县广播电视台和其他媒体进行宣传、进入企业进行宣传。通过宣传，树立良好的卫生执法形象。

公共卫生服务

人民医院

【概况】 2021年，阿瓦提县人民医院编制床位370张，实际可开放床位1100张；有科室41个，其中职能科室18个，临床科室19个，医技科室4个，其中心血管内科和骨科为县级重点专科，中医康复科和新生儿重症监护为特色专科。7月，医院完成整体搬迁工作，新院总建筑面积约8.61万平方米，门诊、急诊、辅助检查、医技综合楼、住院等环境大幅改善。同时配备相应数量的百万元以上先进医疗设备，配备日本岛津数字胃肠机、上海联影1.5T核磁、西门子64排CT机、悬吊DR机等大型医疗设备，医院整体环境舒适、设施齐全，更好地为全县各族群众提供舒适的就医环境。

【诊疗业务】 2021年，阿瓦提县人民医院门急诊就诊415810人次，较上年同期增加50.75%；住院21440万人次，较上年同期增长3.09%；床位使用率127.38%，平均住院日9.54天，床位周转率57.14%，治愈好转率96.36%，手术2371例，较上年同期增加20.9%。

【治疗及管理创新项目】 2021年，阿瓦提县人民医院共创建新项目6项。主要有新生儿科开展儿童康复、骨外科开展手术缝合线浸泡罗哌卡因辅助术后镇痛、医务科开展公立医院绩效二次分配考核体系、中医康复科开展穴位埋线、治未病、三伏贴。

【医院感染管理】 2021年，阿瓦提县人民医院以保障医患安全为目的，以规章制度为依据，以医院感染监测为基础，发挥“监测督察、培训指导、效果评价”的工作职能，提倡“依法管理，精准感控”的工作理念，科学规范地开展好各项工作。做好医院感染相关监测，全年共监测住院病人21621人，发生医院感染病例60人，感染率为0.28%，感染部位主要分布在下呼吸道、上呼吸道、泌尿道等。全院共采集环境卫生学标本1944份，合格1806份，合格率92.90%，对于不合格者，及时查找原因并进行危险因素分析，重新采样后均合格；对全院使用中的紫外线灯管强度进行监测，监测不合格的灯管督促科室及时更换。为提高医务人员手卫生依从性，不定期对科室医务人员手卫生执行情况进行督察，并将调查结果及时反馈，科室针对存在的问题进行分析、整改。完善医疗废物管理制度，与后勤等部门共同协作，加强对科室医疗废物的分类收集、运送的管理，发现问题及时反馈，并对整改结果追踪，使医院医疗废物的分类收集、密闭运送、贮存、交接等做到规范化管理，未发生医疗废物流失、泄露。医院安装污水在线监测，设有专人负责，通过日常监督，使全院的污水排放达到《医疗机构污水排放标准》；根据传染病的流行特征，加大传染病的院感防控力度，对预检分诊处、发热门(急)诊、结核门诊、结核病区及感染性疾病科等重点场所，重点进行督导检查，发现问题及时反馈，及时整改，防止交叉感染的发生。根据医务人员岗位特点，进行医院感染管理相关知识培训，共计培训100余场，培训4000多人次，通过理论、操作考试，以及知识竞赛等方式，对医务人员院感知识的掌握情况进行考核，对不合格者再次培训并进行补考。组织开展应急演练，针对演练过程中存在的问题分析整改，吸取经验，增强医务人员的应急处置能力。全院职工对院感意识明显增强，院感防控措施落实进一步推进，以保障医患安全，以规章制度为依据，以院感防控为基础，全年无医院感染病例暴发及医院感染聚集发生。

【医院设备】 2021年，阿瓦提县人民医院相继购进上海联影1.5T核磁共振、荷兰飞利浦64排螺旋CT机、美国GE悬吊DR、日本岛津数字化胃肠机、移动DR、骨科C型臂、美国GE全数字彩超、美国GELOGIQ-E9四维彩超、彩色多普勒诊断仪（飞利浦-EPIQ 7C）、奥林巴斯生化仪、全自动免疫仪电化学发光仪、奥林巴斯290胃肠镜、奥林巴斯腹腔镜、电子支气管镜、钬激光碎石机、新生儿长频呼吸机、病理远程会诊系统等17台百万元以上设备，总价值4287.5万元。

【临床科研】 2021年，阿瓦提县人民医院建立临床需求导向科研机制，坚持临床研究和临床诊疗协同，科研成果服务临床和疾病防控相结合。从精神激励、经济激励以及竞争激励等方面建立和完善激励机制，有效激发医技人员的创新精神，推动医院科研活动的开展，有效提升医院竞争优势，为医院可持续发展奠定良好基础。在援疆专家带动下，开展心脏康复、心肺运动试验、活动平板试验、重症营养、视频内镜下扁桃体腺样体等离子切除术、小通道经皮肾镜碎石术、输尿管软镜肾囊肿内切开引流术、经尿道等离子前列腺电切术、经尿道等离子膀胱肿瘤电切术、阴茎整形术、宫腔镜下息肉切除术、宫腔镜下子宫肌瘤切除术、宫腔镜下子宫粘连电切割术、宫腔镜子宫纵隔切除术、经脐单孔腹腔镜下输卵管切除术等新项目新技术，填补医院医疗空白。

【医疗业务工作管理】 2021年，阿瓦提县人民医院强化落实“十八项”医疗核心制度，进一步规范医疗行为，完善诊疗规范体系，落实重点专业、病种、技术质控指标，确保医疗质量及医疗安全。完成医师能力测定考试、医师定期考核报名、培训工作。加强学科建设。对学科进行结构性调整，突出重点，发展强项，扶持特色。年内成功创建地区级重点学科1个，县级重点学科1个。引进多项先进技术，填补短板。开展支气管镜纤维检查技术、经皮椎体成形术、复合皮瓣移植术、穴位埋线、新生儿有创通气等，开设儿童康复病区，填补医院医疗技术短板。创建成立胸痛中心，完善胸痛患者诊疗流程，进一步规范胸痛患者的救治流程，确保胸痛患者及时有效得到救治。胸痛中心已通过国家胸痛中心预审。强化药品管理工作。全院基本药物品种配备率为86.98%，基本药物使用金额比例68.23%，严格抗菌药物管理工作，全年门诊抗菌药物使用率6.55%、急诊9.79%、住院部43.34%；住院部抗菌药物使用强度38.26DDDs；一类手术切口预防抗菌药物使用率27.29%。全院使用抗菌药物标本送检率61.26%，使用限制级抗菌药物标本送检率81.53%，使用特殊级抗菌药物标本送检率84.21%。开展药品不良反应工作，对各科室下达相关指标，全年共上报药品不良反应59例，上报完成率为105.36%。

【优质护理】 2021年，阿瓦提县人民医院加强护理质量管理，护理部探索护理管理模式，营造以“病人为中心”的医院文化，开展创新服务。完善护理工作制度、护理人员职责、护理质量标准等。为提升护理服务质量，开展护理延续服务，为居家患者提供上门更换管道康复服务，健康教育，将护理工作从院内延伸到院外，于9月16日成立第690支南丁格尔志愿者服务团队，共开展志愿服务11次。改变传统纸质满意度调查方式，设计专科问卷星满意度调查护理单元，问卷完成后自动统计，节约成本节约人力，患者满意率达95.4%。改变培训模式，将护士分为岗前、N0～N3多个等级，每个级别指定2名高年资、经验丰富的护士长为导师，定期开展培训，并对培训效果进行追踪，确保培训达到预期目的。每月开展“优质护理服务星”评选活动，激发护士工作热情和积极性，提高护理队伍的整体素质。为进一步加强医患沟通，构建和谐医患关系，成立患者回访中心，对出院患者康复情况及对医院满意度进行回访，提高患者满意度，全年回访患者3000余人。

【医联体、医共体工作】 2021年，阿瓦提县人民医院深入推进医联体、专科联盟建设。建立绍阿远程会诊中心、医学影像会诊平台，与新疆医科大学附属第一医院、乌鲁木齐市眼耳鼻喉专科医院、乌鲁木齐儿童医院等9家医院签订专科联盟，在医、教、研各方面共同进步、共同发展，有效提高诊治能力和救治水平。推进医共体建设。医院与6所乡镇卫生院签订"紧密型"医疗服务共同联合体协议。选派3名业务骨干担任成员单位院长并驻院开展工作，每周下派3~5名医、技、护医疗专家到成员单位开展对口支援工作。加强医疗集团建设，全面提升基层服务能力。同乡镇卫生院实施集团管理、整体运营和连续服务，建成统一的检验、影像、心电诊断等共享服务中心，与集团内医院、乡镇卫生院在管理、技术、培训、信息、转诊、应急等方面形成合作关系。抽调人员协助成立党政、人力资源中心、财务中心、药械中心等7个职能机构，定期召开医疗集团工作会议。实现医疗集团由松散型向紧密型发展，完成医疗集团网格化调整。

【医疗惠民】 2021年，阿瓦提县人民医院有序推进分级诊疗工作。全年，转往上级医院1931人次，同比减少450人次；落实"先诊疗后付费"制度，着力解决群众看病贵的问题。截至12月底，享受"先诊疗后付费"患者18946人次，累计受益贫困患者3742人次。严格执行一单式结算服务，减轻患者看病难的问题。全年享受"一单式服务"结算3742人，医疗救助金额总计190.66万元。

【医疗援疆】 2021年9月，阿瓦提县人民医院接收第十批第二期6名援疆专家，医院发挥援疆专家"传帮带"引领示范作用，手把手传授经验，与医院医务人员建立深厚师徒关系，开展慢性创面皮瓣修复术、瘢痕挛缩整形术、经尿道单极前列腺电切术、腹腔镜下盆腔巨大肿瘤切除、腹腔镜下输卵管卵巢切除、视频内镜多鼻窦开放术等微创手术。全年施行各类手术707台，其中三、四类手术190台，12项新技术、新项目填补阿瓦提县医疗技术短板。援疆专家与医院26名医生结成师徒关系，手把手传授经验，通过开展小讲课、教学查房、示范手术、技能培训等活动，把先进的理念和技术带到医院。共进行科室小讲课、示范手术等教学活动200余次。开设"越医大讲堂"，每月由援疆医生轮流为全院开展业务能力培训，有效增强帮带效果，促进全院医护人员能力提升，共举办7期讲座，共有400余人次医护人员参加培训。依托临床技能实训基地，制订规范培训计划，培养师资19人，培训学员800余人次。协助构建医院胸痛中心建设体系，规范急性胸痛患者诊疗流程，已通过国家胸痛中心预审。

【文化兴院】 2021年，阿瓦提县人民医院开展一系列弘扬文明新风活动。开展"我们的节日"主题活动，清明节祭奠烈士、"七一"建党红色教育、"5·12"国际护士节、"8·19"中国医师节等活动，进一步丰富职工文化生活，培养职工文明素养，增进职工团结互助。

中医医院

【拓展服务功能】 2021年，阿瓦提县中医(维吾尔医)医院注重政策引导，建立发挥中医维吾尔医药特色优势的政策措施。医院班子注重中医维吾尔医药特色优势发挥，在思维认识、发展理念方面偏重中医专科建设和中医人才队伍培养，也注重运用政策引导中医特色优势发挥。中医、维吾尔医特色治疗项目达到62项，中医、维吾尔医适宜护理技术32项，每个护理单元适宜技术达到4项以上并逐年提升。特别是地区级重点专科–皮肤科，通过维吾尔药物外用、内服、现代设备治疗相结合，在治疗白癜风，银屑病、湿疹等15种疾病方面有一定的水平；地区级重点专科妇科采用帕尔孜杰疗法、孜玛地疗法、维吾尔药灌肠疗法等传统维吾尔医特色疗法治疗慢性盆腔炎、慢性宫颈炎、卵巢囊肿等慢性病具有显著成效；康复科以中西医结合，坚持维吾尔医辨证，对治疗腰椎间盘突出、颈椎病、骨性疾病等各类疼痛病症采用针灸、推拿、斜位注射等特色疗法，治疗效果显著，得到广大患者群众的一致好评。

【强化中医理念】 2021年，阿瓦提县中医（维吾尔医）医院加强医务人员中医基础理论和实践技能培训，中医民族医执业医师对本专业中医民族医基础理论和基本技能掌握合格率100%，对中医民族医优势病种诊疗方案掌握率100%，全院针灸、推拿、火罐、外治手法等非药物中医技术治疗人次占全院门诊总人次的14.7%。加大中医民族医诊疗设备配备力度，累计配置中医诊疗设备8类28台件；开展中医“治未病”服务，设立“治未病”科，“治未病”门诊和治疗室，建立中医“治未病”平台，先后为1500名就诊患者提供中医“治未病”服务。

【优质护理】 2021年，阿瓦提县中医（维吾尔医）医院启动实施优质护理服务示范工程，向患者公示服务内容和服务标准，增加护理人员31名，所有临床科室230张床开展优质护理服务率100%，基础护理合格率90%，整体护理合格率92%，护理文书书写合格率90%，护理技术操作合格率90%。

【信息化管理】 2021年，阿瓦提县中医（维吾尔医）医院投资260万元对医院信息化管理平台进行升级改造，完善医院管理系统，新建检验管理系统、影像管理系统，增加多媒体查询、电子病历，使医院管理更趋于精细化，信息系统各接口顺利完成开通。

【等级医院复审】 2021年，阿瓦提县中医（维吾尔医）医院根据自治区中医药管理局对医院等级评审和复查工作文件精神，严格对照《二级民族医医院评审标准实施细则》，做好二甲复审工作。召开二甲复审动员大会，制订等级医院评审实施方案，成立以医院主要领导为组长的等级医院评审领导小组，开展等级医院评审自查5次，推进会10次，请地区维吾尔医医院15名专家到医院指导预评2次，对等级医院评审工作过程中存在的问题持续整改。制作完成1部《阿瓦提县维吾尔医医院发展纪实》宣传片。在原有规章制度、岗位职责基础上，重新修订完善医院各项规章制度、岗位职责、应急预案、综合目标奖惩管理办法、员工手册、护理适宜技术推广应用手册、等级医院评审应知应会等并汇编成册，组织全院干部职工认真学习，使制度职责得到更好的贯彻落实。9月8日，顺利通过自治区二级甲等民族医医院复审工作。

【医院管理】 2021年，阿瓦提县中医（维吾尔医）医院按照医院中长期发展规划确定的医院发展战略、发展目标，发挥中医、民族医药特色优势，提高临床疗效，将中医、民族医药参与治疗率、处方书写合格率、中药饮片和配方颗粒使用率纳入科室医疗质量考核范畴，并体现在科室综合考核目标中，同时与绩效工资挂钩。

【义诊服务】 2021年，阿瓦提县中医（维吾尔医）医院组织医务人员深入乡镇、对口支援单位、社区、村健康工作站等开展义诊服务。全年开展义诊活动53次，提供免费药品11500元，受益群众2800人。

【建立区域内医联体医共体】 2021年，阿瓦提县中医（维吾尔医）医院建立区域内医联体医共体。开展对口支援和基层中医、民族医适宜技术推广应用。与地区中医医院、第二人民医院、维吾尔医医院，与塔木托格拉克镇、多浪乡卫生院等乡镇医疗单位签订对口支援协议书，地区对口医院定期组织业务骨干及相关人员到医院传授经验，医院定期赴对口支援单位进行业务指导，开展教学、查房、坐诊等工作，并在对口支援过程中采取讲课、手把手带教等方式向受援单位推广适宜技术。

【医疗质量管理】 2021年，阿瓦提县中医（维吾尔医）医院建立健全医疗质量管理各级组织，明确职责。发挥院、科二级质控作用，落实医疗质量定期检查考评制度，采取定期检查与随机抽查方式进行检查考评，针对查出的问题及时反馈、限期整改。强化首诊负责制、疑难病例、死亡病例讨论制、“三查七对”制度等医疗核心制度的落实。实行月考核制度。强化三级查房制度。坚持院长行政、业务查房制，每月不定期、有重点、有计划地检查各科医疗质量管理工作。加强检验科质量控制，规范实验室制度，做好室内质控工作。开展优质护理服务，实行护士长值班制，对每日新入、危重、抢救病人等实行严格床头交接班制度，加强晨晚间护理；加大护理查房和督导、检查力度，坚持每月召开护士长例会，对查出的问题及时提出并加以整改。规范药事管理及制剂室工作。加强药事管理，确保临床药物使用的合理性，全面实施国家基本药物制度，发挥临床药学指导、服务及监督作用，强化临床合理用药，严格执行《医疗机构处方审核规范》。门诊患者西药费用占比16.04%，中成药费用占比为50.20%，全年门急诊34930人次，出院总人数4618人，抗菌药物使用率为9.2%，基本药物使用率为83.12%，其中西药费占比28.7%，中医民族药饮片费占比50.22%。煎药室能满足全院就诊患者对民族医药饮片诊疗需求、医院内部使用品种达50种。

【人才培养】 2021年，阿瓦提县中医（维吾尔医）医院加强对中青年技术骨干的培养，全院业务培训78次，护理培训15次，全院科室内部安排的业务和院感培训38次，参加5445人次，其中疫情防控培训25次，参加1471人次；医院感染管理方面的业务培训15次，参加2412人次；医院各种临床业务培训38次，参加1562人次；业务考试9次。

【重点专科建设】 2021年，阿瓦提县中医（维吾尔医）医院继续开展妇科、皮肤科、康复理疗科等重点科室工作，发展中医特色医疗适宜技术31种、中医特色护理适宜技术51种，制定优势病种中医临床路径、诊疗规范，并在临床上广泛应用，取得显著疗效。

【医院感染管理】 2021年，阿瓦提县中医（维吾尔医）医院进一步加强院内感染预防知识的学习和培训，进一步增强医务人员防范意识。做好结核病、艾滋病防治工作，按规定及时上报传染病疫情。同时严格消毒隔离制度，加强传染病防治和医感管理，增强医务人员防范意识。杜绝和减少院内二次感染。同时，对医疗废弃物采取运到专用垃圾场进行焚烧，并派专人进行监督管理。

【药品管理】 2021年，阿瓦提县中医（维吾尔医）医院进一步完善基本药物制度，规范基本药物采购渠道。继续加强对医务人员合理用药的监管，实行用药人员、用药结构、用药数量异常情况监控分析,实行定期上报,定期分析、定期整改制度,确保临床合理用药。并将中医药治疗率和中医药使用率纳入科室目标责任制考评内容。至9月30日,总药品收入为373.44万元(门诊药品收入161.81万元,住院药品收入211.63万元),其中基本药物收入295.03万元,占总药品收入的79%;中药饮片收入95.31万元,占总药品收入的25.52%;西药收入72.13万元,占总药品收入的19.32%;中成药收入204.81万元,占总药品收入的54.84%。非药物性治疗已在各科室逐步展开。

【安全生产】 2021年,阿瓦提县中医(维吾尔医)医院为全面保障医疗安全,建立健全安全管理组织体系、将责任分解落实到个人,完善各项规章制度,明确人员配置要求,加强对安全生产重要设施和装置的日常管理维护、保养并保障安全运行,后勤工作人员坚持每天去科室巡查,及时处理故障,防止漏电、漏气、漏水。消防设备齐全,标志醒目,专人管理,设有消防预警系统,确保消防通道畅通。补充和完善各类应急预案、应急救援物资配备和维护,加强对放射科、氧气供应室、配电室、压力容器及电梯等重要部门的安全管理。

【临床路径和按病种管理】 2021年,阿瓦提县中医(维吾尔医)医院制定《中医民族医医院关于开展临床路径工作的实施方案》,成立临床路径管理指导评价小组。全院总住院3462人次,出院3454人次,病床使用率77.5%,平均住院日9.3天,病床周转12.4次,治愈好转率35.3%,出入院诊断符合率99.3%。

【开发维吾尔医药材基地】 2021年,阿瓦提县中医(维吾尔医)医院在阿依巴格镇医院打造2公顷药材种植基地,结合医院传统医药,根据当地气候条件,重新进行规划建设,筛选药材品种,通过培植医院常用的玫瑰花和蜀葵子2种维吾尔医药材,为广大群众提供了安全、有效、价廉的维吾尔医药材。

妇幼保健

【机构概况】 2021年1月,阿瓦提县妇幼保健院占地面积3192平方米,内设孕产保健部、儿童保健部、妇女保健部和计划生育技术服务部。有病床19张,开展妇产科、儿科诊疗服务及计划生育4项手术。

【孕产妇保健管理】 2021年,阿瓦提县产妇总数1571人,活产数1586人,建卡数1568人,建卡率99.8%;产前检查1568人,检查率99.8%;孕早期检查1544人,孕早期检查率98.28%;产后访视1545人,产后访视率97.41%,孕产妇系统管理率95.84%;住院分娩1586人,住院分娩率100%;高危孕产妇1170人,高危管理1170人,高危孕产妇管理率100%;孕产妇死亡0例。

【儿童健康管理】 2021年,阿瓦提县开展5岁以下儿童血红蛋白检测工作,检测5516人,查出中重度贫血人数48人,患病率0.87%。全年开展学龄前儿童入托前体检,查出龋齿人数322人,视力筛查发现问题380人;检查出体弱儿15人,其中中重度贫血6人,对体弱儿全部进行专案管理并给予健康指导。

【签发出生医学证明】 2021年,阿瓦提县医疗机构签发出生医学证明,签发率100%。

【婚前医学检查】 2021年,阿瓦提县婚前检查人数2174对,“三病”检测率100%。

【预防母婴传播】 2021年,阿瓦提县卫生健康服务中心(阿瓦提县妇幼保健院)HIV(人类免疫缺陷病毒)检测孕妇1561人,检测率100%;咨询人数1561人,咨询率100%。辖区医疗机构住院分娩人数1153人,其中孕期HIV检测人数1153人,孕期检测率100%。乙肝检测孕妇1561人,乙肝产妇所生婴儿免疫球蛋白注射率100%。

【增补叶酸预防神经管缺陷项目】 2021年,阿瓦提县叶酸服用人数4329人,服用率99.8%,依从率83%,叶酸知识知晓率97%。

【农村妇女"两癌"筛查】 2021年,阿瓦提县宫颈癌筛查任务数4000人,乳腺癌600人,完成4026例农村妇女宫颈癌和610人的乳腺癌筛查工作。确诊宫颈癌3例,乳腺癌1例。

【国家免费孕前健康检查项目】 2021年,阿瓦提县完成国家免费孕前优生健康检查505对,完成率达100%。

【健康宣传教育】 2021年,阿瓦提县卫生健康服务中心(阿瓦提县妇幼保健院)采用宣传栏、印发宣传资料等形式,预防艾滋病、梅毒、乙肝母婴传播、新生儿疾病筛查、农村妇女叶酸增补预防神经管缺陷等国家优惠政策。利用孕妇学校、父母学校、婚前学校加大宣传力度,普及保健知识,增强育龄妇女保健意识。全年共发放各种宣传单1万余份。通过宣传进一步提高农村孕产妇对住院分娩补助政策、叶酸相关知识知晓率。

社会民生

就业创业

【公共就业服务】 2021年，阿瓦提县累计实现城镇新增就业3252人，城镇登记失业率在0.19%以内。2021届高校毕业生1261人，就业1231人，就业率97.6%。县人社局审批就业政策各类补贴1650万元，协助商工局审核纺织服装类相关补贴359.62万元，惠及企业职工5496人次。发放创业担保贷款12笔464万元，支持创业带动就业，新增创业167人，创业带动就业433人。

【城乡劳动力就业】 2021年，阿瓦提县城镇新增就业3252人；农村富余劳动力就业41154人次，21642名农村“4050”劳动力100%就业，其中农业实体内部就业10883人、自主创业1694人；12666名脱贫户、监测户、边缘户劳动力实现100%就业，其中三类人员发展产业共计2352人（含自主创业563人）。

【就业培训】 2021年，阿瓦提县人社局开展各类培训9035人次，结业学员就业率96%以上。分别在辖区9个乡镇建成技工学校分校，承担培训教学任务。制定《阿瓦提县今冬明春农牧民群众大培训工作方案》，其中基本素质培训19282人，技能培训14529人。

【劳动保障与劳动争议】 2021年，阿瓦提县人社局接待欠薪投诉98起，涉及665人、1374.65万元，全部处理完毕；接待“12345”市民热线电话投诉371件，涉及1212人、1942.53万元，全部处理完毕。

【案件查处】 2021年，阿瓦提县人社局受理劳动仲裁案件50件，其中裁决结案30件，调解结案9件，撤回结案11件。工伤申请案件43起，协调处理2起，受理38起，结案41起。

民政工作

【概况】 2021年，阿瓦提县民政局下设中心敬老院1所、农村幸福大院（阿瓦提镇幸福大院、拜什艾日克镇幸福大院、英艾日克镇幸福大院、塔木托格拉克镇幸福大院、阿依巴格镇幸福大院、乌鲁却勒镇幸福大院）6所和康复中心1个。

【社会救助】 2021年，阿瓦提县民政局根据自治区、地区关于提高困难群众基本生活救助标准文件要求，提高困难群众救助标准，城市低保标准从不低于530元/月提高至不低于560元/月，农村低保标准从不低于4350元/年提高至不低于4600元/年。福利机构供养孤儿每人每月不低于1400元、社会散居孤儿每人每月不低于1000元标准。城市特困人员基本生活标准从不低于850元/月提高至不低于900元/月，农村特困人员从集中供养不低于800元/月提高至不低于900元/月，分散供养不低于550元/月提高至不低于600元/月，让困难群众切实感受到党和政府的关爱和温暖。

【城乡低保】 2021年，阿瓦提县民政局按照阿瓦提县社会救助流程，坚持公平、公正、公开的原则，严把入户调查关、低保审核关和民主监督关，让城乡低保政策在阳光下运行，全力做到应保尽保、应退尽退，确保城乡真正困难的群众都能享受国家低保政策。低保户申报、批准坚持“三公开”“两公示”“三审核”，即标准公开、程序公开、政策公开和申请公示、批准后公示，建立由个人申请、村委会调查核实、乡镇审核、县级民政部门审批。严格核实发放名单、保障金额，确保准确无误后，通过银行将低保金发放到低保对象个人账户。年内，新纳入低保344户735人，正常退出低保954户2134人。年末，全县城乡低保对象7798户13915人。

【低保审核确认权限下放乡镇试点】 2021年，阿瓦提县民政局进一步深化“放管服”改革，提高公共服务水平，破解服务困难群众“最后一公里”难题。进行低保审核(确认)权限下放乡镇改革试点，乌鲁却勒镇、阿瓦提镇、塔木托格拉克镇、阿依巴格镇作为低保权限下放试点，均已实现业务权限办理。试点乡(镇)人民政府做到100%入户核查，县民政局按照30%比例抽查，杜绝低保审核审批程序流于形式。在开展低保审核权限下放工作基础上，借鉴其工作经验，将特困、临时救助审核确认权限也逐步下放至乡镇。指导乡镇成立临时救助工作领导小组，确定审核金额权限(村级1000元以下，乡镇5000元以下)，直接上报名单打款，加快审批时限，简化工作流程，切实为困难群众救助提供便利。

【社会福利慈善事业】 2021年，阿瓦提县民政局所属农村幸福大院有效运行，有力解决农村独居、空巢、留守、高龄老年人的养老难问题，实现老有所养、老有所医、老有所乐，构建更加完善的农村养老服务体系，确保老人们生活更加幸福。全县6个幸福大院，实际建设床位254张，签订协议入住人员209人，入住率达到82.2%。推进居家和社区养老服务发展。民政局申请上级专项资金50万元，打造胜利社区日间照料中心示范点，总面积1200平方米，功能齐全，满足老年人的养老需求，发挥日间照料中心新型养老方式的作用，满足不同层面居家老人的养老需求。同时，建设完成博斯坦社区、文明社区、花园社区、阳光社区、河滨社区、拥军社区、友好社区日间照料中心。

【临时救助】 2021年，阿瓦提县民政局采取主动发现与个人申请原则，将因灾、因病、突发性事件造成临时困难的群众纳入临时救助范围，经申请、评议、核实分类进行救助，确保临时救助面广、及时、主动、适当。同时，依托村(居)民委员会，落实好村(居)干部等主体责任，了解困难群众信息，及时发现、报告群众急难事项，主动解决群众实际困难。全年，临时救助2.58万人次，救助金额2575.28万元。

【残疾人“两项补贴”】 2021年，阿瓦提县民政局严格落实困难残疾人生活补贴和重度残疾人护理制度，凡具有阿瓦提县户籍、持有第二代中华人民共和国残疾人证，纳入城乡低保家庭中的残疾人，一级、二级重度残疾人每人每月护理补贴110元、生活补贴110元；三级、四级轻度残疾人每人每月生活补贴110元。未纳入城乡低保家庭中的残疾人，一级、二级重度残疾人每人每月护理补贴110元。全年共有残疾人4442人，发放补贴832.72万元。

【双集中工作】 2021年，阿瓦提县民政局落实“五保”老人和孤儿集中供(收)养政策，有效解决困难群体中“一老一小”的问题。年内，全县有“五保”老人188人，其中有意愿进行集中供养的老人81人，分散供养107人，发放供养金85.01万元。全县孤儿44名，困境儿童11名，享受特困供养待遇，全部在阿瓦提县儿童福利院集中收养，并为2名18岁以上孤儿申请大学助学金每年各1万元。实现有意愿入住老人、孤儿全部集中供(收)养。

【高龄津贴】 2021年,阿瓦提县民政局为逐步改善高龄老人生活、健康条件,使老年人共享改革发展成果,采取有力措施,加大工作力度,规范管理,扎实做好全县高龄老人补助发放工作,确保高龄补助政策落到实处。年内,共有80岁以上老人1588人,1—12月发放补贴116.32万元。

【低收入家庭救助】 2021年,阿瓦提县民政局开展低收入人口摸排工作,认定并录入系统4856人,已纳入低保260人,其中边缘易致贫户154人,突发严重困难户2人,脱贫不稳定户104户;特困5人,孤儿6人。纳入临时救助范围744人次,其中边缘易致贫户526人,突发严重困难户18人,脱贫不稳定户200人。

【社会救助治理】 2021年,阿瓦提县民政局为进一步规范社会救助动态管理机制,提高社会救助工作规范化、精准化管理水平,核查清理工作按照政策要求,对服务对象采取乡镇普查和民政局抽查相结合的方式进行,最大力度纠正"人情保""关系保""错保""漏保"的问题。全年,常态化开展专项治理共排查清理不符合低保条件人员860户1893人;查处死亡未及时停保等违规享受社会救助对象20人,追回资金1.6万元。

【区划地名管理】 2021年,阿瓦提县民政局调整多浪乡、阿瓦提镇、塔木托格拉克镇、拜什艾日克镇、巴格托格拉克乡、乌鲁却勒镇等6个乡镇的行政区划。巴格托格拉克乡撤乡设镇、拆分乌鲁却勒镇部分行政村划给多浪乡,相关撤乡设镇、行政区划调整申报材料上报自治区人民政府审核。完成第二次全国地名普查档案归档立卷工作,把全县1605条地名的所有普查纸质材料分类整理立卷(文书类、业务类、成果类、其他类等)后,进行扫描形成电子档案文件数据包,顺利通过自治区验收。完善标准地名地址库属性信息工作,对全县89944条地名地址收集相关照片、视频、经纬度等信息补录系统。新地名已经补录和更新完毕52条,"阿瓦提县地名图志"和"阿瓦提县行政区划图"编撰初稿第二轮审核已经完成。完成村(社区)"两委"换届选举行政村(社区)117个。物业小区组建业主委员会城区58个,组建率达100%。开展地(州)、县、乡(镇)三级行政界线联合检查,完成阿瓦提县与喀什地区巴楚县、第一师阿拉尔市、阿克苏市、柯坪县等4个县市行政界线联合检查工作。

【社会(团体)组织管理】 2021年,阿瓦提县民政局登记在册的社会组织共38家,其中社会团体18家、民办非企业单位20家。民政局所属12家社会组织工作人员共53名,其中党员25人,建立7个党支部(2家联合党支部、5家独立党支部),为加大对社会组织党建工作指导力度,选派党建工作指导员3名,指导12家社会组织工作,党组织覆盖率为100%,引导各社会组织从业人员主动递交入党申请书,有3人递交申请书。坚持党管人才原则,加强对人才的组织领导,拓宽人才培养渠道,建立健全人才培养机制,做好基础人才登记、骨干人才培养。民政局成立社会人才和社会组织人才工作专项组,专项组成员单位17个,信息库录入人才达2781人。

【婚姻登记管理】 2021年,阿瓦提县民政局贯彻落实《中华人民共和国民法典》中关于婚姻和收养新的要求,落实结婚登记和收养,加大婚前体检宣传力度。全年,共办理婚姻登记业务3438对,其中结婚登记1952对、离婚登记350对、补发结婚登记1100对、补发离婚登记36对,咨询业务人员2108人次,查阅档案人员421人,档案利用率100%。

【重点项目建设】 2021年，阿瓦提县民政局探索社会养老问题新模式，扩充“统筹城乡”发展新理念，进一步开发建设养老服务基础设施。全年养老服务基础设施建设总投资1096万元，上级下拨资金496万元，地方财政配套资金600万元。其中福利院区提升改造项目，总投资600万元，主要建设室外附属、电气设备、安装天然气、供暖设备等。阿瓦提县胜利社区日间照料中心提升改造项目，总投资50万元，主要对已有的设备进行改造，并购买配套设备。儿童福利机构提升改造项目，总投资246万元，并办理前期手续，建设1座食堂，室外附属并购买设备。阿瓦提县塔木托格拉克镇幸福大院提升改造项目，总投资100万元，主要对已有的敬老院进行维修，购买设备。阿瓦提县乡镇敬老院提升改造项目，总投资100万元，对已有的设施进行改造，并购买设备。

社会保障

【社保征缴】 2021年，阿瓦提县企业养老保险、机关养老保险、失业保险、工伤保险累计征缴总额26065万元。养老保险中，企业基本养老保险参保7133人，征收企业养老保险费7117万元。机关事业单位养老保险参保缴费人数9503人，征收机关养老保险费12926万元。城乡居民养老保险中，城乡居民基本养老保险收入2275万元，财政补贴收入3584万元。全县工伤保险参保人数14320人，征收工伤保险费372万元。失业保险参保单位职工13398人，征收失业保险费678万元。职业年金征缴收入2697万元。

【费率降低政策】 2021年，阿瓦提县在疫情期间应享受阶段性降低社保费率政策企业605家，已享受阶段性降低社保费率政策企业605家，累计降低社保费116万元，其中降低工伤保险费16.3万元，降低失业保险费99.7万元，涉及企业职工6854人。为354家企业返还稳岗补贴70.57万元，涉及企业职工4808人，为398名发放失业补助金198万元。

【待遇发放】 2021年，阿瓦提县支付2704名纳入机关事业养老保险的退休人员养老金14345万元。按时为2538名企业离退休人员发放养老保险金6187万元，为63名人员发放丧葬抚恤金403万元；领取失业保险人数97人，累计发放失业金待遇116万元；领取失业补助金人数398人，累计发放失业补助金待遇198万元，累计发放稳定岗位补贴68万元，共计支出失业金437万元；工伤待遇共计支出604万元。

【社保扩面】 2021年，阿瓦提县企业基本养老保险参保7133人，全年新增参保人数343人；机关事业单位养老保险参保9503人，全年新增参保人数473人；城乡居民养老保险参保114485人。全县工伤保险参保14320人，全年新增参保人数577人，征收工伤保险费372万元。失业保险参保13398人。

【社保待遇提高】 2021年，阿瓦提县完成企事业单位第17次养老调待，机关事业、企业退休人员待遇人均分别增长228.05元、169.15元。城乡居民基础养老待遇增长至每人每月171元。

【基金运行】 2021年，阿瓦提县建立健全基金管理内外部控制机制，规范基金收支程序。结合社会保险基金管理问题专项整治工作，及时将各级推送的疑点数据和风险预警自查数据进行核实，全年共核实疑点数据5101条，存在问题27条，核实违规差错资金1.9万元，追缴违规资金1.9万元，追缴率为100%。

【改进公共服务】 2021年，阿瓦提县社会保险管理局持续推进人社领域“放管服”改革，实施人社系统“快办行动”。推行“综合柜员制”服务模式。

把原来多个窗口、多个科室变为一个窗口，一次办结，业务办理实现“一窗通办”，推动人社服务一体化。依托新疆智慧人社“网上大厅”平台，733家企事业单位社保缴费实现“全程在线”办理，做到数据多跑路，企业少跑腿。全面取消退休人员待遇集中认证，构建认证服务新模式，通过在手机上下载“新疆智慧人社”App，2.3万名退休人员完成待遇资格认证。社保卡实现电子化。全县15.7万人领取电子社保卡，实现就医缴费网上办。

【社保扶贫】 2021年，阿瓦提县社会保险管理局与民政局、残联对接，掌握低保、特困人员、重度残疾人员底数。同时，组织人员进乡（镇）、社区等发放宣传单，在各村村务栏贴公告，利用“巴扎天”设点现场宣传社会保障扶贫政策，利用乡（镇）、村“大喇叭”循环播放社保惠民政策。确保符合参保条件的贫困人员应保尽保。与扶贫办对接，通过扶贫系统中全面筛查出2020年精准识别的建档立卡贫困人员名单。通过信息比对，全县符合政府代缴城乡居民养老保险费条件5669人，其中低保、特困3769人，重度残疾人员政府代缴保费1900人。

退役军人事务管理局

【开展党史学习教育】 2021年，阿瓦提县退役军人事务管理局把“我为群众办实事”作为党史学习教育的重点，深入服务对象家中，走访慰问，关爱帮扶。截至10月，宣传优抚政策，了解生活生产情况，真情真意为退役军人办实事35件。结合美丽乡村建设，与郑州华佳电器有限公司联合开展“光彩惠民”活动，向家庭较为困难的退役军人捐赠太阳能庭院投光灯，并免费安装到户。与县人武部联合为部队立功受奖的现役军人家庭开展送喜报活动，敲锣打鼓为现役军人家庭送去立功喜报及党和政府的关怀。争取资金5.3万元，为重点优抚对象进行免费体检。

【县、乡两级服务中心（站）创建】 2021年，阿瓦提县退役军人事务管理局按照自治区年底前所有县、乡退役军人服务中心（站）全部创建成全国示范型服务中心（站）的目标要求，积极争取资金13万元建成120平方米县退役军人服务中心（退役军人之家）。针对每个乡镇特点制定建设创建方案，定期深入实地进行指导，6月初召开全县示范型退役军人服务站创建工作部署会，总结经验、查找不足、确定下一步工作重点，并对每个乡镇创建工作倒排工作进度。年底完成全县9个乡镇服务站地区和自治区交叉调度验收工作。

【走访慰问活动】 2021年，阿瓦提县退役军人事务管理局在春节、八一建军节、国庆等重要节点，由县委、县政府主要领导带队对重点优抚对象、复员干部、自主择业干部、抗美援朝老军人、困难退役军人等进行慰问，发放慰问物资共计29万余元。在“七一”庆祝中国共产党成立100周年之际，根据中央关于开展“老兵永远跟党走·把党的关爱送到老兵心中”主题慰问活动的有关要求，县、乡、村三级对模范退役军人及党龄30年以上退役军人开展形式多样的走访慰问活动，为他们送去了党的关心关怀，并发放慰问品。

【双拥模范创建活动】 2021年，阿瓦提县退役军人事务管理局结合县实际，制定下发《阿瓦提县创建国家级双拥模范县实施方案》，并召开全县创建全国双拥模范县动员大会，启动全国双拥模范县创建工作。与驻县部队开展共驻共建活动，春节、八一建军节期间与驻县部队开展丰富多彩的共驻共建活动，改善官兵工作、生活和学习，增进军地军民团结。

【优待抚恤政策全面落实】 2021年，阿瓦提县退役军人事务管理局及时做好优抚对象发放生活补助;2018年、2019年入伍士兵家庭义务兵家庭优待金发放;2020年退役士兵一次性就业补助发放工作。做好优抚对象二次报销医疗费用和1993—2000年复员干部发放生活补助、缴纳医疗和养老保险缴纳工作。

【助推就业创业】 2021年,阿瓦提县退役军人事务管理局结合“就业服务月”活动和“就业创业稳岗兴业在边疆”活动开展退役军人就业创业有关优惠政策宣传,提高广大退役军人和军属的知晓率。积极与县广播电视大学对接,鼓励退役军人参加学历教育。全年,多名退役军人申请复学和参加学历教育;多名退役军人报名参加驾驶、计算机操作、无人机、导游等5个种类职业技能培训。2名自主择业干部根据自身发展需求参加当地的职业培训和清华网络学堂培训。积极搭建就业平台,与组织、人事部门进行对接,举办退役军人专场招聘活动3次,与人社局联合举办退役军人专场招聘会1次,多人达成就业意向。

【宣传服务工作】 2021年,阿瓦提县退役军人事务管理局在各乡镇群众服务大厅专门设立退役军人服务窗口,做到有人接待、一站办理。县级服务中心积极实施“四调联动”机制,解决群众诉求问题6个。开展“守护2021清明祭英烈”主题宣传教育活动,全县参与网上祭扫活动达7800余人次,自发到烈士墓地开展祭扫献花活动达15场次。按照自治区退役军人事务局厅、人民检察院《关于开展全区县级以下烈士纪念设施管理保护专项行动的通知》文件精神,对全县烈士墓地进行了摸底调查,并按照属地管理原则,积极筹措资金对烈士墓地进行修缮和维护,全县共计投入资金25万元,对3座烈士墓全部进行重建,并做好地面硬化、修葺铁栅栏、环境绿化、设立保护标识等工作。

乡（镇）概况

阿瓦提镇

【概况】 阿瓦提镇东与乌鲁却勒镇接壤，西与塔木托格拉克镇毗邻，南接阿依巴格镇，北与巴格托格拉克乡交界。辖区总面积10.2平方千米，下辖12个社区、5个行政村。

【经济发展】 2021年，阿瓦提镇冬小麦总播种面积236.33公顷，每公顷单产7125千克，总产量1683.8吨。棉花总播种面积126.56公顷，每公顷单产21001千克，总产量265.8吨。棉花机采面积111.47公顷，机采率88%。玉米播种面积45.8公顷，蔬菜播种面积106.13公顷。全镇林果种植面积430.73公顷，其中核桃246.73公顷、红枣101.33公顷、苹果4.47公顷、香梨49.07公顷、杏子12.4公顷、桃5.33公顷、葡萄11.4公顷，完成生态造林10.47公顷。年内，修建牛、羊圈舍24座，实现年牲畜存栏1.3万头(只、羽)、出栏1.39万头(只、羽)，其中牛存栏1014头、出栏900头；羊存栏1.2万只、出栏1.3万只；家禽存栏3万羽，出栏9万羽。至年底，阿瓦提镇共有农机合作社3家，农机联社1家，大中型拖拉机19台、大型耕地机械20台、大型联合整地机9台，采棉机15台，配备导航自动驾驶设备24台。按照“自主购机、定额补贴、县级结算、直补到卡”的方式实施农机购置补贴资金107.46万元，补贴机具28台。

【乡村振兴】 2021年，阿瓦提镇严格落实“四个不摘”“八个不变”和“三专一访”工作要求，履行党政主要领导“双组长”责任制。全年召开乡村振兴专题例会24次，党政主要领导主持乡村振兴专题学习5次。坚持以就业、发展产业为重点，带动群众增收致富，其中实现172人稳定就业，通过发展产业带动16户42人增收。安排乡村振兴专项资金1033.05万元，新建畜牧业交易市场5976平方米；安排资金160余万元，修建团结村2.2千米的水泥硬化路。全镇240名帮扶干部实行“一帮一”结对帮扶全镇240户脱贫户，针对56户三类户及时以转移就业、政策兜底、教育引导等措施精准施策，已脱贫240户905人，人均纯收入11248元，纳入监测对象46户173人(识别标准7000元以下)，已脱贫人口就业365人。

【基础设施建设】 2021年，阿瓦提镇建筑面积10.2平方千米。共有医疗卫生机构17个(镇卫生院1个、村卫生室16个)，共有学校5所(初中1所、小学2所、幼儿园2所)。辖区内建成公共停车场1个，生活垃圾转运站2座，生活垃圾填埋场3座，环卫作业车辆10辆，日清运垃圾0.1吨。有小广场3个、景观带2条，绿化覆盖面积55.7公顷。镇内供水管道总长98千米，供水站1座，再生水输水管网60千米，加油站6座，加气站1座，物业公司13家。共有农村公路75千米，其中乡道19千米，村道21千米，村组内道路35千米。

【景区建设】 2021年，阿瓦提镇创建国家AAA级旅游景区1个、星级农家乐2家。完善刀郎故里旅游景区建设，进一步推动阿瓦提镇居民整体生活品质提升。辖区各集中商业街区新增商户

187户，日均销售额超过300元/户。依托多浪社区新时代文明实践站阵地，整合各类资源，将中华传统文化融入，打造一处文娱茶馆，为各族群众日常生活提供一处休闲场所，已经营业。

【安全生产】 2021年，阿瓦提镇树立安全发展理念，持续开展安全生产专项整治行动。对标对表自治区党委“五个到位”要求，在辖区范围内全方位开展隐患排查23次，累计排查隐患1086项，限期整改1060项，整改率97.6%。坚决确保安全责任全面落实、安全隐患彻底整治、重大风险有效管控、人民群众生命财产安全得到有效保障。

【社会保障】 2021年，阿瓦提镇新增就业人数1796人，其中自主创业843人，单位就业224人，公益性岗位12人，县内就业717人。开展60余次职业技能培训和基础素质培训，共培训3185人，就业率100%。养老保险缴费16722人；医疗保险缴费29431人。60岁以上待遇人员198人，其中建档立卡贫困户86人。新建富民安居工程5套，集中收（供）养特困供养对象12人（农村“五保”老人6人），城乡低保对象1313户2308人，孤儿6人，残疾人1967人。

【基层组织建设】 2021年，阿瓦提镇坚持“有为有位，能上能下”用人机制，加强干部培养锻炼，推荐提拔重用干部3名，晋升职级干部29名，推荐18名干部到村任职。畅通村级后备干部选拔渠道，选配5名科技副职，培养后备力量23人。党风廉政建设和反腐败专项斗争纵深推进，落实中央八项规定及其细则实施精神，形式主义、官僚主义突出问题得到有效整治，监督执纪“四种形态”精准运用，对党员干部出现苗头性、倾向性问题抓早抓小、防微杜渐；运用第一种形态处理206人，责令作出书面检讨9人，本级立案17起，给予党政纪处理15人，开除党籍2人。

【司法工作】 2021年，阿瓦提镇围绕“平安司法所”工作，共调解各类纠纷183起，调解成功率100%；入户走访现场调解矛盾纠纷110起，调解率达100%。

【医疗卫生工作】 2021年年底，阿瓦提镇共有医务人员62人，其中村医38人，在编7人，聘用17人。阿瓦提镇卡介苗疫苗接种率100%，脊髓灰质炎疫苗接种率97%，无细胞百白破疫苗接种率96%，白破疫苗接种率97%，麻腮风疫苗接种率99%，A群流脑疫苗接种率97.5%，A+C群流脑疫苗接种率86%，甲肝减毒活疫苗接种率99%，乙肝灭活疫苗接种率99%。对全镇6所小学和6个幼儿园开展儿童入托、入学预防接种证查验工作，应查验儿童5089名，实查5089名；实际补种53名，接种各疫苗剂53剂次。全镇体检率108%。全民体检电子档案录入率97%，建立和完善常住居民电子健康档案，居民电子档案完成率97%，其中高血压49份，糖尿病57份，老年人245份。

【民生保障】 2021年，阿瓦提镇按照县委、县政府安排，摸排统计有意愿实施煤改电农户333户，并对符合条件的21户居民完成煤改电改造工作。开展2021年度人口普查抽样调查工作，并100%完成抽样审核工作。开展“两违”清查整治工作，核定既有房屋建筑2755栋，294.45万平方米，在建房屋建筑104栋，共计面积74.31万平方米。

【便民服务】 2021年，阿瓦提镇全面推行便民服务大厅改造为党群服务中心，建立高标准党群服务中心16个，设立医保、民政、退役军人等服务事项69项，制作办事流程小卡片，为窗口工作人员统一制作台卡，张贴便民联系卡1.91万张，实行社区党支部书记、居委会主任轮流接访制度，全年服务群众约2.3万人次。

【获得荣誉】 2021年7月,阿瓦提镇获“自治区级先进基层党组织”称号,9月获“自治区级民族团结进步示范单位”称号,12月获地区级五四红旗团委荣誉称号。

乌鲁却勒镇

【概况】 乌鲁却勒镇位于阿瓦提县城东南18千米,东西宽18千米,南北长37.2千米。下辖18个行政村、1个社区、79个村民小组。辖区耕地总面积1.22万公顷。主要粮食作物是冬小麦、玉米。2021年人均纯收入22140元。学校18所,卫生院1个,村级卫生室19个。

【脱贫攻坚与乡村振兴有效衔接】 2021年,乌鲁却勒镇成立以党委、政府主要领导为“双组长”、党政班子为成员的镇农村工作领导小组暨乡村振兴领导小组,制订《巩固拓展脱贫攻坚成果同乡村振兴有效衔接实施方案》《乡村振兴领导小组及专项组通知》《关于自治区脱贫攻坚后评估任务分工方案》等文件,镇村两级全部挂牌,成立乡村振兴办(站),下设12个专项组,明确各组重点任务、责任领导及科室,统筹推进产业、人才、文化、生态、组织五大振兴及后评估各项工作。坚持“资金跟着项目走、项目跟着规划走、规划跟着需求走”,全年申报并实施中第一批扶贫项目共计9个,涉及资金2738.85万元;扶贫结余资金项目2个(也台格然木村扶贫小市场改造、产业园1000千伏变压器),涉及资金200万元;县级配套附属项目1个(馕产业园附属项目),涉及资金110万元。年底,9个中央第一批扶贫项目已全部竣工验收,并投入使用,后续扶贫结余资金项目和县级配套附属项目已开工建设。坚持“聚集经营管理、放大经济效益”的思路,打造镇区1个馕产业市场+1个农资市场+1个“五金市场”+1个卫星工厂+1个星光夜市“三市场一厂一夜市”镇产业园区,将全镇打馕店、农资店、建材店、巴扎商铺等全部集中“圈内”经营管理,实现经济效益扩大化、市场经营规范化。加快刀郎翻翻鸽特色小镇建设步伐,加强镇区水、电、路、气、讯等基础设施建设,着力塑造城镇新风貌,持续提高乌鲁却勒知名度、美誉度。规范化建设镇村两级服务大厅,镇政务服务大厅共接收工单81条,已归档结案75条,办理率达92.59%、群众回访满意率达100%。完善企业帮扶机制,主要领导牵头,镇党委7名领导、村(社区)第一书记包联全镇7家企业,每月赴企业了解需求、解决问题、开展宣讲。

【粮棉生产】 2021年,乌鲁却勒镇坚持以“农民增收,农业增效”为发展思路,不断在优化农业产业布局、夯实农业基础设施、提升农业综合水平、改变群众思想观念上下功夫。完成0.33万公顷冬小麦夏收和0.27万公顷复播玉米的夏种任务,粮食总产量4.37万吨。同时完成2022年0.34万公顷冬小麦的种植工作,粮食安全得到根本保障。全镇种植棉花0.85万公顷,其中陆地棉0.59万公顷,长绒棉0.26万公顷,产量1.77万吨,每公顷增收16500余元。结合各村实际,以集中和零散种植结合的方式种植蔬菜177.47公顷。发挥县郊地理优势,在红旗村建成并正常投产单体日光温室103座,折合标准温室182座,提供就业岗位100余个,种辣椒、黄瓜、四季豆等作物,供给全县蔬菜市场。年底,新建钢结构新材料大棚57座,主体已完工。

【林果业】 2021年,乌鲁却勒镇优化林果种植结构,引导群众增植“阿瓦提”红葡萄297.4公顷、杏树22.67公顷;疏密改造核桃树22.67公顷、品种改良20.33公顷;完成0.12万公顷核桃树、213.33公顷红枣树阶段性修剪、灌溉、追肥、拉枝、摘心、病虫害防治(悬挂黄板、杀虫灯、喷施化学药剂)、240公顷香梨苹果树枝枯病防治等工作。春秋两季统筹协调全镇各方力量植树造林261.33公顷。

【畜牧养殖】 2021年,乌鲁却勒镇合理规划,推动畜牧业健康发展。坚持以“合作社(组)+养殖小区+农户、合作社+农户”的发展模式,推动规模养殖发展。全镇羊存栏10.8万只,牛存栏11544头,家禽21.94万羽,骆驼存栏99头。在克迪木阿依玛克村三组建立肉羊配种基地,年内改良刀郎羊1100只。春秋两季“普防”,完成全镇牲畜口蹄疫、羊痘、小反刍兽疫、布病检疫防疫工作。推进“十百千亿”家禽养殖工程,有家禽存栏21.94万羽,出栏家禽14.5万羽。

【设施农业】 2021年,乌鲁却勒镇推动高标准农田建设,共实施高标准农田建设项目0.07万公顷,已投入使用。坚持推动土地平整,全镇耕地1.22万公顷、应平整0.95万公顷,已全部平整完毕。提高农业机械化水平,全年新增各类农业机械73台,发放各类农机补贴432.28万元。

【民生建设】 2021年,乌鲁却勒镇重点抓好“4050”、贫困户等群体就业,开展技能培训30班次,实现9698名农村富余劳动力稳岗就业。实施全民参保计划,落实养老保险参保15128人、医疗保险44358人。发放农村低保金补贴1030.02万元,发放城市低保补贴37.72万元,临时救助223人,累计发放救助金71.70万元、大米19.78吨、面粉48.49吨、清油7725千克,切实保障农村低收入家庭“两不愁”需求。

【农村人居环境整治】 2021年,乌鲁却勒镇召开农村人居环境整治现场会12次,建设富民安居房330套,全年规划建设村组柏油(水泥)道路31千米,协调50吨沥青,修补道路不平区域涉及6个村80多处路块,共计20余千米3000平方米路面。镇村面貌焕然一新。推进厕所革命,先后召开实操性培训5场,560人次参与;户厕摸排相关指标解释培训10次,培训人员1000余人。精准实地跟踪指导。镇级层面成立户厕摸排1个指导组、村级层面成立19个摸排组,共摸排8012户,其中水冲厕所5859户、简易传统茅厕135户、旱厕479户、建设中230户、无厕所1309户。共摸排出问题近1万个,其中厕屋问题774个、厕具问题723个、粪池问题2897个、用水问题171个、防冻问题29个、粪污处理问题1594个、后期维护问题3828个,其中立查立改问题713个已整改完毕。

【精神文明建设】 2021年,乌鲁却勒镇围绕社会主义核心价值观谋划推进,发挥社会主义核心价值观对文化润疆的引领作用,把社会主义核心价值观教育融入社会发展各方面,转化为人们的情感认同和行为习惯,共进行习近平新时代中国特色社会主义思想、各类会议精神、党史等集中宣讲1.44万场次,入户宣讲2.2万余次;申请援疆资金150万元,分2期打造占地面积约1公顷的集党校、党群服务中心、镇党史馆、镇广播站于一体的镇新时代文明实践站所。共有新时代文明实践所1个、新时代文明实践站19个、农家书屋19个;开展各类志愿服务活动360余场次。开展为期20天的“刀郎文化继承人培训”,结合文旅局专项资金10万元,用于购买乐器设备,聘用4名专业老师,培养乐器、农民画家、舞蹈等50余名民间艺人,在结业之际,结合党的十九届六中全会精神创作11个节目,在辖区内开展“文艺+宣讲”的巡回表演、宣讲,累计开展文艺活动170余次,进一步满足人民日益增长的精神需求。分两批命名民族团结进步示范村、单位85个,表彰民族团结进步模范个人198名。

【基层组织建设】 2021年,乌鲁却勒镇夯实基层基础,锻造坚强战斗堡垒。坚持每日晨会必点党建、党委会必有党建议题、每周必指导党建工作。开展党委理论学习中心组基层组织建设专题学习4次,机关干部政治理论学习45次。常态化指导各村“三会一课”、团建、党史学习教育,印发指导通知单300余份,规范村级党组织建设。开展党史学习教育。坚持领导干部带头学,党员干部全身心投入,动员全镇各级党组织迅速兴起党史学习热潮,镇村两级累计召开党史学习教育动员会20余场,组织各类宣讲活动600余场,召开县级现场会1次、镇级现场会2次;组织机关、学校、村(社区)党员干部广泛举办拾花大赛12场次,帮助棉农拾花300余吨;帮助群众销售20吨滞销西瓜等累计为民办实事好事1500余件。筹资150万元打造党建镇史馆,完善基础设施,以文字、图片、实物等形式,多角度真实再现历届班子和广大党员干部群众攻坚克难的奋斗历程。锻造坚强干部队伍。选优配强162名村干部,优化调整3名村“两委”正职和39名副职。选派39名国家干部到村任职。持续推进“三荐三审两试一训”工作机制,重点培养党支部书记后备干部24名,“两委”副职后备干部75名。年内,确定入党积极分子43人、发展党员44人、预备党员转正11人。做好党员教育学习评估工作。推行村级“一支部三中心”(党支部引领,党群服务中心、维稳综治中心、农村发展中心)运行机制,率先召开全县示范现场推进会,实现村级所有事务进“三个中心”,村级管理体制机制全面理顺。落实“访惠聚”驻村工作,压紧压实派出单位、驻村工作队主体责任,累计解决困难诉求800余件。做好换届选举工作。成立选举委员会和选举工作领导小组,研究分析换届前期准备工作、存在的风险隐患、参会代表酝酿及资格审查情况,确保换届有序推进,先后完成镇党委换届、人大、政府、村“两委”换届。

【党风廉政建设】 2021年,乌鲁却勒镇常态化开展政治监督,确保各项工作落地见效。聚焦镇村两级换届工作,严查拉票贿选、说情打招呼等行为,全力营造风清气正的换届环境。推进党风廉政建设。将党规党纪纳入党委中心组理论学习、干部政治学习、各村(社区)党支部“三会一课”活动学习内容,提升各级党员干部责任意识和纪律意识;组织召开警示教育大会5次,其中镇级4次,村级1次。通过对典型案例的通报剖析,让党员干部从反面教材中吸取教训,提升自身免疫力;整治群众身边腐败问题。围绕“监督执纪向基层延伸”“民生领域损害群众利益”“四风问题中的‘低级红’‘高级黑’”等专项治理行动,累计接受上级纪委反馈信访问题线索4条,立案处理1条。精准运用监督执纪“四种形态”。累计查办违纪违法案件15件,其中查办党员干部违反政治纪律案件2件、侵害群众利益案件11件、违法廉洁纪律案件2件;运用“第一种形态”问责干部98人,其中谈话提醒34人,诫勉谈话31人,批评教育20人,责令检查11人,约谈2人;建立情报信息定期报送制度,开展村务监督委员及监察员业务培训会议1场次,参加人员32人。

拜什艾日克镇

【概况】 拜什艾日克镇位于阿瓦提县北部,距县城18千米,总面积468.43平方千米,有耕地9.8万公顷,林果面积4333.33公顷。全镇共辖25个行政村,107个村民小组。拜什艾日克镇村集体收入在80万元以上的村2个,50万~80万元的村4个,20万~50万元的村11个,10万~20万元的村8个。有34所学校219个班级,教职工550人,学生7909人,其中中学1所,小学12所,幼儿园21所。村组干部201名,村级后备干部125名,“三老”人员104人。全镇共有卫生院1个,派出所1个,公车12辆。

【粮棉生产】 2021年，拜什艾日克镇以服务农村、服务农业、服务农民为立足点，坚持高标准、高质量推进，种植冬小麦3019.93公顷，其中白地种植2384.79公顷，林果间作519.56公顷，全镇复播玉米2054.2公顷。

【林果业】 2021年，拜什艾日克镇实有林果面积4333.33公顷，其中核桃面积2905.4公顷，红枣面积593.33公顷，苹果面积176.96公顷，葡萄面积209.43公顷，香梨面积60.51公顷，杏面积141.68公顷，桑树面积5.53公顷，樱桃面积3.2公顷，桃树面积1.61公顷。房前屋后绿化造林54公顷，为进一步突出特色林果业产业优势，提高经济收益，完成209.43公顷葡萄种植。完成农户房前屋后种植阿瓦提红葡萄8005户。

【设施农业】 2021年，拜什艾日克镇种植蔬菜415.33公顷，播种辣椒208公顷，瓜类90公顷，苜蓿53.33公顷，黄瓤西瓜80公顷，大拱棚内种植冬季蔬菜159.67公顷。

【畜牧养殖业】 2021年年末，拜什艾日克镇牲畜存栏98592头（只），牲畜出栏42413头（只），家禽存栏28.9万羽，家禽出栏18.6万羽。牛存栏1.57万头，出栏0.39万头；羊存栏8.3万只，出栏3.9万只。肉类总产量380万吨，产奶量1.6万吨，产蛋量1.2万吨，畜牧业人均纯收入580元。全镇完成口蹄疫免疫共防疫生畜牧19.71万头（只），其中牛31226头，羊165892只。确保全年牛口蹄疫免疫2次，羊口蹄疫免疫2次，羊痘疫苗免疫的羊数3.1万只，小反刍兽疫苗免疫的小畜3.5万只，炭疽疫苗免疫1.2万头（只）。开展1次驱虫小畜4.3只，三联四防疫苗免疫1.4万只。开展2次禽流感疫苗免疫工作，共免疫37.9万只（羽）。家畜产地检疫的牲畜3.3万头（只），瘦肉精抽样检测牛90头，羊150只。完成牛政策性保险4296头，享受补助的农民167名，享受金额232.5万元。设肉羊改良配种点4个，完成0.32万只肉羊改良工作，小畜品种改良0.35万只。全年在2处建立畜牧养殖小区，现代化牛圈1座，羊圈5座都已竣工，辖区71名农户前后31次赴其他省市引进优良品种牛3632头。

【民生建设】 2021年，拜什艾日克镇有1093户1822人享受低保，其中城市户口33户58人，农村户口1060户1764人。残疾人共计1382人，其中689人享受残疾人补贴。

【扶贫工作】 2021年，拜什艾日克镇贯彻落实县委关于巩固拓展脱贫攻坚成果同乡村振兴有效衔接各项决策部署，聚焦聚力“四个不摘”“八个不变”工作要求，开展乡村振兴工作。全镇共有脱贫户1485户5571人，“三类户”368户1363人，各级帮扶责任人552人，实现干部包联全覆盖，针对致贫原因，开展结对帮扶工作，因人施策制定帮扶措施，凝聚乡村振兴合力。健全工作机制，全年组织镇党委专题学习6次，统筹谋划推进各阶段重点工作落地见效，召开镇党委乡村振兴专题会议24次，2名党政班子成员分管乡村振兴工作，10名综合能力强的年轻干部充实乡村振兴专班。强化返贫监测预警和动态帮扶，强化“月走访”工作制度的落实，对排查情况集中研判，全镇确定“三类户”104户379人纳入“三类户”。落实好小额信贷扶持政策，规范小额信贷管理。通过五人联查、三级联审发放小额信贷152笔、559.5万元。动态监测摸排脱贫人口和三类户务工状况、务工需求和动态变化，为推动稳岗就业提供精准信息支撑。已脱贫人口就业2236人。完成精准扶贫档案整理、数字化扫描工作，镇级文书类档案2012—2020年整理归档1690件、村级档案13446件。

【医疗卫生】 2021年,拜什艾日克镇住院治疗患者总数2413人次、门诊患者16884人次、急诊患者230人次。其中化验室检查的住院患者2413人次,总费用73.17万元。孕产妇免费检查1251人次,婚前免费检查220人次,门诊患者1024人次,其他体检620人次,总费用6.79万元,幼儿园体检5250人次。B超室检查的住院患者1500人次,孕妇超声免费检查186人次,门诊B超380人次,住院部心电图2383人次,门诊心电图526人次,“三查一治”工作检查33542人次。放射科住院患者1421人次,总费87606元。门诊1969人次。总费用1.89万元。输液室1221人次,总费2.05万元。

【基层组织建设】 2021年,拜什艾日克镇党委先后召开28次专题会议(占党委会议题总数的56%)对村“两委”换届和自治区“1+2”文件等重点任务进行安排,层层压实责任;组织党委理论中心组学习38次、党建专题学习5次,将党的创新理论、党纪党规、自治区“1+2”文件等内容学深悟透,筑牢思想根基。作为全县乡(镇)党委换届工作示范点,于2月28日至3月2日率先召开党员代表大会,选举产生新一届党委、纪委班子和出席阿瓦提县第十四次党代会代表。镇第六届人民代表大会第一次会议于7月30日至8月2日召开,经过4天的会议,先后召开20次会议,选举产生拜什艾日克镇第六届人大主席、副主席和镇政府领导班子。全年对抓党建不到位、落实不力的党员干部运用监督执纪第一种形态60余人次、党纪处分19人次。发展党员240名。为3个经济薄弱村分别争取50万元,用于购买湖羊。

【社会保障】 2021年,拜什艾日克镇参加城乡居民养老保险人员17236人,参加城乡居民医疗保险人员33248人,60岁以上享受养老金人员2751人。

【民族团结工作】 2021年,拜什艾日克镇25个行政村被评为县级民族团结示范村,创建率100%。同期评选出27个民族团结好科室、“民族团结示范户”56户、“民族团结好村民”2963个、好家庭9051户、好邻居718对、好干部109人、好商铺414家。5月以来开展铸牢中华民族共同体意识培训、知识竞赛、演讲比赛共计78场次。全年,累计为民办好事、办实事3840余件,镇级层面解决的困难诉求133件,村级解决的困难诉求478件。

【群众文体宣讲活动】 2021年,拜什艾日克镇加大农家书屋、电子阅览室的开放力度,督促“东风工程”书籍使用率,利用117个乡村大喇叭,每日传播党的好声音、正能量,检修农家户户通广播电视,确保正常使用收看,促进文化惠民工程真正落到实处。以元旦、春节、元宵、端午等传统节日为契机,组织广大群众参与赛龙舟、拔河、篮球赛、广场舞比赛等文体活动,开展“我们的节日”主题活动200余场次。为庆祝中华人民共和国成立100周年,组织文艺小分队成员编排30个精品节目,到村开展25场巡回文艺演出。结合“一月一主题”志愿服务活动方案,成立200余名志愿者团队,开展志愿者服务48次,受益群众1.2万余人。推选先进典型、草根宣讲员,组建镇村两级132名宣讲员的宣讲队,开展宣讲活动2400余场次,组织3名民间老艺人、50名文艺小分队人员进行文艺技能培训,推荐葫芦画家、农民画家参加培训。编排精品节目22个,开展民族团结、欢庆佳节演出活动210场次。

【劳动就业】 2021年,拜什艾日克镇已就业人员17713人,其中农村富余劳动力就业14447人,发展产业3266人;贫困户就业2910人,一般户就业14803人。全镇城镇新增就业人员262人。

【精神文明建设】 2021年，拜什艾日克镇推选先进典型、草根宣讲员组建镇村两级宣讲队，开展巡回宣讲，谈变化、谈感受，以身边人说身边事，教育引导群众感党恩、听党话，群众感党恩意识不断提高。组织132名宣讲员，开展宣讲活动2400余场次，受教育人数累计40万余人。开展文明村创建评选，星级文明户评选等精神文明工作。申报县级文明村1个，全镇评出“星级文明户”5957户，其中“1～6星级户”469户、“7～9星级户”5354户、“十星级文明户”134户。向“阿瓦提县零距离”、《经济日报》、《阿克苏日报》等新闻媒体投稿，推荐典型评选“最美阿克苏人”，外宣发稿60篇，上稿23篇。

【安全生产】 2021年，拜什艾日克镇党委、政府做到逢会必讲安全生产工作，政府主要领导主持召开或参加全镇安全生产会议达12次，分管领导20次。镇党政主要领导带队检查安全生产工作10余次，分管领导20次，参与排查安全隐患、发现问题及时整改。镇党委、镇政府对全年全镇的安全生产工作进行部署，签订各类安全生产目标责任书、承诺书、协议书135份。编制完善各类应急预案10份，做到事前有准备，遇事不混乱，处置按步骤。利用安全生产月、防灾减灾宣传周、国际减灾日各项活动，强化安全培训，加大宣传力度，深化各类各级人员的安全教育与培训工作。深化道路交通安全整治工作。对重点路段的路况、安全隐患、车辆进行检查，共检查车辆3000辆，纠正、处理违章操作车辆900辆，加强道路基础设施建设，在全镇主要路口安装61个爆闪灯。开展灭火器材、一氧化碳报警器“进万家”活动和打通“生命通道”集中攻坚行动，保证群众生命财产安全。

【党风廉政建设】 2021年，拜什艾日克镇纪委（监察办）组织学习33次、知识测试8次。并向镇党委建议，制定《拜什艾日克镇2021年度“学党史 促履职 砺初心”党风廉政宣传教育实施方案》。全年开展宣传教育活动4次，受教育400余人，召开年度党风廉政建设和反腐败工作会议1次、“一岗双责”会议1次、家庭助廉会议1次。同时，以第23个党风廉政宣传教育月为契机，召开以案促改警示教育大会、集体约谈会议2次，强力推进全镇党风廉政宣传教育走深走实。镇纪委（监察办）严格贯彻落实中央八项规定精神及其实施细则，将节前教育与常态开展违规问题的监督检查有机结合，全年开展自查自纠2次，监督检查8次，下发典型案例8批47件51人，增强党员干部廉洁自律意识，预防“节日病”，切实做到警钟长鸣、警惕常在。紧盯侵害群众利益问题及农村微腐败、粮食购销领域和党员干部做群众工作走过场、作风不实等问题，常态化开展监督检查，全年受理并查处问题线索8条，以巡察“回头看”为抓手，开展巡察“回头看”5次，督促整改问题11个，全镇党风廉政建设工作取得扎实成效。

【普法工作】 2021年，拜什艾日克镇司法所先后补充调整干部26人，其中外勤人员20人，组织开展集中教育学习、一村一法律顾问、法律援助法律咨询、民事纠纷调解和普法宣传工作。以“谁执法谁普法”为重点目标任务，推进“八五”普法工作，组织开展形式多样、内容丰富的“宪法法律宣传月”“宪法宣传周”“宪法宣传日”活动，严格落实“一村一法律顾问”，全年共组织“草根”宣讲员集中培训6次，举办普法知识讲座5期，开展领导干部讲法12次，在全镇校园内开展“四个一”宪法宣传活动，参与师生9600余人次。法律法规宣传教育758场次、张贴普法宣传标语500余张，发放宣传资料4600余份，受教育群众达4.21万余人，解答法律咨询52人次，发放宣传单8000余份。依托“法宣在线”平台，共组织200余名国家工作人员进行网络学法。共摸排矛盾纠纷案件221起,调委会成功调解184起,其中婚姻纠纷136起,交通事故赔偿6起,合同纠纷38起,遗产纠纷4起。

【民政优抚】 2021年,拜什艾日克镇共救助1048户3946人,发放临时救助资金25.79万元,发放救济面粉11730千克、大米5890千克、食用油1805千克。为残疾人发放轮椅9把、拐杖7副。

【纪检工作】 2021年,拜什艾日克镇纪委(监察办)共处置问题线索42条,其中立案33件,给予党纪政务处分33人,组织处理5人。受理群众来信来访7起,结案7起。运用监督执纪“四种形态”共处理245人次,其中第一、第二种形态240人次,第四种形态5人次。全年,召开节前集体约谈大会4次、警示教育5次、以案促改大会2次,开展专项监督检查18次,给予组织处理195人。

【市场建设】 2021年,拜什艾日克镇下达资金300万元。实施扶贫夜市及配套设施项目,新建夜市1座,建设1000平方米夜市棚、7000平方米地坪、绿化及相关附属。

【景区建设】 2021年,拜什艾日克镇共实施旅游及旅游基础设施项目2个,下达资金365万元。实施索克满休闲公社娱乐设施及附属项目1个,购买相关娱乐设施及配套设施;实施休闲景区旅游基础配套设施项目,修建400千伏箱式变压器1座及相关附属设施。

英艾日克镇

【概况】 英艾日克镇地处阿瓦提县西北方,距县城25千米,周边与阿克苏市阿依库勒镇、兵团第一师一团沙井子、三团相毗邻。全镇东西宽14千米,南北长44千米,总面积616平方千米,耕地面积1.35万公顷,辖26个行政村,88个村民小组,全镇26个村共有学校38所,其中中学1所,小学11所,幼儿园26所。镇域内有阿瓦提县爱国主义教育基地莎吉木汗·莫朋烈士墓、恰鲜拜巴扎民俗文化街、生态葡萄长廊、生态墓地、艾西曼湖、也克力村“红色逐梦小镇”景区、恰其村“乐和乡村”景点等。

【粮棉生产】 2021年,英艾日克镇粮食种植面积4338.4公顷;棉花种植面积11327.8万公顷,其中长绒棉5057.8公顷、陆地棉6270公顷;冬小麦种植面积3188.18公顷;特色经济作物5252.9公顷(其中辣椒104.9公顷、茴香5148公顷)。

【林果业】 2021年,英艾日克镇推进林果业提质增效,林果业种植3192公顷,总产量1.321万吨,比上年增长0.08%,林果间作种植油菜640.6公顷,改造低产园330公顷,植树造林131公顷,核查退耕还林236公顷,修剪及病虫害防治3066.7公顷。为持续推进林果产业增产增收,英艾日克镇大力发展本地良种核桃和葡萄产业发展,核桃种植总规模达32276公顷,年产量738.78万吨,产值9604.14万元;葡萄种植面积383.13公顷,已挂果面积40.67公顷,年产120吨,产值80余万元。

【设施农业】 2021年,吐热村以黑木耳种植基地的100座小拱棚为依托,吸纳78户贫困户种植黑木耳,发展黑木耳种植,提高黑木耳产量,促进贫困户增产脱贫,销售木耳8.9吨,销售金额54.08万元。

【畜牧养殖业】 2021年,英艾日克镇推进畜牧业科学管理，牲畜存栏数12.66万头(只)，其中羊11.45万只、牛1.21万头，家禽存栏数9.89万羽，同比上年增长1.47%，畜牧业产值达到9600万元。

【农田水利建设】 2021年，英艾日克镇总干渠68千米，年内，新修总干渠13千米；实施高效节水计划1847.67公顷。

【农业机械化】 2021年，英艾日克镇检验拖拉机、收割机1755台，报废拖拉机102台。农用机械维修维护和保养农机具1605台。配合县农机局开展驾驶员培训驾驶人员302名。中央农业机械购置补贴资金共发放364.3420万元，办理农业机械补贴农机具2台。

【民生建设】 2021年，英艾日克镇农村安居工程建设任务55户，其中一般户55户。9月底，55户新建安居房全部竣工并入住，竣工率、入住率均达100%。55户一般户每户发放补贴2.85万元，共计发放农村安居工程补助资金156.75万元，11月底所有补助资金发放完毕。

【扶贫工作】 2021年，英艾日克镇党委、政府深入学习贯彻习近平总书记关于巩固拓展脱贫攻坚成果同乡村振兴有效衔接的重要论述，紧扣中央、自治区党委、地委脱贫攻坚决策部署，以高质量巩固脱贫成果、建立健全防止致贫返贫机制为重点，以强化作风建设为保障，咬定目标、一鼓作气、乘势而上，确保乡村振兴高质量衔接过程"起步稳"、脱贫成果"守得住"。年内实施乡村振兴项目1个，涉及资金44万元，主要用于脱贫群众产业发展，实现监测对象225户976人脱离低收入群体，使全镇1124户4387人脱贫群众致富增收。

【个体私营经济】 2021年，英艾日克镇共有个体经商户1123家(包括小百货店)，其中餐饮店421家、家电维修256家、农机修理88家、摩托车维修48家、理发店34家、小百货276家。有6个小型榨油厂、6个农民投资的面粉厂。

【基层组织建设】 2021年，英艾日克镇下设29个党支部，其中村级党支部26个，设86个党小组。机关站所联合党支部、退休干部党支部和个体经营者党支部各1个，全年开展活动1392场次，开展党员谈心谈话348场次，覆盖1214人次；开展党员思想汇报232场次，覆盖党员1214人次；开展党员建言献策348场次，提出意见建议178个；开展党员交纳党费活动336场次，共收缴党费9.73万元；开展主题党日336场次，办实事好事399件，受益群众381户、1524人。远程教育学习，全镇共设24个党员远程教育学习站点，落实每个学习站点都有"操作员"专人负责，围绕新中国史、脱贫攻坚、致富技能培训和"不忘初心、牢记使命"等7个方面开展学习。利用党员远程教育系统开展学习、教育、培训共1008场次，培训人员3.02万人次，提高党员的综合能力素质，为发挥党员模范作用奠定基础。全年"村级政审、镇级联审"政治审查入党对象59名，打回上一个环节研究5名，推荐20名党员纳入"四老"人员，取消6名党员"四老"人员资格。考察调整4名村党支部书记，调整撤换村干部26名，选调生、内招生、留疆战士在村两委挂职任职16名，选拔后备干部82名。1月起，确定3个党组织软弱涣散村，按照每月上报整改台账、每季度评估整顿情况，通过初验，均达到整顿预期效果。全镇有26个团支部，有团支部书记26人、委员52人，组织开展党团活动60场次，开展爱心生日会12场次，为党支部输送先进积极分子38人。年内，打造党建示范点3个，分别是托玛村党员"星级化"管理工作示范点、也克村"四议两公开"工作法观摩、恰其村以“党建+”为统领,助力乡村振兴。县级组织观摩也克村“四议两公开”工作法演示3次,恰其村以“党建+”为统领,助力乡村振兴2次,赢得参观领导的一致好评。

【社会保障工作】 2021年,英艾日克镇参加城乡居民养老保险16689人,享受养老金2514人,对2454人完成认证工作。总收集190名年满60周岁人员的相关资料并递交给社保局确保及时享受养老保险待遇。全年完成全镇34098人的医疗保险收费工作。

【劳务输出】 2021年,英艾日克镇共就业5524人。辖区发展产业为7902人,其中发展种植业4147人,发展畜牧业3189人,林果业种植71人,其他发展产业495人。

【精神文明建设】 2021年,英艾日克镇推进践行社会主义核心价值观主题活动。把《新时代公民道德建设纲要》《爱国主义教育实施纲要》纳入主题活动,打造新时代文明实践所(站),组织全镇志愿服务队和志愿者参与到各类志愿服务活动,营造争做时代新人的活动氛围。完善爱国主义教育基地建设,依托也克力村党史陈列馆与毗邻的莎吉木汗·莫明烈士墓这一爱国主义教育基地,打造新时代文明实践点,营造传承爱国精神。打造文化大院,进行广泛普及推广,恰其村、帕万拉村、苏盖提艾日克村、苏亚依迪村等多个村“文化大院”已打造完成,同时对其进行普及推广。组建镇、村两级宣讲队伍,百人宣讲队及草根宣讲员队伍,深入了解群众诉求,强化干部群众对各类重要指示精神的认识,将理论学习同实际问题相结合。开展文明村创建活动,恰其村、吾斯塘阿热力格村、吐热村、阿热阿依玛克村、拜什甫塔克村、托玛村、帕万拉村、苏盖提艾日克村、托万克托格拉吾斯塘村、夏库尔村、玉斯屯克兰干村、托万克兰干村、开克日布亚村、库吾尔尕村、苏亚依迪村、玉斯屯克帕万拉村等16个村被评为县级文明村。

【安全生产】 2021年,英艾日克镇有1名专职干部负责安全生产工作,对辖区安全生产工作进行检查,制定安全生产应急预案以及开展消防及地震演练等工作。下设辖区26个行政村,各村联络员由治保主任担任,负责安全生产具体事宜。安全生产工作成效显著,在年中年底考核中位列全县第3名。召开安全生产会议24次,其中召开安全生产专题会议11次,组织开展安全生产宣传55次,印发给各村村委会文件25份,印发给群众宣传资料4800余份,与所属村、单位签订《安全生产责任书》38份。

【普法工作】 2021年,英艾日克镇从事司法工作27人,其中司法所所长1人、专职司法干事26人,有村级法律宣传员16人。把普法工作列入全镇“三个文明”建设考核目标之中。全年共开展普法宣传292次,张贴普法宣传标语548张,制作宣传栏26个,举办法律培训班12期、专题知识讲座52期,全镇农牧民群众普法宣传覆盖率95%以上。

【民政优抚工作】 2021年,英艾日克镇有“五保户”对象为42人,其中镇敬老院集中供养的“五保户”为17人,分散供养的五保户为25人。分散供养五保户发放每人每月金额600元,共发放18万元;集中供养“五保户”发放每人每月金额900元,共发放18.4万元;80岁以上的老年人187人,其中80岁以上的168人,90岁以上的19人。为80岁以上老人发放标准每月每人50元,共发放10.08万元;90岁以上老人发放标准每月每人130元,共发放2.96万元;全镇有残疾人924人,为28名残疾人提供28个残疾人辅助器;享受“两项补贴”的343人，每月发放补贴为7.54万元，其中享受生活补贴的残疾人员人数为184人，每月发放补贴2.02万元。孤儿生活补助全年共发放金额4.78万元；全镇有低保户1045户，2173人，其中城市低保户21户29人，每月发放低保金额1.4万元；农村低保户1024户2144人，每月发放低保金额14.06万元。

【纪检工作】 2021年，英艾日克镇共受理案件线索44条，初核案件线索44件，组织处理12人。同时，查处案件32件，立案32件，其中党纪处分25人，政务处分7人。配合上级先后开展对作风不严、违反《英艾日克镇干部管理规定》各类问题通报20起，问责159人，诫勉谈话46人。

【实用技术培训】 2021年，英艾日克镇计划培训3964人，英艾日克镇已培训6102人次，其中参加基本素质培训2838人，农业使用技术培训3264人。通过培训，提高受训人员的农业生产技术。贫困户劳动力就业1344人，贫困劳动力就业率达65%以上。

塔木托格拉克镇

【概况】 塔木托格拉克镇成立于1984年，于2018年撤乡设镇。塔木托格拉克镇位于阿瓦提县县域西部，距离县城12千米，东邻阿瓦提县的巴格托格拉克乡、阿依巴格镇，南接三河镇，西与英艾日克镇毗邻，北邻拜什艾日克镇，辖20个行政村、70个村民小组。

【粮食生产】 2021年，塔木托格拉克镇推广机采棉种植和高效节水技术，全镇落实棉花“一主一辅”用种模式1.32万公顷（长绒棉3553公顷、陆地棉9660公顷），种植冬小麦3653公顷，其中小麦种田1400公顷。小麦实测每公顷产量7542.45千克，位列全县第一。其中每公顷产量6000～6749千克的小麦面积427.08公顷、每公顷产量6750～7485千克的小麦面积1237.5公顷、每公顷产量7500～8235千克的小麦面积1847.37公顷、每公顷产量8250～8985千克的小麦面积176公顷。

【林果业】 2021年，塔木托格拉克镇有林果面积3373公顷，其中核桃1626.67公顷（3093棵杂品种核桃完成嫁接）、红枣660公顷、香梨540.87公顷。春季，大田种植红葡萄377.4公顷、73.03万株；房前屋后种植红葡萄63.25公顷、24.7万株。全镇镇村两级干部召开8次现场技术培训会，提高干部群众红葡萄种植技术，保障红葡萄成活率；小麦35.53公顷、西（甜）瓜15.93公顷、陆地棉7公顷、辣椒3.33公顷。10公顷以上规模连片红葡萄5块，在日常管理、机械化操作方面起到示范作用，有利于节约成本。年内，全镇植树造林332.93公顷，其中春季植树造林166.87公顷、秋季植树造林498.2公顷。红枣密植园改造40公顷、核桃密植园改造66.67公顷。沤制绿肥15.42万立方米，完成林果套种油菜700公顷，为促进林果提质增效打好基础。严格落实林长制工作要求做好宣传引导、组织发动、补植增绿、管人护绿等工作。

【畜牧养殖】 2021年，塔木托格拉克镇实施生产母牛扩增计划和肉羊改良计划，加大牲畜品种改良力度，做好牛、羊、鸡、鸭、鹅等规模养殖并带动散户养殖，提升优质畜产品供给能力，培育农民增收新增长点。年内，牛存栏11462头，有能繁母牛7530头，羊存栏9.38万只，能繁母羊6.91万只，家禽存栏14.28万羽。种植甜高粱80公顷、苜蓿179.6公顷、甜菜38.67公顷，丰富饲草供给种类。新建胡杨林养鸡点4个，养鸡7300只，有效利用辖区闲置资源，促进群众增收。完成牛羊口蹄疫疫苗、羊的小反刍疫苗、家禽禽流感、新城疫疫苗、牛羊布病疫苗、羊痘疫苗、羊的三联四防疫苗接种,减少动物疫病的发生。

【旅游业】 2021年,塔木托格拉克镇以解决旅游基础设施"三难一不畅"(上厕所难、停车难、加油难,通信信号不畅)问题为抓手,为吐格贝希村刀郎源头村、英买里村刀郎沙漠游园等旅游基地新建旅游厕所3座、停车场3座,提高民宿居住条件,努力提高旅游服务质量。

【基层组织建设】 2021年,塔木托格拉克镇党委把加强政治理论学习作为党政班子自身建设的首要任务,组织召开党委理论学习中心组学习11次,研究党建学习议题37项。完成村"两委"换届工作。5月,成立以包村领导为组长的换届工作领导小组,做好村"两委"换届选举调查摸底工作,22个村严格按照规定程序,组织召开27次换届工作会议,并统筹推进共青团、妇联等村基层组织换届工作。年内,开展党史专题学习9次,党员领导干部带头讲党课75次,宣讲900余场次2.7万余人次,开展"我为群众办实事"300余件,做到学史明理、学史增信、学史崇德、学史力行。持续落实七项重点工作任务。各村认领65项工作任务,建设党建示范点,后盾单位进村指导并给予资金与技术支持。

【党风廉政建设】 2021年,塔木托格拉克镇党风廉政建设和反腐败斗争纵深推进,纪检监察体制改革不断完善,纪律监督、监察监督工作持续深化,监督执纪"四种形态"精准运用。全年立案21起,涉及21人,运用"第一种形态"处置165人次,"四风""四气"突出问题得到整治,中央八项规定精神及其实施细则严格落实。同时,建立健全党政班子成员廉政档案。

【扶贫工作】 2021年,塔木托格拉克镇严格落实"四个不摘"要求,过渡期内坚持摘帽不摘责任、防止松劲懈怠,摘帽不摘政策、防止急刹车,摘帽不摘帮扶、防止一撤了之,摘帽不摘监管、防止贫困反弹。切实做到"八个不变",保持领导力量不变、三级书记一起抓不变、党委主要责任不变、纪委监委监督责任不变、县乡班子专职力量稳定不变、村第一书记和驻村工作队帮扶机制不变、各级帮扶力量不变、结对帮扶关系不变。全面实施就业优先战略,加大对脱贫人口和监测对象职业技能培训力度,提升脱贫群众和边缘易致贫人口创业就业技能,力求让每一个有劳动能力、有就业条件、有培训意愿的脱贫户、监测对象人均掌握一技之长。为解决2020—2021年冬春季受灾困难群众的基本生活需求,全镇为需要救助的533户贫困户每户发放300元现金,共发放9.99万元;为500户贫困户每户发放米面油,共发放大米5吨、面粉5吨、食用油2500升。

【社会民生】 2021年,塔木托格拉克镇有学校18所、教职工276人,其中初中1所,小学5所(村级5所),幼儿园12所(镇级2所、村级10所,其中幼小合一3所)。有医疗卫生机构1个、医务人员50人(镇卫生院1个、村卫生室20所)。年内,全镇建设富民安居房72套。有集中收(供)养特困供养对象(农村"五保"老人)37人,城乡低保对象789户1394人,孤儿4人,残疾人403人,高龄补贴196人。全镇16~59周岁劳动力10293人(除学生外),其中按男性劳动力5356人,女性劳动力4937人;普通劳动力9114人,技能劳动力689人,半弱劳动力314人,丧失劳动力176人。转移就业7559人(外出务工4321人、辖区内务工3238人),发展产业2626人,富余劳动力108人。

【基础设施建设】 2021年,塔木托格拉克镇北环路、一团路全面通车,铁路贯穿5个行政村。塔木托格拉克镇镇域规划面积16.47公顷，街区东西长0.6千米(美食一条街至加油站)，南北宽0.6千米(集中供热站至镇农贸市场)，形成主干十字路口街区1个，有主要商业区3个(农贸市场、镇政府两边、加油站两边)。年内，全镇完成自来水管网改造和集中供热管网改造，镇政府和农商银行亮化工程实施完毕，架设太阳能路灯110盏，农贸市场和新时代文明实践广场建设完成并投入使用。年内，全镇有镇区道路4条，道路总长2.9千米。有环卫作业车辆1辆，日清运垃圾20吨。有小广场1个，景观带5条。镇内加油站1座，物业公司1家。累计建成农村公路40.5千米，其中村道8.76千米、村组道路31.34千米。

【安全生产】 2021年，塔木托格拉克镇人民政府与阿瓦提县县人民政府签订2021年安全生产目标管理责任书，与全镇21个村书记、主任分别签订《安全生产目标责任书》，明确工作目标，压实工作责任。元旦前后，开展元旦安全生产大检查，共检查42个点位，发现安全隐患210条，全部及时整改，防范安全事故发生。根据县安委会办公室《关于切实做好2021年春季大风天火灾防控及发布“禁火令”的通知》要求，在全镇开展春季大风天火灾防控工作。通过集中宣传、大喇叭宣传、入户宣传、发放“禁火令”等形式宣传消防安全知识、“禁火令”内容，提升广大群众安全意识，防范火灾事故发生。3月17日起，根据《阿瓦提县全国两会期间开展液化气专项整治行动工作方案》要求，组织开展液化气项整治行动，整顿和规范液化气经营市场的秩序，保证安全、规范运行。

阿依巴格镇

【概况】 阿依巴格镇位于阿瓦提县正南面，镇政府驻地离县城7千米。东邻乌鲁却勒镇，南接丰收二场，西北与塔木托格拉克镇相邻，北接阿瓦提县城。南北长25千米，东西宽12千米，总面积161.76平方千米，其中耕地面积6832公顷，草场6867公顷，主要种植小麦、大麦、燕麦、棉花等农作物。至年末，全镇牲畜存栏数11.46万头(只)，全镇农牧经济总收入达8876.8万元，农牧民纯收入7687万元。有商业、饮食、加工修理、服务业等企业454家。全镇辖18个行政村、70个村民小组。镇政府驻地玉斯屯克柯坪村。

【经济发展】 2021年，阿依巴格镇农村经济总收入75901.2万元，比上年增长4.3%，人均纯收入达20526元。年内，全镇种植棉花5931.56公顷，其中长绒棉2716.67公顷、陆地棉3214.89公顷，冬小麦播种面积2896.79公顷，玉米播种面积1531公顷，特色种植1732.61公顷，种植黑木耳拱棚50个，种植豇豆222.1公顷。平整土地1500公顷，维修温室大棚50座。林果业方面，完成2733.33公顷林果施肥、灌水、修剪、病虫害防治、采摘销售，完成沤制绿肥14.35万立方米。落实县、镇、村干部林果科技示范建设责任，示范园全部挂牌建档，果树修剪、病虫害防治等林果业管理关键性措施全面落实。推进农业产业化“十城百店”工程建设，完成农业“百十一”基地1066.7公顷，林果“百十一”基地有红枣133.3公顷、核桃533.4公顷、香梨199公顷。年内，全镇大畜存栏7560头，小畜存栏5.14万只，比上年分别增长7.1%、8.4%。推进农业产业化“十城百店”工程建设，完成畜牧“百十一”基地建设，产牛肉52吨、羊肉179吨。全镇农机摸排2158台，其中大型89台、中型1269台、小型800台。检修各类农机(具)2667台(架)，检验率达95%。全镇有企业及个体工商户584户，有民营企业1户(阿依巴格镇多浪红枣加工厂)，从业人员7人，个体工商户中营业额较大的有88户。

【新农村建设】 2021年,阿依巴格镇新修建富民安居房159套,新修清淤干渠51千米。年内,重点提升村庄整治和庭院改造4个行政村,对18个行政村开展村庄整治和庭院改造。拆除危旧房、旧厕、旧圈1876间。清理垃圾80余吨,清理村庄道路两旁林带98条,清理杂树1110余棵,绿化、美化公共用地170.24公顷。制定村规民约、环境卫生管理、垃圾处理、绿化、公路养护、巡查监管、村庄整治等各项规章制度。完成农户庭院小拱棚种植蔬菜、西(甜)瓜工作,扩大瓜菜种植面积。年内,开展6次大型镇村公路养护工作。人居环境整治方面,90%农户实现三区分离,改厕工作、污水治理全面推进,建成示范村1个。

【劳动力培训和就业】 2021年,阿依巴格镇农村富余劳动力就业1.01万人,其中稳定就业6454人、自主创业1450人、灵活就业1693人、财政供养人员552人。发展产业人数2920人,其中种植业753人、林果业142人、养殖业1594人、其他产业(自有大马力拖拉机、挖土机、铲车、出租车等)431人。未就业303人,其中孕产妇111人,照顾家庭116人,重病73人,参加培训3人。

【安居富民工程】 2021年,阿依巴格镇与18个村签订目标责任书。分配任务159户,竣工159户。一般户按照2.85万元的安居富民资金标准发放,共计发放453.15万元。将农村无害化卫生厕所建造与富民安居房建设相结合,同步实施改厕、改厨、改圈,完成农村改厕3581户。

【安全生产】 2021年,阿依巴格镇抽调8名工作人员成立镇安全生产监督管理站,经常开展安全生产监察,对全镇18个行政村、4家重点企业、各站所、13所学校进行安全隐患排查。各村利用每周升国旗宣讲、村民大会、村村通大喇叭等形式强化安全生产宣传,宣讲达4.1万人次,宣讲达130场次,增强农牧民群众安全生产意识。

【"科技之冬"活动】 2021年,阿依巴格镇举办各类技术培训班18期、现场会20场次,培训副科级以上干部65人次、村级防疫员102人、设施农业管理技术人员31名、林果业技术员28人、畜牧技术员21人、农民群众4.8万余人次。全年发放各类科技宣传资料2.7万余份,开展科技咨询服务900余人次。

【文教事业】 2021年,阿依巴格镇全镇广播覆盖率99%,电视覆盖率95%。适龄儿童入学率100%,贯彻执行中央关于农村义务教育阶段实行"两免一补"(免教科书、免杂费,补助困难学生生活费)政策,九年义务普及率达到100%,无青壮年文盲。镇党委、政府组织党员干部、村干部、"三老"人员等为贫困学生捐款14.72万元,并设立专门的助学基金,帮助更多贫困学生就学。

【医疗卫生】 2021年,阿依巴格镇农牧民参保人员13363人,其中由政府代缴9723人(低保户440人,特困人员2人,重度残疾人281人)。60岁以上享受待遇人员共2355人。年内,办理养老保险待遇162人,清理不符合领取养老保险待遇条件人员131人。60岁以上享受养老保险待遇人员生存认证总2224人,完成认证率100%。

【精神文明建设】 2021年,阿依巴格镇开展"学党史、悟思想、办实事、开新局"活动,参加县委、县政府举办的各类传统文化活动和文化馆举办的各类培训班。继续完善17个"农家书屋",各类书籍累计达5万余册。先后组织党史学习教育3次,举办专题读书班4次;开展"我为群众办实事"工作,镇党委共开会研究涉及就业、增收等方面"我为群众办实事"15件,各党组织、党员干部完成"我为群众办实事"700余件。20名党支部书记各自开展支部书记讲党课活动，开展革命传统教育、爱国主义教育等活动，使党员受到深刻教育；用好“学习强国”学习平台、“干部网络学院”等载体，组织党员在线学习；发放党史学习教育资料汇编1200余册，发放党史学习教育群众读本11000余本，组织党员购买党史学习教育四本必学书1000余套。

【社会保障】 2021年，阿依巴格镇按时足额发放低保户965户1529人、五保户9户9人的生活补助，为965户低保户（享受城镇低保户72户116人，农村低保户893户1413人）。全年发放城镇低保金716.18万元，为困难群众发放面粉26.72吨、大米16.12吨、清油7.82吨。为243户881名困难群众发放61.73万元的临时救助金，五保户发放五保金4.86万元。

【基层组织建设】 2021年，阿依巴格镇下辖21个党支部、18个行政村，阵地面积29116平方米，70个村民小组；村“两委”干部148人（女性48人），其中村党支部委员会成员71名，村民委员会成员119名，交叉任职41名，交叉比率27.7%，村“两委”正职26人，国家干部任党支部书记9人，一肩挑9人，“两委”副职31人，网格员302名，科技副职14名。村级后备干部84名，中共党员1124名（含预备党员170名），农村“三老”人员115名。阿依巴格镇开展党员先锋日、支部建设落实年、干部素质提升年等活动，全镇有2个村班子得到全面晋位升级。村级“两委”班子机制全面推行，村民自治、民主管理有效落实。抓好镇村财务制度建设，促进村及财务制度建设，村级财务工作继续推进。党员远程教育服务功能不断完善，村干部报酬、“三老”人员待遇分别提高至2.4万～3.6万元/年、1.2万元/年。

【党风廉政建设】 2021年，阿依巴格镇开展领导干部廉洁自律规范化管理工作，定期召开廉洁自律民主生活会，限期对暴露出的问题自查自纠，组织力量督促检查，发动群众监督举报，集中查处群众反映强烈的热点问题，定期向党内外人士通报情况。阿依巴格镇按照县纪检监察工作会议精神，严格落实《中国共产党廉洁自律准则》相关规定，细化廉政责任分解，加强廉政教育，改进工作作风，扎实开展行风评议工作，强化对公务接待、公车使用、“三公开”（党务、政务、村务公开）工作的管理。完善领导班子及成员重大事项报告、重大事项决策、领导干部廉洁自律、领导干部收入申报等各项规定，对领导干部干预和插手工程招投标、利用婚丧喜庆事宜聚敛财物、控制庆典活动等方面作出明确规定。

【纪检工作】 2021年，阿依巴格镇紧盯自治区党委有关重点工作部署，精准运用监督执纪“四种形态”，突出抓好乡村振兴、经济发展等重点工作监督。共办理案件25件，其中政治纪律1件、群众纪律4件、工作纪律2件、生活纪律7件、其他11件，给予党纪政务处分21人，组织处理党员干部127人次，下发通报2期。

三河镇

【概况】 三河镇位于阿克苏河、叶尔羌河、和田河下游冲积平原，东西宽22千米，南北长36千米，西与兵团第一师接壤，东隔叶尔羌河与乌鲁却勒镇相望，南与塔克拉玛干相邻，北接阿依巴格镇，距离县城30千米。全镇总面积1081平方千米，耕地面积2.90万公顷，下辖18个行政村、55个村民小组。全镇有6所学校，12个站所。三河镇是以种植业为主，畜牧养殖业为辅的农业乡镇，素有中国长绒棉之乡的美誉，年内，荣获第十一批全国“一村一品”示范村镇（棉花）称号。

【经济发展】 2021年,三河镇棉花种植面积2.66万公顷,其中陆地棉2.26万公顷、长绒棉3994公顷。棉花机采面积2.26万公顷,棉花机采率84.94%。冬小麦面积603公顷、玉米面积157公顷,蔬菜71.67公顷,中草药材面积47.4公顷。加工生产优质棉种600吨。全镇有林果面积913.4公顷,其中核桃86.57公顷、红枣406.2公顷、苹果39.07公顷、香梨191公顷、红提葡萄132.97公顷、枸杞37.6公顷、杏树2.06公顷、西梅17.93公顷。完成造林154.33公顷,其中,经济林133.33公顷,防护林21公顷。组建农机合作社21家,有大中型拖拉机216台、播种机械247台、喷药施肥机械33台,大型耕地机械62台、大型联合整地机28台,配备导航自动驾驶设备131台,农业废旧物回收机械45台、农业机械总动力1.55万千瓦,机械化率84%,按照"自助购机、定额补贴、县级结算、直补到卡(户)"的方式实施农机购置补贴资金133.15万元,补贴机具111台。年内,牲畜存栏3.9711万头(只),出栏0.45万头(只),其中牛存栏411头,无出栏;羊存栏2.93万只,出栏0.45万只;家禽存栏1.61万羽(不含鸽子),出栏0.36万羽。全镇有千头村2个。

【安全生产】 2021年,三河镇累计发放安全生产宣传单、宣传手册2000余份,覆盖群众1万余人。通过检查,发现2400余处安全隐患,全部及时完成整改,保障全镇全年安全生产。

【基础设施建设】 2021年,三河镇建成三级公路15千米;建设宏宇村、多浪阔太米斯村、琼库尔艾肯村四级公路7.8千米;建成大型机械临时停车场,停车位120余个;完成三河镇旅游厕所建设项目;完成镇区5400平方米市政广场建设;完成鲁丰社区阵地冬季供暖设施建设;完成琼库尔艾村3千米U形渠建设;完成团结新村知青情怀食堂小型馕产业示范点建设。修建农用户厕1036座,涉及奖金补贴2178万元,完成10处危房、10处不合格棚圈拆除工作,修补残垣断壁34处,合理设置垃圾分类收集容器,垃圾桶240个,垃圾车(船)80个,收集生活垃圾3600吨,处理率100%。年内,总投资0.52亿元,在拆迁区域建设三河镇塔河源商业街区一期,总面积1.1万平方米。年内,共实施农村道路建设、旅游厕所、安居富民工程、农牧民夜校及三河镇党校以及煤改电等项目12个,累计完成实物投资量3339万元。签约项目2个,签约额1.8亿元,到位资金2050万元。新建步行道1条、学生栈道1条、街头绿地4处、亮化工程4个。完成征迁36户,发放补偿金900余万元。

【精神文明建设】 2021年,三河镇开展志愿者服务活动188次,申报团结新村等14个行政村为县级文明村,成功申报三河镇叶尔羌河南岸生态为县级文化润疆示范基地。年内,全镇创建民族团结"好科室"65个、"好家庭"1872个、"好邻居"121个、"好巷道"41个、"好干部"37个,创建县级民族团结进步示范村12个、镇级民族团结进步示范村5个。

【宣讲活动】 2021年,三河镇开展各类主题集中宣讲4429场次,覆盖6.07万人次;开展微宣讲2.09万场次,覆盖7.39万人次。制作横幅、展板、海报500余条(块、张),发放第三次中央新疆工作座谈会、《简明新疆地方史》、党史学习教育等群众宣传材料1.2万余份,组织群众观看红色电影56场次。

【普法工作】 2021年,三河镇举办法治专题讲座6场次,培训班12期,群众覆盖面95%以上,制作发放《群众常用法律法规》宣传手册2500余份,开展法律法规宣传培训60余场次。成立三河镇"扫黄打非"工作站1个、工作点19个、"审读"专班1个，下达整改通知书15次，开展3次集中清理专项检查。

【医疗卫生】 2021年，三河镇共有医疗卫生机构10个，干部职工40人，其中乡镇卫生院1个、村卫生室9个。乡镇卫生院就医医保报销90%、患者自费10%；县医院就医医保报销85%、患者自费15%，个人承担医疗费用累计超过1.5万元的部分，大病医疗保险按照70%分段予以报销，对低保对象、监测对象大病医疗报销门槛由1.5万元降为0.75万元。

【社会民生】 2021年，三河镇有特困供养户8人，其中集中供养3人，分散供养5人。有城乡低保对象93户146人，其中城镇低保4户4人，每人每月补贴560元；农村低保89户142人，每人每月补贴383元。残疾人151人，其中多重残疾19人、精神残疾10人、视力残疾16人、听力残疾7人、言语残疾2人、肢体残疾87人、智力残疾8人。享受“两项补贴”残疾人78人，享受低保一、二级重度残疾人每人每月补贴220元，不享受低保一、二级重度残疾人和享受低保三、四级残疾人每人每月护理补贴110元。年内，为5名分散供养特困户发放供养金2.66万元，80岁以上老人享受高龄补贴59人，累计发放高龄补贴2.7万元；为140户群众发放临时救助金14.29万元，发放残疾人“两项补贴”10.18万元，为1076户发放面粉11吨、大米6.5吨、食用油3吨、煤119吨。年内，全镇城镇新增就业137人，新增创业11人，创业带动433人；开展各类培训1979人。年内，全镇有贫困“三类户”1户2人，为边缘易致贫户，根据其家中实际情况制定相对应的帮扶措施。

【党风廉政建设】 2021年，三河镇制定《三河镇党风廉政建设和反腐败斗争工作实施方案》，设立信访举报电话，受理信访举报线索5件，办结5件，组织处理9人。对辖区的酒店、饭馆、商店等进行突击检查3次，召开节前“廉政谈话”3次，通报违反中央八项规定精神和损害群众利益典型案例19起，下发通报12期，组织处理16人。对辖区18个村换届全程跟进监督，党委、纪委对4名村级换届选举过程中不重视、履职不到位的村干部、工作队员进行诫勉谈话处理，扣发2人绩效奖金。

【纪检工作】 2021年，三河镇共受理线索42条，立案审查调查14件，给予党纪政务处分5人，组织处理12人；党委、纪委运用第一种形态处置党员干部共103人。

多浪乡

【行政区划】 多浪乡位于阿瓦提县东南方向，距县城35千米，东与乌鲁却勒镇多浪村、兵团第一师十六团相邻，南与和田地区洛浦县相邻，西与乌鲁却勒镇托万克协海尔村、阿热买里村、克迪木阿依玛克村、拜什艾日克村相邻，北与阿瓦提县巴格托格拉克乡相邻。2021年，多浪乡辖区有行政村15个，下辖50个村民小组。

【气候特点】 多浪乡属温带大陆性气候。基本特点是干旱少雨，蒸发量大，寒暑变化剧烈，夏季炎热，冬季寒冷，春秋升温和降温迅速，气温年较差和日较差大，日照时间长，热量充足，年降水量稀少且在时间上分布不均，农业生产全依赖地表水灌溉。气候特点使上游水库成为夏日避暑度假旅游胜地。

【经济综述】 2021年，多浪乡农村经济总收入6.11亿元，比上年增长2.32%，其中农业收入28454.3万元，占总收入的46.57%；林业收入2401万元，占总收入的3.93%；牧业收入12782万元，占总收入的20.92%;工业、建筑和运输收入7704.7万元,占总收入的12.61%;商业饮食业、服务业和其他收入9751.6万元,占总收入的15.96%。农民人均纯收入9699元,增长8%;人均有粮389千克;存款27290万元,贷款17920万元。

【农业】 2021年,多浪乡辖区总面积620平方千米,耕地面积1.98万公顷,草场0.87万公顷、胡杨林3万公顷。其中涉及国有土地1.35万公顷;辖区内种植棉花面积1.71万公顷,占总耕地面积的86.36%;粮食种植面积0.16万公顷(白地0.14万公顷,占粮食种植面积的87.5%;林果业200公顷,占粮食种植面积的12.5%),占总耕地面积的8.08%;林果业面积0.11万公顷,占总耕地面积的5.56%。

【土地平整】 2021年,多浪乡土地平整任务1146.67公顷,占总平整计划的26.36%,其中2021年春季平整280公顷,占总面积的24.42%,已平整面积280公顷,占春季平整面积的100%。

【人居环境整治】 2021年,多浪乡总户数3406户,应整治户数3007户,已整治户数3007户。改厕任务3007座,完成2613座,完成率86.9%,394座厕所2021—2025年建成。达标率87%,验收率100%,村级自验率100%,乡级复验率50%。享受户厕奖补资金的行政村卫生户厕达到85%的村有15个。奖补资金支付15.678万元,支付率87%。

【牲畜存栏】 2021年年末,多浪乡牲畜存栏93160头(只、匹),比上年年末增长30.23%,其中牛存栏2021头,比上年年末增长55.6%;羊存栏91054只,比上年年末增长32.3%;马存栏数30匹;毛驴存栏2头;骆驼存栏53头。牲畜出栏6820头(只),其中牛出栏49头、羊出栏数6771只。家禽年存栏数83747羽,是上年年末的2.86倍,其中鸡存栏74707羽,比上年年末增长3.31倍;鸭存栏123羽;鹅存栏248羽;鸽子存栏8669羽,比上年年末增长1.37倍。家禽出栏数189270羽(只),其中鸡187410只、鸽子1860羽。

【养殖合作社】 2021年年末,多浪乡畜牧养殖专业合作社12个,正常运行合作社10座,僵尸合作社2个。其中养鸡合作社2个,鸡存栏数5.9万只;养兔合作社1个,兔子2635只;养牛羊合作社1个,其中牛49头,羊1195只;养羊合作社6个,总羊数2840只。规模化集中养殖基地2个,其中养牛基地1个,圈舍7座,圈舍总面积10150平方米、牛总存栏数50头,养羊基地1个,圈舍13座,圈舍总面积13000平方米,羊总存栏数1520只。10头以上养牛大户24户,50只以上养羊大户318户。6月开始,多浪乡开始成立多浪羊种羊场,种羊场生产培育基地在克孜勒墩村克仁达西拉畜牧养殖农民专业合作社。共拥有多浪公羊40只。已完成培育推广的多浪种公羊共有362只,在12个村推广多浪种公羊,在3个村建立多浪羊改良示范点。

【扶贫开发】 2021年,多浪乡持续巩固拓展脱贫攻坚成果同乡村振兴有效衔接,严格落实“三专一访”要求,压紧压实乡村两级主体责任,保持干部队伍稳定,做到机构不变、机制不变、人员不减、力度不减。对537户1739人建档立卡已脱贫人口继续强化帮扶,加大就业、发展产业力度,持续巩固好、拓展好脱贫成果。加强对28户97人脱贫“监测户”、73户263名“边缘户”的监测预警、动态帮扶,确保已脱贫人口一个不返贫、非贫困人口一个不致贫、共同富裕路上一个不掉队。强化“三类户”靶向帮扶。全面梳理26户90人“三类户”家中基本情况,坚持“缺什么、补什么”

原则，通过转移就业、发展产业、政策扶持等帮扶措施，提高群众收入，持续巩固成果。继续深化引导教育，理清群众发展思路。结合各项活动，通过入户帮扶持续开展“理清两笔账、感恩共产党”专项活动，常态化开展滴管式感恩教育，使群众能够清楚“惠从何来、恩向谁报”。

【财政金融保险】 2021年，多浪乡财政收入85083.41万元，支出5301.04万元，人均净收入3.73万元。年末信用社金融存款27290万元，贷款17911万元，农贷面达24.37%。向金融机构推荐申办精准扶贫小额贷款177户共858.5万元。扶持发展蔬菜、馕等特色种植业和牛羊养殖业。

【基础设施建设】 2021年，多浪乡对2013年以来扶贫项目涉及48个，投入资金1210.64万元，其中入户项目42个，涉及资金800.14万元，主要包括畜牧养殖（牛）、畜牧养殖（羊）、棚圈、缝纫机、畜牧养殖（毛驴）、小拱棚、林果业提质增效、鸽子、肉鸡、饲料加工机、菜苗、农业特色种植、自来水入户、电力入户等；基建类项目3个，涉及资金222.5万元，主要包括管网改造、铺设村组道路；资产经营类项目5个，涉及资金181.54万元，主要包括农贸小市场、扶贫创业市场、林果合作社配套设施。通过回头看、仔细查，确保扶贫资产管得住、不闲置，发挥积极效益。抓好2021年项目建设。全乡项目库备案项目3个，涉及资金4221万元，为村组道路和防渗渠及配套设施，黄宫村村组道路已完工验收，有效地加强村级基础设施建设。继续充实2022年项目库。结合乡情，梳理充实2022年巩固拓展脱贫攻坚成果和乡村振兴项目库项目，共包含产业增收和基础设施建设两大类7个子项目，总投资18931万元。

【信息化建设】 2021年，多浪乡加强“村村通”以及“户户通”工程的维护和管理，全年共检修“村村通”设备12台次，更换“户户通”设备1台次，确保广播电视信息畅通。

【乡村建设】 2021年，多浪乡以全面提升人居环境、打造幸福多浪为目标，加强乡村环境卫生“脏、乱、差”综合治理，完善农村环卫基础设施，提高农村生活垃圾和污水无害化处理水平。开展“扶贫双提升”活动，全面解决15个村委会50个小组10万平方米的村内道路硬化和50个小组67个垃圾收集点，受益群众8387户35225人。使用人居环境到户项目资金，推进村内的改厕、改厨、改院、改圈、附属工程项目，共规划实施7024户人居环境到户项目。开展专项整治，推进“百元工程”。坚持全员参与、全域覆盖，每月定期开展环境卫生大整治，打造旧莫绿色亮丽新形象。将农村环境卫生工作列入村规民约，提高群众参与环境卫生整治的积极性。按照每年户均100元标准筹集环境卫生保洁费，聘请档卡户作为保洁员定期对村内主道路进行清理。农户人居环境实行“三包”（包各类家用东西摆放整齐、包房前屋后卫生干净、包垃圾分类堆放）。整合公益林资金，做好村庄人居环境提升工作。推进河长制工作。开展28次河长清河行动，完成乡级河长巡河97次、村级常态化巡河110次。

【教育科技】 2021年，多浪乡通过义务教育均衡发展的实施，全乡各类学校办学条件得到进一步改善，13所中小学校有5所达到评估认定标准。深化教育信息化2.0改革，提高教育现代化水平。全年义务教育阶段建档立卡贫困学生1230人，享受学习生活用具补助20.35万元，享受保险补助19.66万元，享受交通补助58.52万元；146名中高职学生每生每年享受3000元雨露计划资金。

【文化卫生体育】 2021年，多浪乡累计就诊30489人次，村卫生室就诊79176人次，其中门诊服务量28846人次。开展全民健康免费体检，完成率102.9%。高血压规范化管理率达到99%，糖尿病规范化管理率达到99%，精神残疾患者管理率达到100%。全乡发放直传资料1600份，举办健康教育讲座3次，产妇49人，活产数49人，建卡人数49人，建卡率100%，早孕建卡人数49人，早孕建卡率100%，住院分娩率100%。持续加强传染病和突发共卫生事件的管理，继续加强传染病防治，完善突发公共卫生事件的应急预案，做到人人知，事事落实。并对在辖区内的关注人群开展家庭医生签约服务，其中关注人群签约和履约率100%，一般人群签约率85%。艾滋病患者提供"四免一关"怀政策，传染病的总发病率控制在1‰以下，做好HIV、梅毒检测工作，检测率达100%，孕产妇监测率达100%。公共文化事业蓬勃发展。开展文化惠民宣传，实施社会主义核心价值观24字，申创县级文明村12个、县级文明乡镇1个。以文化墙、文化海报宣传方式，强化国家层面和社会层面的价值观宣传教育。开展关于扶贫领域政策演出活动5场次。开展农家书屋管理员培训工作。在节日期间开展丰富多样的文体活动。

【人民生活】 2021年，多浪乡践行"民政为民、民政爱民"的民政新理念，各项民政工作取得较快发展。城乡低保按照标准，每月按时发放，上年全乡城乡低保户共有516户1013人。开展低保政策享受人员大清查工作，对于结婚外嫁、人均收入超过低保标准人员、死亡人员、低保经办人员和村委会成员近亲属不符合条件享受低保的人员，采取虚报，瞒报家庭收入，伪造证明材料骗取低保人员，经各村村委会研判，进行及时清理，共清理城市及农村享受低保对象30户49人，新增城市及农村享受低保对象19户30人，全年共发放资金339.9万元。落实孤儿补贴政策，保障孤儿合法权益，每月进行实地走访看望孤儿，对3名孤儿（分散供养）的生活情况进行查看慰问，分散孤儿补贴标准为960元/月，全年共发放资金3.45万元。全乡范围有"五保户"5名，2名集中供养，在阿瓦提县敬老院，3名分散供养户，按月发放每月500元生活费，全年共为"五保户"发放资金1.8万元。继续加大社会救助力度，发挥临时救助力度，发挥临时救助托底线，救急难作用，有效缓解城乡困难群众突发性、紧迫性、临时性生活困难，全年共救助困难群众1391户4036人，发放1263袋1.26万千克面粉、817桶4085千克清油、833袋8330千克大米、临时救助资金10.2万元，保障群众生活，让需要救助群体对党的惠民政策有了解并受益。高龄津贴享受人员122名，其中80岁以上人员108名，90岁以上人员14名，经过实地走访入户及慰问，及时解决其生活上存在的问题，并将生活费补发，80～89岁人员每月发放50元生活费，90～99岁人员每月发放130元生活费，解决生活上存在困难。全年共发资金7万元。全面落实残疾人"两项补贴"制度，将符合政策的残疾人纳入残疾人"两项补贴"范围，全年共发资金35.13万元。为适应社会老龄化进程，解决农村留守，独居等空巢老人的养老问题，乡党委把农村幸福大院建设作为一项重要工作来抓，全乡农村幸福大院有意愿入住人员16人，做好思想教育，谈心谈话工作。

巴格托格拉克乡

【概况】 2021年，巴格托格拉克乡位于阿瓦提县东部，东与第一师阿拉尔市七团相连、南与乌鲁却勒镇和阿瓦提镇相接、西与塔木托格拉克镇相邻、北与拜什艾日克镇接壤，距离县城5.2公里，巴格托格拉克乡总面积161.24平方千米（耕地面积7960公顷），辖1个社区、12个行政村、47个村民小组，是一个以种植业为主、畜牧养殖业为辅的农业乡镇。

【粮食生产】 2021年，巴格托格拉克乡棉花总面积5733.44公顷，单产1805.55千克/公顷，总产10352.01吨，其中，陆地棉2876.60公顷，单产2288.1千克/公顷，总产6582.02吨；长绒棉2856.84公顷，单产1319.55千克/公顷，总产3769.99吨。小麦总面积1132.12公顷，单产6955.5千克/公顷，总产7875吨；玉米总面积715.58公顷，单产6850.5千克/公顷，总产4902.51吨，其中，播种玉米47.2公顷，单产11022千克/公顷，总产520.38吨。

【林果业】 2021年，巴格托格拉克乡林果面积2621.57公顷，其中核桃1154.33公顷，单产2700千克/公顷；红枣502.13公顷，单产7800千克/公顷；香梨301.13公顷，单产30000千克/公顷；苹果384.47公顷，单产45000千克/公顷；桃树162.8公顷，单产450千克/公顷；葡萄54.86公顷；杏树27.45公顷；西梅17.67公顷；其他16.73公顷。

【设施农业】 2021年，巴格托格拉克乡墩买里村共50个黑木耳基地拱棚，引进10万棒黑木耳菌棒，其中扶贫项目资金补助2.2元/棒，农户承担0.5元/棒，共计5万元。生产木耳总量共计4000千克。黑木耳基地占地1.67公顷，每个拱棚300平方米。

【畜牧养殖业】 2021年，巴格托格拉克乡共有养殖示范村1个，养殖示范户100户，牲畜存栏共计32030头（只），出栏10049头（只）。家禽存栏146370只（羽）（其中，鸡115079只，比上年增加74079只；鸽子30298羽，比上年增加16298只；其他家禽993只）。

【乡村振兴】 2021年，巴格托格拉克乡落实"双组长制"，做到乡级不少于10人、村级不少于5人的标准，及时挂牌成立乡村振兴办、站，配备各级力量71人。2022年，振兴领导小组专题学习4次，专题会议13次。科学制定《巴格托格拉克乡巩固拓展脱贫攻坚成果同乡村振兴有效衔接实施方案》《巴格托格拉克乡关于巩固拓展脱贫攻坚成果分类全面推进乡村振兴的实施方案》等系列文件，形成乡有工作计划、方案，村有任务清单。明确12名乡级领导联系12个村，共开展调研指导29场次。巴格托格拉克乡脱贫户2021年外出务工446人，2022年外出务工480人，较上年增加34人，监测对象2021年外出务工62人，2022年外出务工84人，较上年增加22人。历年来享受"雨露计划"资助建档立卡贫困家庭学生121人次，发放补助资金36.3万元，新成长劳动力14人，为脱贫户、监测对象增加收入提供动力。中小学适龄儿童净入学率达100%。脱贫人口、监测对象参保率均达100%，乡村卫生院（室）标准化率达到100%，常见病、慢性病在乡村两级医疗机构获得及时诊治。实施项目3个，分别为污水管网项目、黑木耳菌棒、驴产业附属设备项目，涉及资金268万元。

【医疗卫生】 2021年，巴格托格拉克乡卫生院位于阿瓦提县东北5千米，所辖1个社区、12个村，辖区内规范化村卫生室14个，共有14名乡村医生。卫生院共有职工39人，其中医生7人，护士7人，门诊8人，公共卫生人员7人，其他10人。常住居民健康档案累计建档率达100%。为辖区居民和学生提供健康教育讲座14次，下乡开展公众健康咨询活动12次，发放宣传资料1800余份，发放宣传物品300余件，乡、村两级均设置健康教育宣传栏并定期更新内容，卫生院设置健康教育专栏2块，版面更新8次，12所村卫生室设置健康教育专栏12块，版面更新34次，每月及时对至少50名群众开展个体化健康教育问卷调查。为辖区内65岁以上949名老年人建立健康档案，进行比较全面的免费健康检查，规范管理928人，规范管理率达97.8%,中医健康管理949人,管理率达100%。已登记管理高血压患者1221人,规范化管理1012人,管理率达83%;登记管理糖尿病患者350人,规范化管理280人,管理率达80%。对辖区14个村卫生室、1个卫生院、2所小学、6所幼儿园、2个理发店进行卫生监督检查,全年巡察登记66次,未发现非法行为。

【基层组织建设】 2021年,巴格托格拉克乡有党委1个、党支部15个,有党员665名、机关事业单位党员63名、农牧民党员584人。巴格托格拉克乡递交入党申请书80人,确定入党积极分子57人,接收预备党员18人。选派9名国家干部担任村党支部书记,4名村党支部书记"一肩挑",深入实施"五强五培"育雁行动。吸收20名优秀骨干力量进入党员队伍,深入组织开展"三学三亮三比"争当先锋行动,教育引导党员发挥先锋模范作用。督促指导各村规范运行一支部三中心,指导各党支部争创"五个好"标准化规范化党支部,常态化落实好"5+X"党日活动、"三会一课"、"党旗映天山"主题活动制度,强化政治理论学习。

【安全生产】 2021年,巴格托格拉克乡召开安全生产专题部署会4次、安全生产分析研判会12次、周例会40余次。设置道路指示牌59块、路口警示柱66根、限高杆46处、减速带54条、学生安全通道11千米,设立交通劝导站13处,累计配合县交管、农机部门执法检查52次,重点对辖区群众骑电动车、摩托车不按规定佩戴头盔、农用车人货同载、三轮车违规载人、农机未审验、无牌无照无证上路、未贴反光膜等违法违规现象开展检查及劝导,全年累计劝导群众3125人次,查处各类违法违规车辆256辆,违规人员174人,大大降低道路交通事故的发生率和伤亡率。全年共出动检查人员112人次,排查整治隐患235处。年底,辖区群众家庭灭火器已安装2791户,覆盖率达到100%;一氧化碳报警器已安装2467个,做不漏一个;安装独立式烟感报警器12个。乡级层面组建抗震救灾、消防救援、抗洪抢险等救援队伍5支,编组人员79人,各类救援机械和车辆78辆(台)。开展地震桌面推演和实战演练2次、火灾逃生和消防救援演练13次,参与防洪抢险1次,在演练和实战中锤炼应急救援队伍指挥和救援能力。全年累计开展宣传845场次,发放宣传手册8500份,受教育群众13200人次,大幅提升辖区群众的安全生产和防灾减灾意识。

【社会保障】 2021年,巴格托格拉克乡城乡居民养老保险应交总人数7885人,居民参加养老保险完成率达到99%。城乡居民医疗保险总人数13795人,应交人数12861人,完成率达到100%。城乡居民基本养老待遇享受人员949人,养老待遇资格认证949人,完成率达到100%,保障居民及时享受养老金。巴格托格拉克乡电子医保卡激活总人数7768人,完成率达到88.23%(列全县第二名)。

【劳动就业】 2021年,巴格托格拉克乡共摸排梳理劳动力总数6808人,已就业6635人,计划就近就地就业(管地)1028人。"4050"劳动力就业总人数1769人,已就业1498人,计划就近就地就业(管地)271人。巴格托格拉克乡贫困户、边缘户劳动力578人,因病、因残无法就业15人,稳定就业553人,灵活就业10人。

【民政抚优】 2021年,巴格托格拉克乡低保户有280户437人,其中农村低保户266户476人,城市低保户14户21人,发放低保金2462850元。新申请低保户1户1人。因增、收、迁户口、死亡原因取消低保7户13人。已完成特困人员集中供养需求调查及特困人员重度残疾人和精神残疾人统计工作。巴格托格拉克乡共有"五保户"5

名，分散供养户5名。"五保"供养资金按照分散供养690元每人每月标准发放，共发放资金6.41万元。2022年巴格托格拉克乡共享受临时救助资金户33户109人，发放临时救助金额达14.6万元。年内新增高龄老人0人，共有高龄老人123人，其中80～89岁老人100人，年发放高龄补贴10.07万元；90～99岁老人22人，年发放高龄补贴3.28万元；100岁以上老人1人，年发放资金2400元。全年共发放补贴资金311.94万余元。巴格托格拉克乡有残疾人432人，其中一级残疾59人、二级残疾142人、三级残疾156人、四级残疾75人，享受"两项补贴"困难残疾人254人，发放补贴资金19.27万余元。有孤儿7名，在阿瓦提县福利院集中供养，孤儿补贴按2400元/季度发放1次。孤寡老人13名，干部经常入户了解孤寡老人与孤儿的生活情况，帮助解决生活困难。对生活困难群众进行慰问，共慰问1191户3802人，慰问物品有16.12吨面粉、11.12吨大米、6.7吨食用油。

【群众文体宣讲活动】 2021年，巴格托格拉克乡利用"村村通"播放等形式，宣讲习近平总书记系列讲话和系列指示批示精神、中共二十大精神、中共十九届五中全会精神、中共十九届六中全会精神、疫情防控常识等760场次，参加人员2.3万余人次；主动发声亮剑600余人次，参与群众达9000余人；共开展文体活动96场，参与人员3000余人次。结合当前脱贫攻坚、民族团结等工作，认真撰写稿件，主动向各级媒体投稿，巴格托格拉克乡向阿瓦提通讯员平台和"Hi苹果红了"App投稿106条。创建微信视频号，通过对宣讲、文体活动等进行拍摄剪辑，并发布在视频号，截至2021年底，共发布58条视频，观看达17万人次。

【新时代文明实践站所建设】 2021年，巴格托格拉克乡建设新时代文明实践所和新时代文明实践站，组建新时代文明实践志愿服务队，坚持长期有效地开展志愿者服务活动，广泛动员广大干部群众参与到志愿者队伍中来，为服务社会、建设和谐社会奉献。全年共开展志愿服务活动624场次，参与党员、群众1.2万人次。

【精神文明建设】 2021年，巴格托格拉克乡申报创建县级文明村6个（墩买里村、玉斯屯克墩买里村、夏喀勒村、草场村、达克勒村、托格拉克买力村）。建设新时代文明实践所和新时代文明实践站，组建新时代文明实践志愿服务队，坚持长期有效地开展志愿者服务活动，共开展志愿服务活动624场，参与党员、群众12480人次。

【普法工作】 2021年，巴格托格拉克乡党委班子集体学法15次，巴格托格拉克乡15名领导干部、60余名机关干部参加学法用法培训。在巴格托格拉克乡12个村建设、打造完成公共法律服务室12个，矛盾纠纷调解室12个。打造有较强调节能力的党支部书记杨喜山名字命名的"老杨调解室"1个。巴格托格拉克乡培养法律明白人49人，学法用法示范户8家。在巴格托格拉克乡12个村设立专职律师担任的公共法律顾问点位，做到专业法律咨询途径全覆盖。全乡乡村两级人民调解委员会调解案件417件，调解成功率达100%。利用"12·4"国家宪法日等机会，在巴格托格拉克乡范围内开展法律宣讲和宣传10余次，受益5000余人。

【党风廉政建设】 2021年，巴格托格拉克乡召开纪检工作会议研究部署党风廉政建设和反腐败工作，按照"一岗双责"的要求，制定下发《巴格托格拉克乡2022年党风廉政和反腐败工作思路及打算》，围绕乡党委中心工作，狠抓党风廉政建设和反腐败斗争工作。加强政治建设,深入学习中国共产党第十九届中央纪律检查委员会报告,开展政治理论学习共计35次,开展业务知识学习20次;开展基层党员干部违规收受服务管理对象礼品礼金等问题专项整治工作,组织巴格托格拉克乡机关党员干部、各村党员干部和其他公职人员开展自查共计137人次。保持严查高压态势,坚持从严管理党员干部,对发现违纪的严肃查处,立案审查调查17件,给予处分17人。

【制度建设】 2022年,巴格托格拉克乡运用监督执纪"第一种形态",对问题较小、情节轻微的及时进行提醒教育。开展群众工作督导、问题线索查找等各类监督检查23次,下发监督检查通报3次,对履职不尽责等行为的干部,运用第一种形态进行组织处理共计98人次。督促乡党委进一步规范村务监督委员会工作职责、议事职责、监督方式,建立小微权力监督清单100条,积极推动规范化运行,提升村务监督能力,村级配强纪检委员12名、村务监督委员会委员36名和监察信息员47名,狠抓村级"三务"公开,确保村级权力在阳光下运行。

先进集体·先进个人

先进集体

2021年阿瓦提县获表彰先进集体(省部级)一览表

表5

获表彰集体	表彰时间	荣誉称号	表彰单位
阿瓦提镇努尔巴格社区	2021年1月	自治区“维稳双联户”先进集体	新疆维吾尔自治区平安建设领导小组
阿瓦提县财政局	2021年4月	阿瓦提县财政局驻塔木托格拉克镇阿克亚村“访惠聚”工作队新疆维吾尔自治区脱贫攻坚先进集体	自治区党委、自治区人民政府
阿瓦提县财政局	2021年4月	新疆维吾尔自治区脱贫攻坚先进集体	自治区党委、自治区人民政府
中共拜什艾日克镇喀什贝希村支部委员会	2021年4月	新疆维吾尔自治区先进基层党组织	自治区党委
中共巴格托格拉克乡墩买里村支部委员会	2021年4月	新疆维吾尔自治区先进基层党组织	自治区党委
阿瓦提县纪委监委	2021年8月	节约型机关	国家机关事务管理局、中共中央直属机关事务管理局、中华人民共和国国家发展和改革委员会、中华人民共和国财政部
中共阿瓦提县委办公室	2021年8月	节约型机关	国家机关事务管理局、中共中央直属机关事务管理局、中华人民共和国国家发展和改革委员会、中华人民共和国财政部
阿瓦提县林业和草原局	2021年8月	节约型机关	国家机关事务管理局、中共中央直属机关事务管理局、中华人民共和国国家发展和改革委员会、中华人民共和国财政部
塔木托格拉克镇司法所	2021年10月	全国模范司法所	司法部
阿瓦提县实验小学	2021年10月	2021年自治区中小学德育示范校	自治区党委教育工委

2021年阿瓦提县获表彰先进集体(地厅级)一览表

表6

获表彰集体	表彰时间	荣誉称号	表彰单位
阿瓦提县人工影响天气办公室	2021年3月	2020年度全疆人影系统先进单位	自治区人工影响天气领导小组办公室
阿瓦提县公安局综合技术侦察大队党支部	2021年7月	先进基层党组织	中共阿克苏地区委员会
第三中学党支部	2021年7月	先进基层党组织	中共阿克苏地区委员会
中共阿瓦提镇阳光社区支部委员会	2021年7月	先进基层党组织	中共阿克苏地区委员会
中共拜什艾日克镇仓村支部委员会	2021年7月	先进基层党组织	中共阿克苏地区委员会
中共巴格托格拉克乡机关支部委员会	2021年7月	先进基层党组织	中共阿克苏地区委员会
阿瓦提县公安局乌鲁却勒派出所	2021年7月	全疆优秀基层单位	自治区公安厅
阿瓦提县第二中学	2021年9月	地区教育工作先进集体	中共阿克苏地委、阿克苏地区行署
阿瓦提县乌鲁却勒镇龙子心小学	2021年9月	地区教育工作先进集体	中共阿克苏地委、阿克苏地区行署
阿瓦提镇萨依巴格社区	2021年12月	地区民族团结示范社区	阿克苏地区民族团结进步创建活动领导小组

2021年阿瓦提县获表彰先进集体(县级)一览表

表7

获表彰集体	表彰时间	荣誉称号	表彰单位
阿瓦提县公安局拜什艾日克派出所	2021年1月	集体三等功	阿克苏地区公安局
阿瓦提县公安局城镇派出所	2021年1月	集体三等功	阿克苏地区公安局
阿瓦提县公安局国内安全保卫大队	2021年1月	集体三等功	阿克苏地区公安局
阿瓦提县公安局警令部	2021年1月	集体三等功	阿克苏地区公安局
阿瓦提县公安局乌鲁却勒派出所	2021年1月	集体三等功	阿克苏地区公安局
阿瓦提县公安局刑事侦查大队	2021年1月	集体三等功	阿克苏地区公安局

续表7

获表彰集体	表彰时间	荣誉称号	表彰单位
阿瓦提县公安局英艾日克派出所	2021年1月	集体三等功	阿克苏地区公安局
阿瓦提县公安局治安管理大队	2021年1月	集体三等功	阿克苏地区公安局
阿瓦提县公安局综合技术侦察大队	2021年1月	集体三等功	阿克苏地区公安局
阿瓦提县拘留所	2021年1月	集体三等功	阿克苏地区公安局
阿瓦提县人民检察院	2021年2月	集体嘉奖	地区检察分院
阿瓦提县人民检察院	2021年3月	地区巾帼先进文明岗(阿瓦提县人民检察院诉心工作室)	地区妇联
阿瓦提镇多浪社区	2021年7月	县级“先进基层党组织”	中共阿瓦提县委员会
第三小学党支部	2021年7月	县级“先进基层党组织”	中共阿瓦提县委员会
拜什艾日克镇中学党支部	2021年7月	县级“先进基层党组织”	中共阿瓦提县委员会
教育和科学技术局机关党支部	2021年7月	县级“先进基层党组织”	中共阿瓦提县委员会
第七幼儿园联合党支部	2021年7月	县级“先进基层党组织”	中共阿瓦提县委员会
英艾日克镇阔什库都克村小学联合党支部	2021年7月	县级“先进基层党组织”	中共阿瓦提县委员会
中共拜什艾日克镇人民政府机关支部委员会	2021年7月	县级“先进基层党组织”	中共阿瓦提县委员会
中共拜什艾日克镇玉斯屯克墩克什拉克村支部委员会	2021年7月	县级“先进基层党组织”	中共阿瓦提县委员会
中共巴格托格拉克乡托万克巴格托格拉克村支部委员会	2021年7月	县级“先进基层党组织”	中共阿瓦提县委员会
中共巴格托格拉克乡卡尔库杰克村支部委员会	2021年7月	县级“先进基层党组织”	中共阿瓦提县委员会
阿瓦提县公安局国内安全保卫大队	2021年8月	集体三等功	阿克苏地区公安局
阿瓦提县公安局治安管理大队	2021年8月	集体三等功	阿克苏地区公安局
阿瓦提县公安局交通管理大队	2021年8月	集体三等功	阿克苏地区公安局

续表7

获表彰集体	表彰时间	荣誉称号	表彰单位
阿瓦提县公安局阿依巴格派出所	2021年8月	集体三等功	阿克苏地区公安局
阿瓦提镇河滨社区团支部	2021年12月	2019—2020年度“地区五四红旗团(总)支部”	共青团阿克苏地区委员会
阿瓦提县自然资源局	2021年	2021年度地区自然资源系统绩效考核先进单位	阿克苏地区自然资源局
阿瓦提县自然资源局	2021年	先进基层党组织	中共阿瓦提县委员会

先进个人

2021年阿瓦提县获表彰先进个人(省部级)一览表

表8

姓名	性别	族别	单位	荣誉称号	奖励时间	授奖单位
丁杰	男	汉族	拜什艾日克镇人民政府	自治区脱贫攻坚先进个人	2021年4月	自治区党委、人民政府
莫合塔尔·亚森	男	维吾尔族	阿瓦提县英艾日克镇	自治区优秀党务工作者	2021年7月	自治区党委
曾雄	男	汉族	阿瓦提县农业技术推广站	中国锌肥研究与推广杰出贡献奖三等奖	2021年7月	中国植物营养与肥料学会
宋彦武	男	汉族	第四小学	数字化实验教学工作创新案例三等奖	2021年10月	中国教育装备行业协会城市教育装备工作委员会
艾再姆·沙比尔	男	维吾尔族	乌鲁却勒镇中学	中小学实验教学工作创新案例三等奖	2021年10月	中国教育装备行业协会城市教育装备工作委员会
臧书武	男	汉族	拜什艾日克镇昆其宋村	第七届自治区敬业奉献模范	2021年12月	新疆维吾尔自治区精神文明建设指导委员会

2021年阿瓦提县获表彰先进个人(地厅级)一览表

表9

姓名	性别	族别	单位	荣誉称号	奖励时间	授奖单位
阿依加马力·阿不都	男	维吾尔族	阿瓦提县阿瓦提镇人民政府	自治区第七次全国人口普查先进个人	2021年1月	自治区第七次全国人口普查领导小组办公室

续表9

姓名	性别	族别	单位	荣誉称号	奖励时间	授奖单位
吐鲁洪·艾尔肯	男	维吾尔族	阿瓦提县公安局	个人一等功	2021年2月	自治区公安厅
曾雄	男	汉族	阿瓦提县农业技术推广站	自治区天山英才计划第三期培养人选	2021年3月	自治区人力资源和社会保障厅
王吉祥	男	汉族	阿瓦提县人工影响天气办公室	2021年度全疆人影系统先进个人	2021年3月	新疆维吾尔族自治区人工影响天气工作领导小组
董作振	男	汉族	阿瓦提县公安局	阿克苏地区优秀共产党员	2021年6月	中共阿克苏地区委员会
日沙来提·达吾提	男	维吾尔族	阿瓦提镇文明社区	在自治区农村（社区）党员党史知识竞赛活动中获集体优秀奖	2021年6月	中共新疆维吾尔族自治区委员会组织部
阿孜古丽·吐尼亚孜	女	维吾尔族	阿瓦提镇文明社区	在自治区农村（社区）党员党史知识竞赛活动中获集体优秀奖	2021年6月	中共新疆维吾尔族自治区委员会组织部
周建林	男	汉族	阿瓦提县公安局	全疆优秀人民警察	2021年7月	自治区公安厅
麦麦提·热依木	男	维吾尔族	阿瓦提县公安局	全疆优秀人民警察	2021年7月	自治区公安厅
玉苏甫·毛拉买买提	男	维吾尔族	拜什艾日克镇库木奥依拉村	地区优秀共产党员	2021年7月	中共阿克苏地区委员会
黄宏志	男	汉族	阿瓦提镇锦绣社区	地区优秀共产党员	2021年7月	中共阿克苏地区委员会
吾斯曼·艾合买提	男	维吾尔族	阿瓦提县巴格托格拉克乡卡尔库杰克村	地区优秀共产党员	2021年7月	中共阿克苏地区委员会
玉苏甫·斯拉木	男	维吾尔族	拜什艾日克镇玉斯屯克墩克什拉克村	地区优秀党务工作者	2021年7月	中共阿克苏地区委员会
殷振亚	男	汉族	阿瓦提县教科局	优秀教育工作者	2021年9月	中共阿克苏地委、阿克苏地区行署
许世强	男	汉族	鲁迅小学	优秀教育工作者	2021年9月	中共阿克苏地委、阿克苏地区行署

续表9

姓名	性别	族别	单位	荣誉称号	奖励时间	授奖单位
段克旭	男	汉族	英艾日克镇第二中心小学	优秀教育工作者	2021年9月	中共阿克苏地委、阿克苏地区行署
马荣	女	汉族	阿瓦提县教科局	优秀教师	2021年9月	中共阿克苏地委、阿克苏地区行署
王茜	女	汉族	实验小学	优秀教师	2021年9月	中共阿克苏地委、阿克苏地区行署
马慧	女	汉族	阿克切克力中心小学	优秀教师	2021年9月	中共阿克苏地委、阿克苏地区行署
张旭	男	汉族	多浪乡中学	优秀教师	2021年9月	中共阿克苏地委、阿克苏地区行署
古丽麦热木·吐尔洪	女	维吾尔族	阿依巴格镇中心小学	优秀教师	2021年9月	中共阿克苏地委、阿克苏地区行署
刘旭强	男	汉族	拜什艾日克镇中学	优秀教师	2021年9月	中共阿克苏地委、阿克苏地区行署
陆蓉	女	汉族	塔木托格拉克镇中心幼儿园	优秀教师	2021年9月	中共阿克苏地委、阿克苏地区行署
依萨合江·达依木	男	维吾尔族	第四中学	优秀教师	2021年9月	中共阿克苏地委、阿克苏地区行署
库尔班·萨伍提	男	维吾尔族	职业技术学校	优秀教师	2021年9月	中共阿克苏地委、阿克苏地区行署

2021年阿瓦提县获表彰先进个人(县级)一览表

表10

姓名	性别	族别	单位	荣誉称号	奖励时间	授奖单位
艾克拜尔·吐尔迪	男	维吾尔族	阿瓦提县公安局	个人三等功	2021年1月	阿克苏地区公安局
艾尼瓦尔·阿不迪尕依提	男	维吾尔族	阿瓦提县公安局	个人三等功	2021年1月	阿克苏地区公安局
高博	男	汉族	阿瓦提县公安局	个人三等功	2021年1月	阿克苏地区公安局
华龙	男	汉族	阿瓦提县公安局	个人三等功	2021年1月	阿克苏地区公安局
黄凯	男	汉族	阿瓦提县公安局	个人三等功	2021年1月	阿克苏地区公安局
李广瑞	男	汉族	阿瓦提县公安局	个人三等功	2021年1月	阿克苏地区公安局

续表10

姓名	性别	族别	单位	荣誉称号	奖励时间	授奖单位
齐海涛	男	汉族	阿瓦提县公安局	个人三等功	2021年1月	阿克苏地区公安局
吐尔迪·库尔班	男	维吾尔族	阿瓦提县公安局	个人三等功	2021年1月	阿克苏地区公安局
吐尔逊·托乎提	男	维吾尔族	阿瓦提县公安局	个人三等功	2021年1月	阿克苏地区公安局
王存亮	男	汉族	阿瓦提县公安局	个人三等功	2021年1月	阿克苏地区公安局
王梁	男	汉族	阿瓦提县公安局	个人三等功	2021年1月	阿克苏地区公安局
夏东建	男	汉族	阿瓦提县公安局	个人三等功	2021年1月	阿克苏地区公安局
杨生云	男	汉族	阿瓦提县公安局	个人三等功	2021年1月	阿克苏地区公安局
杨晓坤	男	汉族	阿瓦提县公安局	个人三等功	2021年1月	阿克苏地区公安局
易凤轩	男	汉族	阿瓦提县公安局	个人三等功	2021年1月	阿克苏地区公安局
张鹏	男	汉族	阿瓦提县公安局	个人三等功	2021年1月	阿克苏地区公安局
莫合塔尔江·买买提	男	维吾尔族	阿瓦提县公安局	个人三等功	2021年1月	阿克苏地区公安局
蒋丽丽	女	汉族	阿瓦提县林业和草原局	三八红旗手	2021年3月	阿克苏地区妇联
马延红	—	—	阿瓦提镇人民政府	优秀共产党员	2021年7月	中共阿瓦提县委员会
曹东子	—	—	阿瓦提镇幸福社区	优秀共产党员	2021年7月	中共阿瓦提县委员会
马荣	女	汉族	教科局教研中心干部	优秀共产党员	2021年7月	中共阿瓦提县委员会
陈晶晶	男	汉族	第四中学副校长	优秀共产党员	2021年7月	中共阿瓦提县委员会
阿迪力·萨吾提	男	维吾尔族	第三中学教师	优秀共产党员	2021年7月	中共阿瓦提县委员会
古丽·木尼牙孜	女	维吾尔族	阿瓦提镇上海奉贤白玉兰小学教师	优秀共产党员	2021年7月	中共阿瓦提县委员会
王丽丽	女	汉族	第四中学副校长	优秀共产党员	2021年7月	中共阿瓦提县委员会
艾海提·阿不地克热木	男	维吾尔族	塔木托格拉克镇中学教师	优秀共产党员	2021年7月	中共阿瓦提县委员会

续表10

姓名	性别	族别	单位	荣誉称号	奖励时间	授奖单位
黄娟	女	土家	拜什艾日克镇祥和村小学党支部书记	优秀共产党员	2021年7月	中共阿瓦提县委员会
热比艳·夏克尔	女	维吾尔族	第六中学教师	优秀共产党员	2021年7月	中共阿瓦提县委员会
卡哈尔·阿布都卡迪	男	维吾尔族	乌鲁却勒镇喀拉塔勒村小学党支部书记	优秀共产党员	2021年7月	中共阿瓦提县委员会
李刚	男	回族	科技项目服务中心主任	优秀共产党员	2021年7月	中共阿瓦提县委员会
昌仕涛	男	汉族	英艾日克镇中学教师	优秀共产党员	2021年7月	中共阿瓦提县委员会
贾新华	女	汉族	第四小学教师	优秀共产党员	2021年7月	中共阿瓦提县委员会
杨吉武	男	回族	实验小学教师	优秀共产党员	2021年7月	中共阿瓦提县委员会
艾尔肯江·阿不都吾甫尔	男	维吾尔族	塔木托格拉克镇中学教师	优秀共产党员	2021年7月	中共阿瓦提县委员会
谢涛	男	汉族	阿瓦提镇人民政府	优秀共产党员	2021年7月	中共阿瓦提县委员会
开山尔·艾力	男	维吾尔族	阿瓦提镇人民政府	优秀共产党员	2021年7月	中共阿瓦提县委员会
努尔古丽·阿布拉	女	维吾尔族	阿瓦提镇多浪社区	优秀共产党员	2021年7月	中共阿瓦提县委员会
艾尼瓦尔·白克日	男	维吾尔族	阿瓦提镇人民政府	优秀共产党员	2021年7月	中共阿瓦提县委员会
程涛	男	汉族	阿瓦提镇人民政府	优秀共产党员	2021年7月	中共阿瓦提县委员会
米合古丽·阿克木	女	维吾尔族	拜什艾日克镇人民政府	优秀共产党员	2021年7月	中共阿瓦提县委员会
谢业亭	男	汉族	拜什艾日克镇人民政府	优秀共产党员	2021年7月	中共阿瓦提县委员会
张宇超	男	汉族	拜什艾日克镇托万克墩博依村	优秀共产党员	2021年7月	中共阿瓦提县委员会
古则力·吐逊	男	维吾尔族	拜什艾日克镇喀什贝希村	优秀共产党员	2021年7月	中共阿瓦提县委员会
吴星霖	男	汉族	拜什艾日克镇托万克拜什艾日克村	优秀共产党员	2021年7月	中共阿瓦提县委员会

续表10

姓名	性别	族别	单位	荣誉称号	奖励时间	授奖单位
刘 潇	男	汉族	拜什艾日克镇托万克墩克什拉克村	优秀共产党员	2021年7月	中共阿瓦提县委员会
刘泽民	男	汉族	阿瓦提县巴格托格拉克乡	优秀共产党员	2021年7月	中共阿瓦提县委员会
蒋喜亭	男	汉族	阿瓦提县巴格托格拉克乡托格拉克买力村	优秀共产党员	2021年7月	中共阿瓦提县委员会
马江辉	男	汉族	阿瓦提县巴格托格拉克乡英买力村	优秀共产党员	2021年7月	中共阿瓦提县委员会
杨雄	男	汉族	阿瓦提县巴格托格拉克乡草场村	优秀共产党员	2021年7月	中共阿瓦提县委员会
邓颖异	女	汉族	巴格托格拉克乡人民政府	优秀共产党员	2021年7月	中共阿瓦提县委员会
侍瑞坤	男	汉族	巴格托格拉克乡人民政府	优秀共产党员	2021年7月	中共阿瓦提县委员会
王盼盼	男	汉族	阿瓦提镇人民政府	优秀党务工作者	2021年7月	中共阿瓦提县委员会
王秀萍	女	汉族	阿瓦提镇人民政府	优秀党务工作者	2021年7月	中共阿瓦提县委员会
牛新虎	男	汉族	第六中学副校长	优秀党务工作者	2021年7月	中共阿瓦提县委员会
热汗古丽·吐尼亚孜	女	维吾尔族	阿依巴格镇托万科克库拉斯村小学联合党支部书记	优秀党务工作者	2021年7月	中共阿瓦提县委员会
周文丽	女	汉族	第五中学教师	优秀党务工作者	2021年7月	中共阿瓦提县委员会
艾尼玩·阿布都热西提	男	维吾尔族	第二中学教师	优秀党务工作者	2021年7月	中共阿瓦提县委员会
焦亚军	男	汉族	拜什艾日克镇人民政府	优秀党务工作者	2021年7月	中共阿瓦提县委员会
张先锋	男	汉族	拜什艾日克镇人民政府	优秀党务工作者	2021年7月	中共阿瓦提县委员会
安尼瓦尔·艾合麦提	男	汉族	拜什艾日克镇玉斯屯克库木艾日克村	优秀党务工作者	2021年7月	中共阿瓦提县委员会
库尔班·吐尔贡	男	维吾尔族	阿瓦提县公安局	个人三等功	2021年8月	阿克苏地区公安局

续表10

姓名	性别	族别	单位	荣誉称号	奖励时间	授奖单位
巴图江·亚森	男	维吾尔族	阿瓦提县公安局	个人三等功	2021年8月	阿克苏地区公安局
木台力甫·买买提	男	维吾尔族	阿瓦提县公安局	个人三等功	2021年8月	阿克苏地区公安局
彭成伟	男	汉族	阿瓦提县公安局	个人三等功	2021年8月	阿克苏地区公安局
夏四光	男	汉族	阿瓦提县公安局	个人三等功	2021年8月	阿克苏地区公安局
张旭光	男	汉族	阿瓦提县公安局	个人三等功	2021年8月	阿克苏地区公安局
张红波	男	汉族	阿瓦提县公安局	个人三等功	2021年8月	阿克苏地区公安局
宋全国	男	汉族	阿瓦提县公安局	个人三等功	2021年8月	阿克苏地区公安局
李仕明	男	汉族	阿瓦提县公安局	个人三等功	2021年8月	阿克苏地区公安局
张世强	男	汉族	阿瓦提县公安局	个人三等功	2021年8月	阿克苏地区公安局
冉亮	男	汉族	阿瓦提县公安局	个人三等功	2021年8月	阿克苏地区公安局
闫海涛	男	汉族	阿瓦提县公安局	个人三等功	2021年8月	阿克苏地区公安局
郑古蒙	男	汉族	第二中学	阿瓦提县第37个“教师节”先进个人	2021年9月	中共阿瓦提县委员会
刘 刚	男	汉族	第四中学	阿瓦提县第37个“教师节”先进个人	2021年9月	中共阿瓦提县委员会
陈晶晶	男	汉族	乌鲁却勒镇龙子心小学	阿瓦提县第37个“教师节”先进个人	2021年9月	中共阿瓦提县委员会
张亚超	男	汉族	职业技术学校	阿瓦提县第37个“教师节”先进个人	2021年9月	中共阿瓦提县委员会
冉春梅	女	汉族	实验小学	阿瓦提县第37个“教师节”先进个人	2021年9月	中共阿瓦提县委员会
朱灵明	男	汉族	乌鲁却勒镇柯坪村小学	阿瓦提县第37个“教师节”先进个人	2021年9月	中共阿瓦提县委员会
希仁古丽·阿布都西日甫	女	维吾尔族	英艾日克镇海尔希望小学	阿瓦提县第37个“教师节”先进个人	2021年9月	中共阿瓦提县委员会
白天福	男	汉族	拜什艾日克镇中学	阿瓦提县第37个“教师节”先进个人	2021年9月	中共阿瓦提县委员会

续表10

姓名	性别	族别	单位	荣誉称号	奖励时间	授奖单位
徐志龙	男	汉族	拜什艾日克镇代热亚博依村小学	阿瓦提县第37个"教师节"先进个人	2021年9月	中共阿瓦提县委员会
高晓红	女	汉族	阿依巴格镇中心小学	阿瓦提县第37个"教师节"先进个人	2021年9月	中共阿瓦提县委员会
孙玉财	男	汉族	乌鲁却勒镇第二中心小学	阿瓦提县第37个"教师节"先进个人	2021年9月	中共阿瓦提县委员会
艾克拜尔·木塔力甫	男	维吾尔族	乌鲁却勒镇黄宫村小学	阿瓦提县第37个"教师节"先进个人	2021年9月	中共阿瓦提县委员会
华栋	男	维吾尔族	英艾日克镇中心小学	阿瓦提县第37个"教师节"先进个人	2021年9月	中共阿瓦提县委员会
屈奇	男	汉族	英艾日克镇上海外经贸小学	阿瓦提县第37个"教师节"先进个人	2021年9月	中共阿瓦提县委员会
陈宗国	女	土家族	拜什艾日克镇第二中心小学	阿瓦提县第37个"教师节"先进个人	2021年9月	中共阿瓦提县委员会
吕重晖	女	回族	拜什艾日克镇托万克库木艾日克村小学	阿瓦提县第37个"教师节"先进个人	2021年9月	中共阿瓦提县委员会
唐红梅	女	维吾尔族	巴格托格拉克乡中心小学	阿瓦提县第37个"教师节"先进个人	2021年9月	中共阿瓦提县委员会
古再丽努尔·麦麦提	女	维吾尔族	塔木托格拉克镇玉斯屯克玉吉买村小学	阿瓦提县第37个"教师节"先进个人	2021年9月	中共阿瓦提县委员会
杜应斌	男	汉族	多浪乡中学	阿瓦提县第37个"教师节"先进个人	2021年9月	中共阿瓦提县委员会
热娜古丽·阿不都热依木	女	维吾尔族	阿克切克力中心小学	阿瓦提县第37个"教师节"先进个人	2021年9月	中共阿瓦提县委员会
张夏青	女	汉族	第三幼儿园	阿瓦提县第37个"教师节"先进个人	2021年9月	中共阿瓦提县委员会
冯雪茹	女	汉族	第七幼儿园	阿瓦提县第37个"教师节"先进个人	2021年9月	中共阿瓦提县委员会
曹友峰	男	维吾尔族	丰海幼儿园	阿瓦提县第37个"教师节"先进个人	2021年9月	中共阿瓦提县委员会
佐丽胡马尔·阿迪力	女	维吾尔族	乌鲁却勒镇上海徐泾幼儿园	阿瓦提县第37个"教师节"先进个人	2021年9月	中共阿瓦提县委员会

续表10

姓名	性别	族别	单位	荣誉称号	奖励时间	授奖单位
阿依卓克然·阿不力孜	女	维吾尔族	乌鲁却勒镇第三幼儿园	阿瓦提县第37个“教师节”先进个人	2021年9月	中共阿瓦提县委员会
张 艳	女	汉族	英艾日克镇中心幼儿园	阿瓦提县第37个“教师节”先进个人	2021年9月	中共阿瓦提县委员会
夏依旦·买买提	女	维吾尔族	英艾日克镇托玛村幼儿园	阿瓦提县第37个“教师节”先进个人	2021年9月	中共阿瓦提县委员会
阿米纳木·麦提尼亚孜	女	维吾尔族	拜什艾日克镇玉斯屯克墩克什拉克村幼儿园	阿瓦提县第37个“教师节”先进个人	2021年9月	中共阿瓦提县委员会
曼孜古丽·艾力	女	维吾尔族	塔木托格拉克镇吐格贝希村幼儿园	阿瓦提县第37个“教师节”先进个人	2021年9月	中共阿瓦提县委员会
刘翠芳	女	汉族	阿克切克力中心幼儿园	阿瓦提县第37个“教师节”先进个人	2021年9月	中共阿瓦提县委员会
张东	男	汉族	第一中学	阿瓦提县第37个“教师节”先进个人	2021年9月	中共阿瓦提县委员会
欧阳征伟	男	汉族	第一中学	阿瓦提县第37个“教师节”先进个人	2021年9月	中共阿瓦提县委员会
张顺芸	女	汉族	第一中学	阿瓦提县第37个“教师节”先进个人	2021年9月	中共阿瓦提县委员会
崔青丽	女	汉族	第二中学	阿瓦提县第37个“教师节”先进个人	2021年9月	中共阿瓦提县委员会
刘庆勇	男	汉族	第二中学	阿瓦提县第37个“教师节”先进个人	2021年9月	中共阿瓦提县委员会
赵国丽	女	汉族	第二中学	阿瓦提县第37个“教师节”先进个人	2021年9月	中共阿瓦提县委员会
王红梅	女	汉族	第二中学	阿瓦提县第37个“教师节”先进个人	2021年9月	中共阿瓦提县委员会
马晓会	女	汉族	第二中学	阿瓦提县第37个“教师节”先进个人	2021年9月	中共阿瓦提县委员会
陶红兵	女	汉族	第二中学	阿瓦提县第37个“教师节”先进个人	2021年9月	中共阿瓦提县委员会
姚建超	女	汉族	第二中学	阿瓦提县第37个“教师节”先进个人	2021年9月	中共阿瓦提县委员会

续表10

姓名	性别	族别	单位	荣誉称号	奖励时间	授奖单位
张振兴	男	汉族	第二中学	阿瓦提县第37个"教师节"先进个人	2021年9月	中共阿瓦提县委员会
黄萍	女	汉族	第二中学	阿瓦提县第37个"教师节"先进个人	2021年9月	中共阿瓦提县委员会
柴宗荣	女	汉族	第四中学	阿瓦提县第37个"教师节"先进个人	2021年9月	中共阿瓦提县委员会
阿依加马力·阿布迪日依木	女	维吾尔族	第四中学	阿瓦提县第37个"教师节"先进个人	2021年9月	中共阿瓦提县委员会
迪力夏提·阿力木	男	维吾尔族	第四中学	阿瓦提县第37个"教师节"先进个人	2021年9月	中共阿瓦提县委员会
王艳	女	汉族	实验小学	阿瓦提县第37个"教师节"先进个人	2021年9月	中共阿瓦提县委员会
李燕兰	女	汉族	实验小学	阿瓦提县第37个"教师节"先进个人	2021年9月	中共阿瓦提县委员会
马建华	女	汉族	鲁迅小学	阿瓦提县第37个"教师节"先进个人	2021年9月	中共阿瓦提县委员会
李萍	女	汉族	鲁迅小学	阿瓦提县第37个"教师节"先进个人	2021年9月	中共阿瓦提县委员会
杜银丽	女	汉族	鲁迅小学	阿瓦提县第37个"教师节"先进个人	2021年9月	中共阿瓦提县委员会
吴利	男	汉族	拜什艾日克镇第二中心小学	阿瓦提县第37个"教师节"先进个人	2021年9月	中共阿瓦提县委员会
杨珍娟	女	汉族	塔木托格拉克镇中学	阿瓦提县第37个"教师节"先进个人	2021年9月	中共阿瓦提县委员会
杜福桃	男	蒙古族	拜什艾日克镇中学	阿瓦提县第37个"教师节"先进个人	2021年9月	中共阿瓦提县委员会
赵霞	男	汉族	拜什艾日克镇第二中心小学	阿瓦提县第37个"教师节"先进个人	2021年9月	中共阿瓦提县委员会
郑东梅	男	汉族	拜什艾日克镇第二中心小学	阿瓦提县第37个"教师节"先进个人	2021年9月	中共阿瓦提县委员会
李莉	男	汉族	拜什艾日克镇第二中心小学	阿瓦提县第37个"教师节"先进个人	2021年9月	中共阿瓦提县委员会
陈建辉	男	汉族	第一中学	阿瓦提县第37个"教师节"先进个人	2021年9月	中共阿瓦提县委员会

续表10

姓名	性别	族别	单位	荣誉称号	奖励时间	授奖单位
杨亚莉	女	汉族	第一中学	阿瓦提县第37个“教师节”先进个人	2021年9月	中共阿瓦提县委员会
刘幸幸	女	回族	第二中学	阿瓦提县第37个“教师节”先进个人	2021年9月	中共阿瓦提县委员会
王龙	男	汉族	第二中学	阿瓦提县第37个“教师节”先进个人	2021年9月	中共阿瓦提县委员会
赵六一	男	汉族	第二中学	阿瓦提县第37个“教师节”先进个人	2021年9月	中共阿瓦提县委员会
李刚刚	男	汉族	第二中学	阿瓦提县第37个“教师节”先进个人	2021年9月	中共阿瓦提县委员会
马佳	女	汉族	第二中学	阿瓦提县第37个“教师节”先进个人	2021年9月	中共阿瓦提县委员会
孟勇炜	男	汉族	第二中学	阿瓦提县第37个“教师节”先进个人	2021年9月	中共阿瓦提县委员会
郭丹	女	汉族	第三中学	阿瓦提县第37个“教师节”先进个人	2021年9月	中共阿瓦提县委员会
袁金金	女	汉族	第三中学	阿瓦提县第37个“教师节”先进个人	2021年9月	中共阿瓦提县委员会
许嘉维	男	汉族	第四中学	阿瓦提县第37个“教师节”先进个人	2021年9月	中共阿瓦提县委员会
朱宗玲	女	汉族	第四中学	阿瓦提县第37个“教师节”先进个人	2021年9月	中共阿瓦提县委员会
李发全	男	汉族	第四中学	阿瓦提县第37个“教师节”先进个人	2021年9月	中共阿瓦提县委员会
杨帅万	男	汉族	第四中学	阿瓦提县第37个“教师节”先进个人	2021年9月	中共阿瓦提县委员会
杨文杰	女	汉族	第四中学	阿瓦提县第37个“教师节”先进个人	2021年9月	中共阿瓦提县委员会
党盼	男	汉族	第四中学	阿瓦提县第37个“教师节”先进个人	2021年9月	中共阿瓦提县委员会
赵风鸣	男	汉族	第四中学	阿瓦提县第37个“教师节”先进个人	2021年9月	中共阿瓦提县委员会
辛鹏刚	男	汉族	第四中学	阿瓦提县第37个“教师节”先进个人	2021年9月	中共阿瓦提县委员会

续表10

姓名	性别	族别	单位	荣誉称号	奖励时间	授奖单位
张同同	男	汉族	实验小学	阿瓦提县第37个"教师节"先进个人	2021年9月	中共阿瓦提县委员会
谢晓	女	土家族	第三小学	阿瓦提县第37个"教师节"先进个人	2021年9月	中共阿瓦提县委员会
霍田田	女	汉族	第四小学	阿瓦提县第37个"教师节"先进个人	2021年9月	中共阿瓦提县委员会
刘磊	男	汉族	乌鲁却勒镇龙子心小学	阿瓦提县第37个"教师节"先进个人	2021年9月	中共阿瓦提县委员会
胡高飞	男	汉族	乌鲁却勒镇中学	阿瓦提县第37个"教师节"先进个人	2021年9月	中共阿瓦提县委员会
柴青玉	男	汉族	乌鲁却勒镇中学	阿瓦提县第37个"教师节"先进个人	2021年9月	中共阿瓦提县委员会
张小军	男	汉族	第一中学	阿瓦提县第37个"教师节"先进个人	2021年9月	中共阿瓦提县委员会
梁海兵	男	汉族	第一中学	阿瓦提县第37个"教师节"先进个人	2021年9月	中共阿瓦提县委员会
王泽民	男	汉族	第一中学	阿瓦提县第37个"教师节"先进个人	2021年9月	中共阿瓦提县委员会
张彦强	男	汉族	第一中学	阿瓦提县第37个"教师节"先进个人	2021年9月	中共阿瓦提县委员会
张震	男	汉族	第一中学	阿瓦提县第37个"教师节"先进个人	2021年9月	中共阿瓦提县委员会
张太仲占山	男	汉族	第一中学	阿瓦提县第37个"教师节"先进个人	2021年9月	中共阿瓦提县委员会
丁杉杉	女	汉族	第一中学	阿瓦提县第37个"教师节"先进个人	2021年9月	中共阿瓦提县委员会
牟文艳	女	汉族	第一中学	阿瓦提县第37个"教师节"先进个人	2021年9月	中共阿瓦提县委员会
翁亚丽	女	汉族	第一中学	阿瓦提县第37个"教师节"先进个人	2021年9月	中共阿瓦提县委员会
阿尔孜古丽·阿布拉	女	维吾尔族	第一中学	阿瓦提县第37个"教师节"先进个人	2021年9月	中共阿瓦提县委员会
陈兰	女	汉族	第一中学	阿瓦提县第37个"教师节"先进个人	2021年9月	中共阿瓦提县委员会

续表10

姓名	性别	族别	单位	荣誉称号	奖励时间	授奖单位
乔俊明	男	汉族	第二中学	阿瓦提县第37个“教师节”先进个人	2021年9月	中共阿瓦提县委员会
黄小宝	男	藏族	第二中学	阿瓦提县第37个“教师节”先进个人	2021年9月	中共阿瓦提县委员会
豆朝阳	男	汉族	第二中学	阿瓦提县第37个“教师节”先进个人	2021年9月	中共阿瓦提县委员会
苟玉红	女	汉族	第二中学	阿瓦提县第37个“教师节”先进个人	2021年9月	中共阿瓦提县委员会
李同福	男	汉族	第二中学	阿瓦提县第37个“教师节”先进个人	2021年9月	中共阿瓦提县委员会
刘鸿斌	男	汉族	第二中学	阿瓦提县第37个“教师节”先进个人	2021年9月	中共阿瓦提县委员会
潘伟东	男	汉族	第二中学	阿瓦提县第37个“教师节”先进个人	2021年9月	中共阿瓦提县委员会
王海军	男	汉族	第二中学	阿瓦提县第37个“教师节”先进个人	2021年9月	中共阿瓦提县委员会
孙霞	女	汉族	第二中学	阿瓦提县第37个“教师节”先进个人	2021年9月	中共阿瓦提县委员会
巩永刚	男	汉族	第三中学	阿瓦提县第37个“教师节”先进个人	2021年9月	中共阿瓦提县委员会
姜海琪	女	汉族	第三中学	阿瓦提县第37个“教师节”先进个人	2021年9月	中共阿瓦提县委员会
马红霞	女	汉族	第三中学	阿瓦提县第37个“教师节”先进个人	2021年9月	中共阿瓦提县委员会
王芳	女	汉族	第三中学	阿瓦提县第37个“教师节”先进个人	2021年9月	中共阿瓦提县委员会
王苹	女	汉族	第三中学	阿瓦提县第37个“教师节”先进个人	2021年9月	中共阿瓦提县委员会
魏占兰	女	汉族	第三中学	阿瓦提县第37个“教师节”先进个人	2021年9月	中共阿瓦提县委员会
陈慧芸	女	汉族	第三中学	阿瓦提县第37个“教师节”先进个人	2021年9月	中共阿瓦提县委员会
杨兴娣	女	汉族	第三中学	阿瓦提县第37个“教师节”先进个人	2021年9月	中共阿瓦提县委员会

续表10

姓名	性别	族别	单位	荣誉称号	奖励时间	授奖单位
丁彦国	男	汉族	第三中学	阿瓦提县第37个“教师节”先进个人	2021年9月	中共阿瓦提县委员会
宋开宙	男	汉族	第三中学	阿瓦提县第37个“教师节”先进个人	2021年9月	中共阿瓦提县委员会
沈佳佳	女	汉族	第三中学	阿瓦提县第37个“教师节”先进个人	2021年9月	中共阿瓦提县委员会
王丽丽	女	汉族	第四中学	阿瓦提县第37个“教师节”先进个人	2021年9月	中共阿瓦提县委员会
柳超	男	汉族	第四中学	阿瓦提县第37个“教师节”先进个人	2021年9月	中共阿瓦提县委员会
牙日麦麦提·牙生	男	维吾尔族	第四中学	阿瓦提县第37个“教师节”先进个人	2021年9月	中共阿瓦提县委员会
张海强	男	汉族	第四中学	阿瓦提县第37个“教师节”先进个人	2021年9月	中共阿瓦提县委员会
郑建龙	男	汉族	第四中学	阿瓦提县第37个“教师节”先进个人	2021年9月	中共阿瓦提县委员会
陈蛟	男	汉族	第四中学	阿瓦提县第37个“教师节”先进个人	2021年9月	中共阿瓦提县委员会
邱红娟	女	汉族	第四中学	阿瓦提县第37个“教师节”先进个人	2021年9月	中共阿瓦提县委员会
常金玉	女	汉族	第四中学	阿瓦提县第37个“教师节”先进个人	2021年9月	中共阿瓦提县委员会
艾麦提·阿布迪维力	男	维吾尔族	第四中学	阿瓦提县第37个“教师节”先进个人	2021年9月	中共阿瓦提县委员会
吐尔斯娜依·阿布都克热木	女	维吾尔族	第四中学	阿瓦提县第37个“教师节”先进个人	2021年9月	中共阿瓦提县委员会
古力博斯坦·托合尼牙孜	女	维吾尔族	第四中学	阿瓦提县第37个“教师节”先进个人	2021年9月	中共阿瓦提县委员会
关鹏伟	男	汉族	第四中学	阿瓦提县第37个“教师节”先进个人	2021年9月	中共阿瓦提县委员会
王颜	女	汉族	第四中学	阿瓦提县第37个“教师节”先进个人	2021年9月	中共阿瓦提县委员会
热比古力·阿布都尼亚孜	女	维吾尔族	第四中学	阿瓦提县第37个“教师节”先进个人	2021年9月	中共阿瓦提县委员会

续表10

姓名	性别	族别	单位	荣誉称号	奖励时间	授奖单位
田丹丹	女	汉族	第四中学	阿瓦提县第37个"教师节"先进个人	2021年9月	中共阿瓦提县委员会
依萨合江·达依木	男	维吾尔族	第四中学	阿瓦提县第37个"教师节"先进个人	2021年9月	中共阿瓦提县委员会
王慧	女	汉族	第四中学	阿瓦提县第37个"教师节"先进个人	2021年9月	中共阿瓦提县委员会
王森	男	汉族	第四中学	阿瓦提县第37个"教师节"先进个人	2021年9月	中共阿瓦提县委员会
杨晓珍	女	汉族	第四中学	阿瓦提县第37个"教师节"先进个人	2021年9月	中共阿瓦提县委员会
韩彤	男	汉族	第四中学	阿瓦提县第37个"教师节"先进个人	2021年9月	中共阿瓦提县委员会
王再霆	男	汉族	第四中学	阿瓦提县第37个"教师节"先进个人	2021年9月	中共阿瓦提县委员会
铁祥	男	汉族	第四中学	阿瓦提县第37个"教师节"先进个人	2021年9月	中共阿瓦提县委员会
阿迪来·乌斯曼	女	维吾尔族	第四中学	阿瓦提县第37个"教师节"先进个人	2021年9月	中共阿瓦提县委员会
阿依古则勒·亚森	女	维吾尔族	第四中学	阿瓦提县第37个"教师节"先进个人	2021年9月	中共阿瓦提县委员会
陈浩	男	汉族	第四中学	阿瓦提县第37个"教师节"先进个人	2021年9月	中共阿瓦提县委员会
朱保林	男	汉族	第五中学	阿瓦提县第37个"教师节"先进个人	2021年9月	中共阿瓦提县委员会
李向明	男	汉族	第五中学	阿瓦提县第37个"教师节"先进个人	2021年9月	中共阿瓦提县委员会
包建军	男	汉族	第五中学	阿瓦提县第37个"教师节"先进个人	2021年9月	中共阿瓦提县委员会
吴承友	男	汉族	第五中学	阿瓦提县第37个"教师节"先进个人	2021年9月	中共阿瓦提县委员会
张吉顺	男	汉族	第五中学	阿瓦提县第37个"教师节"先进个人	2021年9月	中共阿瓦提县委员会
康宁	女	汉族	第五中学	阿瓦提县第37个"教师节"先进个人	2021年9月	中共阿瓦提县委员会

续表10

姓名	性别	族别	单位	荣誉称号	奖励时间	授奖单位
马依然·阿木克	女	维吾尔族	第五中学	阿瓦提县第37个"教师节"先进个人	2021年9月	中共阿瓦提县委员会
王保田	男	汉族	第五中学	阿瓦提县第37个"教师节"先进个人	2021年9月	中共阿瓦提县委员会
王永莲	女	汉族	第五中学	阿瓦提县第37个"教师节"先进个人	2021年9月	中共阿瓦提县委员会
祁秀红	女	蒙古族	第五中学	阿瓦提县第37个"教师节"先进个人	2021年9月	中共阿瓦提县委员会
朱新华	女	汉族	第五中学	阿瓦提县第37个"教师节"先进个人	2021年9月	中共阿瓦提县委员会
陈春莉	女	汉族	第五中学	阿瓦提县第37个"教师节"先进个人	2021年9月	中共阿瓦提县委员会
何志忠	男	汉族	第五中学	阿瓦提县第37个"教师节"先进个人	2021年9月	中共阿瓦提县委员会
郭栋	男	汉族	丰海幼儿园	阿瓦提县第37个"教师节"先进个人	2021年9月	中共阿瓦提县委员会
耿永红	女	汉族	丰海幼儿园	阿瓦提县第37个"教师节"先进个人	2021年9月	中共阿瓦提县委员会
李芮	女	汉族	鲁丰幼儿园	阿瓦提县第37个"教师节"先进个人	2021年9月	中共阿瓦提县委员会
李娟梅	女	汉族	棉花良繁场幼儿园	阿瓦提县第37个"教师节"先进个人	2021年9月	中共阿瓦提县委员会
阿布力孜江·阿布都拉	男	维吾尔族	第六中学	阿瓦提县第37个"教师节"先进个人	2021年9月	中共阿瓦提县委员会
马永鹏	男	汉族	职业技术学校	阿瓦提县第37个"教师节"先进个人	2021年9月	中共阿瓦提县委员会
艾依热提·牙生	男	维吾尔族	职业技术学校	阿瓦提县第37个"教师节"先进个人	2021年9月	中共阿瓦提县委员会
王浪	男	汉族	职业技术学校	阿瓦提县第37个"教师节"先进个人	2021年9月	中共阿瓦提县委员会
王岚	女	汉族	职业技术学校	阿瓦提县第37个"教师节"先进个人	2021年9月	中共阿瓦提县委员会
张铭	男	汉族	职业技术学校	阿瓦提县第37个"教师节"先进个人	2021年9月	中共阿瓦提县委员会

续表10

姓名	性别	族别	单位	荣誉称号	奖励时间	授奖单位
戴天华	男	汉族	职业技术学校	阿瓦提县第37个“教师节”先进个人	2021年9月	中共阿瓦提县委员会
白萨茹拉	女	蒙古族	职业技术学校	阿瓦提县第37个“教师节”先进个人	2021年9月	中共阿瓦提县委员会
艾合买提·阿布拉	男	维吾尔族	职业技术学校	阿瓦提县第37个“教师节”先进个人	2021年9月	中共阿瓦提县委员会
李丽	女	汉族	实验小学	阿瓦提县第37个“教师节”先进个人	2021年9月	中共阿瓦提县委员会
潘天泽	男	汉族	实验小学	阿瓦提县第37个“教师节”先进个人	2021年9月	中共阿瓦提县委员会
冶雪珍	女	回族	实验小学	阿瓦提县第37个“教师节”先进个人	2021年9月	中共阿瓦提县委员会
王彦良	男	汉族	实验小学	阿瓦提县第37个“教师节”先进个人	2021年9月	中共阿瓦提县委员会
张东明	男	汉族	实验小学	阿瓦提县第37个“教师节”先进个人	2021年9月	中共阿瓦提县委员会
冯侠	女	汉族	实验小学	阿瓦提县第37个“教师节”先进个人	2021年9月	中共阿瓦提县委员会
段雪梅	女	汉族	实验小学	阿瓦提县第37个“教师节”先进个人	2021年9月	中共阿瓦提县委员会
张文凤	女	汉族	实验小学	阿瓦提县第37个“教师节”先进个人	2021年9月	中共阿瓦提县委员会
陈玉英	女	汉族	实验小学	阿瓦提县第37个“教师节”先进个人	2021年9月	中共阿瓦提县委员会
张保宏	女	汉族	实验小学	阿瓦提县第37个“教师节”先进个人	2021年9月	中共阿瓦提县委员会
徐想	男	汉族	实验小学	阿瓦提县第37个“教师节”先进个人	2021年9月	中共阿瓦提县委员会
张耀辉	男	汉族	第三小学	阿瓦提县第37个“教师节”先进个人	2021年9月	中共阿瓦提县委员会
李国飞	男	汉族	第三小学	阿瓦提县第37个“教师节”先进个人	2021年9月	中共阿瓦提县委员会
王秀娟	女	汉族	第三小学	阿瓦提县第37个“教师节”先进个人	2021年9月	中共阿瓦提县委员会

续表10

姓名	性别	族别	单位	荣誉称号	奖励时间	授奖单位
范丽	女	汉族	第三小学	阿瓦提县第37个“教师节”先进个人	2021年9月	中共阿瓦提县委员会
罗玲玲	女	汉族	第三小学	阿瓦提县第37个“教师节”先进个人	2021年9月	中共阿瓦提县委员会
李金娟	女	汉族	第三小学	阿瓦提县第37个“教师节”先进个人	2021年9月	中共阿瓦提县委员会
布瓦海旦木·吐尔孙	女	维吾尔族	第三小学	阿瓦提县第37个“教师节”先进个人	2021年9月	中共阿瓦提县委员会
周利鑫	女	汉族	第三小学	阿瓦提县第37个“教师节”先进个人	2021年9月	中共阿瓦提县委员会
王慧敏	女	汉族	第三小学	阿瓦提县第37个“教师节”先进个人	2021年9月	中共阿瓦提县委员会
米娜瓦尔·吐尔洪	女	维吾尔族	第三小学	阿瓦提县第37个“教师节”先进个人	2021年9月	中共阿瓦提县委员会
戴玲	女	汉族	第三小学	阿瓦提县第37个“教师节”先进个人	2021年9月	中共阿瓦提县委员会
魏吉萍	女	汉族	第四小学	阿瓦提县第37个“教师节”先进个人	2021年9月	中共阿瓦提县委员会
郭勇	男	汉族	第四小学	阿瓦提县第37个“教师节”先进个人	2021年9月	中共阿瓦提县委员会
唐权华	男	汉族	第四小学	阿瓦提县第37个“教师节”先进个人	2021年9月	中共阿瓦提县委员会
荣景慧	女	汉族	第四小学	阿瓦提县第37个“教师节”先进个人	2021年9月	中共阿瓦提县委员会
姜艳	女	汉族	第四小学	阿瓦提县第37个“教师节”先进个人	2021年9月	中共阿瓦提县委员会
徐丽	女	汉族	第四小学	阿瓦提县第37个“教师节”先进个人	2021年9月	中共阿瓦提县委员会
雍淑香	女	汉族	第四小学	阿瓦提县第37个“教师节”先进个人	2021年9月	中共阿瓦提县委员会
邓江霞	女	汉族	第四小学	阿瓦提县第37个“教师节”先进个人	2021年9月	中共阿瓦提县委员会
成世宏		汉族	鲁迅小学	阿瓦提县第37个“教师节”先进个人	2021年9月	中共阿瓦提县委员会

续表10

姓名	性别	族别	单位	荣誉称号	奖励时间	授奖单位
何婷	女	汉族	鲁迅小学	阿瓦提县第37个“教师节”先进个人	2021年9月	中共阿瓦提县委员会
朱国成	男	汉族	鲁迅小学	阿瓦提县第37个“教师节”先进个人	2021年9月	中共阿瓦提县委员会
周方	女	汉族	鲁迅小学	阿瓦提县第37个“教师节”先进个人	2021年9月	中共阿瓦提县委员会
韩霞	女	汉族	鲁迅小学	阿瓦提县第37个“教师节”先进个人	2021年9月	中共阿瓦提县委员会
李生焘	男	汉族	鲁迅小学	阿瓦提县第37个“教师节”先进个人	2021年9月	中共阿瓦提县委员会
杨爱绒	女	汉族	鲁迅小学	阿瓦提县第37个“教师节”先进个人	2021年9月	中共阿瓦提县委员会
王梦阳	女	汉族	鲁迅小学	阿瓦提县第37个“教师节”先进个人	2021年9月	中共阿瓦提县委员会
魏政泰	男	土家族	鲁迅小学	阿瓦提县第37个“教师节”先进个人	2021年9月	中共阿瓦提县委员会
陈丽萍	女	汉族	鲁迅小学	阿瓦提县第37个“教师节”先进个人	2021年9月	中共阿瓦提县委员会
薛胜利	男	汉族	鲁迅小学	阿瓦提县第37个“教师节”先进个人	2021年9月	中共阿瓦提县委员会
袁晓风	男	汉族	鲁迅小学	阿瓦提县第37个“教师节”先进个人	2021年9月	中共阿瓦提县委员会
张国霞	女	汉族	第一幼儿园	阿瓦提县第37个“教师节”先进个人	2021年9月	中共阿瓦提县委员会
玉苏甫江·吐逊	男	维吾尔族	第一幼儿园	阿瓦提县第37个“教师节”先进个人	2021年9月	中共阿瓦提县委员会
李悦婷	女	汉族	第一幼儿园	阿瓦提县第37个“教师节”先进个人	2021年9月	中共阿瓦提县委员会
徐梦甜	女	汉族	第一幼儿园	阿瓦提县第37个“教师节”先进个人	2021年9月	中共阿瓦提县委员会
张春花	女	汉族	第一幼儿园	阿瓦提县第37个“教师节”先进个人	2021年9月	中共阿瓦提县委员会

续表10

姓名	性别	族别	单位	荣誉称号	奖励时间	授奖单位
丁奴·阿不里肯	女	维吾尔族	第二幼儿园	阿瓦提县第37个“教师节”先进个人	2021年9月	中共阿瓦提县委员会
祁正玲	女	汉族	第二幼儿园	阿瓦提县第37个“教师节”先进个人	2021年9月	中共阿瓦提县委员会
何娟	女	汉族	第二幼儿园	阿瓦提县第37个“教师节”先进个人	2021年9月	中共阿瓦提县委员会
韩保林	男	汉族	第二幼儿园	阿瓦提县第37个“教师节”先进个人	2021年9月	中共阿瓦提县委员会
刘霞	女	汉族	第二幼儿园	阿瓦提县第37个“教师节”先进个人	2021年9月	中共阿瓦提县委员会
辛媛姝	女	汉族	第三幼儿园	阿瓦提县第37个“教师节”先进个人	2021年9月	中共阿瓦提县委员会
孙瑞芸	女	汉族	第三幼儿园	阿瓦提县第37个“教师节”先进个人	2021年9月	中共阿瓦提县委员会
刘晶晶	女	汉族	第三幼儿园	阿瓦提县第37个“教师节”先进个人	2021年9月	中共阿瓦提县委员会
姑力巴努·吐尔浑	女	维吾尔族	第三幼儿园	阿瓦提县第37个“教师节”先进个人	2021年9月	中共阿瓦提县委员会
玛依拉·司马义	女	维吾尔族	第四幼儿园	阿瓦提县第37个“教师节”先进个人	2021年9月	中共阿瓦提县委员会
豆继荣	男	汉族	第四幼儿园	阿瓦提县第37个“教师节”先进个人	2021年9月	中共阿瓦提县委员会
阿衣先古丽·阿不都热合曼	女	维吾尔族	第四幼儿园	阿瓦提县第37个“教师节”先进个人	2021年9月	中共阿瓦提县委员会
张许霞	女	汉族	第五幼儿园	阿瓦提县第37个“教师节”先进个人	2021年9月	中共阿瓦提县委员会
薛艳花	女	汉族	第五幼儿园	阿瓦提县第37个“教师节”先进个人	2021年9月	中共阿瓦提县委员会
古尔汗·吐逊	女	维吾尔族	第五幼儿园	阿瓦提县第37个“教师节”先进个人	2021年9月	中共阿瓦提县委员会
刘媛媛	女	汉族	第六幼儿园	阿瓦提县第37个“教师节”先进个人	2021年9月	中共阿瓦提县委员会
陈武科	男	汉族	第六幼儿园	阿瓦提县第37个“教师节”先进个人	2021年9月	中共阿瓦提县委员会

续表10

姓名	性别	族别	单位	荣誉称号	奖励时间	授奖单位
方芬霞	女	汉族	第六幼儿园	阿瓦提县第37个“教师节”先进个人	2021年9月	中共阿瓦提县委员会
屈文倩	女	汉族	第六幼儿园	阿瓦提县第37个“教师节”先进个人	2021年9月	中共阿瓦提县委员会
廉秀妯	女	汉族	第七幼儿园	阿瓦提县第37个“教师节”先进个人	2021年9月	中共阿瓦提县委员会
侯少雄	男	藏族	第七幼儿园	阿瓦提县第37个“教师节”先进个人	2021年9月	中共阿瓦提县委员会
王福花	女	汉族	第七幼儿园	阿瓦提县第37个“教师节”先进个人	2021年9月	中共阿瓦提县委员会
单惠玲	女	汉族	第七幼儿园	阿瓦提县第37个“教师节”先进个人	2021年9月	中共阿瓦提县委员会
何毓	女	汉族	第九幼儿园	阿瓦提县第37个“教师节”先进个人	2021年9月	中共阿瓦提县委员会
梁金峰	男	蒙古族	第九幼儿园	阿瓦提县第37个“教师节”先进个人	2021年9月	中共阿瓦提县委员会
郑津津	女	汉族	第九幼儿园	阿瓦提县第37个“教师节”先进个人	2021年9月	中共阿瓦提县委员会
朱宁宁	女	汉族	第十幼儿园	阿瓦提县第37个“教师节”先进个人	2021年9月	中共阿瓦提县委员会
杨曾梅	女	汉族	第十幼儿园	阿瓦提县第37个“教师节”先进个人	2021年9月	中共阿瓦提县委员会
孟慧珍	女	汉族	第十幼儿园	阿瓦提县第37个“教师节”先进个人	2021年9月	中共阿瓦提县委员会
王丽红	女	汉族	第十幼儿园	阿瓦提县第37个“教师节”先进个人	2021年9月	中共阿瓦提县委员会
蔡方源	男	汉族	鲁迅幼儿园	阿瓦提县第37个“教师节”先进个人	2021年9月	中共阿瓦提县委员会
温梅	女	汉族	鲁迅幼儿园	阿瓦提县第37个“教师节”先进个人	2021年9月	中共阿瓦提县委员会
孟可	女	汉族	鲁迅幼儿园	阿瓦提县第37个“教师节”先进个人	2021年9月	中共阿瓦提县委员会
窦超	女	汉族	鲁迅幼儿园	阿瓦提县第37个“教师节”先进个人	2021年9月	中共阿瓦提县委员会

续表10

姓名	性别	族别	单位	荣誉称号	奖励时间	授奖单位
麦麦提艾力·图尔荪	男	维吾尔族	乌鲁却勒镇中学	阿瓦提县第37个“教师节”先进个人	2021年9月	中共阿瓦提县委员会
阿达来提·艾麦尔	女	维吾尔族	乌鲁却勒镇中学	阿瓦提县第37个“教师节”先进个人	2021年9月	中共阿瓦提县委员会
熊瑞波	男	汉族	乌鲁却勒镇中学	阿瓦提县第37个“教师节”先进个人	2021年9月	中共阿瓦提县委员会
木尼热·巴吐尔	女	维吾尔族	乌鲁却勒镇中学	阿瓦提县第37个“教师节”先进个人	2021年9月	中共阿瓦提县委员会
李超群	女	汉族	乌鲁却勒镇中学	阿瓦提县第37个“教师节”先进个人	2021年9月	中共阿瓦提县委员会
崔宵福	男	汉族	乌鲁却勒镇中学	阿瓦提县第37个“教师节”先进个人	2021年9月	中共阿瓦提县委员会
毕杭宇	男	汉族	乌鲁却勒镇中学	阿瓦提县第37个“教师节”先进个人	2021年9月	中共阿瓦提县委员会
郭蓓蕾	女	汉族	乌鲁却勒镇中学	阿瓦提县第37个“教师节”先进个人	2021年9月	中共阿瓦提县委员会
蒋韩	男	汉族	乌鲁却勒镇中学	阿瓦提县第37个“教师节”先进个人	2021年9月	中共阿瓦提县委员会
买合木提江·吐逊	男	维吾尔族	乌鲁却勒镇中学	阿瓦提县第37个“教师节”先进个人	2021年9月	中共阿瓦提县委员会
李录霞	女	汉族	乌鲁却勒镇中学	阿瓦提县第37个“教师节”先进个人	2021年9月	中共阿瓦提县委员会
地力努尔·亚森	女	维吾尔族	乌鲁却勒镇中学	阿瓦提县第37个“教师节”先进个人	2021年9月	中共阿瓦提县委员会
热依拉·艾尔肯	女	维吾尔族	乌鲁却勒镇中学	阿瓦提县第37个“教师节”先进个人	2021年9月	中共阿瓦提县委员会
艾力亚尔·阿里木	男	维吾尔族	乌鲁却勒镇龙子心小学	阿瓦提县第37个“教师节”先进个人	2021年9月	中共阿瓦提县委员会
王芳	女	汉族	乌鲁却勒镇龙子心小学	阿瓦提县第37个“教师节”先进个人	2021年9月	中共阿瓦提县委员会
徐兴维	男	汉族	乌鲁却勒镇龙子心小学	阿瓦提县第37个“教师节”先进个人	2021年9月	中共阿瓦提县委员会
李德亚	女	汉族	乌鲁却勒镇龙子心小学	阿瓦提县第37个“教师节”先进个人	2021年09	中共阿瓦提县委员会

续表10

姓名	性别	族别	单位	荣誉称号	奖励时间	授奖单位
何丽娜	女	汉族	乌鲁却勒镇龙子心小学	阿瓦提县第37个"教师节"先进个人	2021年9月	中共阿瓦提县委员会
古丽再排尔·艾合麦提	女	维吾尔族	乌鲁却勒镇龙子心小学	阿瓦提县第37个"教师节"先进个人	2021年9月	中共阿瓦提县委员会
林建清	男	汉族	乌鲁却勒镇第二中心小学	阿瓦提县第37个"教师节"先进个人	2021年9月	中共阿瓦提县委员会
唐兴建	男	汉族	乌鲁却勒镇第二中心小学	阿瓦提县第37个"教师节"先进个人	2021年9月	中共阿瓦提县委员会
金彩霞	女	汉族	乌鲁却勒镇第二中心小学	阿瓦提县第37个"教师节"先进个人	2021年9月	中共阿瓦提县委员会
孙刚	男	汉族	乌鲁却勒镇第二中心小学	阿瓦提县第37个"教师节"先进个人	2021年9月	中共阿瓦提县委员会
曾忠海	男	汉族	乌鲁却勒镇第二中心小学	阿瓦提县第37个"教师节"先进个人	2021年9月	中共阿瓦提县委员会
阿依帕热·太外库力	女	维吾尔族	乌鲁却勒镇第二中心小学	阿瓦提县第37个"教师节"先进个人	2021年9月	中共阿瓦提县委员会
阿依古则丽·吐鲁洪	女	维吾尔族	乌鲁却勒镇第二中心小学	阿瓦提县第37个"教师节"先进个人	2021年9月	中共阿瓦提县委员会
刘艳花	女	汉族	乌鲁却勒镇第二中心小学	阿瓦提县第37个"教师节"先进个人	2021年9月	中共阿瓦提县委员会
夏亚兵	男	汉族	乌鲁却勒镇第二中心小学	阿瓦提县第37个"教师节"先进个人	2021年9月	中共阿瓦提县委员会
木沙·麦麦提	男	维吾尔族	乌鲁却勒镇第二中心小学	阿瓦提县第37个"教师节"先进个人	2021年9月	中共阿瓦提县委员会
滕静	女	汉族	乌鲁却勒镇中心幼儿园	阿瓦提县第37个"教师节"先进个人	2021年9月	中共阿瓦提县委员会
古丽米热·克然木	女	维吾尔族	乌鲁却勒镇第三中心幼儿园	阿瓦提县第37个"教师节"先进个人	2021年9月	中共阿瓦提县委员会
艾克代·艾尔肯	女	维吾尔族	乌鲁却勒镇上海徐泾商会幼儿园	阿瓦提县第37个"教师节"先进个人	2021年9月	中共阿瓦提县委员会
马欣宇	男	汉族	乌鲁却勒镇上海徐泾商会幼儿园	阿瓦提县第37个"教师节"先进个人	2021年9月	中共阿瓦提县委员会
牙森·吐尔孙	男	维吾尔族	乌鲁却勒镇柯坪村小学	阿瓦提县第37个"教师节"先进个人	2021年9月	中共阿瓦提县委员会

续表10

姓名	性别	族别	单位	荣誉称号	奖励时间	授奖单位
古扎努尔·亚森	女	维吾尔族	乌鲁却勒镇柯坪村小学	阿瓦提县第37个“教师节”先进个人	2021年9月	中共阿瓦提县委员会
刘艳	女	汉族	乌鲁却勒镇红旗村小学	阿瓦提县第37个“教师节”先进个人	2021年9月	中共阿瓦提县委员会
布尼亚孜汗·如苏力	女	维吾尔族	乌鲁却勒镇红旗村小学	阿瓦提县第37个“教师节”先进个人	2021年9月	中共阿瓦提县委员会
如克亚木·亥散	女	维吾尔族	乌鲁却勒镇黄宫村小学	阿瓦提县第37个“教师节”先进个人	2021年9月	中共阿瓦提县委员会
艾则孜古丽·阿布来提	女	维吾尔族	乌鲁却勒镇喀拉塔拉村小学	阿瓦提县第37个“教师节”先进个人	2021年9月	中共阿瓦提县委员会
努日古丽·艾买尔	女	维吾尔族	乌鲁却勒镇拜什艾日克村小学	阿瓦提县第37个“教师节”先进个人	2021年9月	中共阿瓦提县委员会
玉斯甫·阿不拉	男	维吾尔族	乌鲁却勒镇阿热格热木村小学	阿瓦提县第37个“教师节”先进个人	2021年9月	中共阿瓦提县委员会
胡西塔尔·艾沙	男	维吾尔族	乌鲁却勒镇克亚库都克村小学	阿瓦提县第37个“教师节”先进个人	2021年9月	中共阿瓦提县委员会
郑艳丽	女	汉族	乌鲁却勒镇克亚库都克村小学	阿瓦提县第37个“教师节”先进个人	2021年9月	中共阿瓦提县委员会
肉孜古丽·艾则孜	女	维吾尔族	乌鲁却勒镇阿依库勒村幼儿园	阿瓦提县第37个“教师节”先进个人	2021年9月	中共阿瓦提县委员会
古丽巴哈尔·买提吐尔地	女	维吾尔族	乌鲁却勒镇库木布拉克村小学	阿瓦提县第37个“教师节”先进个人	2021年9月	中共阿瓦提县委员会
姑力米热·阿力甫	女	维吾尔族	乌鲁却勒镇克亚库都克村幼儿园	阿瓦提县第37个“教师节”先进个人	2021年9月	中共阿瓦提县委员会
艾尔肯·如苏	男	维吾尔族	乌鲁却勒镇克迪木阿依玛克村小学	阿瓦提县第37个“教师节”先进个人	2021年9月	中共阿瓦提县委员会
李晓平	女	汉族	乌鲁却勒镇克迪木阿依玛克村小学	阿瓦提县第37个“教师节”先进个人	2021年9月	中共阿瓦提县委员会
亚库普江·赫米提	男	维吾尔族	乌鲁却勒镇玉斯屯克协海尔村小学	阿瓦提县第37个“教师节”先进个人	2021年9月	中共阿瓦提县委员会
迪力胡马尔·艾麦提	女	维吾尔族	乌鲁却勒镇玉斯屯克协海尔村幼儿园	阿瓦提县第37个“教师节”先进个人	2021年9月	中共阿瓦提县委员会
刘红燕	女	汉族	乌鲁却勒镇克迪木阿依玛克村幼儿园	阿瓦提县第37个“教师节”先进个人	2021年9月	中共阿瓦提县委员会

续表10

姓名	性别	族别	单位	荣誉称号	奖励时间	授奖单位
阿不拉江·阿不都哈力克	男	维吾尔族	英艾日克镇中学	阿瓦提县第37个“教师节”先进个人	2021年9月	中共阿瓦提县委员会
袁仕会	女	汉族	英艾日克镇中学	阿瓦提县第37个“教师节”先进个人	2021年9月	中共阿瓦提县委员会
艾力夏提·巴斯提	男	维吾尔族	英艾日克镇中学	阿瓦提县第37个“教师节”先进个人	2021年9月	中共阿瓦提县委员会
阿斯古力·艾合麦提	女	维吾尔族	英艾日克镇中学	阿瓦提县第37个“教师节”先进个人	2021年9月	中共阿瓦提县委员会
阿布迪热木·阿布拉	男	维吾尔族	英艾日克镇中学	阿瓦提县第37个“教师节”先进个人	2021年9月	中共阿瓦提县委员会
艾利亚·库尔班	男	维吾尔族	英艾日克镇中学	阿瓦提县第37个“教师节”先进个人	2021年9月	中共阿瓦提县委员会
杨旭辉	男	汉族	英艾日克镇中学	阿瓦提县第37个“教师节”先进个人	2021年9月	中共阿瓦提县委员会
陈宝利	男	汉族	英艾日克镇中学	阿瓦提县第37个“教师节”先进个人	2021年9月	中共阿瓦提县委员会
肖吉发	男	汉族	英艾日克镇中学	阿瓦提县第37个“教师节”先进个人	2021年9月	中共阿瓦提县委员会
昌仕涛	男	汉族	英艾日克镇中学	阿瓦提县第37个“教师节”先进个人	2021年9月	中共阿瓦提县委员会
李敏强	男	汉族	英艾日克镇中学	阿瓦提县第37个“教师节”先进个人	2021年9月	中共阿瓦提县委员会
杨燕红	女	汉族	英艾日克镇中学	阿瓦提县第37个“教师节”先进个人	2021年9月	中共阿瓦提县委员会
阿提坎姆·阿布迪维力	女	维吾尔族	英艾日克镇中学	阿瓦提县第37个“教师节”先进个人	2021年9月	中共阿瓦提县委员会
张付军	男	土家族	英艾日克镇中心小学	阿瓦提县第37个“教师节”先进个人	2021年9月	中共阿瓦提县委员会
古丽努尔·吐木尔	女	维吾尔族	英艾日克镇中心小学	阿瓦提县第37个“教师节”先进个人	2021年9月	中共阿瓦提县委员会
葛婷婷	女	汉族	英艾日克镇中心小学	阿瓦提县第37个“教师节”先进个人	2021年9月	中共阿瓦提县委员会
任俊	男	汉族	英艾日克镇中心小学	阿瓦提县第37个“教师节”先进个人	2021年9月	中共阿瓦提县委员会

续表10

姓名	性别	族别	单位	荣誉称号	奖励时间	授奖单位
包欣	女	蒙古族	英艾日克镇中心小学	阿瓦提县第37个"教师节"先进个人	2021年9月	中共阿瓦提县委员会
阿尔祖古丽·卡迪尔	女	维吾尔族	英艾日克镇中心小学	阿瓦提县第37个"教师节"先进个人	2021年9月	中共阿瓦提县委员会
坎拜尔尼沙·吐尔逊	女	维吾尔族	英艾日克镇中心小学	阿瓦提县第37个"教师节"先进个人	2021年9月	中共阿瓦提县委员会
汝佳鑫	男	汉族	英艾日克镇中心小学	阿瓦提县第37个"教师节"先进个人	2021年9月	中共阿瓦提县委员会
阿依夏木古丽·吾斯曼	女	维吾尔族	英艾日克镇中心小学	阿瓦提县第37个"教师节"先进个人	2021年9月	中共阿瓦提县委员会
邓万福	男	回族	英艾日克镇第二中心小学	阿瓦提县第37个"教师节"先进个人	2021年9月	中共阿瓦提县委员会
刘江博	男	汉族	英艾日克镇第二中心小学	阿瓦提县第37个"教师节"先进个人	2021年9月	中共阿瓦提县委员会
古丽娜尔·吾斯曼	女	维吾尔族	英艾日克镇第二中心小学	阿瓦提县第37个"教师节"先进个人	2021年9月	中共阿瓦提县委员会
田华云	男	汉族	英艾日克镇第二中心小学	阿瓦提县第37个"教师节"先进个人	2021年9月	中共阿瓦提县委员会
马秀花	女	回族	英艾日克镇第二中心小学	阿瓦提县第37个"教师节"先进个人	2021年9月	中共阿瓦提县委员会
杜勐勐	女	汉族	英艾日克镇第二中心小学	阿瓦提县第37个"教师节"先进个人	2021年9月	中共阿瓦提县委员会
邓亚军	男	汉族	英艾日克镇第二中心小学	阿瓦提县第37个"教师节"先进个人	2021年9月	中共阿瓦提县委员会
马天菊	女	苗族	英艾日克镇第二中心小学	阿瓦提县第37个"教师节"先进个人	2021年9月	中共阿瓦提县委员会
吕虹	女	汉族	英艾日克镇第二中心小学	阿瓦提县第37个"教师节"先进个人	2021年9月	中共阿瓦提县委员会
安雪芳	女	汉族	英艾日克镇第二中心小学	阿瓦提县第37个"教师节"先进个人	2021年9月	中共阿瓦提县委员会
李海英	女	土家族	英艾日克镇中心幼儿园	阿瓦提县第37个"教师节"先进个人	2021年9月	中共阿瓦提县委员会
马娟强	女	汉族	英艾日克镇第二中心幼儿园	阿瓦提县第37个"教师节"先进个人	2021年9月	中共阿瓦提县委员会

续表10

姓名	性别	族别	单位	荣誉称号	奖励时间	授奖单位
玛丽艳木·阿布都瓦斯	女	维吾尔族	英艾日克镇夏库尔小学	阿瓦提县第37个“教师节”先进个人	2021年9月	中共阿瓦提县委员会
热娜古丽·库尔班	女	维吾尔族	英艾日克镇白玉兰小学	阿瓦提县第37个“教师节”先进个人	2021年9月	中共阿瓦提县委员会
阿依加玛丽·吐尔逊	女	维吾尔族	英艾日克镇海尔希望小学	阿瓦提县第37个“教师节”先进个人	2021年9月	中共阿瓦提县委员会
艾则孜·艾买提	男	维吾尔族	英艾日克镇吐鲁瓦依小学	阿瓦提县第37个“教师节”先进个人	2021年9月	中共阿瓦提县委员会
阿米娜木·艾山	女	维吾尔族	英艾日克镇吐格曼贝希小学	阿瓦提县第37个“教师节”先进个人	2021年9月	中共阿瓦提县委员会
薛登云	男	拉祜族	英艾日克镇上海外经贸小学	阿瓦提县第37个“教师节”先进个人	2021年9月	中共阿瓦提县委员会
如先古丽·如再克	女	维吾尔族	英艾日克镇拉特勒克村小学	阿瓦提县第37个“教师节”先进个人	2021年9月	中共阿瓦提县委员会
努尔曼古丽·奥斯曼	女	维吾尔族	英艾日克镇开克日布亚村小学	阿瓦提县第37个“教师节”先进个人	2021年9月	中共阿瓦提县委员会
陈煜	男	汉族	英艾日克镇阔什库都克村小学	阿瓦提县第37个“教师节”先进个人	2021年9月	中共阿瓦提县委员会
布外娜木·艾散	女	维吾尔族	英艾日克镇阔什库都克村幼儿园	阿瓦提县第37个“教师节”先进个人	2021年9月	中共阿瓦提县委员会
阿迪拉·卡地尔	女	维吾尔族	英艾日克镇拜什甫塔克村幼儿园	阿瓦提县第37个“教师节”先进个人	2021年9月	中共阿瓦提县委员会
热比叶木·吐尼亚孜	女	维吾尔族	英艾日克镇托万克托格拉吾斯唐村小学	阿瓦提县第37个“教师节”先进个人	2021年9月	中共阿瓦提县委员会
阿布都热依木·阿不拉	男	维吾尔族	拜什艾日克镇中学	阿瓦提县第37个“教师节”先进个人	2021年9月	中共阿瓦提县委员会
吴田宇	男	蒙古族	拜什艾日克镇中学	阿瓦提县第37个“教师节”先进个人	2021年9月	中共阿瓦提县委员会
艾合麦提·乃麦提	男	维吾尔族	拜什艾日克镇中学	阿瓦提县第37个“教师节”先进个人	2021年9月	中共阿瓦提县委员会
曹兴旺	男	汉族	拜什艾日克镇中学	阿瓦提县第37个“教师节”先进个人	2021年9月	中共阿瓦提县委员会
阿孜古丽·吐尔孙	女	维吾尔族	拜什艾日克镇中学	阿瓦提县第37个“教师节”先进个人	2021年9月	中共阿瓦提县委员会

续表10

姓名	性别	族别	单位	荣誉称号	奖励时间	授奖单位
阿尔祖古丽·阿卜杜瓦依提	女	维吾尔族	拜什艾日克镇中学	阿瓦提县第37个"教师节"先进个人	2021年9月	中共阿瓦提县委员会
阿米那·艾则孜	女	维吾尔族	拜什艾日克镇中学	阿瓦提县第37个"教师节"先进个人	2021年9月	中共阿瓦提县委员会
任子轩	男	汉族	拜什艾日克镇中学	阿瓦提县第37个"教师节"先进个人	2021年9月	中共阿瓦提县委员会
杨建楠	男	汉族	拜什艾日克镇中学	阿瓦提县第37个"教师节"先进个人	2021年9月	中共阿瓦提县委员会
余帕古力·那麦提	女	维吾尔族	拜什艾日克镇中学	阿瓦提县第37个"教师节"先进个人	2021年9月	中共阿瓦提县委员会
张昔杰	男	汉族	拜什艾日克镇中学	阿瓦提县第37个"教师节"先进个人	2021年9月	中共阿瓦提县委员会
冯辰娟	女	汉族	拜什艾日克镇中学	阿瓦提县第37个"教师节"先进个人	2021年9月	中共阿瓦提县委员会
赵江	男	汉族	拜什艾日克镇中学	阿瓦提县第37个"教师节"先进个人	2021年9月	中共阿瓦提县委员会
帕提古丽·亚森	女	维吾尔族	拜什艾日克镇中学	阿瓦提县第37个"教师节"先进个人	2021年9月	中共阿瓦提县委员会
海日古丽·艾海提	女	维吾尔族	拜什艾日克镇中学	阿瓦提县第37个"教师节"先进个人	2021年9月	中共阿瓦提县委员会
敏热尼萨·托合提	女	维吾尔族	拜什艾日克镇中学	阿瓦提县第37个"教师节"先进个人	2021年9月	中共阿瓦提县委员会
陈文	男	汉族	拜什艾日克镇中心小学	阿瓦提县第37个"教师节"先进个人	2021年9月	中共阿瓦提县委员会
康海伦	女	汉族	拜什艾日克镇中心小学	阿瓦提县第37个"教师节"先进个人	2021年9月	中共阿瓦提县委员会
张铜	男	汉族	拜什艾日克镇中心小学	阿瓦提县第37个"教师节"先进个人	2021年9月	中共阿瓦提县委员会
梁建环	女	汉族	拜什艾日克镇中心小学	阿瓦提县第37个"教师节"先进个人	2021年9月	中共阿瓦提县委员会
马尔艳木·达吾提	女	维吾尔族	拜什艾日克镇中心小学	阿瓦提县第37个"教师节"先进个人	2021年9月	中共阿瓦提县委员会
古丽披扎木·吐尔逊	女	维吾尔族	拜什艾日克镇中心小学	阿瓦提县第37个"教师节"先进个人	2021年9月	中共阿瓦提县委员会

续表10

姓名	性别	族别	单位	荣誉称号	奖励时间	授奖单位
阿依祖合热·阿不都卡迪尔	女	维吾尔族	拜什艾日克镇中心小学	阿瓦提县第37个"教师节"先进个人	2021年9月	中共阿瓦提县委员会
吴丹	女	汉族	拜什艾日克镇中心小学	阿瓦提县第37个"教师节"先进个人	2021年9月	中共阿瓦提县委员会
武佳利	女	回族	拜什艾日克镇中心小学	阿瓦提县第37个"教师节"先进个人	2021年9月	中共阿瓦提县委员会
曼孜热木·阿布拉	女	维吾尔族	拜什艾日克镇中心幼儿园	阿瓦提县第37个"教师节"先进个人	2021年9月	中共阿瓦提县委员会
阿依左合热·吐尔洪	女	维吾尔族	拜什艾日克镇中心幼儿园	阿瓦提县第37个"教师节"先进个人	2021年9月	中共阿瓦提县委员会
席学磊	男	汉族	拜什艾日克镇第二中心小学	阿瓦提县第37个"教师节"先进个人	2021年9月	中共阿瓦提县委员会
孟宏伟	男	汉族	拜什艾日克镇第二中心小学	阿瓦提县第37个"教师节"先进个人	2021年9月	中共阿瓦提县委员会
张素欣	女	汉族	拜什艾日克镇第二中心小学	阿瓦提县第37个"教师节"先进个人	2021年9月	中共阿瓦提县委员会
古丽娜尔·吐尔逊	女	维吾尔族	拜什艾日克镇第二中心小学	阿瓦提县第37个"教师节"先进个人	2021年9月	中共阿瓦提县委员会
马兵飞	男	汉族	拜什艾日克镇第二中心小学	阿瓦提县第37个"教师节"先进个人	2021年9月	中共阿瓦提县委员会
王路生	男	汉族	拜什艾日克镇第二中心小学	阿瓦提县第37个"教师节"先进个人	2021年9月	中共阿瓦提县委员会
刘婷	女	汉族	拜什艾日克镇第二中心小学	阿瓦提县第37个"教师节"先进个人	2021年9月	中共阿瓦提县委员会
图尔贡·图尼亚孜	男	维吾尔族	拜什艾日克镇仓村小学	阿瓦提县第37个"教师节"先进个人	2021年9月	中共阿瓦提县委员会
阿提坎木·吐尼牙孜	女	维吾尔族	拜什艾日克镇仓村小学	阿瓦提县第37个"教师节"先进个人	2021年9月	中共阿瓦提县委员会
赛米热·图尔贡	女	维吾尔族	拜什艾日克镇博斯坦村幼儿园	阿瓦提县第37个"教师节"先进个人	2021年9月	中共阿瓦提县委员会
阿力古力·巴吐尔	女	维吾尔族	拜什艾日克镇博斯坦村幼儿园	阿瓦提县第37个"教师节"先进个人	2021年9月	中共阿瓦提县委员会
努尔比艳·艾力干木	女	维吾尔族	拜什艾日克镇代热亚博依村小学	阿瓦提县第37个"教师节"先进个人	2021年9月	中共阿瓦提县委员会

续表10

姓名	性别	族别	单位	荣誉称号	奖励时间	授奖单位
李国英	女	汉族	拜什艾日克镇代热亚博依村小学	阿瓦提县第37个“教师节”先进个人	2021年9月	中共阿瓦提县委员会
王美娜	女	汉族	拜什艾日克镇代热亚博依村小学	阿瓦提县第37个“教师节”先进个人	2021年9月	中共阿瓦提县委员会
西任古力·吉里力	女	维吾尔族	拜什艾日克镇代热亚博依村小学	阿瓦提县第37个“教师节”先进个人	2021年9月	中共阿瓦提县委员会
孙震	男	汉族	拜什艾日克镇玉斯屯克塔勒克村小学	阿瓦提县第37个“教师节”先进个人	2021年9月	中共阿瓦提县委员会
薛佩婷	女	汉族	拜什艾日克镇玉斯屯克塔勒克村小学	阿瓦提县第37个“教师节”先进个人	2021年9月	中共阿瓦提县委员会
阿尔孜古丽·艾买尔	女	维吾尔族	拜什艾日克镇玉斯屯克库木艾日克村幼儿园	阿瓦提县第37个“教师节”先进个人	2021年9月	中共阿瓦提县委员会
杨红伟	女	苗族	塔木托格拉克镇中学	阿瓦提县第37个“教师节”先进个人	2021年9月	中共阿瓦提县委员会
艾海提·阿不地克热木	男	维吾尔族	塔木托格拉克镇中学	阿瓦提县第37个“教师节”先进个人	2021年9月	中共阿瓦提县委员会
阿迪力·巴拉提	男	维吾尔族	塔木托格拉克镇中学	阿瓦提县第37个“教师节”先进个人	2021年9月	中共阿瓦提县委员会
李颜荣	女	汉族	塔木托格拉克镇中学	阿瓦提县第37个“教师节”先进个人	2021年9月	中共阿瓦提县委员会
李明	男	蒙古族	塔木托格拉克镇中学	阿瓦提县第37个“教师节”先进个人	2021年9月	中共阿瓦提县委员会
依巴代提·托合提	女	维吾尔族	塔木托格拉克镇中学	阿瓦提县第37个“教师节”先进个人	2021年9月	中共阿瓦提县委员会
吐鲁孙阿依·阿布都热合曼	女	维吾尔族	塔木托格拉克镇中学	阿瓦提县第37个“教师节”先进个人	2021年9月	中共阿瓦提县委员会
王莎	女	汉族	塔木托格拉克镇中学	阿瓦提县第37个“教师节”先进个人	2021年9月	中共阿瓦提县委员会
姚珍	女	汉族	塔木托格拉克镇中学	阿瓦提县第37个“教师节”先进个人	2021年9月	中共阿瓦提县委员会
马谍	男	回族	塔木托格拉克镇中学	阿瓦提县第37个“教师节”先进个人	2021年9月	中共阿瓦提县委员会

续表10

姓名	性别	族别	单位	荣誉称号	奖励时间	授奖单位
古孜丽努尔·麦麦提	女	维吾尔族	塔木托格拉克镇中学	阿瓦提县第37个“教师节”先进个人	2021年9月	中共阿瓦提县委员会
谷太彩	女	汉族	塔木托格拉克镇中学	阿瓦提县第37个“教师节”先进个人	2021年9月	中共阿瓦提县委员会
古扎丽努尔·阿不都克然木	女	维吾尔族	塔木托格拉克镇中心幼儿园	阿瓦提县第37个“教师节”先进个人	2021年9月	中共阿瓦提县委员会
张晓荣	女	汉族	塔木托格拉克镇第二中心幼儿园	阿瓦提县第37个“教师节”先进个人	2021年9月	中共阿瓦提县委员会
杨娜	女	汉族	塔木托格拉克镇上海松江希望小学	阿瓦提县第37个“教师节”先进个人	2021年9月	中共阿瓦提县委员会
阿依米古丽·牙森	女	维吾尔族	塔木托格拉克镇上海松江希望小学	阿瓦提县第37个“教师节”先进个人	2021年9月	中共阿瓦提县委员会
黄应竹	男	汉族	塔木托格拉克镇秋马克村教学点	阿瓦提县第37个“教师节”先进个人	2021年9月	中共阿瓦提县委员会
艾散·阿不都热合曼	男	维吾尔族	塔木托格拉克镇新疆农科院希望小学	阿瓦提县第37个“教师节”先进个人	2021年9月	中共阿瓦提县委员会
马万里	男	回族	塔木托格拉克镇巴格央塔克村教学点	阿瓦提县第37个“教师节”先进个人	2021年9月	中共阿瓦提县委员会
朱生福	男	汉族	塔木托格拉克镇巴格央塔克村教学点	阿瓦提县第37个“教师节”先进个人	2021年9月	中共阿瓦提县委员会
古丽努尔·吐地	女	维吾尔族	塔木托格拉克镇托万克阿热勒村幼儿园	阿瓦提县第37个“教师节”先进个人	2021年9月	中共阿瓦提县委员会
付宪江	男	汉族	塔木托格拉克镇玉斯屯克玉吉买村小学	阿瓦提县第37个“教师节”先进个人	2021年9月	中共阿瓦提县委员会
奇曼古力·艾则孜	女	维吾尔族	塔木托个拉克镇托万克赛克孜奥塔克村小学	阿瓦提县第37个“教师节”先进个人	2021年9月	中共阿瓦提县委员会
张耀祖	男	汉族	塔木托格拉克镇玉斯屯克塔木托格拉克村小学	阿瓦提县第37个“教师节”先进个人	2021年9月	中共阿瓦提县委员会
杨锋	男	汉族	阿依巴格镇中心小学	阿瓦提县第37个“教师节”先进个人	2021年9月	中共阿瓦提县委员会

续表10

姓名	性别	族别	单位	荣誉称号	奖励时间	授奖单位
许开和	男	汉族	阿依巴格镇中心小学	阿瓦提县第37个“教师节”先进个人	2021年9月	中共阿瓦提县委员会
依米尼亚孜·艾山	男	维吾尔族	阿依巴格镇中心小学	阿瓦提县第37个“教师节”先进个人	2021年9月	中共阿瓦提县委员会
热依兰·麦麦提	女	维吾尔族	阿依巴格镇中心小学	阿瓦提县第37个“教师节”先进个人	2021年9月	中共阿瓦提县委员会
张欢	女	汉族	阿依巴格镇中心小学	阿瓦提县第37个“教师节”先进个人	2021年9月	中共阿瓦提县委员会
翟小娟	女	汉族	阿依巴格镇中心小学	阿瓦提县第37个“教师节”先进个人	2021年9月	中共阿瓦提县委员会
苏比努尔·麦合木提	女	维吾尔族	阿依巴格镇中心小学	阿瓦提县第37个“教师节”先进个人	2021年9月	中共阿瓦提县委员会
李海亮	男	汉族	阿依巴格镇中心小学	阿瓦提县第37个“教师节”先进个人	2021年9月	中共阿瓦提县委员会
庞月娟	女	汉族	阿依巴格镇中心小学	阿瓦提县第37个“教师节”先进个人	2021年9月	中共阿瓦提县委员会
杨雪雪	女	汉族	阿依巴格镇中心幼儿园	阿瓦提县第37个“教师节”先进个人	2021年9月	中共阿瓦提县委员会
阿依努尔·牙生	女	维吾尔族	阿依巴格镇中心幼儿园	阿瓦提县第37个“教师节”先进个人	2021年9月	中共阿瓦提县委员会
安颖佳	女	汉族	阿依巴格镇幸福村小学	阿瓦提县第37个“教师节”先进个人	2021年9月	中共阿瓦提县委员会
热米拉·衣得力斯	女	维吾尔族	阿依巴格镇塔兰特幼儿园	阿瓦提县第37个“教师节”先进个人	2021年9月	中共阿瓦提县委员会
热依来·吐尔洪	女	维吾尔族	阿依巴格镇上海浦东希望小学	阿瓦提县第37个“教师节”先进个人	2021年9月	中共阿瓦提县委员会
杨芳梨	女	汉族	阿依巴格镇托万克库拉斯村小学	阿瓦提县第37个“教师节”先进个人	2021年9月	中共阿瓦提县委员会
姚中武	男	汉族	阿依巴格镇托万克喀格木什村小学	阿瓦提县第37个“教师节”先进个人	2021年9月	中共阿瓦提县委员会
杨烽塬	男	汉族	阿依巴格镇玉斯屯克库拉斯村小学	阿瓦提县第37个“教师节”先进个人	2021年9月	中共阿瓦提县委员会
古海尔尼沙·玉素甫	女	维吾尔族	阿依巴格镇玉斯屯克依来克村小学	阿瓦提县第37个“教师节”先进个人	2021年9月	中共阿瓦提县委员会
张玉	女	汉族	阿依巴格镇托万克多浪村幼儿园	阿瓦提县第37个“教师节”先进个人	2021年9月	中共阿瓦提县委员会
古丽尼尕尔·艾克拜尔	女	维吾尔族	阿依巴格镇玉斯屯克依来克幼儿园	阿瓦提县第37个“教师节”先进个人	2021年9月	中共阿瓦提县委员会

续表10

姓名	性别	族别	单位	荣誉称号	奖励时间	授奖单位
胡小康	女	汉族	阿依巴格镇托万克喀格木什村幼儿园	阿瓦提县第37个"教师节"先进个人	2021年9月	中共阿瓦提县委员会
早日古丽.买买提	女	维吾尔族	阿依巴格镇玉斯屯克阿依库勒村幼儿园	阿瓦提县第37个"教师节"先进个人	2021年9月	中共阿瓦提县委员会
张晶	女	汉族	阿依巴格镇玉斯屯克阿依库勒村幼儿园	阿瓦提县第37个"教师节"先进个人	2021年9月	中共阿瓦提县委员会
玛伊热·图尔贡	女	维吾尔族	阿依巴格镇玉斯屯克阿依库勒村小学	阿瓦提县第37个"教师节"先进个人	2021年9月	中共阿瓦提县委员会
周丽星	男	汉族	多浪乡中学	阿瓦提县第37个"教师节"先进个人	2021年9月	中共阿瓦提县委员会
韩琼	女	汉族	多浪乡中学	阿瓦提县第37个"教师节"先进个人	2021年9月	中共阿瓦提县委员会
董保华	男	汉族	多浪乡中学	阿瓦提县第37个"教师节"先进个人	2021年9月	中共阿瓦提县委员会
高艳雄	女	汉族	多浪乡中学	阿瓦提县第37个"教师节"先进个人	2021年9月	中共阿瓦提县委员会
张卫红	女	汉族	多浪乡中学	阿瓦提县第37个"教师节"先进个人	2021年9月	中共阿瓦提县委员会
刘磊鹏	男	汉族	多浪乡中学	阿瓦提县第37个"教师节"先进个人	2021年9月	中共阿瓦提县委员会
李旭龙	男	汉族	多浪乡中学	阿瓦提县第37个"教师节"先进个人	2021年9月	中共阿瓦提县委员会
郭剑玲	女	汉族	多浪乡中心小学	阿瓦提县第37个"教师节"先进个人	2021年9月	中共阿瓦提县委员会
张博文	男	汉族	多浪乡中心小学	阿瓦提县第37个"教师节"先进个人	2021年9月	中共阿瓦提县委员会
张永红	男	汉族	多浪乡中心小学	阿瓦提县第37个"教师节"先进个人	2021年9月	中共阿瓦提县委员会
李世萍	女	汉族	多浪乡中心小学	阿瓦提县第37个"教师节"先进个人	2021年9月	中共阿瓦提县委员会
毕丽娟	女	汉族	多浪乡中心小学	阿瓦提县第37个"教师节"先进个人	2021年9月	中共阿瓦提县委员会
早日古丽·阿布墩	女	维吾尔族	多浪乡中心幼儿园	阿瓦提县第37个"教师节"先进个人	2021年9月	中共阿瓦提县委员会
陈倩	女	汉族	多浪乡托格拉克村幼儿园	阿瓦提县第37个"教师节"先进个人	2021年9月	中共阿瓦提县委员会
米亥力古丽·吐逊	女	维吾尔族	阿瓦提镇团结村小学	阿瓦提县第37个"教师节"先进个人	2021年9月	中共阿瓦提县委员会

续表10

姓名	性别	族别	单位	荣誉称号	奖励时间	授奖单位
高杰	男	布依族	阿瓦提镇团结村幼儿园	阿瓦提县第37个"教师节"先进个人	2021年9月	中共阿瓦提县委员会
祖力比艳木·亚森	女	维吾尔族	阿瓦提镇团结村幼儿园	阿瓦提县第37个"教师节"先进个人	2021年9月	中共阿瓦提县委员会
陈国华	女	汉族	阿瓦提镇上海奉贤白玉兰小学	阿瓦提县第37个"教师节"先进个人	2021年9月	中共阿瓦提县委员会
郭倩	女	汉族	阿瓦提镇上海奉贤白玉兰小学	阿瓦提县第37个"教师节"先进个人	2021年9月	中共阿瓦提县委员会
胡凤	女	汉族	阿瓦提镇上海奉贤白玉兰小学	阿瓦提县第37个"教师节"先进个人	2021年9月	中共阿瓦提县委员会
孟娇娇	女	汉族	阿瓦提镇上海奉贤白玉兰小学	阿瓦提县第37个"教师节"先进个人	2021年9月	中共阿瓦提县委员会
李华	女	汉族	阿瓦提镇上海奉贤白玉兰小学	阿瓦提县第37个"教师节"先进个人	2021年9月	中共阿瓦提县委员会
刘夏燕	女	汉族	阿瓦提镇上海奉贤白玉兰小学	阿瓦提县第37个"教师节"先进个人	2021年9月	中共阿瓦提县委员会
樊国军	男	汉族	阿克切克力中心小学	阿瓦提县第37个"教师节"先进个人	2021年9月	中共阿瓦提县委员会
李魁延	男	汉族	阿克切克力中心小学	阿瓦提县第37个"教师节"先进个人	2021年9月	中共阿瓦提县委员会
李仲霞	女	回族	阿克切克力中心小学	阿瓦提县第37个"教师节"先进个人	2021年9月	中共阿瓦提县委员会
牛雪霞	女	汉族	阿克切克力中心小学	阿瓦提县第37个"教师节"先进个人	2021年9月	中共阿瓦提县委员会
崔小康	男	汉族	阿克切克力中心小学	阿瓦提县第37个"教师节"先进个人	2021年9月	中共阿瓦提县委员会
艾海提·伊米尔	男	维吾尔族	阿克切克力中心小学	阿瓦提县第37个"教师节"先进个人	2021年9月	中共阿瓦提县委员会
刘世宏	男	汉族	阿克切克力中心小学	阿瓦提县第37个"教师节"先进个人	2021年9月	中共阿瓦提县委员会
李娅	女	汉族	阿克切克力中心幼儿园	阿瓦提县第37个"教师节"先进个人	2021年9月	中共阿瓦提县委员会
姜艳	女	汉族	阿克切克力中心幼儿园	阿瓦提县第37个"教师节"先进个人	2021年9月	中共阿瓦提县委员会
曹俏芳	女	汉族	阿克切克力中心幼儿园	阿瓦提县第37个"教师节"先进个人	2021年9月	中共阿瓦提县委员会

续表10

姓名	性别	族别	单位	荣誉称号	奖励时间	授奖单位
杨敏	女	汉族	巴格托格拉克乡中心小学	阿瓦提县第37个"教师节"先进个人	2021年9月	中共阿瓦提县委员会
李佰荣	男	汉族	巴格托格拉克乡中心小学	阿瓦提县第37个"教师节"先进个人	2021年9月	中共阿瓦提县委员会
陈柯汝	女	汉族	巴格托格拉克乡中心小学	阿瓦提县第37个"教师节"先进个人	2021年9月	中共阿瓦提县委员会
袁桂群	女	土家族	巴格托格拉克乡中心小学	阿瓦提县第37个"教师节"先进个人	2021年9月	中共阿瓦提县委员会
吉力米热·阿布都艾则孜	女	维吾尔族	巴格托格拉克乡中心小学	阿瓦提县第37个"教师节"先进个人	2021年9月	中共阿瓦提县委员会
黄明进	男	汉族	巴格托格拉克乡中心小学	阿瓦提县第37个"教师节"先进个人	2021年9月	中共阿瓦提县委员会
唐存存	女	汉族	第四中学	阿瓦提县第37个"教师节"先进个人	2021年9月	中共阿瓦提县委员会
刘玉祥	男	汉族	第四中学	阿瓦提县第37个"教师节"先进个人	2021年9月	中共阿瓦提县委员会
龚杏梅	女	汉族	第一幼儿园	阿瓦提县第37个"教师节"先进个人	2021年9月	中共阿瓦提县委员会
马热艳木·买买提	女	维吾尔族	多浪乡中心幼儿园	阿瓦提县第37个"教师节"先进个人	2021年9月	中共阿瓦提县委员会
杨兴路	男	汉族	英艾日克镇中心小学	阿瓦提县第37个"教师节"先进个人	2021年9月	中共阿瓦提县委员会
侯乐燕	女	汉族	拜什艾日克镇托万克库木艾日克村小学	阿瓦提县第37个"教师节"先进个人	2021年9月	中共阿瓦提县委员会
沈东清	男	汉族	塔木托格拉克镇秋马克村教学点	阿瓦提县第37个"教师节"先进个人	2021年9月	中共阿瓦提县委员会
蒋 通	男	汉族	阿依巴格镇玉斯屯克阿依库勒村幼儿园	阿瓦提县第37个"教师节"先进个人	2021年9月	中共阿瓦提县委员会

附 录

组织机构及负责人名录

县领导机构

阿瓦提县委常委

县委书记:张晓明(3月任职)

县委副书记、县长:吾布力喀斯木·买吐送(维吾尔族,11月免)、沙比尔·麦合木提(维吾尔族,11月任)

县委副书记:刘宁(1月任职,3月免职)、吴宝辉(3月任,11月免)、黄振军(11月任,11月免)、刘晓峰(11月任) 艾则孜·买买提(维吾尔族,1月免) 齐方良(绍兴援疆) 吾甫力哈斯木·麦麦提(维吾尔族,2月任)

常委:杨永权 马芹标(绍兴援疆) 易昭勇(1月免) 代风云(1月任,7月免) 苗向军(2月任) 杨秋湘(女) 付长山 库尔班·卡衣木(维吾尔族,2免) 穆合塔尔·苏里坦(维吾尔族,2月任) 陈玉辉(5月免) 罗卫东(5月任) 程建文(2月免) 汪军(6月任) 付昌奇(1月免)

阿瓦提县人民代表大会常务委员会

党组书记:刘 宁(1月任,3月免) 吴宝辉(4月任,12月免) 黄振军(12月任,12月免) 刘晓峰(12月任)

党组副书记、主任:艾尔肯·斯迪克(维吾尔族)

党组成员、副主任:黄艳红(回族,女) 李秀军(2月免) 艾买尔江·艾买提(维吾尔族,9月免) 玉素甫江·吾休尔(维吾尔族,9月免) 黄敏(9月任) 阿不都如苏力·卡迪尔(维吾尔族,9月任) 艾斯卡尔·依地热斯(维吾尔族,9月任)

阿瓦提县人民政府

党组书记、县长:吾布力喀斯木·买吐送(维吾尔族,11月免) 沙比尔·麦合木提(维吾尔族,11月任)

党组成员、常务副县长:代风云(1月任,7月免)

常务副县长:付长山(7月任)

党组成员、副县长:易昭勇(1月免) 马芹标(绍兴援疆) 贺建阿不力米提·阿不都热依木(维吾尔族) 迪丽拜尔·艾山(维吾尔族,女) 张勇峰(1月免) 车小刚(2月任)

党组成员:胡民志

中国人民政治协商会议阿瓦提县委员会

党组书记、副主席:陈刚(11月免) 张波(11月任)

党组副书记、主席:艾则孜·买买提(维吾尔族,1月免) 阿布都热合曼·依木热木孜(维吾尔族,2月任)

党组成员、副主席:付昌奇(1月任) 阿布都热合曼·依木热木孜(维吾尔族,2月免) 艾合麦提江·吐来克(维吾尔族,2月任) 黄敏(9月免) 阿米娜·托乎提(维吾尔族,女,4月任)

中国共产党阿瓦提县纪律检查委员会(监察委员会)

纪委书记、监委主任:艾则孜·买买提(维吾尔族)(1月免) 苗向军(1月任)

副书记、监委副主任:刘新玉(11月免) 朱文明(11月任) 吕希池(6月免) 周海磊(2月任)

纪委常委、监委委员:包卿选(1月免) 再娜甫·买提吐尔地(6月任)

纪委常委:马伟锋(6月免) 麦合木提·卡斯木(6月任)

纪委常委、巡察办主任:薛维怀(6月免) 杨世飞(6月任)

监察委委员:聂云波　袁毅

巡察办

巡察办主任:薛维怀(6月免) 杨世飞(6月任)

巡察办副主任:单祺(3月免) 张亚鹏(6月任) 热汗古丽·买特奴尔(维吾尔族,女)

司法　法治

阿瓦提县人民检察院

党组书记、副检察长:刘洪(5月免)黄晓明(5月任)

副书记、检察长:赛买提·奥斯曼(维吾尔族)(5月免) 艾科拜尔江·阿卜来提(5月任)

党组成员、副检察长:杨勇　马依拉·阿不拉(维吾尔族,女)(2月免)

党组成员、副检察长、政治部部长:徐万军(8月免)

县检察院副检察长(副科级) 木克热甫·木合塔尔(2月任)

专职检察委员会委员:哈那依木·玉山(维吾尔族,女) 严如国

派驻监察室主任:艾尔肯·艾力(维吾尔族)

县人民检察院办公室主任:刘娜(2月任)

县人民检察院第一检察部主任:艾斯卡尔·买买提(2月任)

县人民检察院第二检察部主任:李传秀(2月任)

阿瓦提县人民法院

书记、副院长:吴洁

副书记、院长:阿布都热依木·阿布都热合曼(维吾尔族)

党组成员、副院长:余强

党组成员、政治部主任:肖兴刚

副院长:阿布都尼牙孜·卡德(维吾尔族,挂职)

阿瓦提县公安局

党委书记、局长、督察长:陈玉辉(5月免) 罗卫东(5月任)

副书记、政委、副局长:吐鲁洪·艾尔肯(维吾尔族,12月免)吐尔逊·库尔班(12月任)

副书记、副局长:张田德(2月任)

党委委员、副局长:陈涛(4月免) 吐尔洪江·阿不都喀迪尔(维吾尔族)(2月免) 闫福强　杨生云(11月免)

党委委员:易凤轩　艾科拜尔·黑米提

副局长:张龙 (12月免)

网信党工委副书记、委网信办(县互联网信息办)主任:周建林

森林派出所所长:朱广申

森林派出所指导员:艾则孜江·卡哈尔(1月任)

公安消防大队

大队长:张长领

县委工作机构

县委办公室

主任:崔巍啸(11月任)

副主任、保密委员会专职副主任:王维东

副主任:唐雨(1月免)谷蒙恩(1月任)吴登科(3月任)

信息综合室主任:刘金海(9月任)

档案馆馆长:陈龙(12月任)王栋(11月任)

档案馆副馆长:董小红(女)

专用通信局局长:张春玲(女)

机要保密局

局长:马国庆(10月免)王磊(10月任)

副局长:刘伟(女)(10月免) 刘艺谋(10月任)

组织部

部长:黄建霞(女)(1月免)杨秋湘(1月任)

副部长:李曙亮(7月免) 陈刚 帕孜来提·艾合买提(维吾尔族,女,11月免) 梁富洋(浙江绍兴市援疆) 雷刚(5月免)蔡金兰(女,10月任)黄春宇(10月任)马宝山(11月任)

部委委员:刘叶青(6月免)黄登辉(2月任,9月免)张恒钰(10月任)邹成海(10月任)

老干、老年活动中心主任:马依然·乌斯曼(维吾尔族,女,12月任)

干部信息中心(人事档案服务中心)主任:陈艳娟(女)

宣传部

部长:付长山(6月任)

副部长:阿丽木尼沙·阿不拉(维吾尔族,女,3月免)蔡金兰(女,10月免)薛维怀(6月任)

买吾兰·阿不拉(维吾尔族,10月任)王艺(11月任)

社会科学界联合会主席:王忠茂(1月免)穆向阳(1月任)

文联主席:王国纯

宣传中心主任:尹红燕(女)

宣传中心副主任:王锦霞(女)

文化产品鉴定中心主任:阿孜古丽·阿不拉(维吾尔族,女)

政法委

书记:桂美军(1月免)刘宁(1月任,6月免)吴宝辉(6月任,11月免)黄振军(11月任,12月免)

书记:王艺(11月免)杨宏波(12月任) 王伟 吾买尔·玉山英(维吾尔族)

网格化服务中心副主任:艾尔肯江·阿不拉(维吾尔族)(6月免)

统战部

部长:库尔班·卡衣木(维吾尔族,2月免)穆合塔尔·苏里坦(维吾尔族,2月任)

副部长:买买提·艾买尔(维吾尔族,2月免)张卫东 艾合麦提江·吐来克(维吾尔族,2月任)王忠华(11月任)艾热提·帕尔哈提(维吾尔族,10月任)包卿选(1月任,9月免)马宝山(10月任,11月免)

侨联主席:曾曦(女)

社会主义学院院长:尼加提·阿不拉(维吾尔族,12月免)

社会主义学院支部书记:张兴旭(12月任)

社会主义学院副校长:张蕾

伊斯兰教协会专职副会长:木太利甫·毛拉(11月免)(维吾尔族)

伊斯兰教协会秘书长:张建明(11月免)

编办

书记、副主任:蒋康(11月免)

主　任:阿地力·肉孜(维吾尔族)

副主任:赵霞(女)

机关工委

书记:陈香(女)(8月免) 李辉(8月任)

副书记:尹锁明 金智敏(7月任)

纪检监察工委书记、机关工委委员:开赛尔·热西提(维吾尔族)

史志办

主任:陈应忠

副主任:曾先成 吴倪妮

纪委监委内设机构

办公室主任:张文华(1月任)

组宣部部长:赵伟(1月任,11月免)雷延花(藏族,女,11月任)

党风政风监督室主任:朱益新(1月任)

信访室主任:茹先古丽·莫明(维吾尔族,女,10月免)

案件审理室主任:王恒

案件监督管理室主任:刘娟(女)

第一纪检监察室主任:刘强(6月免)努热古·苏来曼(维吾尔族,女,10月任)

第二纪检监察室主任:金崇业

第三纪检监察室主任:麦合木提·卡斯木(维吾尔族,6月免)依沙克·艾合买提(维吾尔族,10月任)

第四纪检监察室主任:艾司卡尔·买买提依明(维吾尔族,6月免)赵伟(11月任)

第五纪检监察室主任:刘海霞(女)

第一纪检监察组组长、组织部部务会成员:时吉庆(11月免)

第二纪检监察组组长:严纯珍(女,1月免)侯文坤(10月任)

第三纪检监察组组长、教科局党组成员:张文华(1月免)严纯珍(女,1月任)

第四纪检监察组组长、发改委党组成员:闫超(1月免)孙传洪(2月任)

第五纪检监察组组长、农业农村局党组成员:魏文华(女)

第六纪检监察组组长:张国秀(女)

县委直属事业单位

党校

校长:黄建霞(1月免)杨秋湘(1月任)

常务副校长:陈刚

副校长:唐羽(女)

人大内设机构

机关党组书记、办公室主任:刘彦龙(11月免)李风雷(11月任)

机关党组成员、办公室副主任:张有学

法制工作委员会主任:刘科雨(5月免)

法制工作委员会副主任:吐尔洪·吾司曼(维吾尔族)

财政经济工作委员会主任:董秐光

财政经济工作委员会副主任:邓辉

教科文卫工作委员会副主任:盛继凯

教科文卫工作委员会副主任:王兆宏(5月免)

机关党组成员、代表人事工作委员会主任:夏扎代木·阿吾特(维吾尔族,女)

代表人事工作委员会副主任:陆剑(7月免)闫韦佳(女,12月任)

县政府工作机构

政府办

政府机关基层党组书记、主任:王小明(11月免)王军国(11月任)

党组成员、副主任:赵芳(女) 李林鹏

县大数据发展服务中心党组成员、副主任:张磊

机关事务管理办公室

副主任:帕坦木·卡迪尔(维吾尔族,女,10月免)

信访局

书记、副局长:崔巍啸(1月免)张在绪(1月任)

副书记、局长:阿不来提·阿巴斯(维吾尔族,6月免)阿不都热依木·阿布力提甫(维吾尔族,11月任)

党组成员、副局长:殷金明(7月免) 阿不拉江·克热木(维吾尔族,11月任)

群众工作部信访接待中心主任:敬艳(女)

司法局

党组书记、副局长:杨少辉

司法局党组成员、副局长:刘五一(11月免) 阿娜古丽·买买提(维吾尔族,女)(11月免) 车建刚(12月任) 张新湖(11月任)

人力资源和社会保障局

党组书记、副局长:周正仁

局长、党组副书记:艾斯卡尔·依地热斯(维吾尔族)

劳动监察大队大队长:刘勇刚

劳动监察大队副大队长:木合塔尔江·艾买尔(维吾尔族)

公共就业服务局局长:岳永成(9月任) 艾合买提·依格木(维吾尔族,9月免)

党组成员、社会保险管理局局长:张在绪

社会保险管理局副局长:刘锦(女) 肖燕(女)(11月免) 陈莉(12月任)

医疗保障局

医疗保障局党组书记、副局长:李风雷(11月免) 林强(11月任)

医疗保障局党组副书记、局长:李晓霞(女)(6月免) 牟晓霞(6月任)

发改委

党组书记、副主任:张武宜(11月免) 李治勇(11月任)

党组副书记、主任:李治勇(11月免) 贾鑫鹤(11月任)

党组成员、副主任:蔡鹏伦(浙江绍兴援疆) 王阳(11月任)

粮食稽查大队大队长:唐帮全

投资项目服务中心主任:潘翔

价格认定中心主任:梁玲

退役军人事务局

党组书记、局长:杨宏波

党组成员、副局长:阿力木·马木提(维吾尔族) 宋云

退役军人服务中心主任:艾买尔·依明(维吾尔族)

商务和工业信息化局

党组书记、副局长:王华锋(12月免) 王永东(12月任)

党组副书记、局长:罗诗鹏(3月免)

党组成员、副主任:姚志军(浙江绍兴援疆)

副局长:孙磊(11月免)

园区管委会

主任:王浩(3月免) 罗诗鹏(3月任)

副主任: 李涛 冯梁峰(浙江绍兴援疆)

应急管理局

党组书记、副局长:亚生·达吾提(维吾尔族,2月免) 李万荣2月任

党组副书记、局长:李万荣(2月免) 买买提·艾买尔(2月任)

党组成员、副局长:高峰

党组成员:胡运武(8月免)

审计局

党组书记、局长:吐尔逊·吐尼亚孜(维吾尔族)

党组副书记、副局长:王丽娟(女)

党组成员、副局长:马金元

固定资产投资服务保障中心主任:刘世春

统计局

党组书记、副局长:迪里夏提·艾山(维吾

尔族）

党组副书记、局长：魏百庆（11月免）孙伟红（女，11月任）

党组成员、副局长：孙伟红（女）（11月免）

社会经济调查队队长：唐邵阳

生态环境局

党组书记、局长：黄振林

党组副书记、局长：衣力哈尔·亚库甫（3月任）

党组成员、副局长：王成利

财政局

党组书记、副局长：胡民志

党组副书记、局长：艾尼瓦尔·阿布拉（维吾尔族）

党组成员、副局长：范学琴

党组成员、国有资产服务中心副主任：赵延红（3月免）曹成明（3月任）

国库支付中心主任：刘俊莲（满族，女）（12月免）古丽加玛丽·木沙（维吾尔族，女，12月任）

乡镇财政管理局局长：阿斯木江·木沙（维吾尔族）（12月免）

乡镇财政管理局副局长：曹成明（3月免）

会计核算中心主任：古丽加玛丽·木沙（维吾尔族，女，12月免）阿斯木江·木沙（维吾尔族，12月任）

国有资产服务中心副主任：魏国荣（浙江绍兴援疆）

住房和城乡建设局

党组书记、副局长：田强（6月免）何玉琴（女，6月任）

党组副书记、局长：何玉琴（女，6月免）

党组成员、副局长：王少雷（11月免）章增学（浙江绍兴援疆）唐攀（10月任）

园林绿化服务中心主任：樊会林

园林绿化服务中心副主任：艾买尔江·买买提（维吾尔族，11月免）城建管理监察大队大队长：努尔艾合买提·阿合尼亚孜（维吾尔族）

城镇住房保障管理办公室主任：陈鹏国（6月免）

农业农村局

党组书记、副局长：李扬

党组副书记、局长：阿不都如苏力·卡迪尔（维吾尔族，2月免）买合木提江·玉山（维吾尔族，2月任）

党组成员、副局长：白云航（5月任）邓继韬（7月任）

党组成员、乡村振兴局局长：邓继韬（7月任）包卿选（12月任）

农业技术推广中心主任：王同仁

农业技术推广中心副主任：玉山·阿不拉（维吾尔族，8月免）艾斯卡尔江·艾买尔（维吾尔族，10月任）

种业发展中心党支部书记、主任：孙积贵

乡村振兴服务中心主任：陆剑（7月任）

乡村振兴服务中心副主任：王强（8月任）热汗古丽·阿不都克然木（维吾尔族，8月任）

畜牧技术推广中心（动物疫病控制诊断中心）党支部书记、副主任：阿里木江·艾尔肯（维吾尔族，8月任）

畜牧技术推广中心（动物疫病控制诊断中心）党支部副书记、主任：王峰（8月任）

畜牧技术推广中心（动物疫病控制诊断中心）副主任：张雄（8月任）

畜禽改良站站长：牙生·麦提尼亚孜（维吾尔族，10月免）

动物检疫站站长：辛冰（8月任）

农业检验检测中心主任：蔡花

农业检验检测中心副主任：买合木提·牙生（维吾尔族，2月任，8月免）

农村合作经济发展中心党支部书记、副局长:邓继韬(7月免)

农村合作经济发展中心副主任:周生斌(8月任)

人工影响天气办公室党支部书记:王吉祥

人工影响天气办公室队长:买合木提·毛拉买提(维吾尔族)

农广校副校长:祖皮艳木·阿布迪艾则孜(维吾尔族,10月任)

林业和草原局

党组书记、副局长:宋建阁

副局长:赵统溪

胡杨林管理站党支部书记、副站长:张亚超(1月免)亚生·达吾提(2月任)

胡杨林管理站站长:买合木提江·库尔班(维吾尔族)

林管站站长:杨文平

林管站副站长:艾合塔木·阿合尼亚孜(维吾尔族)

胡杨林野生动植物保护管理站站长:张贻军

县林业技术推广中心副主任:卡吾力江·热西提(维吾尔族,10月任)

气象局

局长:王仁春

台长:李强

水利局

党组书记、副局长:许滨

副书记、局长:阿不都克然木·买买提(维吾尔族)(11月免)玉山江·买买提(11月任)

水资源总站站长:刘金龙

水资源总站副站长:辛萍(女) 塔来提·依麻木(维吾尔族)

农村饮水安全管理工作办公室副主任:王霞(女)

交通运输局

党组书记、副局长:郑磊(7月免) 吴小勤(7月任) 甘伟(10月任)

党组副书记、局长:阿米娜木·艾尼瓦尔(维吾尔族,女,7月任)

运输局党组成员、副局长:王中赟

自然资源局

党组书记、局长:纳买提江·玉苏甫(维吾尔族)(9月免)

党组副书记、副局长:王福平

不动产登记中心副主任:阿力木江·图尼牙孜(维吾尔族) 刘毓(女)

税物局

党委书记、局长:党委委员、副局长:唐述明

党委书记、局长:陈文车(2022年3月免) 周茂良(2022年7月任)

党委委员、副局长:居来提·麦麦提

党委委员、副局长:王冠成

党委委员、副局长:马杨杰

党委委员、副局长:刘强迪一(2023年2月任)

党委委员、纪检组长:任炳聚

市场监督管理局

党组书记、副局长:吴建峰

党组副书记、局长:托合尼亚孜·买木吐拉(维吾尔族)

党组成员、副局长:王迎宏 托合尼亚孜·买木吐拉(维吾尔族)

教育和科学技术局

党组书记、副局长:郭超

党组副书记、局长:艾合买提·阿吾提(维吾尔族,10月免)帕坦木·卡迪尔(维吾尔族,10月任)

党组成员、副局长:朱国成(11月任)、王梅莲(12月任)

教学研究中心主任:王梅莲(12月免)

教育保障中心主任:王新利(12月免)

教育保障中心副主任:樊海军

科技项目服务中心主任:李刚(12月任)

青少年活动中心主任:周潇潇(12月任)

文化体育广播电视和旅游局

党组书记、副局长:蔡金兰(女)(10月免)古丽米热·阿不都热西提(维吾尔族,女)(11月任)

副局长:热孜艳古丽·达依木(维吾尔族,女)(11月免)

党组成员、副局长:石勇(浙江绍兴挂职)

党组成员:魏家福(7月免)

旅游质量监督检查所所长:魏志义

文物管理所所长:王福鹏

图书馆馆长:安淑华(女)

文化馆馆长:康自伟

刀郎歌舞团团长:阿娜尔古力·吐尔迪(维吾尔族,女)

融媒体中心

党组书记、主任:董志安

副主任:孙占强

卫生健康委员

党组副书记、主任:古丽米热·阿不都热西提(维吾尔族,女,10月免)李万荣(10月任)

党组成员、副主任:赵卫岗(1月免) 王圣勇(7月任) 宰乃甫·吐尼亚孜(11月任)

党组成员:魏东(11月免)

卫生健康综合监督执法局局长:黄建华

卫生健康综合监督执法局副局长:张刚(11月免) 马才郎抓喜(11月任)

计划生育服务站

党支部书记、副站长:热汗古丽·依孜木(维吾尔族,女)

副站长:吴萍华(女)(10月免)

疾病预防控制中心

主任:李晓慧(女)(10月免)艾买尔·艾拉(维吾尔族)(10月任)

党支部书记、副主任:艾买尔·艾拉(维吾尔族)(10月免)

副主任:王宇霞(女)

妇幼保健院

副书记、副院长:余娟(女)(10月免)李晓慧(女)(10月任)武永娟(女)(10月任)

副院长:居里艾提·阿比提(维吾尔族)

县人民医院

党委书记:余娟(女)

党委副书记、院长:蒋崇赋(8月免) 朱栩宏(8月任)

党委委员、副院长:吐尔洪·吐然克(维吾尔族) 杨甜甜(女)(12月免)

副院长:王继中

维吾尔医院

支部书记、副院长:林小波

副院长:陈梅(女) 米克热古力·吾麦尔(维吾尔族,女)

供销社

党委副书记、主任:玉苏甫·艾麦提尼亚孜(维吾尔族)(2月免)

党委委员、副主任:张巨山

民政局

党组书记、副局长:赵磊

副书记、局长:买合木提江·玉山(维吾尔族,2月免)

党组成员、副局长:范小龙(6月免) 刘小龙(7月任)

低保办主任:玛依尔江·牙生(维吾尔族)

民政事务服务中心主任:阿布都艾尼·沙依木(11月任)

政协内设机构

机关党组书记、政协秘书长:吴小勤(7月免) 宋宝林(7月任)

党组成员、办公室主任:孙文秀(女)(9月免)

党组成员、政协委员联络科科长:周召华(女)

经济环境委员会主任:王贯江(10月免)

政协提案委员会主任:宋宝林(7月免) 王贯江(10月任)

群团组织

总工会

党组书记、副主席:热沙来提·沙吾尔(维吾尔族,女)

党组副书记、主席:王宇超

党组成员、副主席:邓昌明(7月免) 吴昊(11月任)

妇联

党组书记、副主席:邓凌云(女)(2月免) 陈香(女)(11月任)

主席 :帕坦木·卡迪尔(维吾尔族,女)(10月免) 热孜艳古丽·达依木(维吾尔族,女)(11月任)

副主席:阿孜古丽·马木提(维吾尔族,女)

团县委

书记:邓彪(9月免) 杨甜甜(12月任)

副书记:王海燕(女)(7月免) 迪力胡马尔·伊米尔(维吾尔族,女) 张克璞(10月任)

科协

党组书记、主席:宋建亮

副主席:艾合买提·买提吐尔地(维吾尔族)

工商联

专职副主席:张顺新 李敬才(12月任)

残联

书记、副理事长:艾尼瓦尔·乌不力(维吾尔族)

副书记、理事长:崔诗栋(7月免)

副理事长:刘在勇(12月免)

红十字会

专职副会长:阿孜古力·吾斯曼(维吾尔族,女)

乡镇 农业企业

阿瓦提镇

党委书记:樊晓辉(11月免) 程晓东(11月任)

党委副书记、镇长:阿丽木尼沙·阿不拉(维吾尔族,女,3月任) 葛轩昊(3月任)

党委副书记、政法书记:甘伟(10月免) 包卿选(10月任,12月免) 邓彪(12月任)

党委副书记:茹先古·阿不都热木

党委委员、人大主席团主席:吐尔洪·吐来克(维吾尔族)

人大专职副主席:樊周(6月任)

党委委员、纪检委书记、监察办主任:周新材(12月免) 闫二可(12月任)

党委委员、副镇长:麦合木提·木尼牙孜(3月免) 周新材(12月任)

党委委员、宣传干事:朱益新(1月免) 李丽丽(12月任)

党委委员、组织干事:王小明(11月任)

党委委员、武装部部长:文明

党委委员、统战委员:阿力木江·克然木(3月任)

副镇长:杨修仕 努热古·苏来曼(维吾尔族,女,9月任) 牙力昆·白都拉(3月任) 开山尔·艾力(5月任)张红臣(11月任)

王刚(3月任) 李爽(6月任)

乌鲁却勒镇

党委书记:鲁建钢(7月免) 李曙亮 (7月任)

党委副书记、镇长:玉苏甫江·吐然克(维吾尔族)

党委副书记:白云航 (3月免) 贾万文(3月任)

党委副书记、政法书记:陈杨

党委副书记、组织干事:马万里(9月免)王有全(11月任)

党委委员、人大主席团主席:汗克孜·吾拉木(维吾尔族)

人大专职副主席:吐尔地·艾汗提(维吾尔族,6月任)

党委委员、统战干事:艾热提·吐鲁洪(维吾尔族)

党委委员、宣传委员:木合坦尔·阿布拉(维吾尔族,4月任)

党委委员、副镇长: 时吉庆(11月任,11月免)王有全(12月任)

党委委员、武装部部长:杨建烨(1月任)

党委委员、纪检委书记、监察办公室主任:马涛(3月免) 艾司卡尔·买买提依明(3月任)

副镇长:阿迪力江·赛麦提(维吾尔族,2月免) 黄登辉(2月免) 麦合木提·木尼牙孜(3月任) 古扎力努尔·托合尼亚孜(维吾尔族,3月免) 豆永亮(12月任) 刘好收(12月任) 艾克拜尔·艾麦尔(6月任)李外军(6月任)

拜什艾日克镇

党委书记:丁杰

党委副书记、镇长:艾山江·吐尔逊(维吾尔族)

党委副书记、政法委书记:亚森·买买提(维吾尔族,1月任) 罗诗鹏(6月任)

党委副书记:黎豪(9月任)

党委副书记、组织委员:杨修仕(2月任)

党委委员、人大主席团主席:艾力卡木·艾买尔(维吾尔族)

人大专职副主席:罗涛(6月任)

党委委员、组织干事:杨建烨

党委委员、副镇长:木合坦尔·阿布拉(维吾尔族)

党委委员、武装部部长:杜钊

党委委员、统战干事:买吾兰·阿不拉(维吾尔族) 亚森·买买提(11月任)

党委委员、副镇长、宣传干事:尹悦凯(1月任) 海丽且木·热合曼(2月任)

副镇长:刘杨 艾力江·阿不力米提(维吾尔族,1月任) 米合古丽·阿克木(维吾尔族,女) 刘芳婷(6月任)

英艾日克镇

党委书记:车小刚

党委副书记、镇长:衣力哈尔·亚库甫(维吾尔族,3月免)

党委副书记、政法委书记:刘新龙

党委副书记:任强

党委副书记、组织委员:李新全(4月任)

党委委员、副镇长:姚彦荣(10月任)

党委委员、人大主席团主席:艾则孜·乌斯曼(维吾尔族)

人大专职副主席:祖丽皮叶木·艾买尔(维吾尔族,女,11月任)

党委委员、纪检委书记、监察办主任: 阿依姆妮萨·伊敏(维吾尔族,3月任)

党委委员、宣传干事:艾力江·阿不拉(维吾尔族)

党委委员、统战干事:阿不都外力·阿如甫(维吾尔族)

党委委员、武装部部长:卢广勇(3月免)吴建文(3月任)

副镇长:姚彦荣(10月免)王超(3月免)董铁林 买合甫白·亚森(维吾尔族,女)普拉提江·帕尔哈提(维吾尔族,6月免)扎来杰(10月任)麦克苏木·巴热提(维吾尔族,6月任)热合曼·扎克尔(维吾尔族,3月任)

阿依巴格镇

党委书记:张芳(女,12月免)肖利洪(12月任)

党委副书记、镇长:阿迪力·赛麦提(维吾尔族)

党委副书记、政法书记:玉山江·买买提(11月免)蒋康(11月任)

党委副书记、组织干事:黄春宇(11月免)何磊(11月任)

党委副书记、副镇长:马涛(3月任)

党委委员、人大主席团主席:吐尔迪尼亚孜·努尔东(维吾尔族,1月免)莫合塔尔·热合曼(维吾尔族,1月任)

人大主席团专职副主席:朱昊(6月任)

党委委员、纪检委书记、监察办主任:何磊(11月免)张威(11月任)

党委委员、统战干事:莫合塔尔·热合曼(维吾尔族,1月免)吐逊江·塞买提(维吾尔族,4月任)

党委委员、副镇长:胡隆军

党委委员、宣传干事:阿里艳·玉山(维吾尔族,女,3月免)热比耶·麦麦提(维吾尔族,女,3月任)

党委委员、副镇长:吴登科(3月免)

党委委员、武装部部长:胡江(3月免)李林鹏(3月任)

副镇长:吐逊江·赛买提(维吾尔族)(1月免)阿里木江·阿布拉(2月任)谢林均(女,1月任)玉散江·阿吾提(6月任)张亚鹏(11月免)克合尔·塔依尔(维吾尔族,12月任)

塔木托格拉克镇

党委书记:王忠华(12月任)刘泽民(12月任)

党委副书记、镇长:木哈拜提·买买提(维吾尔族)

党委副书记、政法委书记:艾力沙提江·依明(维吾尔族,1月任)谢志军(1月任)

党委副书记:刘向云

党委副书记、组织干事:谢志军(1月免)

党委委员、纪检委书记、监察办主任:贾万文(1月任)

党委委员、人大主席团主席:麦合木提·如斯台木(维吾尔族)

党委委员、统战干事:艾热提·帕尔哈提(维吾尔族,10月任)艾合麦提江·喀斯木(11月任)

党委委员、武装部部长:吕明杰 田六强(3月任)

党委委员、宣传干事:冯利君(女)

副镇长:阿不里克木·阿不都热依木(维吾尔族)李海彬、孙磊(11月任)朱海元(6月任)艾力江·阿不力米提(2月任)

巴格托格拉克乡

党委书记:刘泽民(11月免)艾克拜尔·吐尔浑(维吾尔族,11月任)

党委副书记、乡长:阿不都热依木·阿布力提甫(维吾尔族,11月免)王华锋(11月任)胡勇(11月任)

党委副书记、政法书记:卡哈尔·伊明(维吾尔族,2月免)阿迪力·帕尔哈提(维吾尔族,4月任)

党委副书记、组织干事:王栋(11月免)

党委委员、人大专职副主席:王忠茂(11月任)

党委委员、宣传干事:宰乃甫·吐尼亚孜(维吾尔族,女,11月免)热孜宛古丽·阿卜力孜(维吾尔族,女,11月任)

党委委员、副乡长：方治波 艾孜买提江·帕尔哈提（维吾尔族，4月任）

党委委员、武装部部长：张恒钰（10月免）刘鹏飞（10月任）

党委委员、纪检委书记、监察办主任：阿不来提·托乎提（维吾尔族，4月免）金山（12月任）

副乡长：玉素甫·阿合尼亚孜（维吾尔族，2月免）徐成林（2月任）刘智（1月任）阿迪力·阿不都热合曼（维吾尔族，6月任）阿不都外力·阿不都热扎克（维吾尔族，11月任）张蕾（11月任）

纪检专职副书记：阿不都外力·阿不都热扎克（维吾尔族）

多浪乡

党委书记：马宝山（11月免） 刘新玉（11月任）

党委副书记、乡长：阿不都卡得·买买提汉（维吾尔族）

党委副书记、副乡长：库尔班江·艾依提（2月任）

党委副书记、政法书记：阿迪力江·阿不都艾尼（维吾尔族）

党委副书记、组织干事：常运飞（11月免） 金雷（11月任）

党委委员、纪检委书记、监察办主任：魏小强（3月任）

党委委员、人大主席团主席、统战干事：开赛尔·阿不都热依木（维吾尔族，2月免）司马义·阿不拉（维吾尔族，6月任）

党委委员、副乡长：司马义·阿不拉（维吾尔族，6月免）

党委委员、宣传干事：阿力古丽·沙依木（维吾尔族，女）

党委委员、武装部部长：郭曜（12月免）

副乡长：库尔班江·艾依提（维吾尔族，2月免）谷蒙恩（1月免） 艾尔肯江·阿不拉（维吾尔族，6月任）刘强（6月任）楚天舒（2月任）孙海军（2月任）古丽巴努尔·亚森（维吾尔族，3月任）

三河镇

党委书记：姚歆（3月任）

党委副书记、镇长：瓦力斯江·吾休尔（3月任）

党委副书记、政法书记：郭文正（3月任）

党委副书记、副镇长：吕明杰（3月任）

党委副书记、组织委员：米涛（3月任）

党委委员、人大主席团主席：吾尔麦提·库尔班（3月任）

党委委员、统战委员：阿不来提·托乎提（3月任）

党委委员、纪检委书记、监察办主任：卡斯木·买买提（3月任）

党委委员、宣传委员：阿娜尔古力·吐尔迪（3月任）

党委委员、武装部部长：王家鹏（3月任）

副镇长：张俊（3月任）、艾力夏提·阿布迪格尼（3月任）、艾合买提江·阿布都克然木（3月任）、阿布拉江·尼牙孜（3月任）

阿瓦提县2021年获评“两优一先”名单

一、自治区级“两优一先”（5个）

（一）优秀共产党员（2名）

1. 艾则孜·托合提，统战部宗教管理工作执法大队大队长

2. 热汗古丽·阿布都克热木，（女），维吾尔族，农业农村局农业产业化服务办公室副主任

（二）优秀党务工作者（1名）

莫合塔尔·亚森，维吾尔族，英艾日克镇人民政府干部、恰其村党支部书记

（三）进基层党组织（2个）

1. 中共阿瓦提镇委员会

2. 中共拜什艾日克镇玉斯屯克拜什艾日克村支部委员会

二、地区级“两优一先”(37个)

(一)优秀共产党员(18名)

1. 黄宏志,阿瓦提镇锦绣社区党支部书记、四级主任科员

2. 玉山·吐尼亚孜,维吾尔族,乌鲁却勒镇玉斯屯克阿依赛克村党支部书记

3. 玉苏甫·毛拉麦麦提,维吾尔族,拜什艾日克镇库木奥依拉村治保主任

4. 王　宁,英艾日克镇托玛村党支部书记

5. 阿依吉玛丽·伊利亚斯,(女),维吾尔族,塔木托格拉克镇诺其宋村村委会委员、团支部书记

6. 郭文正,三河镇党委副书记、政法委员

7. 吾斯曼·艾合买提,维吾尔族,巴格托格拉克乡卡尔库杰克村党支部书记

8. 董作振,公安局政治处主任、三级警长

9. 姚志军,援疆指挥部规划建设与产业发展组组长,商工局党组成员、副局长

10. 刘新玉,纪委副书记、监委副主任、一级主任科员

11. 帕丽扎提·艾合麦提,(女),维吾尔族,县委办公室干部

12. 牟晓霞,女,组织部三级主任科员

13. 艾尔肯江·阿不都吾甫尔,维吾尔族,塔木托格拉克镇中学教师

14. 热汗古·阿不都尼亚孜,(女),维吾尔族,阿依巴格镇卫生院党支部副书记、副院长

15. 李晓慧,(女),疾病预防控制中心主任,管理岗八级

16. 白安军,科技文化艺术中心主任、管理岗八级

17. 熊　芳,(女),中国电信阿瓦提分公司行政办主任

18. 周秀梅,(女),新疆三场丰收棉业有限责任公司纺纱厂工段长

(二)优秀党务工作者(9名)

1. 李祥燕,(女),阿瓦提镇萨依巴格社区党支部书记

2. 木卡热甫·麦麦提,维吾尔族,乌鲁却勒镇库木布拉克村党支部书记

3. 玉苏甫·斯拉木,维吾尔族,拜什艾日克镇玉斯屯克墩克什拉克村党支部副书记

4. 宁忠艳,(女),塔木托格拉克镇党建办主任

5. 黄春宇,阿依巴格镇党委副书记、组织委员

6. 尹锁明,机关工委副书记

7. 辛　萍,女,水利局党组成员、水资源总站副站长,机关党支部副书记

8. 刘俊霞,(女),人工影响天气办公室干部、党支部组织委员、专业技术岗八级

9. 合尼古丽·阿布都热合曼,女,维吾尔族,塔木托格拉克镇卫生院党支部副书记、副院长

(三)先进基层党组织(10个)

1. 中共阿瓦提县巴格托格拉克乡机关支部委员会

2. 中共阿瓦提县乌鲁却勒镇木孜鲁克村支部委员会

3. 中共阿瓦提县拜什艾日克镇仓村支部委员会

4. 中共阿瓦提县塔木托格拉克镇玉斯屯克玉吉买村支部委员会

5. 中共阿瓦提县阿瓦提镇阳光社区支部委员会

6. 中共阿瓦提县公安局综合技术侦察大队支部委员会

7. 中共阿瓦提县委办公室支部委员会

8. 中共阿瓦提县委组织部支部委员会

9. 中共阿瓦提县政务服务和公共资源交易中心支部委员会

10. 中共阿瓦提县第三中学支部委员会

三、县级“两优一先”(190个)

(一)优秀共产党员(100名)

1. 马延红,(女),回族,阿瓦提镇人民政府财务室干部

2. 开山尔·艾力,维吾尔族,阿瓦提镇人民政府四级主任科员

3. 努尔古丽·阿布拉,(女),维吾尔族,阿瓦提镇多浪社区团支部书记

4. 谢　涛,阿瓦提镇人民政府一级科员、博斯坦社区党建干部

5. 艾尼瓦尔·拜克热,维吾尔族,阿瓦提镇萨依巴格社区干部

6. 曹冬子,县人民法院驻阿瓦提镇幸福社区工作队队长第一书记

7. 程　涛,县税务局驻阿瓦提镇古勒巴格村工作队队长、第一书记

8. 王有全,乌鲁却勒镇党委委员、副镇长

9. 杨佳驹,乌鲁却勒镇人民政府一级科员

10. 祁爱峰,乌鲁却勒镇人民政府一级科员、柯坪村党支部书记

11. 扎来杰,藏族,乌鲁却勒镇人民政府一级科员、布苏格村党支部书记

12. 郑元东,住建局驻乌鲁却勒镇也台格热木村工作队队长、第一书记

13. 何　元,自治区民政厅驻乌鲁却勒镇库木布拉克村工作队副队长

14. 米合古丽·阿克木,(女),维吾尔族,拜什艾日克镇人民政府副镇长

15. 谢业亭,拜什艾日克镇人民政府一级科员

16. 张宇超,拜什艾日克镇人民政府一级科员、托万克墩博依村党支部书记

17. 古则力·吐逊,(女),维吾尔族,拜什艾日克镇恰特喀勒克村党支部副书记、村委会主任

18. 吴星霖,新疆农业大学驻拜什艾日克镇托万克拜什艾日克村工作队队长、第一书记

19. 刘　潇,(女),县水管站驻拜什艾日克镇托万克墩克什拉克村工作队队员

20. 秦晓东,英艾日克镇人民政府一级科员

21. 李家旺,英艾日克镇人民政府一级科员

22. 杨新兰,(女),英艾日克镇八连村党支部副书记

23. 刘如湖,英艾日克镇人民政府一级科员、玉斯屯克帕万拉村党支部书记

24. 周文亮,自治区文化和旅游厅驻英艾日克镇帕万拉村工作队副队长

25. 李　爽,(女),县市场监督管理局驻英艾日克镇拜什甫塔克村工作队队长、第一书记

26. 王金根,塔木托格拉克镇人民政府一级科员

27. 艾力沙提江·依明,维吾尔族,塔木托格拉克镇党委副书记、政法委员

28. 阿不里克木·阿不都热木,维吾尔族,塔木托格拉克镇托格拉克村党支部书记

29. 阿不都尕依提·达依木,维吾尔族,塔木托格拉克镇库吾尔尕村党支部书记、村委会主任

30. 唐　羽,(女),县委党校驻塔木托格拉克镇托万克玉吉买村工作队队长、第一书记

31. 热汗古丽·依明尼亚孜,(女),维吾尔族,县融媒体中心驻塔木托格拉克镇诺其宋村工作队队长、第一书记

32. 肖利洪,阿依巴格镇党委书记

33. 麦尔比叶·米尔夏提,(女),维吾尔族,阿依巴格镇人民政府四级主任科员

34. 胡世流,阿依巴格镇草原河新村党支部书记、村委会主任

35. 吐逊古丽·尤努斯,(女),维吾尔族,阿依巴格镇托万克阿依库勒村党支部委员

36. 玉素甫·艾沙,维吾尔族,县审计局驻阿依巴格镇柯坪村工作队队长、第一书记

37. 刘　强,县纪委监委驻阿依巴格镇托万克阿依库勒村工作队队长、第一书记

38. 贺　超,三河镇人民政府二级科员

39. 帖意凯,三河镇西萨依拉特村党支部副

书记

40. 陈可忠，三河镇东萨依拉特村党支部书记

41. 纪利华，（女），三河镇鲁丰社区党支部组织委员

42. 古丽皮彦·阿木提，（女），维吾尔族，县机关事务服务中心驻三河镇库木巴什库勒村工作队队长、第一书记

43. 文福顺，阿克苏鹏达公司驻三河镇琼库尔艾肯村工作队队长、第一书记

44. 赵树宏，多浪乡人民政府一级科员

45. 周岩峰，多浪乡人民政府一级科员

46. 吕 乾，多浪乡托万克阿依赛克村党支部书记

47. 艾海提·热合曼，维吾尔族，多浪乡黄宫巴扎村党支部书记

48. 李姿颉，自治区民政厅驻多浪乡喀拉塔勒村“访惠聚”工作队副队长、第一书记

49. 尼加提·马衣尔，维吾尔族，县农业农村局驻多浪乡玉斯屯克克迪木阿依玛克村工作队长、第一书记

50. 邓颖异，（女），巴格托格拉克乡人民政府四级主任科员

51. 侍瑞坤，巴格托格拉克乡人民政府一级科员

52. 蒋喜亭，巴格托格拉克乡托格拉克买力村党支部组织委员、村委会委员、团支部书记

53. 杨 雄，巴格托格拉克乡草场村党支部委员

54. 张建玲，（女），阿克苏地区职业技术学院驻巴格托格拉克乡墩买里村工作队副队长

55. 司晓峰，中国移动通信集团新疆有限公司阿瓦提县分公司驻巴格托格拉克乡夏喀勒村工作队队长、第一书记

56. 薛维怀，纪委常委、巡察办主任

57. 黄登辉，组织部部务委员

58. 王 艺，政法委副书记

59. 梁丽君，（女），网信办一级科员

60. 邓 彪，团县委书记

61. 阿司木江·阿不地热木，维吾尔族，人力资源和社会保障局二级主任科员

62. 王华锋，商务和工业信息化局党组书记、副局长

63. 哈斯彦·木沙，（女），维吾尔族，住房和城乡建设局四级主任科员

64. 焦爱芳，（女），纪委监委一级科员

65. 李 赟，阿瓦提县驻乌鲁木齐流动人口服务管理工作站站长（管理岗七级）

66. 刘 锦，社保局局长

67. 阿依吐热木·马木提，（女），维吾尔族，总工会办公室主任

68. 魏亚明，机关事务管理办党支部书记

69. 麦合木提·尔肯，维吾尔族，司法局四级主任科员

70. 马 荣，（女），鲁迅幼儿园副高级教师

71. 陈晶晶，乌鲁却勒镇龙子心小学党支部书记

72. 阿迪力·萨吾提，维吾尔族，第三中学政教处副主任

73. 古丽·木尼牙孜，（女），维吾尔族，阿瓦提镇上海奉贤白玉兰小学教师

74. 王丽丽，（女），第四中学副校长

75. 艾海提·阿不地克热木，维吾尔族，塔木托格拉克镇中学党政办主任

76. 黄 娟，（女），土家族，拜什艾日克镇祥和村小学党支部书记

77. 热比艳·夏克尔，（女），维吾尔族，第六中学教师

78. 卡哈尔·阿布都卡迪，维吾尔族，乌鲁却勒镇喀拉塔勒村小学联合党支部书记

79. 李 刚，回族，教育和科学技术局资助办干部

80. 昌仕涛，英艾日克镇中学教师

81. 贾新华，（女），第四小学教师

82.杨吉武，回族，实验小学教师

83.阿依古再丽·阿布都热依木，（女），维吾尔族，卫健委干部

84.陈　梅，（女），中医医院党支部副书记、院长

85.彭　艳，（女），巴格托格拉克乡卫生分院医师

86.肉先古丽·艾沙，（女），维吾尔族，塔木托格拉克镇卫生院妇幼专干

87.姚玉霞，（女），乌鲁却勒镇卫生院副院长

88.马军林，公安局警令部副主任、三级警长

89.艾力江·阿不地卡地尔，维吾尔族，公安局国保大队三级警长

90.陈　阳，公安局城镇派出所民警（管理岗位九级）

91.开赛尔江·艾买提尼牙孜，维吾尔族，看守所三级警长

92.周　振，乌鲁却勒派出所一级警员

93.古力其曼·艾买提，（女），维吾尔族，水资源总站干部

94.热伊莱·阿力普，（女），维吾尔族，农业产业化服务办公室农艺师

95.蒋丽丽，（女），林业和草原局四级主任科员

96.李万荣，应急管理局党委书记、副局长

97.买买提.艾买提，维吾尔族，供销合作联社农资公司职工

98.魏国荣，绍兴市援疆指挥部、阿瓦提县国资中心副主任

99.努尔古丽·艾买提，（女），维吾尔族，工业园区棉纺制造产业园党支部书记

100.冯梁峰，绍兴市援疆指挥部规划产业组副组长、工业园区管委副主任

（二）优秀党务工作者（50名）

1.王凯凯，（女），阿瓦提镇人民政府一级科员

2.王盼盼，（女），阿瓦提镇人民政府一级科员

3.王秀萍，（女），阿瓦提镇古勒巴格村党支部书记

4.于俊楠，乌鲁却勒镇人民政府一级科员

5.买买提·艾则孜，维吾尔族，乌鲁却勒镇玉斯屯克协海尔村党支部书记

6.谭文豪，乌鲁却勒镇人民政府一级科员

7.焦亚军，拜什艾日克镇人民政府二级科员

8.张先峰，拜什艾日克镇人民政府一级科员

9.安尼瓦尔·艾合麦提，维吾尔族，拜什艾日克镇玉斯屯克库木艾日克村党支部书记

10.陈小月，（女），英艾日克镇人民政府一级科员

11.梁亚勇，英艾日克镇人民政府一级科员

12.马海龙，回族，英艾日克镇苏亚依迪村村党支部组织委员

13.谢志军，塔木托格拉克镇人民政府党委副书记、组织委员

14.胡美波，塔木托格拉克镇人民政府一级科员

15.吐松·托乎尼亚孜，维吾尔族，塔木托格拉克镇塔木托格拉克村村委会委员、团支部书记

16.蒋　康，机构编制委员会办公室党支部书记、副主任

17.刘棚阳，（女），阿依巴格镇人民政府一级科员

18.玉苏甫江·吾斯曼，维吾尔族，阿依巴格镇达康村党支部书记

19.张启明，三河镇人民政府干部

20.陈昌福，三河镇多浪阔太米斯村党支部书记、村委会主任

21.刘泽民，巴格托格拉克乡党委书记

22.马江辉，巴格托格拉克乡英买力村党支部委员

23.吕瑞奇，多浪乡人民政府一级科员

24.赛买提·艾海提，维吾尔族，多浪乡托万克亚贝希村党支部书记

25.宗金星，政协办公室四级主任科员

26.胡翠花，(女)，财政局干部

27.刘艳花，(女)，县委党校教师

28.周正仁，组织部副部长，人社局党组书记、副局长

29.张春玲，(女)，专用通信局(县委办)局长、党支部委员

30.张宇佳，(女)，回族，宣传部干部

31.王迎宏，市场监督管理局党组成员、副局长、机关党支部组织委员

32.左合热古丽·多力昆，(女)，维吾尔族，政府办党务干部

33.黄振林，生态环境局党组书记、副局长

34.李信奇，组织部组织室主任

35.董 辉，组织部一级科员

36.李新波，检察院政治部副主任、三级警长

37.牛新虎，第六中学副校长，教育和科学技术局纪检监察室主任、党支部纪检委员

38.何 婷，(女)，鲁迅小学教师

39.热汗古丽·艾买提，(女)，维吾尔族，阿依巴格镇托万克库拉斯村小学联合党支部书记

40.周文丽，(女)，第五中学党政办主任

41.艾尼玩·阿不都热西提，维吾尔族，第二中学党政办主任

42.唐云云，(女)，卫健委一级科员

43.阿丽古丽·吐尼亚孜，(女)，维吾尔族，阿依巴格镇卫生院医生

44.王文祥，公安局综合技术侦察大队大队长、党支部书记

45.张 璐，(女)，公安局干部

46.胡 勇，组织部农村社区党建室四级主任科员

47.张娟娟，(女)，应急管理局四级主任科员

48.张秀燕，(女)，非公有制经济和社会组织党工委干部

49.袁 毅，县纪委机关党支部副书记、监委委员

50.李军海，机关工委干部

(三)先进基层党组织(40个)

1.中共阿瓦提县阿瓦提镇机关支部委员会

2.中共阿瓦提县阿瓦提镇玉斯屯克多浪社区支部委员会

3.中共阿瓦提县乌鲁却勒镇机关第三支部委员会

4.中共阿瓦提县乌鲁却勒镇托万克协海尔村支部委员会

5.中共阿瓦提县拜什艾日克镇机关支部委员会

6.中共阿瓦提县拜什艾日克镇玉斯屯克墩克什拉克村支部委员会

7.中共阿瓦提县英艾日克镇机关站所联合支部委员会

8.中共阿瓦提县英艾日克镇八连村支部委员会

9.中共阿瓦提县塔木托格拉克镇委员会

10.中共阿瓦提县塔木托格拉克镇托格拉克勒克村支部委员会

11.中共阿瓦提县阿依巴格镇委员会

12.中共阿瓦提县阿依巴格镇托万克喀格木什村支部委员会

13.中共阿瓦提县阿依巴格镇托万克阿依库勒村支部委员会

14.中共阿瓦提县三河镇委员会

15.中共阿瓦提县三河镇宏宇村支部委员会

16.中共阿瓦提县多浪乡机关支部委员会

17.中共阿瓦提县乌鲁却勒镇黄宫巴扎村支部委员会

18.中共阿瓦提县巴格托格拉克乡托万克巴格托格拉克村支部委员会

19.中共阿瓦提县巴格托格拉克乡卡尔库杰克村支部委员会

20.中共阿瓦提县纪律检查委员会机关支部委员会

21. 中共阿瓦提县人大机关支部委员会

22. 中共阿瓦提县民政局机关支部委员会

23. 中共阿瓦提县自然资源局机关支部委员会

24. 中共国家税务总局阿瓦提县税务局机关支部委员会

25. 中共阿瓦提县交通运输局机关支部委员会

26. 中共阿瓦提县供销合作联社机关支部委员会

27. 中共阿瓦提县融媒体中心支部委员会

28. 中共阿瓦提县发展改革委员会机关支部委员会

29. 中共阿瓦提县第三小学支部委员会

30. 中共阿瓦提县拜什艾日克镇中学支部委员会

31. 中共阿瓦提县教育和科学技术局机关支部委员会

32. 中共英艾日克镇阔什库都克村小学联合支部委员会

33. 中共阿瓦提县第七幼儿园联合支部委员会

34. 中共阿瓦提县人民医院委员会

35. 中共阿瓦提县中医医院支部委员会

36. 中共阿瓦提县公安局警令部支部委员会

37. 中共阿瓦提县公安局国内安全保卫大队支部委员会

38. 中共阿瓦提县公安局塔木托格拉克派出所支部委员会

39. 中共阿瓦提县农业农村局机关支部委员会

40. 中共阿瓦提县应急管理局委员会

2021年阿瓦提县国民经济和社会发展统计公报

【综合】 2021年，阿瓦提县实现地方生产总值77.29亿元，同比增长10%（按可比价计算）。其中第一产业增加值25.84亿元，同比增长10.1%；第二产业增加值11.5亿元，同比增长5.3%；第三产业增加值39.95亿元，同比增长11.3%，三次产业占比情况为33.43∶14.88∶51.69。

【农业】 2021年年末，阿瓦提县实有耕地面积9.61万公顷，全年农作物总播种面积13.51万公顷，同比增长1.62%。其中粮食播种面积3.36万公顷，增加0.53万公顷，同比增长18.6%；小麦播种面积1.84万公顷，增加9.31万公顷，同比增长20.23%；玉米播种面积1.51万公顷，增加0.28万公顷，同比增长22.41%；瓜类播种面积0.12万公顷，增加0.02万公顷，同比增长18.18%；蔬菜播种面积0.17万公顷，减少0.13万公顷，同比下降43.65%。

全年粮食产量197474.29吨，增加35374.29吨，同比增长21.78%；小麦产量110811.86吨，增加20011吨，同比增长22.02%；玉米产量86450.39吨，增加19450吨，同比增长29.15%；瓜类产量45294吨；蔬菜产量59135吨。

年末，牲畜出栏37.91万头，增长7.91%；其中羊出栏35.31万头，增长7.85%；牛出栏1.72万头，增长2.37%。牲畜存栏74.92万头，增长25.01%；其中羊存栏69.76万头，增长24.56%；牛存栏4.83万头，增长31.25%。肉类总产量13175吨，增长7.64%；其中羊肉产量5500吨，下降2.52%；牛肉产量2800吨，增长27.9%；猪肉产量700吨，增长27.13%。牛奶产量13000吨，增长40.23%；禽蛋产量2500吨，增长1.62%。水产品产量265吨。

年末，农业机械总动力47.5万千瓦时，增长0.42%。农村用电量26606万千瓦小时，增长12.11%。拥有大中型拖拉机15394台，增长4.4%；小型拖拉机11020台，增长10.9%。化肥施用量（折纯）51359吨，下降0.44%。有效灌溉面积11.57万公顷，比上年同期增长9.25%；节水灌溉面积8.25万公顷，比上年同期增长13.55%。

【规模以上工业和建筑业】 2021年，阿瓦提县规模以上工业总产值116011.25万元，同比增长31.3%；工业销售产值111091.53万元，同比增长35.7%，产销率95.8%；累计实现工业增加值33340.21万元，同比增长20.8%。规模以上工业企业营业收入117743.9万元，同比增长59.3%；利润总额8475万元，同比下降473.7%。规模以上工业企业中，纺织业实现工业增加值17461.16万元，同比增长25.9%；纺织服装、服饰业实现工业增加值1364.55万元，同比增长15.3%；电力行业实现工业增加值13194.45万元，同比增长16.7%；非金属矿物制品业实现工业增加值798.1万元，同比增长25.1%；农副食品加工业实现工业增加值275.46万元，同比下降15.6%；塑料制品业实现工业增加值246.49万元。全县完成建筑业总产值199820万元，增长9.75%；建筑业企业签订合同总额为302497万元，增长39.25%；房屋建筑施工面积657244平方米，增加184888平方米；房屋竣工产值1056341万元，增长538%。

【固定资产投资】 2021年，阿瓦提县社会固定资产投资378211万元，同比增长17.2%，其中第一产业投资52495万元，增长27.6%；第二产业投资109253万元，增长52.2%；第三产业投资216463万元，增长3.2%。全县房地产开发投资完成81632万元，比上年增长222%，商品房销售面积118828平方米，增长471.28%，其中住宅累计销售106955平方米，增长817.52%。商品房销售额46941万元，增长620.73%，其中住宅销售额36382万元，增长1387.4%。

【国内贸易】 2021年，阿瓦提县社会消费品零售总额81838.6万元，增长17.44%。按城乡分，城镇消费品零售额61989.2万元，增长20.4%；乡村消费品零售额19849.4万元，增长9.07%。全县限额以上批发和零售业中，粮油、食品类零售额14583.5万元，同比增长67.1%；家用电器和音像器材类零售额673.5万元，同比增长62.1%；金银珠宝类零售额324.5万元，同比增长35.8%。全县贸易实现销售总额692739.4万元，同比增长62.2%。按行业分，批发和零售业销售额642786.4万元，同比增长63.77%；住宿餐饮业营业额49953万元，同比增长17.73%。

【对外经济和招商】 2021年，阿瓦提县实施招商引资项目30个，累计招商实际到位资金37.81亿元，同比增长42.73%。引进新注册投资额5000万元以上企业20家（10亿元以上投资额企业2家，亿元以上投资额企业5家），新签约项目履约率93.26%。

【交通邮电和旅游】 2021年，阿瓦提县城乡公路里程数2066千米，其中等级公路1320千米；客运周转量185846人，下降13.4%。年末，民用车拥有量达40161辆，比上年末增加2403辆，同比增长6.4%。其中民用汽车35360辆，增加1841辆，同比增长5.4%；摩托车拥有量（在车管所挂牌上户）4801辆，增加562辆，同比增长13.25%；拖拉机报废393台，新购买623台，现有拖拉机15900台，增加1344辆，同比增长9.23%。全年完成邮政业务总量207万元，电信业务总量15701.79万元。年末固定及移动电话用户总数达到20.79万户，其中固定电话年末用户达1606户，移动电话195975户；互联网宽带接入用户39679户；年末城乡电话普及率达到82.79部/百人。年末星级饭店1个，客房58间，A级景区5个，全年接待国内旅游人数177.67万人次，增长18.93%；旅游总收入8.9亿元，增长33.43%；旅游基础设施投资15790万元，增长20.5%。

【财政与金融】 2021年，阿瓦提县地方财政总收入84506万元，同比增长63.7%。一般公共预算收入33367万元，增长11.8%，其中税收收入20156万元，增长20.3%。全年财政支出497762万元，增长10.2%。一般公共预算支出371860万元，下降5.9%。其中教育支出86680万元，增长0.2%；农林水事务支出74873万元，下降25.2%；科学技术支出1492万元，增长0.8%；卫生健康支出20839万元，下降12.5%；住房保障支出10666万元，下降67.8%；城乡社区事务支出13682万元，增长146.5%；文化旅游体育与传媒支出1568万元，下降57.3%；社会保障和就业33078万元，增长10.1%；商业服务支出1124万元，增长244.8 %；交通运输支出20582万元，增长60%；粮油物资储备支出78万元，下降8.4%；债务付息支出6174万元，增长24.8%。年末，全县金融机构各项存款余额952797万元，比年初新增136189万元，同比增长16.68%。其中个人储蓄存款余额562954万元，比年初增加80185万元，增长16.61%。2021年末，全县金融机构各项贷款余额958235万元，增加187835万元，增长24.38%。个人和企业中长期贷款余额471681万元，增长116289万元，增长32.72%；涉农贷款余额869984万元，增加214749万元，增长32.77%。

【教育和科技】 2021年末，阿瓦提县有职业技术学校1所、普通高中1所、初级中学10所（含3所九年一贯制学校）、小学70所，幼儿园113所（含6所民办幼儿园）。在校生65559人，其中：职业技术学校学生1835人，普通高中生2855人，初中生15054人，小学生32761人，幼儿园幼儿13054人。

年内,争取地区科技项目5个,落实项目经费46.5万元,全年申请专利21个。

【文化体育和卫生】 2021年末,阿瓦提县共有融媒体中心(电视台)1座,乡广播站6座,广播人口覆盖率和电视综合人口覆盖率均达98%。博物馆1个,县级文物保护单位14个,其中被列入自治区级文物保护单位6个;非物质文化遗产代表性项目名录60个,其中被列入国家级非物质文化遗产代表性项目名录1个、自治区级8个、地区级13个、县级38个;多功能体育馆1个;放映电影2285场次,全年开展县级“文化惠民活动”160场次、乡村“文化惠民活动”2260场次;公共图书馆图书总藏量(含电子图书)34.5万册。年末全县共有卫生机构21个,其中医院7个(4个民营医院)、卫生院10个、社区卫生服务中心1个、疾病预防控制中心1个、卫生监督执法局1个、计划生育服务站1个;卫生技术人员1475人(编制人数683人、聘用人数714人),医生(执业医师和助理医师)246人。医院、卫生院床位数1251张(编制床位818张)。全县产妇住院分娩比例达100%,婴儿死亡率为5.04‰,5岁以下儿童死亡率8.2‰。全年甲、乙、丙类法定报告传染病发病人数1118例(不包括肺结核病例),传染病死亡14例;报告传染病发病率0.42%。

【劳动就业和社会保障】 2021年,阿瓦提县城镇实现就业再就业3217人,就业困难对象再就业211人,农村富余劳动力就业2073人次,扶持创业人数114人,城镇登记失业率控制在0.27%以内。年末,全县参加城镇基本养老保险职工人数16581人,比上年末增加761人,增长4.8%。其中参保离退休人员5245人,参加城镇职工基本医疗保险人数21770人。参加城乡居民基本医疗保险人数212325人。参加失业保险人数13398人,增加183人,增长1.38%。参加工伤保险职工人数13398人,增加584人,增长4.65%。参加生育保险职工人数17707人,增加1621人,增长9.15%。参加农村社会养老保险人数118394人,增加908人,增长0.77%。年末,全县各种福利收养性单位6个,各种社会福利收养单位床位数402床。2021年底享受城乡低保人数13915人,其中城镇2139人,农村11776人。累计发放城乡居民最低生活保障金6075.20万元。农村“五保”供养人数199人。

【资源、环境和安全生产】 2021年,阿瓦提县国土总面积1.3万平方千米,其中沙地面积680135.1公顷,耕地面积119770.42公顷,水浇地119513.97公顷,林地面积226951.21公顷,森林面积11.5万公顷,全县当年完成造林面积0.35万公顷,森林覆盖率7.18%。全县城区绿化覆盖率43.24%,城镇供水覆盖率100%,污水处理率100%,垃圾处理率100%,燃气覆盖率100%。工业烟(粉)尘排放量达362.916吨,同比减少4.24%。工业废水排放量2.94万吨,同比下降32%,工业二氧化硫排放量188.9吨,同比减少51.78%。工业氮氧化物排放量190.385吨,同比减少17.93%。全县自然保护公园区1个,面积233703公顷。污水处理厂1座,垃圾处理场1个。年内,全县共发生各类安全事故70起,同比上升32.1%;死亡2人,同比下降71.4%;直接经济损失17.55万元,同比下降47%;全年发生道路交通事故2起,同比下降86.7%;直接经济损失0.24万元,同比下降85.1%。

2021年新疆国民经济和社会发展统计公报

2021年阿瓦提县国民经济主要指标(一)

表11

项目	单位	2021年	2020年	增长(%)
生产总值	亿元	77.29	64.63	10
第一产业	亿元	25.84	20.43	10.1
第二产业	亿元	11.5	9.84	5.3
第三产业	亿元	39.95	34.36	11.3

注:增长速度以可比价计算。

2021年阿瓦提县国民经济主要指标(二)

表12

项目	单位	2021年	2020年	增长(%)
一、规模以上工业				
总产值(当年价)	亿元	11.6	8.84	31.3
增加值(现价)	亿元	3.33	2.62	20.8
工业产销率	%	95.8	92.4	3.4
二、全社会固定资产投资	亿元	37.82	32.26	17.2
房地产投资	亿元	8.16	2.53	222
商品房销售面积	平方米	118828	20800	471.28
三、社会商品零售总额	亿元	8.18	6.97	17.44
四、城镇居民人均可支配收入	元	34958	32258	8.4

注:1. 工业增加值增速以可比价计算;

2. 价格指数增长以基期100计算。

2021年阿瓦提县国民经济主要指标(三)

表13

项目	单位	2021年	2020年	增长(%)
一、财政金融税收保险				
财政收入	万元	84506	49789	63.7
其中:公共财政预算收入	万元	33367	29837	11.8
财政支出	万元	497762	451838	10.2

续表13

项目	单位	2021年	2020年	增长(%)
其中:公共财政预算支出	万元	371860	395186	-5.9
年末各项存款余额	万元	952797	816609	16.68
其中:个人储蓄存款余额	万元	562954	482767	16.61
年末各项贷款余额	万元	958235	770400	24.38
其中:农业贷款	万元	869984	655235	32.77
税收收入	万元	34121	30622	11.42
二、全社会固定资产投资总额	万元	378211	322649	17.2
三、全社会消费品零售总额	万元	81838.6	69686.7	17.44
四、农村经济				
农村经济总收入	万元	877287	797073	10.06
农牧民人均纯收入	元	20428	18566	10
五、招商引资额	亿元	37.81	26.49	42.73
六、交通运输邮电通讯				
年末民用车拥有量	辆	40161	37758	6.4
其中:民用汽车拥有量	辆	35360	33519	5.4
邮政业务总量	万元	207	917	-77.4
电信业务总量	万元	15701.79	14975.42	12.2
固定电话用户	户	1606	1605	0.06
移动电话用户	户	195975	206329	-5.01
互联网宽带接入用户	户	39679	38989	1.77
七、文教、卫生				
普通中学学校数	个	11	11	—
小学学校数	个	70	70	—
普通中学在校学生数	人	17909	16821	—
小学在校学生数	人	32761	32122	1.98
职业技术学校数	个	1	1	—
职业技术学生数	人	1835	3307	-44.5
医院、卫生院编制床位数	床	818	927	-11.7
医院、卫生院技术编制人员数	人	683	776	-11.9
其中:医生人数	人	246	318	-22.6
八、人民生活				

续表13

项目	单位	2021年	2020年	增长(%)
城镇居民人均可支配收入	元	34958	32258	8.4
参加城镇基本养老保险的职工数	人	15820	16581	4.81
参加城乡基本医疗保险的人数	人	218457	212325	-2.8

2021年阿瓦提县基本情况表

表14

指标	单位	2021年	2020年	增长(%)
一、乡镇个数	个	9	9	—
管委会	个	0	0	—
社区居委会	个	53	53	—
村委会	个	122	122	—
二、年末实有耕地面积	万公顷	9.61	9.61	—

2021年阿瓦提县法人单位、产业活动基本情况表

表15　　单位:个

指标	法人单位数	单产业法人	多产业法人	产业活动单位数
合计	2186	2127	59	2715
一、按机构类型分组	2186	2127	59	2715
企业	985	961	24	1311
事业单位	83	74	9	252
机关	57	31	26	89
社会团体	25	25	0	25
民办非企业单位	18	18	0	18
居委会	15	15	0	15
村委会	159	159	0	159
其他组织机构	114	114	0	115
农民专业合作社	601	601	0	602
二、按行业门类分组	2186	2127	59	2715
农、林、牧、渔业	515	515	0	526
制造业	182	182	0	190

续表15

指标	法人单位数	单产业法人	多产业法人	产业活动单位数
电力、燃气及水的生产和供应业	12	12	0	14
建筑业	73	69	4	105
批发和零售业	355	340	15	498
交通运输、仓储和邮政业	24	24	0	48
住宿和餐饮业	20	20	0	23
信息传输、计算机服务和软件业	17	17	0	33
金融业	7	6	1	44
房地产业	63	61	2	79
租赁和商务服务业	216	216	0	234
科学研究、技术服务和地质勘查业	47	46	1	73
水利、环境和公共设施管理业	124	123	1	141
居民服务和其他服务业	39	38	1	41
教育	56	49	7	114
文化、体育和娱乐业	18	18	0	21
卫生、社会保障和社会福利业	24	24	0	33
公共管理和社会组织	394	367	27	498

2021年阿瓦提县农牧业主要指标

表16

指标	单位	2021年	2020年	增长(%)
粮食播种面积	万公顷	3.36	2.83	18.6
小麦播种面积	万公顷	1.84	1.53	20.23
玉米播种面积	万公顷	1.51	1.23	22.41
蔬菜播种面积	万公顷	0.17	0.30	-43.65
瓜类播种面积	万公顷	0.12	0.10	18.18
年末实有耕地面积	万公顷	9.61	9.61	—
正复播种面积	万公顷	13.51	13.29	1.62
粮食	吨	197474	162100	21.82
水果	吨	205480	185291	10.89

续表16

指标	单位	2021年	2020年	增长(%)
肉产量	吨	13175	12240	7.64
羊毛	吨	619.1	618.9	0.03
牛皮	张	8700	8619	0.94
绵羊皮	张	239560	239306	0.10
山羊皮	张	27510	27430	0.29
水产品	吨	265	249	6.42
禽蛋	吨	2500	2460	1.62
牛奶	吨	13000	9270	40.23
化肥施用量(折纯量)	吨	51359	51587	-0.44
农用地膜使用量	吨	7707	6887	11.91
农药	吨	126.85	127.89	-0.81
牲畜年末存栏头数	万头(只)	74.92	59.93	25.01
农业机械总动力	万千瓦	47.5	47.3	0.42
农村用电量	万瓦时	26606	23732	11.12
农用大中型拖拉机	台	15394	14736	4.4
农用小型拖拉机	台	11020	9936	10.9

2021年阿瓦提县规模以上工业主要产品产量

表17

指标	单位	2021年	2020年	增长(%)
棉纱	吨	25152.63	19176.44	31.16
服装	万件	135.95	80.89	68.07
发电量	万千瓦小时	29943.74	23658	26.57
供热量	万吉焦	53	42.19	25.62
小麦粉	吨	5800	6098	-4.89
商品混凝土	立方米	215978	163056	32.46
塑料制品	吨	3043.7	—	—

注释：

1. 本公报中数据为初步统计数。

2. 生产总值(GDP)、总产值及各产业增加值绝对数按现价计算，增长速度按可比价格计算。

3. 资料来源：本公报中主要经济指标数据来源于县统计部门，其他数据来源于相关部门。其中，农业机械动力来源于县农机局；农业产业化数据来源于县农业局；林业数据来源于县林业局；牧业数据来源于县畜牧局；外贸进出口、招商引资数据来源于县商工局；年末公路里程数据来源于县交通局、客货运量公路客货运量数据来源于县道路运输管理局；民用汽车、交通事故数据来源于县公安局；邮政业务数据来源于阿瓦提县邮政分公司；通讯、互联网数据来源于县电信公司、移动公司、联通公司；旅游数据来源于县文旅局；财政数据来源于县财政局；金融信贷数据来源于中国人民银行阿瓦提县支行；保险业数据来源于人寿保险阿瓦提县支公司、财产保险阿瓦提县支公司；教育和科技数据来源于县教科局；文化、体育、广播、电视、电影数据来源于县文化体育广播影视局；公共图书馆数据来源于县图书馆；卫生数据来源于县卫健委；人口数据来源于县公安局；劳动就业与社会保障数据来源于县人力资源和社会保障局；国土资源、耕地面积数据来源于县自然资源管理局；环境监测及自然保护区数据来源于县环境保护局；安全生产数据来源于县应急管理局。